KB142887

그녀가
말했다

조디 캔터
메건 투히

송섬별 옮김

SHE

그녀가
말했다

SAID

책읽는수요일 Books on Wednesday

우리의 딸들,
미라, 탈리아, 그리고 바이올렛에게

　『그녀가 말했다』는 영화제작자 하비 와인스타인의 장기간에 걸친 성폭력 사건을 보도한 〈뉴욕타임스〉의 탐사보도 과정을 담은 책이다. 업계 내에서 유력한 지위의 특정 인물이 저질러온 성폭력이 공공연한 비밀이며, 심지어 그에 대해 공식 석상에서 농담이 오가는 경우에조차도, 막상 보도를 위한 취재를 시작하면 놀라울 정도로 모두가 침묵하는 일이 벌어진다. 이 경우에는 하비 와인스타인이 그랬다. 그의 피해자들은 대부분 얼굴과 이름이 잘 알려진, 이미지를 좋게 유지해야 하는 직업적 특성을 가진 배우들과 영화산업 종사자들이었다. 그중 몇몇은 할리우드를 대표하는 커리어를 지닌, 아카데미 상을 수상한 연기자들이었다. 『그녀가 말했다』는 그들이 어떻게 용기를 냈고, 그들을 어떻게 설득했는지를 담았다. 또한, 같은 시기 미국의 #MeToo 운동과 관련한 취재가 어떤 어려움 속에서 진행되었는지를 보여준다.

　이 책은 매일의 슈퍼히어로들의 이야기다. 무엇보다도, 직업으로 삼은 일에서 겪은 고통이 다른 여성에게 이어지지 않도록 용기를 낸 배우들의 이야기다. 또한 취재가 어려운 환경에서 끈기 있게 취재해 이후 하비 와인스타인이 23년형을 선고받는 결과의 초석을 놓은 기자들의 이야기다. 말하기를 꺼리는 사람들을 설득하기 위해 필요한 것은 그들의 용기가 다른 여성들을 도울 수 있다는 신뢰였다. "제가 과거에 당신이 겪었던 일을 바꿀 수는 없지만, 우리가 당신의 경험을 통해 함께 다른 사람들을 보호할 수 있을지도 모릅니다." 이 책에는 스릴러 소설을 읽듯 조마조마해지는 대목들이 있다. 하비 와인스타인이 놀라울 정도로 빠르게 〈뉴욕타임스〉의 취재 사실을 알고 역으로 상황을 파악하려는 각종 시도를 할 때가 그렇다. 게다가 법 체계와 기업문화를 이용해 피해자를 어떻게 침묵시키고 변화를 가로막는지를 파헤치는 대목에 이르면 출구가 없는 미로에 갇힌 기분이 들지도 모른다. 그럼에도 불구하고 여자들이 말하는 것으로 많은 것들이 바뀌었다. #MeToo 운동은 단발성 이벤트가 아니다. 여자들이 말한다, 우리의 말을 들어라. 이 책의 단단한 언어가 용기가 되고 위로가 된다.

_이다혜(작가, 《씨네21》 기자)

"왜 그때 당시에 바로 항의하지 않았나." 성폭행, 성추행 사건 피해자에게는 종종 이런 힐난이 따른다. 『그녀가 말했다』는 할리우드 배우부터 영화사 인턴 직원까지, 하비 와인스타인 피해자 다수의 케이스를 통해 즉각적인 문제 제기가 왜 어려운지 소상히 알려준다. 겁에 질리거나 충격을 받아서, 불쾌한 경험을 떨쳐내고 앞으로 나아가기 위해, 도와주거나 믿어줄 사람이 없어서, 공론화 이후의 폭풍을 감당하기 두려워서…. 다양한 이유로 그녀들은 차마 입을 열지 못한다. 그리고 무엇보다 가해자의 지위와 권력이 침묵을 종용한다.

와인스타인이 23년형을 선고받았다는 결말을 알고 있음에도 이 책을 읽어나가는 과정은 조마조마하다. 피해자들의 반복되는 고통과 절망이 매번 전해지기 때문이다. '그녀가 말했다'라는 지극히 단순한 문장 뒤에, 실은 어마어마한 격동의 이야기가 숨어 있다. 그녀들이 마침내, 기어이, 그제야 입을 열 수 있게 될 때까지 공포와 싸우며 스스로와 다른 여성들을 보호하기로 결심하는 지난한 과정이. 그리고 서로의 존재를 알지 못한 채 흩어져버린 경험들과 숨어드는 목소리를 하나로 모으며 기사의 영향력을 극대화하기 위한 두 기자의 치밀한 노력과 인내가. 고립의 기억에서 벗어나 함께 진실로 나아가는 용기의 기록인 이 이야기가, 점점 거센 파도가 된 #MeToo 운동에 강력한 첫 물살을 보탠 것은 지극히 당연해 보인다.

『그녀가 말했다』는 조디 캔터와 메건 투히, 두 여성 저널리스트를 비롯한 뉴욕 타임스 편집부가 몇 년에 걸친 탐사보도 프로젝트를 성공시키기 위해 어떻게 역량을 집중하는지 목격할 수 있는 역동적인 직업 다큐멘터리이기도 하다. 취재원을 세심하게 보호하면서 기사화 동의를 설득해나가고, 보도를 막으려는 가해자 측의 압박에는 배짱 좋게 대응하며, 송고 직전까지 기사를 보강해나가며 꼼꼼한 마감을 하는 이 2인조의 저돌성과 탁월함에 나는 압도되었다(2018년 퓰리처 상 선정 위원회도 나와 같은 의견이었던 것 같다). 결국 일이 되게 만드는 사람들이 일하는 방식을 지켜보는 쾌감이란 이런 것이다.

_황선우(에디터, 『여자 둘이 살고 있습니다』 저자)

차 례

우리가 〈뉴욕타임스〉 기사를 위해 하비 와인스타인을 취재하기 시작한 2017년, 여성들의 힘은 과거 그 어느 때보다 강했다. 경찰관, 군인, 항공기 조종사 같은 직업처럼 한때 남성들의 전유물이었던 직업의 수는 줄어들어 거의 전무해졌다. 독일이나 영국 같은 국가, 제너럴 모터스나 펩시코 같은 회사의 수장은 여성이었다. 30대 여성 한 명이 자신의 조상 중 여성들이 평생 번 돈을 모두 합친 것보다 더 많은 돈을 일 년 안에 버는 것도 가능한 시대였다.

그럼에도 여성들이 성추행을 당하고 그 가해자가 처벌을 받지 않는 일은 너무나도 빈번하게 일어났다. 여성 과학자, 종업원, 치어리더, 간부, 공장 노동자들은 팁을 받고 급여를 받고 급여 인상을 받기 위해 신체를 더듬는 행위, 음흉한 시선, 원치 않는 접근 앞에서도 미소를 지어야 했다. 성추행은 불법이다. 그러나 어떤 직종에서는 일상적으로 일어나는 일이기도 하다. 여성들이 목소리를 낸다 해도 묵살당하거나 비방을 당했다. 피해자들이 자신을 드러내지 못하거나 서로의 존재를 알 수 없는 일도 빈번했다. 배상금을 받고 입을 다무는 게 최선이라고 많은 이들이 입을 모았다.

한편 가해자들은 더 높은 성공과 찬사를 누리며 승승장구하곤 했다. 사람들은 성추행범을 수용하고 때로 짓궂은 악동이라며 응원하기도 했다. 이들이 엄중한 대가를 치르는 일은 드물었다. 메건은 도널드 J. 트럼프에게 성추행을 당했다고 주장하는 여성들에 관한 기사를 여러 편 썼음에도 2016년 대선에서는 트럼프의 승리를 보도하게 되었다.

우리는 2017년 10월 5일 와인스타인의 성추행 및 성적 착취에 대한 기사를 발표했고, 둑이 무너지는 모습을 놀라운 마음으로 지켜보았다. 전 세계 수백만 여성이 입을 열어 성적 학대의 경험을 말하기 시작했다. 또 갑자기 수많은 남성들이 자신의 가해 행위를 해명해야 했다. 전례 없는 심판의 순간이 온 것이다. 언론이 패러다임의 변화를 불어넣은 사례다. 우리가 한 일은 수많은 선두적인 페미니스트와 법학자, 애니타 힐(Anita Hill), #MeToo 운동 창시자 타라나 버크(Tarana Burke), 그리고 우리 동료 기자들을 포함한 여러 사람들의 노력으로 오랫동안 쌓아왔던 이 변화에 하나의 동력을 더한 것에 불과했다.

그러나 힘겨운 조사를 통해 알아낸 사실들이 성폭력에 대한 세간의 태도를 재구성하는 것을 보며, 우리는 질문을 던지게 되었다. 어째서 이 기사였을까? 우리 편집자 중 한 사람이 지적한 대로, 하비 와인스타인은 그 정도로 유명한 사람은 아니었다. 충격적인 일들로 가득한 세상에서 어떻게 지진 같은 사회적 변화가 일어날 수 있었던 걸까?

우리는 그런 질문들에 답하고자 이 책을 썼다. 이 변화는 불가피한 것도, 예견된 것도 아니다. 와인스타인을 둘러싼 침묵을 깨기 위해 처음 나선 용감한 취재원들의 동기와 고통스럽고 위험한 선택을 책 속에 담아냈다. 한때 와인스타인의 비서였으며 지금은 웨일스에서 육아에 전념하고 있는 로라 매든(Laura Madden)은 이혼의 충격에서 벗어나 암 치료 후 유방 수술을 받기 직전에 입을 열었다. 애슐리 저드(Ashley Judd)는 그녀의 인생 중 대중에겐 잘 알려지지 않았던 시기인, 할리우드를 떠나 성평등을 생각하며 큰 그림을 그렸던 시간들로부터 힘을 얻어 배우로서의 경력이 위태로워질 위험을 무릅썼다. 20년 전 와인스타인을 고발했으나 합의서에 서명하고 침묵해야 했던 런던의 제작자 젤다 퍼킨스(Zelda Perkins)는 법적, 금전적 대가를 치를 위험을 무릅쓰고 우리에게 입을 열었다. 오랫동안 와인스타인 밑에서 일하며 알게 된 사실들로 괴로워하던 한 직원은 여태까지 밝혀진 적 없었던 사실들을 우리에게 알려주어

마침내 와인스타인의 가면을 벗겨내는 데 큰 역할을 했다. 『그녀가 말했다』라는 제목은 복잡한 의도를 담아 지은 것이다. 우리는 입을 열었던 사람들, 그리고 그러지 않기로 한 다른 여성들, 그리고 어떻게, 언제, 왜 그런 선택을 했는가라는 미묘한 차이에 관해 썼다.

이 책은 알아낸 사실이 극히 적고 그 누구도 우리에게 어떤 말도 해주지 않았던, 취재 초기의 불확실한 나날부터 시작하는 탐사보도에 대한 책이기도 하다. 우리가 어떻게 비밀을 말해달라고 설득하고, 정보를 밝히고, 권력을 가진 한 남성이 우리의 취재를 방해하려 부정한 전술을 사용할 때 그에 대한 진실을 추구했는지 썼다. 또, 그 남성이 자신의 이야기가 기사화된다는 걸 알고 발행 직전 〈뉴욕타임스〉 사무실을 찾아와서 벌어진 우리의 최후의 결전—이자 그의 마지막 저항—역시 이 책에 처음으로 재구성해 담았다.

우리가 와인스타인을 취재한 것은 "가짜 뉴스"에 대한 고발이 횡행하고 전국적으로 진실이 무엇인가에 대한 합의에 균열이 가고 있던 시점이다. 그러나 와인스타인 폭로가 파급력을 가졌던 것은 우리를 비롯한 기자들이 와인스타인이 저지른 부정한 행위의 확고한, 또 압도적인 양의 증거들을 제시했기 때문이다. 이 책에서 우리는 당사자의 진술, 금융 기록 및 법적 기록, 회사 내부 문건을 비롯한 자료들에 근거해 그의 가해 패턴을 어떻게 추적해나갔는지를 풀어냈다. 우리의 보도가 나간 뒤, 와인스타인이 여성에게 가했던 행위 자체에 대한 공적인 논의가 이루어지는 일은 드물었다. 논의의 초점은 이 행위의 대응으로 어떤 조치가 필요할까였다. 그러나 와인스타인은 합의 없이 일어난 성관계 혐의를 계속해서 전면 부정했으며, 우리의 보도가 사실이 아니라고 반복적으로 주장했다. "여기 나온 것은 혐의와 고발이지만, 절대적인 사실들은 아니다." 이 책에 실린 폭로에 대한 한 대변인의 반응이었다.

이 책은 2017년 우리가 와인스타인 보도를 준비하는 동안 알게 된 것과 그 이후로 우리가 수집한 상당한 양의 정보 사이를 오간다. 와인스타인에 대한 새로운 취재 내용들은 법 체계와 기업문화가 피해자를 어떻게 침묵시키고 변화를 가로막는지를 설명해준다. 기업은 가해자 보호에 가담한다. 여성을 옹호하는 이들 중 일부는 잘못을 은폐하는 합의 시스템으로 이득을 취한다. 하비 와인스타인의 동생이자 사업 파트너이고, 이 책을 위해 긴 인터뷰를 해주었던 밥 와인스타인(Bob Weinstein)

처럼 문제를 넌지시 알고 있었던 이들은 그 행위를 멈추기 위한 조치를 거의 취하지 않았다.

우리가 이 글을 쓰고 있는 2019년 5월, 와인스타인은 강간을 비롯한 성적 학대 혐의로 형사재판을 기다리고 있으며 그에게 금전적 책임을 지우려는 배우들과 전 직원들이 제기한 수많은 민사소송을 직면하고 있다. (2020년 3월, 뉴욕 1심 형사법원은 하비 와인스타인에게 23년형을 선고했다.—편집자 주) 이 사건들의 결과가 어떻건 간에, 우리는 이 책이 일터를 이용해 여성을 조종하고, 압박하고, 공포에 사로잡히게 했던 와인스타인의 유산에 관한 사라지지 않는 기록이 되기를 빈다.

와인스타인 기사가 나간 뒤 몇 달간 #MeToo 운동이 확대되며 데이트 강간과 아동 성학대에서부터 성차별, 심지어 파티에서 일어난 어색한 신체 접촉에 이르기까지 다양한 주제에 관한 새로운 논란들도 확장되어갔다. 이로써 공공의 대화는 풍부하고 면밀해지는 한편으로 혼란에 빠지기도 했다. 논의의 목표가 성추행을 근절하고 사법 체계를 개혁하고 가부장제를 무너뜨리는 것일까, 아니면 이성적 관심을 보일 때 상대의 기분을 거스르지 않는 것일까? 우리는 도가 지나친 잣대를 들이대어 결백한 남성들의 명예까지도 신뢰할 수 없는 혐의로 먹칠하는 것일까, 아니면 아직까지 체제의 변화가 절망적일 정도로 부족해 갈 길이 먼 것일까?

우리의 와인스타인 기사가 나간 지 약 1년이 된 시점에 캘리포니아주의 심리학 교수 크리스틴 블레이지 포드(Christine Blasey Ford) 박사가 미국 상원위원회에 출석해 지금은 대법관으로 임용된 브랫 캐버노(Brett Kavanaugh) 판사가 고등학생 시절 술에 취한 채 자신을 성폭행했다고 고발했다. 어떤 이들에게 포드는 #MeToo 운동의 궁극적 영웅이었다. 다른 이들에게 그녀는 격해지다 못해 도를 지나친 백래시의 산증인이다.

그러나 우리는 포드를 이 책에 등장하는 이야기들 중 가장 복잡하고도 많은 사실을 드러내는 이야기의 주역으로 여긴다. 특히 그녀가 상원에서 증언하기까지 대중이 알지 못한 수많은 과정을 거쳐야 했음을 알게 되었던 순간 그러했다. 조디는 청문회 자리에서 그녀의 증언을 방청했고, 그녀의 법률 팀이 일하는 과정을 보았으며, 다음 날 그녀를 직

접 만났다. 12월에 메건은 팰로앨토에서 포드와 아침식사 자리를 함께
하며 청문회 후 최초 인터뷰를 진행했다. 그 뒤로 메건은 몇 달에 걸쳐
공론화의 첫 시작에서부터 그 결과까지 포드를 상대로 수십 시간의 추
가 인터뷰를 진행했다. 뿐만 아니라 우리는 그녀의 경험을 구성하고 목
격한 다른 이들과도 대화했다. 우리는 포드가 워싱턴으로 향하기까지의
여정을, 그리고 그녀가 얼마나 많고도 다양한 관점과 제도, 정치적 압력
과 두려움을 감당해야 했는가를 이 책에서 말하고자 한다.

증언 이후 포드가 어떻게 지냈는가를 궁금해 하는 이들이 많다. 독
특한 집단 인터뷰로 구성한 이 책의 마지막 장에 우리는 포드를 비롯해
우리가 취재했던 여성들 중 몇몇의 이야기를 함께 모았다. 그런데 포드
의 여정에는 더 폭넓은 과제의 성패 역시 달려 있었다. 바로 무엇이 진
보를 추동하고 또 지연시키는가 하는 끝없는 질문이었다. #MeToo 운동
은 우리 시대 사회 변화의 한 예인 동시에, 이 변화를 시험대에 올리는
일이기도 했다. 오늘날의 균열된 환경에서 우리는 모두에게 공정한 규
칙과 보호 조치를 새로이 만들어낼 수 있을까?

이 책은 미국을 비롯한 전 세계 여성들의 삶을 경악에 휩싸이게 했

던 2년의 시간에 관한 이야기다. 이는 이 삶을 함께 살아가는 우리 모두의 역사이기도 하다. 꽁꽁 숨겨진 정부나 기업의 비밀을 다루는 일부 탐사보도와는 달리 이 책은 수많은 여성들이 삶과 일터, 가족, 학교에서 마주하는 경험을 다루고 있다. 그럼에도 우리는 독자들을 이 경험의 원점에 최대한 가까이 데려가고자 이 책을 썼다.

책에 등장하는 사건들을 가능한 한 직접적이고 진실하게 이야기하기 위해 인터뷰 녹취록, 이메일을 비롯한 1차 기록들을 이 책에 담아냈다. 영화배우들과 와인스타인에 대해 처음 대화했을 시점의 기록들, 밥 와인스타인이 형에게 쓴 신랄한 편지, 포드의 글 발췌본 같은 1차 자료들이다. 이 책에 실은 것 중 일부는 애초 보도하지 않는 것을 전제로 확보했던 것이지만, 관계자와 다시 접촉하는 등의 추가 취재를 통해 책에 실을 수 있게 되었다. 우리가 직접 목격하지 못한 대화와 사건은 기록과 인터뷰를 통해 그려낼 수 있었다. 이 책은 3년간 이어진 취재, 그리고 런던에서 팰로앨토를 종횡무진하며 진행한 수백 건의 인터뷰에 바탕을 두고 쓰여 있다. 어떤 정보들을 어떤 출처와 기록으로부터 얻었는지에 대한 자세한 설명은 미주에 실었다.

마지막으로, 이 책은 우리가 이런 사건들을 이해하려 노력하는 동안 이루어낸 협력 취재의 연대기다. 혼란을 피하기 위해 우리는 우리 자신을 3인칭으로 서술했다. (일인칭으로 서술하는 부분의 경우, 우리는 협력하는 동시에 때로는 별개의 취재를 펼쳤기에, '나'는 조디일 때도 있고 메건일 때도 있다.) 드디어 그 이야기를 시작하기 전에, 우리의 목소리로 말하고 싶다. 이 책에 실린 협력 취재에 함께하면서, 우리와 마찬가지로 사건과 단서들을 더듬어가고, 우리가 들은 말들을 듣게 될 독자 여러분께 감사드린다.

첫 번째 통화

〈뉴욕타임스〉의 하비 와인스타인 관련 취재는 가장 기대했던 취재원이 전화통화를 거부하면서 시작되었다.

"문제는 말이죠, 〈타임스〉에서는 저를 상당히 부당하게 다뤄왔고, 저는 그 근본적 이유가 성차별주의라고 생각합니다." 2017년 5월 11일, 대화를 나누고 싶다는 조디의 이메일에 배우 로즈 맥고언(Rose McGowan)이 했던 답장이다. 맥고언은 〈타임스〉에 대한 비판을 쭉 나열했다. 그녀가 정계 만찬에서 했던 연설이 뉴스 란이 아닌 스타일 란에서 다루어졌으며, 이전에 〈타임스〉 기자와 나누었던 와인스타인에 대한 대화가 불편했다는 것이다.

"성차별 문제에 있어 〈타임스〉는 자성이 필요합니다. 그다지 도와드리고 싶지 않네요." 그녀의 답장이었다.

수개월 전 맥고언은 이름을 밝히지 않은 한 영화 제작자가 자신을 성폭행했다고 주장했는데, 그 사람이 와인스타인이라는 소문이 돌았다. "할리우드와 언론계에서 이는 공공연한 비밀이었다. 그들은 나를 강간한 사람의 비위를 맞추며 내게 수치심을 느끼게 했다." 그녀는 이런 트윗을 쓴 다음 #WhyWomenDontReport(여성들이 신고하지 않는 이유) 해시태그를 덧붙였다. 지금 그녀는 여성들이 연예계에서 겪는 부당 대우를 밝히기 위한 회고록을 쓰고 있다고 했다.(2018년 1월, '브레이브BRAVE'라는 제목으로 회고록이 출간되었다.—편집자 주)

할리우드에서는 드물게도 맥고언은 앞으로의 배우 인생을 걸고 성차별주의를 향해 목소리를 낸 전적이 있었다. 애덤 샌들러(Adam Sandler) 영화 캐스팅 공지에 등장한 모욕적인 복장 규정을 트위터에 올렸던 것이다. "가슴골을 보여주는 탱크톱(푸시업 브라 권장)." 소셜미디어에서 맥고언은 전반적으로 거칠고 공격적인 화법을 썼다. "분노해도 됩니다. 화내는 걸 두려워하지 마세요." 한 달 전 그녀는 트위터에 이런 글을 남긴 뒤 "시스템을 해체하라"라고 덧붙였다. 그런데 배우이자 활동가인 맥고언조차 오프 더 레코드로 대화하길 거부한다면 어느 누가 나서겠는가?

당시 하비 와인스타인은 전성기만큼 잘 나가지는 못했다. 영화 제작자로서 가졌던 마법 같은 재능은 근래에 와서 시들했다. 그러나 하비 와인스타인이라는 이름 자체가 권력, 구체적으로는 경력을 만들고 북돋울 수 있는 권력의 유의어였다. 그는 뉴욕 퀸스의 평범한 집안 출신이었으나, 콘서트 홍보, 영화 배급과 제작에 손을 뻗기 시작한 입지전적 인물이었으며, 영화, 파티, 그리고 그 무엇보다 사람들에 이르기까지, 자기 주변의 그 무엇이든 더 크게 키우는 법을 아는 것 같았다. 귀네스 펠트로(Gwyneth Paltrow), 맷 데이먼(Matt Damon), 미셸 윌리엄스(Michelle Williams) 그리고 제니퍼 로렌스(Jennifer Lawrence)에 이르는 젊은 배우들을 꾸준히 발굴해 스타덤에 올려놓기도 했다. 그는 〈섹스, 거짓말, 그리고 비디오테이프〉나 〈크라잉 게임〉 같은 저예산 독립영화를 일종의 현상으로 만들어낼 수 있었다. 오스카 캠페인에 앞장서서 아카데미 작품상 트로피를 자기 몫으로 다섯 개 거머쥐었을 뿐 아니라 다른 이들에게까지도 한 아름 안겨주었다. 힐러리 클린턴을 위한 정치후원금을 모금하고 수없이 많은 기금 모금 행사에 동행한 기록은 20년 가까이 이어졌다. 영화사에서 인턴십을 했던 말리아 오바마(Malia Obama) 역시도 "하비" 밑에서 일했다. 그는 이렇게 성을 뺀 이름만으로도 통했고, 그를 모르는 사람들 사이에서도 마찬가지였다. 와인스타인이 제작한 영화들이 예전만 한 성공을 거두지 못하던 2017년에도 그의 명성은 여전히 어마어마했다.

와인스타인이 여성을 대하는 방식에 대한 루머는 오래전부터 있었다. 공공연하게 이런 농담을 하는 사람들도 있었다. "축하합니다, 이 다섯 분의 여성들께서는 더 이상 하비 와인스타인에게 매력을 느끼는 척하지 않아도 될 테니까요." 2013년 오스카 후보를 호명하며 코미디언 세스 맥팔레인(Seth MacFarlane)이 한 말이었다. 그러나 많은 사람들은 그의 행동을 단순한 바람기로만 보았기에, 그의 추행이 공식적으로 기록된 바는 전혀 없었다. 과거에 와인스타인에 관한 루머를 파헤치려 시도했던 기자들이 있었으나 모두 기사를 써내는 데 실패했다. 2015년 와인스타인이 신체를 더듬은 혐의로 고발되자 뉴욕 시경이 수사했으나 사건은 무혐의로 종결되었다. "어느 시점에선가 하비 와인스타인에 대해 털어놓길 두려워했던 여성들이 다 같이 손을 잡고 뛰쳐나올 것." 기자 제니퍼 시니어(Jennifer Senior)가 당시에 트위터에 남긴 글이다. 2년이 흘렀다. 아무 일도 일어나지 않았다. 조디는 《뉴욕매거진》 기자 한 명과 NBC의 로넌 패로(Ronan Farrow)가 와인스타인 기사를 쓰려 한다는 이야기를 들은 적 있었지만, 실제로 나온 기사는 없었다.

소문으로 떠도는 와인스타인과 여성들 사이의 일들은 거짓인 걸까? 맥고언의 트윗이 겨냥한 것은 다른 사람일까? 와인스타인은 대중앞에서 페미니스트를 자처했다. 얼마 전 그는 여성운동가 글로리아 스타이넘(Gloria Steinem)의 이름으로 신설되는 교수직을 위해 거액의 기부금을 냈다. 대학 캠퍼스 내 성폭력을 다룬 다큐멘터리이자 하나의 구호가 된 〈헌팅 그라운드〉의 배급사가 그의 회사였다. 심지어 그는 선댄스 영화제 기간이던 2017년 1월, 유타 주 파크시티에서 있었던 역사적인 여성 행진에 분홍색 푸시햇(pussyhat, 2017년 미국 전역에서 벌어진 여성

행진에서 참가자들이 썼던 고양이 귀 모양의 분홍색 털모자로, 푸시pussy가 고양이를 뜻하는 동시에 여성의 성기를 비하하는 속어이며, 대선 직전 공개된 트럼프 녹취록에서 그가 사용한 표현을 비틀어 투쟁에 사용한 것이다.—옮긴이 주) 인파와 함께 참여했다.

뉴스룸의 소음이 닿지 않는 곳에 자리한 〈타임스〉 조사국이 하는 일은 여태 한 번도 보도되지 않은 사건을 파헤치고 교묘하게 위법행위를 숨긴 사람과 기관에 책임을 묻는 것이었다. 조심스레 다가가는 것이 첫 단계가 되곤 했다. 그렇다면 어떻게 답장해야 맥고언이 전화통화에 응할 마음이 생길까?

맥고언이 보낸 이메일에도 여지가 있었다. 일단, 그녀는 답장을 보냈다. 아예 답을 하지 않은 사람도 많았는데 말이다. 그녀는 자신의 생각을 담아 답장을 썼고 〈타임스〉를 비판하는 성의를 보였다. 어쩌면 기자가 어떻게 방어하는지 보려고 〈타임스〉를 향해 잽을 날려 조디를 시험한 걸지도 몰랐다.

그런데 조디는 자신이 14년간 몸담은 일터를 놓고 입씨름을 할 생각은 없었다. 그렇다고 맥고언을 띄워주는 것("당신이 트위터에 남긴 용감한 글을 정말 높이 사고…") 역시 적절치 않았다. 그렇게 한다면 조디가 지금 가진 미약한 권위마저 위축되고 말 것이다. 또, 상대의 도움을 필요로 하는 조사 내용을 언급할 수도 없었다. 맥고언이 지금까지 몇 명의 여성과 이야기를 나누었느냐고 묻는다면 한 명도 없다고 대답해야 할 테니까.

적절하면서도 와인스타인을 언급하지 않는 답장을 해야 했다. 맥고언은 애덤 샌들러 영화의 캐스팅 공지에 관해 썼듯이 트위터를 통해 사적인 발언을 해온 전적이 있었다. 무언가를 폭발적으로 열어젖히고자 하는 그녀의 충동이 역풍을 불러일으킬지도 몰랐다. ("온 세상 사람들, 〈타임스〉 기자한테서 온 이 이메일 좀 보세요.") 기사의 주제가 주제이니만큼 답장을 쓰기가 더 까다로웠다. 맥고언은 자신이 성폭행 피해자임을 밝힌 바 있다. 그녀에게 압박을 주는 건 옳지 않았다.

조디는 2013년부터 기업을 포함한 기관 내에서 여성이 겪는 일들을 조사하기 시작했다. 미국 내 성차별에 관한 논쟁은 오피니언 칼럼과 회고록, 소셜미디어를 통한 분노나 자매애의 표출 등으로 이미 감정의 포화 상태였다. 숨겨진 진실을 더 밝혀내야 했다. 특히 직장 내 경험들이 중요했다. 최고의 엘리트 계층이건 가장 낮은 계층이건, 대개 노동자들은 고용주에게 문제를 제기하기를 두려워했다. 기자들은 그렇지 않았다. 이런 기사들을 쓰면서 조디는 성차별이 단지 기사의 주제에 그치지 않고 조사의 시작점이 될 수 있음을 알았다. 아직도 많은 조직에서 여성들은 아웃사이더 취급을 받고 있었으므로, 여성의 경험을 기록함으로써 권력이 어떻게 기능하는가를 알 수 있었다.

조디는 로즈 맥고언에게 답장을 보내 그녀에게 있었던 일을 알려달라고 부탁했다.

지금까지 제가 이런 문제들을 어떻게 추적해왔는지 알려드리겠습니다. 아마존, 스타벅스, 그리고 하버드 경영대학원 모두 제가 성차별 문제를 밝혀내자 이에 응답해 정책을 바꾸었습니다. 화이트칼라 여성은 근무 중에 모유 수유를 할 수 있으나 저임금을 받는 여성들의 경우에는 그렇지 않다는, 모유 수유에 존재하는 계층 격차를 밝히는 기사를 썼을 때는 독자들이 최초의 이동식 수유실을 만들어냈고, 오늘날 이동식 수유실은 미국 내 200군데가 넘는 곳에서 이용할 수 있습니다.

답하고 싶지 않으시더라도 이해합니다. 책 출간에 행운을 빌어요.

감사합니다. 조디로부터.

몇 시간 지나지 않아 맥고언에게서 답장이 왔다. 수요일 이전에는 아무 때라도 대화할 수 있다고 했다.

조디는 전화통화가 쉽게 풀리지 않을 것이라 예상했다. 머리를 박박 깎은 데다가 트위터에서 선동적인 어조를 사용하는 맥고언은 강한 이미지로 보였다. 그러나 수화기를 타고 들려오는 그녀의 목소리는 열정적이고 투쟁적인 사람, 할 이야기가 있고 그 말을 제대로 할 수 있는 방법을 찾고 있는 사람의 것이었다. 성폭행 경험을 밝힌 트위터 글은 자세한 사항은 없는 힌트에 지나지 않았다. 일반적인 인터뷰 규칙에 따르면, 별도로 오프 더 레코드로 협의하지 않는 한 온 더 레코드, 즉 이야기한 내용을 기사화할 수 있었다. 그러나 와인스타인으로부터 성폭행을 당했다고 주장하는 여성이라면 애초 대화 자체를 꺼릴 가능성이 높았다. 그렇기에 조디는 나중에 따로 협의하지 않는 한 이 대화를 기사화하지 않겠다고 약속했고, 맥고언은 이야기를 시작했다.

1997년, 성공의 길에 갓 들어선 젊은 맥고언은 선댄스 영화제에서 짜릿한 시간을 보내고 있었다. 방송사 카메라들이 프리미어 상영회와 파티를 전전하는 그녀를 졸졸 따라다녔다. 아직까지 맥고언이 찍은 영화는 십 대를 타깃으로 한 호러 영화 〈스크림〉을 비롯해 네다섯 편이 전부였지만, 이번 선댄스 영화제에서만 해도 그녀가 출연한 신작이 여러 편 소개되는 등 떠오르는 신인으로 각광받고 있던 중이었다. "그해 선댄스 영화제의 꽃이었던 셈이죠." 그녀가 말했다. 독립영화가 문화의 중심에 자리하던 시기였기에 선댄스 영화제가 주목받고 있었고 하비 와인스타인은 이 영화제의 절대 권력자로 군림했다. 제작자 겸 배급사 대표인 와인스타인이 〈점원들〉이나 〈저수지의 개들〉 같은 소규모 영화를 사서 문화의 시금석으로 탈바꿈시킨 곳이 바로 이곳 선댄스 영화제였다. 맥고언은 그 이야기의 배경인 영화제가 몇 년도에 열린 것이었는지 기억하지 못했다. 배우들은 날짜가 아니라 당시에 촬영 중이었거나 개봉한 출연작 기준으로 과거를 기억하는 경우가 많았다. 그 영화는 〈다크니스〉였어요, 하면서 그녀는 확신 없이 웃었다.

상영이 끝난 뒤 와인스타인이 그녀에게 미팅을 요청했는데, 유명 제작자가 떠오르는 신인과 자리를 가지려는 건 충분히 있음 직한 일이었다. 맥고언은 그를 만나러 파크시티에 있는 호텔인 스타인 에릭슨 로지 디어 밸리를 찾았고, 약속 장소는 그가 묵는 객실이었다. 영화며 배역에 관한 평범한 이야기를 나누었을 뿐 아무 일도 없었다고 그녀는 말했다.

그런데 방을 나서려 할 때 와인스타인이 그녀를 욕조가 있는 방으로 끌고 갔고, 욕조 가장자리에서 옷을 벗긴 다음 억지로 그녀의 다리사이에 자기 얼굴을 묻었다고 했다. 그때 마치 자기 몸과 분리되어 천장에 둥둥 뜬 채로 그 장면을 내려다보는 것만 같은 기분이 들었던 게 기억난다고 했다. "엄청난 충격에 사로잡힌 저는 생존 모드를 가동하기 시작했어요." 그녀가 말했다. 맥고언은 그 자리를 벗어나기 위해 오르가슴을 느끼는 척 연기했고, 머릿속으로 자신에게 한 단계 한 단계를 지시했다고 했다. "문고리를 돌리자." "이 자리를 떠나는 거야."

며칠 뒤, 와인스타인은 로스앤젤레스에 있는 맥고언의 집에 전화를 걸어와 소름 끼치는 제안이 담긴 메시지를 남겼다. 유명 여성 배우 몇몇이 그의 특별한 친구이며, 그녀도 이 클럽에 넣어주겠다는 이야기였다. 충격과 고통에 사로잡힌 맥고언은 이 사실을 매니저에게 알린 뒤 변호사를 고용했고, 그 결과 와인스타인으로부터 합의금 10만 달러를 받았으며, 상대는 사태 해결을 위해 합의금을 지급했을 뿐 자신의 혐의를 인정하지 않았다. 그녀는 합의금을 강간 위기 센터에 기부했다고 했다.

합의 기록이 남아 있느냐는 질문에 맥고언은 "사본을 받지 못했어요"라고 대답했다.

와인스타인만 문제인 게 아니라고 그녀가 말했다. 할리우드는 조직적인 여성 학대 체계라고 했다. 명성이라는 미끼로 여성을 유혹해서는, 이들을 고수익 제품으로 만들고, 신체를 상품처럼 취급하며, 완벽한 외모를 강요한 다음, 버린다는 것이다. 수화기 속 그녀는 할리우드에 대한 고발을 속사포처럼 쏟아냈다.

"문제는 와인스타인 하나만이 아니에요. 그 기계 자체, 공급 체인이 문제죠."

"감시하는 사람이 없으니 겁내지도 않아요."

"모든 스튜디오에서 피해자에게 수치심을 주고 돈으로 입막음해요."

"기밀 유지 협약서를 안 쓰는 사람이 없어요."

"백인 남성에게 놀이터가 있다면 바로 할리우드라고요."

"여기 있는 여성들도 공범이에요."

"선을 넘으면 안 돼요, 곧바로 대체되니까."

맥고언이 사용한 표현들이 상당히 흥미로웠다. 할리우드가 여성을 이용하고 순응하도록 강요하다가 나이가 들거나 반항하면 내팽개친다는 이야기는 새로운 게 아니었다. 그러나 유명한 배우의 입으로 이런 착취에 대해 불편한 사실들까지 자세히 듣고 있자니, 그것도 가해자가 할리우드 최고의 명성을 지닌 영화 제작자라니, 완전히 새로웠다. 더 날카롭고, 더 구체적이고, 역겨웠다.

통화는 조만간 다시 대화를 나누자는 약속으로 끝났다. 로즈 맥고언은 독특한 개성을 가진 사람이었지만, 그녀가 때로 저질렀던 충격적인 행동이나 그녀가 사귀던 상대들은 지금의 목적과는 무관했다. 문제는 맥고언의 주장이 저널리즘의 엄정한 절차를 어떻게 버텨낼 것인가, 또 그 주장이 살아남아 기사화되고 나면 필연적으로 겪어야 할 와인스타인 측에서의 대응 그리고 대중의 꼼꼼한 눈을 어떻게 견딜 것인가였다. 맥고언의 주장을 〈타임스〉가 기사화하려면 우선 주장을 뒷받침할 근거가 필요했고 또 마지막 단계에는 와인스타인을 거쳐 가야 했다. 그 역시 반박할 기회를 얻게 될 것이다.

신문은 공정할 책임이 있다. 특히 이 혐의의 무게를 생각하면 더 그렇다. 2014년 《롤링스톤》 매거진은 충분한 근거 없이 버지니아 대학교에서 일어난 끔찍한 집단 성폭행에 대한 기사를 실었다. 논란이 뒤따

랬고 여러 건의 소송에 걸린 《롤링스톤》의 명성은 땅에 떨어지다시피 했다. 게다가 이 기사가 여성이 거짓으로 성폭행을 당했다고 주장한다고 우기는 사람들에게도 빌미를 준 바람에, 캠퍼스 내 성폭력 대항이라는 명분에도 차질이 생겼다. 〈워싱턴포스트〉는 경찰이 이 기사를 "완전한 허풍"이라고 했다는 기사를 실었고, 《컬럼비아 저널리즘 리뷰》는 그 기사를 "난장판"으로 칭했으며, 그 기사는 "올해의 오류" 상을 수상했다.

처음 살펴보았을 때, 맥고언의 주장은 와인스타인의 반박에 무너질 것처럼 보였다. 그는 그건 자신의 기억과는 다르다고, 그녀도 즐겼다고 쉽게 주장할 수 있을 것이었다. 게다가 그의 주장을 완벽하게 뒷받침할 근거도 있었다. 그녀가 오르가슴을 느끼는 척했던 것이 그 근거였다. 오래전의 자동응답기 테이프를 와인스타인이 제작자로서의 권력을 휘둘러 성적 요구를 강제했다는 중요한 증거로 쓸 수 있을 가능성도 있었다. 그러나 맥고언이 20년 전의 녹음테이프를 아직 갖고 있지 않은 한, 오래전에 메시지를 받았다는 기억만 있을 뿐이니 역시 쉽게 부인할 수 있었다.

맥고언의 이야기 자체만 놓고 보면 고전적인 "그는 말했다, 그녀는 말했다" 논쟁이 되어버릴 가능성이 높았다. 맥고언은 끔찍한 이야기를 할 것이다. 와인스타인은 그 이야기를 부인할 것이다. 증인이 없으니 사람들은 각자의 편을 들어 로즈 팀 대 하비 팀으로 나뉠 것이다.

하지만 맥고언은 합의금을 받았다고 했다. 합의 기록을 찾기는 어렵더라도, 변호사들이 개입했으며 서명을 한 합의서가 존재했고 손에서 손으로 건네진 돈과 강간 위기 센터로 간 기부금이 있었다. 이 합의 내용은 어딘가에 문서로 존재할 것이다. 합의서가 호텔 방에서 일어난 일을 증명할 수는 없더라도 당시 와인스타인이 분쟁을 해결하려 거액을 건넸음을 보여줌으로써 맥고언의 주장을 뒷받침해줄 수는 있을 것이다.

조디는 지금까지 알아낸 모든 것을 오랫동안 〈타임스〉 편집자로 일하며 복잡한 조사의 달인이 된 리베카 코벳(Rebecca Corbett)에게 전달했다. 두 사람은 맥고언의 주장을 뒷받침할 수 있는 사실, 그리고 중요한 질문을 논의했다. 다른 여성들에게도 와인스타인에 관한 비슷한 이야기가 있을까?

이를 알아보려면 엄청난 노력이 필요할 터였다. 와인스타인은 수십 년간 수백 편의 영화를 제작하고 배급했다. 동생 밥 와인스타인과 함께 미라맥스(Miramax) 그리고 현재 그가 총력을 기울이는 와인스타인컴퍼니(TWC, The Weinstein Company)를 공동으로 소유하고 운영했다. 취재원이 많으니 극소수의 사람들만 중요 정보를 알고 있을 때보다 상황이 나을 수도 있겠지만, 이야기를 해줄 배우들도, 전(前) 고용인들도 세계 곳곳에 흩어져 있고, 대개는 입을 열길 망설일 것이었다.

6월 중순, 코벳은 조디에게 비교적 최근 〈타임스〉에 입사한 동료 기자 메건 투히에게 연락해보라고 했다. 지금 출산 휴직 중이기는 하지만 메건은 이런 종류의 취재에 탁월한 자질이 있는 기자라는 것이 코벳의 의견이었다. 메건이 어떤 도움이 될지는 알 수 없었으나, 일단 조디는 이메일을 보냈다.

조디에게서 이메일이 왔을 무렵, 메건은 갓 태어난 아이를 보살피며 여태 기자 생활에서 받았던 것 중 가장 큰 상처를 회복하는 중이었다.

메건은 2016년 2월 〈타임스〉 정치부에 입사해 대통령 후보들을 조사했다. 메건은 고심 끝에 그 업무를 받아들였다. 정치는 메건의 전문 분야도 흥미 분야도 아니었기 때문이다.

그러나 메건이 〈타임스〉에 입사하고 몇 주 뒤, 편집국장 딘 바케이(Dean Baquet)가 기자로서 가진 식견을 자극하는 질문들을 던졌다. 도널드 J. 트럼프가 여성을 상대로 법적, 도덕적 선을 넘는 행동을 한 적이 있는가? 메건은 10년 넘게 성범죄와 성적 위법행위를 파헤쳐왔다. 그녀는 시카고의 지역 경찰과 검사들이 강간 키트(성폭력 피해 발생 시 법의학적 증거를 모으기 위한 도구 세트—옮긴이 주)를 방치해 피해자들이 정의를 구할 기회를 앗아간다는 사실, 그리고 성범죄자 의사가 의료행위를 지속하고 있다는 사실을 밝혀냈다. 이후에는 입양아를 거래하며 이들 중 일부를 성착취자에게 넘기는 암시장이 있다는 사실도 밝혀냈다.

트럼프는 오랜 세월 바람둥이, 아니면 바람둥이를 우스꽝스럽게 희화화한 모습을 자처하던 사람이었다. 세 번째 결혼생활 중에 대선 경선에 출마한 그는 하워드 스턴(Howard Stern)과의 인터뷰에서 자신의 성적인 위업을 자랑하고 자기 딸 이방카를 포함한 여성들을 향한 저속한 언사를 늘어놓았다.

바케이는 트럼프의 허세 이면에서 위험 신호를 감지했다. 만약 도널드 트럼프가 그저 문란한 성생활을 즐긴 것뿐이라면 기삿거리가 될 수 없었다. 아무리 대선 후보라 할지라도 〈타임스〉는 이유 없이 개인의 성생활을 파헤치지 않는 지면이었다. 그러나 트럼프의 언사 중에는 직장 내에서 이루어진 것도 있었기에, 성희롱의 가능성이 있었다. 트럼프는 자신이 제작을 지원하고 직접 출연하기도 한 TV 쇼 〈셀레브리티 어프렌티스)에서 한 출연자에게 이렇게 말했다. "바닥에 무릎을 꿇으면 꽤 볼 만한 그림이 나오겠습니다." 수십 년 전 트럼프의 첫 아내였던 이바나가 남편을 부부강간으로 고소했다가 혐의를 축소했다는 보도도 있었다. 이미 다른 기자인 마이클 바바로(Michael Barbaro)에게 트럼프의 여성에 대한 태도를 조사해보라고 한 뒤였던 바케이는 트럼프의 행동이 그저 저속한 것에 그치는 것인지 아니면 더 심각한 문제가 있는지를 바바로와 메건이 함께 알아내기를 바랐다.

처음에는 취재 속도가 더뎠다. 과거 트럼프의 고용인이었던 이들은 대부분 비밀 유지 계약에 묶여 있었다. 트럼프가 자신을 거스른 이들에게 보복을 가했던 역사 또한 취재원들의 사기 저하를 낳았다. 또 수년간 트럼프에게 제기된 소송의 건수가 너무나 많았기 때문에 어떤 것을 살펴보아야 할지 가려내기도 어려웠다.

그러나 2016년 5월 메건과 바바로는 수백 가지 기록, 그리고 트럼프의 옛 동료, 고용인, 연인, 지인을 상대로 진행한 50건 이상의 인터뷰에 바탕을 두고 기사를 작성할 준비를 마쳤다. 권력을 가진 남성인 트럼프는 여성에게 모순적인 행동을 일삼았다. 여성 직원들을 정중하게 대하고 힘을 실어주기도 했고, 어떤 여성들을 최고위직까지 승진시켜주는 면모도 있었지만, 여성의 신체를 끊임없이 평가해 직장 내 규정을 흔드는 습관도 있었다.

가장 중요한 것은, 메건이 이바나가 제기한 부부강간 혐의 이외에도 트럼프에 대해 제기된 여러 건의 성폭력 혐의를 하나로 이어 맞추었다는 점이었다. 오래전 미스 유타로 선발되었던 한 여성은, 트럼프가 1997년 미스 USA 대관식이 끝난 뒤의 갈라 행사에서, 나중에는 잠차 모델로 활동할 가능성을 타진해보자며 그의 사무실에서 있었던 미팅에서, 총 두 번 강제로 자신의 입에 키스했다고 상세히 설명했다. 오래전에 있었던 두 건의 소송에서 한때 트럼프와 미인대회 사업을 함께 했던 파트너는 플라자 호텔에서 있었던 저녁 회식 도중 트럼프가 자신의 몸을 더듬었고, 이후 또 다른 업무상의 모임 자리에서 자신을 호텔 방으로 데려가 강제로 "키스하고, 주물럭거렸으며" 자리를 떠나지 못하게 "구속했다"고 했다.

반드시 신중해야 했다. 이 혐의 중 단 하나라도 흔들리면 기사 전체의 신뢰도가 떨어질 위험이 있었다. 미스 유타였던 여성이 트럼프가 팜비치에 있는 그의 저택에서 자기 몸을 더듬었고, 자기 방으로 도망친 그녀가 공황상태로 아버지에게 전화를 걸었다고 메건에게 말했을 때, 당시 타국에 있었던 그 여성의 아버지를 〈타임스〉 동료 기자가 찾았다. 동료는 이메일로 이렇게 보고했다. "아버지와 연락이 되었습니다. 요약하자면, 트럼프와 그런 일이 있었다는 기억은 없다는군요." 그렇다고 그 여성의 말이 거짓말이라는 뜻은 아니다. 그러나 기사에 그녀의 주장을 인용할 수 없다는 뜻인 것은 맞았다.

여러 여성의 이야기를 그들 각자의 언어로 실은 이 기사는 동부 시간으로 2016년 5월 14일 토요일 새벽에 발행되었고, 곧 폭발적인 반응을 얻어 그해까지 〈타임스〉에 실린 정치 기사 중 최대 조회 수를 기록했다. 자신에게 치명적인 이야기가 나올 때마다 맹렬하게 공격하는 것으로 유명한 트럼프가 주말 내내 이 기사에 묵묵부답으로 일관했다는 사실 역시 이 기사에 힘을 실어주는 증거로 보였다. 메건과 바바로는 기사를 발행하기 전 트럼프와 긴 인터뷰를 했고 그의 답변도 기사에 실었는데, 그중에는 자신이 어떠한 위법행위도 저지르지 않았다는 부인과 언제나 여성을 존중하는 태도로 대했다는 주장도 있었다.

월요일 아침, 두 기자가 CBS의 〈디스 모닝〉 뉴스쇼에 출연해 이 기사에 대해 인터뷰하려고 대기 중일 때, 게일 킹(Gayle King)이 대기실로 들어오더니 TV를 향해 손짓했다. "보셨어요? 로웬 브루어 레인(Rowanne Brewer Lane)이 방금 〈폭스 앤드 프렌즈〉에 나와서 당신들 기사를 반박하던데요?"

브루어 레인은 그들이 기사에서 가장 처음 인용한 사람이었다. 과거 모델로 활동하던 1990년, 트럼프 소유의 리조트 마러라고에서 열린 풀 파티에서 트럼프를 만난 그녀는 인터뷰에서 그가 자신에게서 눈을 떼지 않았고, 자신을 방으로 데려갔으며, 수영복으로 갈아입으라고 한 뒤 손님들에게 자랑했다고 밝혔다. 브루어 레인은 기사에 실린 트럼프와의 만남 자체에 이의를 제기한 것은 아니었다. 그 상황이 "트럼프와 그가 잘 알지도 못하는 한 젊은 여성 사이의 품위 없는 접촉"으로 묘사된 것이 불만이었다.

5천 단어 길이의 이 기사 중 브루어 레인에 관한 내용은 일부였으며, 이후 그녀가 트럼프와 연인으로서 만남을 계속 가졌다는 점 역시 지적하고 있었다. 하지만 그녀가 공공연하게 기사를 비판한 덕분에 트럼프가 기사 전체를 공격할 수 있는 빌미가 생겼다. 그는 브루어 레인이 한 말을 곧바로 낚아채 맹렬하게 트위터에 글을 쏟아내기 시작했다.

정말이지 @nytimes는 부정직하기 짝이 없다. 어제 실린 나에 대한 날조 기사를 로웬 브루어가 거짓말이라며 날려버렸다!

오늘 나에 대한 @nytimes의 날조 기사에서 중심이 된 여성이 앞으로 나선 덕분에 그 기사가 거짓임이 밝혀졌다!

오래지 않아 트럼프의 지지자들도 몰려와서 메건과 바바로를 향해 소셜미디어, 이메일, 격앙된 전화통화로 직접적인 공격을 퍼부었다. 두 기자가 쓴 기사에는 트럼프에게 제기된 심각한 성폭력 혐의들이 자세히 기록되어 있었다. 그러나 심각성이 훨씬 덜한 일화 하나에 대한 비판 때문에 메건과 바바로는 수세에 몰리고 말았다.

우파 언론계의 거물 빌 오라일리(Bill O'Reilly)의 스태프들이 메건에게 끝도 없이 전화를 걸어 "당신은 페미니스트입니까?" 하면서 마치 그 사실이 그녀의 신뢰성을 깎아내릴 수 있기라도 한 듯 물어댔다. 빌 오라일리 측의 동기가 수상했던 메건이 인터뷰 요청을 거절하자 그는 수백만 시청자들이 보는 공중파 방송에서 그녀의 기사를 믿어선 안 된다고 했다. "문제는, 메건 투히가 페미니스트라는 것, 최소한 그렇게 보인다는 점입니다." 그의 말이었다. 얼토당토않은 소리였으나─〈워싱턴포스트〉의 질문대로, 그렇다면 이 기사를 쇼비니스트(chauvinist, 맹목적 애국주의자)가 보도했어야 한다는 말인가?─빌 오라일리는 자신의 영향력을 유감없이 발휘해 기사의 파급력을 약화시키고 메건에게 불명예를 안기고자 했다.

메건은 대중으로부터 난생처음으로 경험하는 극심한 공격을 당했다. 2016년 6월, 오래전부터 정해진 자신의 결혼식 일정이 다가오자 뉴스룸을 비울 수 있어 다행이라는 생각이 들 정도였다.

그런데 강제로 키스나 신체 접촉, 그보다 더 심한 일을 당했다고
주장한 여성들이 또 있을까? 신혼여행을 마치고 돌아온 메건은 트럼프
에 대한 보도를 이어갔다.

몇 달 뒤인 10월 7일 금요일, 메건이 취재원과 통화를 하고 있는
데 동료들이 벌떡 일어나더니 뉴스룸 곳곳에 있는 TV 앞에 모여들기 시
작했다. 〈워싱턴포스트〉가 2005년 가십 프로그램인 〈액세스 할리우드〉
에서 트럼프가 성폭력을 자랑스레 떠들어댔던 녹취록 일부를 입수했다
는 뉴스였다.

전 아름다운 사람을 보면 자동적으로 끌립니다—바로 키스해버리지
요… 기다리지도 않아요. 상대방이 스타라면 가만히 있습니다. 그래
서 무슨 짓이든지 할 수 있지요… 음부를 움켜쥘 수도 있고요. 무슨
짓이든 해도 돼요.

대선 후보가 공식적인 자리에서 할 만한 말이 절대 아니었다. 마
치 메건이 지난 몇 달간 이어 맞추려 애쓰던 행동들을 그 말이 확인해
주는 것 같았다.

트럼프는 자신이 한 말에 대해 사과했고, 그 뒤에는 그 말을 부정
하느라 애를 썼다. 〈액세스 할리우드〉에서 한 이야기는 그저 시시한 음
담패설일 뿐이라는 주장이었다. 이틀 뒤인 10월 9일 대선 토론 중에 그
는 자신이 여성의 동의 없이 키스한 적도, 신체의 중요 부위를 움켜쥔
적도 없다고 부정했다. 그러니까 허세를 부린 건 사실이다. 하지만 실제

그런 일을 했는가? "아닙니다, 한 적 없습니다." 트럼프의 대답이었다.

일주일이 채 지나기도 전에, 메건과 바바로는 녹취록 속 트럼프의 말이 자신의 경험과 일치한다는 두 여성의 이야기를 담은 새로운 기사를 거의 완성했다. 맨해튼 어퍼이스트사이드의 깔끔한 원룸 아파트에 사는 은퇴한 증권거래인이자 누군가의 증조할머니이기도 한 74세 제시카 리즈(Jessica Leeds), 그리고 오하이오 주 그린스프링스에 있는 고등교육기관에서 박사학위를 준비 중인 33세 레이철 크룩스(Rachel Crooks) 두 사람 모두 〈타임스〉에 트럼프에 관한 이메일을 보내왔던 것이다.

1980년대 초반 신문사의 영업사원이었던 리즈는 출장 중 댈러스 발 뉴욕행 항공기에서 운 좋게 좌석을 일등석으로 업그레이드 받았다. 그때 옆자리에 우연히 앉았던 사람이 키 크고 금발에 말이 많은 도널드 트럼프였다고 했다. 이륙하고 45분이 지났을 때 트럼프가 리즈에게 몸을 기대오더니 가슴을 움켜쥐고 치마 속에 손을 집어넣으려 했다는 것이 그녀의 주장이었다.

"그가 내 온 몸을 손으로 더듬었어요." 리즈는 자신이 도망치듯 이코노미석으로 좌석을 옮겼다고 썼다.

크룩스는 간호사와 기술자의 딸로, 부모는 정치 이야기는 삼가면서도 공화당을 지지하는 사람들이었다. 고등학교 시절에는 농구, 육상, 발리볼 종목에서 주 대표 선수였으며 투표에서 '가장 성공할 것 같은 사람'으로 뽑히기도 했다. 2005년 크룩스는 뉴욕에 살아보고 싶었다. 남자친구와 함께 브루클린 외곽의 값싼 아파트를 빌려서는 접이식 매트리스를 살 돈이 모일 때까지 에어매트리스만 놓고 잤다. 그녀는 집세를 벌려고 트럼프 타워 24층에 위치한 트럼프 기업의 계약을 처리하는 부동산

개발회사에서 비서로 일하게 되었다. 〈어프렌티스〉가 방영되어 시즌 최고의 인기를 누린 다음 해였다.

그해 겨울 어느 날, 자신이 일하는 층 엘리베이터 앞에 서 있는 도널드 트럼프를 마주친 크룩스는 얼른 그에게 다가가 자기소개를 한 뒤 업무상의 악수를 건넸다. 그는 손을 놓아주지 않았어요, 하고 그녀는 말했다. 그는 그녀의 뺨에 키스했다. 그다음에는 입술을 찾아 세게 눌렀다. 합쳐보아야 1, 2분 만에 끝난 일이었다. 그녀는 22살이었다. 같이 살고 있던 남자친구 말고 다른 사람과 키스해본 적도 없었다.

"트럼프 씨가 저를 그런 식으로 함부로 대해도 되는 무가치한 존재로 보았다는 사실에 화가 났어요." 크룩스는 그렇게 썼다.

크룩스가 설명한 강제적인 키스는 미스 유타로 선발되었던 여성이 주장한 바와 거의 똑같았다. 리즈가 설명한 신체 접촉은 트럼프와 미인대회 사업을 같이하던 파트너가 견뎌내야 했던 바와 유사했다. 리즈와 크룩스 두 사람 모두 메건과의 통화에서 자신의 주장을 기사에 실어도 된다고 동의했다. 두 여성 모두, 관심의 대상이 되고 싶은 생각은 없었다. 그저 트럼프가 거짓말을 하고 있음을 세상에 알리고 싶어 했다.

메건과 바바로는 이 주장에 이해관계가 엮여 있을 가능성을 염두에 두었기에 두 여성의 친구와 가족을 상대로 이중 확인을 거쳤다. 또, 두 여성의 배경 역시 치밀하게 조사해 그들이 힐러리 클린턴 선거 운동과 무관하다는 것도 확인했다. 심지어 메건은 크룩스가 실제로 트럼프 타워에서 일했음을 확인하기 위해 사무실 책상에 앉아 찍은 옛날 사진을 보내달라고 요청하기까지 했다. 어쩔 수 없는 절차였으나 두 여성에게는 모욕적일 수 있었다. 그럼에도 이는 그들, 그리고 〈타임스〉를 보호하기 위한 조치였다.

　마지막 단계는 트럼프 측에 이 주장을 알리는 것이었다. 메건은 해가 질 때까지 식탁에 앉아 이메일에 눈을 떼지 않은 채로 트럼프의 대변인으로부터 형식적 거절의 말이 도착하기를 기다렸다. 그런데 이메일 대신 휴대폰이 울렸다.

　전화를 건 사람은 트럼프 본인이었다.

　그는 메건이 채 질문을 시작하기도 전에 비난을 쏟아내기 시작했다. 제시카 리즈도 레이첼 크룩스도 거짓말을 하고 있다. 나는 그 사람들이 누군지도 모른다. 내가 그런 짓을 했다면 그들이 어째서 경찰에 고발하지 않았겠는가?

　메건은 이 여성들이 그와 아는 사이라고 주장한 것이 아니라 그와 만난 적이 있다고 주장했을 뿐임을 설명했다. 또, 과거의 미스 유타, 그리고 미인대회 사업의 파트너였던 여성의 주장도 상기시켜주었다.

　트럼프는 부글부글 끓더니 표적을 바꾸었다. 〈타임스〉가 이 여성들의 이야기를 날조했다고, 기사를 내면 고소하겠다고 했다.

　메건은 그의 말이 끊기지 않도록 계속 질문을 하며 유도했다. 그렇다면 최근 유출된 〈액세스 할리우드〉 녹취록에 관해서는 어떻게 생각하십니까? 메건은 그가 녹취록 속에서 자랑한 행동들을 실제 한 적 있는지 재차 물었다.

　"그런 적 없습니다." 트럼프는 목소리를 높여 주장했다. "그런 짓은 하지 않습니다. 그저 음담패설이었다니까요."

　그러더니 그는 메건을 향해 분노를 터뜨렸다. "당신 정말 역겹군!" 트럼프가 고함을 질렀다. "당신은 역겨운 인간이야!"

전화가 끊어지자 메건은 한시름 놓았다. 괴로운 통화였지만, 트럼프에게 혐의에 응답할 기회도 주었다. 이제 기사에 그의 반응까지 담아 공개할 수 있게 되었다.

잠시 후, 플로리다에서의 선거 유세를 위해 무대에 오른 트럼프는 지지자들의 천둥 같은 에너지와 분노의 방향을 언론을 향해 돌리는 작업에 착수했다.

"부패한 언론들이 야합해 여러분, 미국 국민에게 맞서고 있습니다. 그런데 그것 아십니까, 이는 중상모략이자, 비방이며, 끔찍하고, 너무나도 부당한 일입니다. 하지만 우리는 그 시스템을 무너뜨릴 겁니다."

선거일까지 4주도 남지 않은 시점이었다. 공화당 소속 백악관 대변인은 〈액세스 할리우드〉 녹취록이 역겹다고 했다. 존 매케인(John McCain) 상원의원은 트럼프 지지를 철회했다. 부통령 후보자 마이크 펜스(Mike Pence) 주지사는 트럼프의 가족을 위해 기도하겠다고 말했다. 일부 공화당원들은 그가 경선에서 사퇴해야 한다고 주장했다.

다른 여성들도 트럼프에게 혐의를 제기하며 나섰다. 그중 한 여성은 친구들과 나이트클럽을 찾았다가 트럼프를 만났다고 했다. 또 다른 여성은 〈어프렌티스〉 참가자였다. 세 번째 여성은 트럼프와 그의 세 번째 부인 멜라니아와의 결혼 1주년을 다룬 밸런타인데이 특집 기사를 쓴 기자였다. 이 이야기 중 일부는 메건의 기사에 나오는 것과 본질적으로 똑같았다. 트럼프가 그들을 움켜쥐고, 더듬고, 만지작거렸으며, 벽에 밀어붙인 다음 자신의 하체나 성기를 들이밀었다는 주장이었다. 이제 그 누가 이러한 가해 행위의 패턴을 무시하거나 묵살할 수 있겠는가?

그러나 기자들이 이런 혐의들을 전부 조사할 수는 없었다. 권력층 남성들을 상대하는 미성년자 성매매 집단을 운영하고 매춘을 알선한 혐의로 경찰 수사를 받은 유명 금융가 제프리 엡스타인(Jeffrey Epstein)이 20년 전 주최한 파티에서 트럼프가 13세 소녀를 성폭행했다고 주장하는 충격적인 민사소송이 제기되었다. 그러나 이 소송에서 제인 도라고만 불린 피해자의 신원은 기밀 보장을 약속하는 한에서도 기자들에게 공개되지 않았고, 접촉도 불가능했다. 당사자의 존재를 확인하고 그 주장을 조사할 방법이 없는 이상 메건은 이 사건을 취재하지 않기로 했고, 동료들에게도 손대지 말라고 권고했다.

눈길을 끄는 주장은 이외에도 있었으나 보도할 가치는 없어 보였다. 메건은 TV로 어느 여성이 차에 타려고 기다리던 중 트럼프가 실수로 자신의 가슴을 스쳤고 자신에게 야유를 보냈다는 이야기를 기자회견장에서 울면서 하는 걸 보았다.

신중하게 보도했던 크룩스와 리즈의 주장이 다른 주장들과 뒤섞이는 가운데 트럼프는 단호한 부정에서 맹렬한 공격으로 노선을 바꾸었다. 그를 고발한 여성들은 거짓말쟁이들이다. 유명해지고 싶어서 나선 것이다. 힐러리 클린턴 지지자다. 너무 추하고 호소력이 없어 관심을 줄 가치도 없다. 고소하겠다.

트럼프의 지지자들이 그의 신호를 알아듣고 또다시 행동에 착수했다. 폭스 비즈니스의 앵커인 루 돕스(Lou Dobbs)는 백만 명 가까운 트위터 팔로워들에게 제시카 리즈의 휴대폰 번호와 주소, 그녀가 클린턴 재단에서 일한다는 거짓 주장이 담긴 보수주의 뉴스 사이트 링크를 공유했다.

리즈는 쉽게 겁먹지 않았다. 반면 레이철 크룩스는 극도로 동요했다. 오하이오의 자택 앞마당을 기자들이 가득 메우고 있어 바깥출입조 차 할 수 없었다. 트럼프 지지자들이 메시지를 퍼붓는 바람에 온라인 활 동 또한 할 수 없었다. "너는 정말 추하다. 너는 돈을 노리고 이런 짓을 한다. 누가 이 나라를 위해 네 머리에 총을 들이대야 한다." 가족끼리 친 한 사이라고 밝힌 어떤 이는 페이스북에 리즈의 주장이 거짓임을 안다 는 글을 올렸다. 크룩스의 이름을 검색하면 가장 먼저 뜨는 페이지가 그 글이었다. 또, 크룩스가 전혀 모르는 어떤 남성은 그녀가 일한 적도 없 는 회사에서 횡령을 했다고 주장했다.

공격이 지속될수록 메건은 점점 더 괴로워졌다. 그녀는 대선 후보 에 대한 중요 정보는 공익을 위해 공유해야 한다며 그들이 공식적으로 발언하게 부추겼다. 두 여성의 내밀한 사생활을 온 국민이 읽을 수 있게 커다란 벽에 적어놓은 사람이 바로 그녀였다. 그 결과 두 여성은 언론에 포위되어버렸다. 크룩스는 만약 트럼프의 고소가 위협에 그치지 않고 실제로 일어난다면 〈타임스〉는 어떤 도움을 줄 수 있느냐고 떨리는 목 소리로 물어왔다. 해줄 수 있는 대답은 거의 없었다. 매주 〈타임스〉 기사 에 인용되는 사람들이 수천 명에 달했다. 다른 출판물과 마찬가지로 〈타 임스〉 역시 취재원에 대한 법적 책임까지 보증할 수는 없었다.

공격은 메건에게도 쏟아졌다. 트럼프 지지자들은 전화로, 온라인 으로 위협을 가했다. 한 익명의 남성이 메건을 강간하고 살해해 허드슨 강에 유기하겠다는 메시지를 반복적으로 보내자 〈타임스〉 보안 팀에 알 렸다. 메건은 임신 중이었고 점점 눈에 띄게 배가 나오기 시작했기에 모 르는 사람들이 트위터를 통해 아기에 관한 위협 또는 더 심한 짓을 할지 도 모른다는 걱정이 들었다.

트럼프 본인도 고소하겠다며 협박해왔다. 트럼프의 변호사가 바케이에게 리즈와 크룩스의 주장을 철회하라는 공개서한을 보냈다. "이를 실행하지 않을 시, 제 의뢰인에게는 가능한 모든 조치와 행동을 취하는 것 외에는 다른 선택지가 없습니다."

〈타임스〉 부사장이자 법무실장이던, 동요하지 않고 기자들을 보호하는 태도 덕분에 뉴스룸 사람들의 사랑을 받던 데이비드 맥크로(David McCraw)는 지지 않고 맞받아쳤다.

"그들의 목소리를 침묵시키는 것은 비단 우리 독자들뿐 아니라 민주주의 그 자체도 훼손시키는 일입니다."

맥크로는 트럼프에게 〈타임스〉를 상대로 소송을 걸라고 부추기다시피 했다. "만약 그가 미국 국민은 이 여성들이 하려는 말을 들을 권리가 없다고 믿고, 미국의 법이 우리를 비롯해 그를 감히 비판한 이들을 침묵시키고 처벌해야 한다고 믿는다면, 우리는 기꺼이 그를 교정하기 위해 법정에 서겠습니다."

이는 비단 언론뿐 아니라, 여성이 권력을 지닌 남성에게 혐의를 제기할 권리 역시도 열렬히 옹호하는 발언이었다. 이 편지는 〈타임스〉 웹사이트에 게재되자마자 순식간에 입소문을 탔다.

그러나 뉴스룸 안의 메건은 맥크로의 예견대로 트럼프가 선거에서 패배할 시 그녀와 바바로, 그리고 〈타임스〉를 상대로 소송을 걸까 봐 두려워하고 있었다. 소송에서 결국은 이기더라도 법적 공방은 길고 고될 것이다. 메건은 추후 법적 증거로 쓰일지도 모른다는 생각으로 메모와 이메일, 문자 메시지를 전부 보관하기 시작했다.

3주하고도 반이 지난 11월 7일, 메건은 수많은 이들이 미국의 첫 여성 대통령이 탄생하는 순간이 되리라 생각했던 대선 결과를 지켜보려고 일리노이로 향했다. 상징적인 효과를 불러일으킬 수 있도록 힐러리의 고향인 시카고 교외의 파크 리지에 있는 투표소를 찾아 현장의 순간을 포착해오라는 편집자들의 지시 때문이었다.

메건은 힐러리 지지자도, 다른 누구의 지지자도 아니었다. 특정 후보를 지지하는 것은 기자답지 못했다. 몇 주 전, 메건은 빌 클린턴에게 성추행 및 그 이상의 혐의를 제기했던 여성들과 싸우기 위해 힐러리 클린턴이 어떤 행동을 했는지를 부각시키는 기사를 써서 민주당 후보 지지자들의 격렬한 분노를 유발했다. 힐러리 클린턴 지지자들은 힐러리가 그 문제에 최소한으로 개입했다고 주장했으나, 메건은 힐러리가 사립탐정을 고용해 이 여성들의 명예를 더럽힐 만한 흠결들을 찾은 증거를 찾아냈다.

메건은 유권자들이 트럼프에게 제기된 성폭력 혐의 외에도 여러 요소를 바탕으로 선택을 내릴 것임을 알았다. 그럼에도 인터뷰에 임할 때 그녀는 유권자들이 혐의에 대해 우려를 드러내리라 예상했다. 선거 직전 몇 주간, 수많은 여성들이 #WhyWomenDontReport 같은 해시태그를 달고 트럼프와 유사한 행위를 저지른 남성들을 온라인상에 고발했다. 그중에는 제작사 대표에게 폭행을 당했다고 트위터에 쓴 로즈 맥고언도 있었다.

그러나 투표소 인터뷰를 진행하면 할수록 메건은 교외의 백인 여성 중 트럼프에게 제기된 혐의나 〈액세스 할리우드〉 녹취록에서 그가 직접 내뱉은 말에 대해 신경 쓰는 이들이 극히 적다는 사실을 알 수 있었다. 그날 밤 메건은 굳이 TV를 볼 필요가 없었다. 트럼프가 대통령으로 당선되었음을 이미 알고 있었기 때문이다.

대선이 끝난 다음 해 4월, 메건과 조디는 와인스타인 조사의 첫 시작과 직접적으로 연관된 일련의 진전들을 지켜보며 각자 놀라움에 사로잡혔다. 〈타임스〉는 권력의 최전성기를 누리던 우파 뉴스 진행자 빌 오라일리와 그가 소속된 폭스 뉴스가 여러 건의 성추행 혐의를 은폐했음을 폭로했고, 결국 오라일리는 진행자 자리에서 물러났다. 보도까지 8개월이 걸린 그 기사는 에밀리 스틸(Emily Steel)과 마이클 슈미트(Michael Schmidt)가 쓴 것으로, 오라일리가 자신을 언어폭력, 음란한 말, 원치 않는 유혹으로 고소한 최소 다섯 명의 여성에게 합의금을 지급했음을 밝혔다. 오라일리 그리고 폭스 뉴스가 여성들을 침묵시키는 대가로 건넨 금액은 총 천 3백만 달러로 예상되었다. 미국 최고의 페미니즘 비방가가 비밀리에 거액의 합의금을 지급해왔던 것이다.

〈타임스〉의 기사화에 동의한 여성은 단 한 명이었다. 그 여성은 예전에 오라일리의 게스트였던 웬디 월시(Wendy Walsh)로, 호텔 스위트룸으로 오라는 오라일리의 제안을 거부하고 난 뒤 그가 진행하는 프로그램 기고자가 될 수 있는 기회를 놓치며 금전적인 손해를 입었다. 기사에 등장하는 여성 대부분은 오라일리 또는 방송사와의 합의 때문에 침묵해야 했다. 그들은 거액의 합의금을 받는 대가로 일어난 일을 결코 발설하지 못하게 되었다.

그러나 스틸과 슈미트는 중요한 사실을 알아차렸다. 그렇게 복잡한 거래는 결코 진정한 비밀일 수 없다는 사실이었다. 합의가 이루어지려면 변호사와 협상, 돈이 개입하게 되고, 결국 동료, 에이전트, 가족, 친구 등 타인에게 알려질 수밖에 없다. 이렇게 오간 합의금은 오라일리에게 제기된 혐의를 이야기할 수 있는 법적, 금전적 흔적으로 남았다. 합의는 이야기를 막지 못했다. 합의는 혐의의 대상인 위법행위를 어떻게 은폐했는가를 알려주는 이야기였고, 이는 성폭력을 보도하는 새로운 방식이 되었다.

메르세데스 벤츠와 올스테이트 등의 광고주들이 며칠 사이에 오라일리의 프로그램과 손을 끊었다. 중요한 것은, 폭스 뉴스에서 일하는 다른 여성들도 오라일리를 고발하기 시작했다는 것이다. 〈타임스〉 기사가 나온 지 3주도 지나지 않은 4월 19일 자로 오라일리는 해고되었다. 오라일리뿐 아니라 공화당의 유력 인사이자 폭스 뉴스의 설계자 로저 에일스(Roger Ailes) 역시 해고되었는데, 그 이유는 여성을 학대한 혐의를 받아서가 아니라—폭스 뉴스는 사건 대부분을 이미 인지하고 있었다—그 혐의가 대중에게 공개되었기 때문이다. 이번이 처음이 아니라는 사실 때문에 이 사건은 한층 더 경악을 불러일으켰다. 마치 잠깐이지만 권력의 역학관계가 역전된 것만 같았다.

〈타임스〉 편집자들은 그 순간을 곧바로 꿰뚫어 보았다. 여성들은 성폭력에 이골이 나 있었다. "음부를 움켜쥔다"는 트럼프의 발언이 공개되었을 때와 마찬가지로 여성들은 오라일리 사건 앞에서 좌절감을 토로했다. 성폭력 문제에 있어 여성들에게 공식 발언에 응해달라고 설득하는 것이 결코 쉬운 일은 아니었다. 그러나 지금이야말로 솔직한 이야기를 들을 수 있는 드문 기회가 열린 셈이었다.

오라일리 기사가 각본이 되어주었다. 자기 이야기만 가지고 나선 여성은 거의 없었다. 그러나 가해의 패턴을 밝힐 수 있다면 이런 이야기를 더 많이 알릴 길이 열릴지도 몰랐다. 편집자들은 기자단을 꾸려 여러 업계를 살펴보게 했다. 실리콘밸리와 첨단기술 회사 모두 오래된 규칙에 얽매이지 않는 유토피아 같다는 평을 듣지만 여전히 여성은 예외인 업계였다. 또, 교수들이 같은 분야에서 커리어를 이어가고자 하는 대학원생들에게 권력을 행사하는 곳인 학계 역시 취재하기 적합했다. 기자들은 또한 가시화되는 일이 드물며, 감당하기 어려운 경제적 압박을 받기 때문에 경제적 지위가 상대적으로 높은 여성에 비해 발 디딜 곳이 적은 저임금 노동자에게 초점을 맞추겠다는 계획도 세웠다.

오라일리가 해고당하고 며칠 뒤, 리베카 코벳은 조디에게 두 가지 질문에 대한 답을 찾아보라고 했다. 첫 번째 질문, 권력을 지닌 미국 남성 중, 여성을 향한 가해 행위를 은폐하고 있는 사람이 또 있을까? 조디는 정보를 얻으러 여기저기 조용히 연락을 취했는데, 페미니스트 활동가 쇼나 토머스(Shaunna Thomas)가 할리우드, 로즈 맥고언이 곧 출간할 책에 대해 알려주면서 하비 와인스타인을 캐보라고 귀띔해주었다. 그런데 코벳이 조디에게 준 과제가 하나 더 있었다. 가해자 개개인을 넘어, 성폭력을 이토록 만연하게 하는 동시에 해결하기 어렵게 하는 요소인 시스템을 짚어내라는 과제였다. 모든 이야기에 등장하는 것만 같은 이런 합의가 얼마나 일상적으로 일어나는 것이며, 합의는 문제를 어떤 식으로 은폐하는가?

조디가 정보를 얻는 동안, 메건은 아직 복직 후에 자신이 무엇을 취재하게 될지 모르고 있었다. 그러나 두 기자는 제시카 리즈나 레이철 크룩스 같은 여성들이 나서게 된 동기가 무엇인지, 오라일리 기사가 〈타임스〉가 예민한 프로젝트를 원활하게 수행할 능력이 있음을 입증해줄 수 있을지를 논의했다. 피해자일지도 모르는 낯선 사람이 전화를 걸어오면 무슨 말을 해야 하는지를 분석하며 메건이 새로운 접근 방법 몇 가지를 제시했다. 그중 하나는 메건 자신이 시카고에서 성폭행 피해자의 이야기를 이끌어낼 때 사용했던 방법이었다. "제가 과거에 당신이 겪었던 일을 바꿀 수는 없지만, 우리가 당신의 경험을 통해 함께 다른 사람들을 보호할 수 있을지도 모릅니다."

이 문장이 그 어떤 말보다도 적절하게 느껴졌다. 이 문장은 책임질 수 없는 약속도, 입에 발린 말도 아니었다. 어째서 고통스럽고 골치 아픈 문제를 힘겹게 털어놓아야 하는지를 설득력 있게 제시하는 말이었다. 맥고언과 처음 나눈 이메일에서 조디가 전하고 싶었던 것 역시 그것이었다. 우리가 이 일에 진심으로 임하고 있다는 사실 말이다.

다른 이들을 돕는다는 것이 골자가 되어야 했다. 기자가 취재원의 입을 열기 위한 진실하면서도 선한 이유이자, "주목받고 싶지 않아요"나 "스트레스는 사절이에요"에 대응할 수 있는 유일한 답이기도 했다.

전화통화가 끝난 뒤 조디가 코벳에게 물었다. 메건은 언제쯤 출산 휴가에서 복귀하느냐고.

2장

할리우드의 비밀

메건의 조언은 큰 도움이 되었으나, 2017년 6월 와인스타인 취재를 이어갈 때 가장 큰 난관이었던 것은 최고의 배우들과 전화 연락 자체가 어렵다는 점이었다. 직업상 품위 유지가 필요한 배우들은 대중의 눈을 의도적으로 피하는 생활 방식을 택했다. 보통 이런 스타들에게 접촉하려면 홍보 담당자를 거친다. 그러나 홍보 담당자, 에이전트나 매니저를 통해 연락하는 방법은 고려할 필요조차 없었다. 이런 사람들은 대중의 관심으로부터 벽을 쌓고 유지하여 스타들을 지켜내는 대가로 돈을 받는 한편으로 와인스타인 같은 거물에게 충성을 다하는 경우가 종종 있었다. 또, 배우들에게 던져야 할 질문이 사적인 것이기에 돈을 받고 일하는 중개자들과 공유해서는 곤란했다. 조디는 배우들과 직접 연락을 취할 수 있기만을 바랐다. 그러나 아는 배우가 단 한 명도 없었다. 할리우드는 사실상 조디와 그 어떤 연결고리도 없는 세계였기 때문이다.

조디는 인터넷으로 얼마 전 프랑스에서 열린 칸 영화제 레드카펫 사진들을 찾아보았다. 언제나 그랬듯 남성 배우들은 거의 없었다. 니콜 키드먼(Nicole Kidman), 제시카 채스테인(Jessica Chastain), 살마 하이에크(Salma Hayek), 샤를리즈 테론(Charlize Theron), 마리옹 코티야르(Marion Cotillard)가 카메라 앞에서 포즈를 취하고 있었다. 와인스타인이 해마다 주최하는 자선 행사에 참여한 우마 서먼(Uma Thurman)이 반짝이는 금색 치마를 입고 서 있는 사진도 있었다. 미국 에이즈 연구 재단(amfAR)을 위한 블랙 타이 파티 겸 경매행사였다. 이 배우들 중에도 와인스타인에 의한 피해자가 있을까? 그렇다면 이들이 서로의 경험도 알고 있을까? 완벽하고 담담해 보이는 배우들은 도저히 닿을 수 없는 곳에 있는 것만 같았다

조디는 와인스타인이 제작한 영화에 출연한 적 있는 여성 배우들의 개인 이메일 주소와 전화번호를 찾기 시작했다. 그중에서도, 2015년 〈버라이어티〉 인터뷰에서 제작자로부터 성추행을 당했다고 밝힌 적 있는 애슐리 저드의 연락처를 알아보았다. 연락처 정보를 찾는 것 자체로도 전면 조사나 다름없었다. 공공 전화번호부에 등재된 친척들에게 전화를 걸고, 다리를 놓아줄지도 모르는 중개자들을 찾아보아야 했다.

간신히 몇몇 배우들과 연락이 닿더라도 통화는 짧고 소득 없이 끝나버렸다. 그때 인맥 넓은 한 친구가 힌트를 던져주었다. 배우 쥐디트 고드레슈(Judith Godrèche)에게 연락해보라고 했다. 프랑스에서는 모르는 사람이 없는 유명 배우인 고드레슈는 사적인 자리에서 와인스타인에게 피해를 입었다고 밝힌 적이 있었던 데다가 거침없는 성격이라고 했다. 조디는 고드레슈에게 이메일을 보냈다. 답장은 없었다. 또 한 번 보냈더니 짧은 답이 돌아왔다. "미안합니다, 변호사가 얽히지 말라고 해서요." 실망스러운 답이었지만 한편으로는 단서이기도 했다. "무엇에" 얽히지 말라는 소리였을까?

와인스타인의 옛 고용인들과의 연락은 좀 더 사정이 나았다. 그들과는 링크드인을 통해서, 회사 전화나 자택 전화를 통해 좀 더 쉽게 연락이 닿았다. 반응은 극과 극으로 달랐다. 대체로 기자에게서 연락이 왔다는 사실에 놀라지 않으면서도 대화는 거부했다. 조각 정보들을 알려주는 사람들도 있었다. 수년간 이어진 오래된 의혹이나, 할리우드 스타들과 연락을 취할 수 있는 방법이었다.

설교를 늘어놓는 이들도 있었다. 하비 와인스타인의 성생활은 사생활이라는 이야기였다. 여성 배우가 배역을 따내기 위해 제작자와 감독에게 굴복하는 관행인 "캐스팅 카우치"(Casting Couch, 캐스팅 담당자가 앉는 의자에서 따온 말—옮긴이 주)는 할리우드가 생긴 이래로 쭉 존재해온 것이며 불쾌한들 영영 사라지지 않으리라고 했다. (그 말을 강조하기라도 하듯, 프리미어 시사회가 자주 열리는 로스앤젤레스의 유서 깊은 중국 영화관 근처에는 실제 캐스팅 카우치를 본떠 만든 조각상이 있다.) 와인스타인이 여성을 취급하는 방식에 대해 설명하며 여러 사람이 같은 표현을 썼다. "아, 그 사람이 카우치를 사이에 놓고 그 여자를 쫓아다녔을 수도 있지요." 그들은 마치 팬터마임을 묘사하듯 이 여성, 저 여성에 대해 이야기했다. 옛 직원들은 마치 조디를 순진한 이상주의자인 양 취급했다. 와인스타인이 여성을 어떻게 취급하는가는 오랫동안 공공연한 비밀로 떠돌았다고 했다. 조디가 그 기사를 절대 쓰지 못할 거라고, 만약 쓰더라도 누구도 신경 쓰지 않을 거라고 했다.

6월 30일 금요일, 조디는 웨스트할리우드의 작은 식당에서 배우 머리사 토메이(Marisa Tomei)를 만났다. 미라맥스의 옛 직원에게서, 와인스타인이 토메이를 성희롱했으며 화가 난 그녀는 일터에서 울음을 터뜨렸다는 이야기를 들었던 것이다. 한 극작가를 통해 토메이와 연락을 취한 끝에 두 사람은 마침내 식당의 테이블에 마주 앉게 되었다.

조디가 전해 들은 이야기는 사실이 아니었다. 토메이는 와인스타인의 피해자가 아니었다. 그럼에도 그녀는 영화 업계에서 여성이 대우받는 방식 때문에 수십 년치의 절망을 쌓아온 사람이었다. 토메이는 〈디퍼런트 월드〉(1987), 〈나의 사촌 비니〉(1992)에서 〈엠파이어〉(2015)에 이르기까지 여러 영화와 드라마의 주연으로 활약했다. 해소될 기미가 없는 임금 격차로 괴로워하고, 남성 인물 위주의 장면에서 액세서리 취급을 받는다고 느끼는 일이 반복적으로 일어났다. 때로 연기란 남성 배우에게 장단을 맞춰주는 것에 지나지 않는다고 그녀가 말했다.

토메이는 자신의 이론을 이야기해주었다. 여성 배우들과 대중은 상호 오해라는 순환 구조에 갇혀 있다는 것이었다. 여성은 아주 어릴 때부터 스크린의 환상 속 여성들을 선망하고 이들을 닮아가도록 교육받는다. 그래서 많은 여성들이 배우를 꿈꾸게 된다. 운 좋게 배우가 되면, 성추행이나 가혹한 신체 기준에 관해 발설하지 못한다. 자승자박이 될 테니까. 그렇게 순환 구조는 지속되고 다음 세대의 여성들 역시 영화 업계가 자신들을 학대하리라는 것을 모른 채로 할리우드를 꿈꾸며 자라난다.

토메이는 폭로할 생각에 들떠 있었다. 여태까지 그녀는 자신의 이론을 심지어 동료 여성 배우들에게도 말한 적이 없었다. 외모만을 중시하는 영화 업계에 대한 솔직한 생각을 이야기하면 약점이 될 거라고 생각했기 때문이다. 그녀는 클레어 데인즈(Claire Danes)가 메릴 스트립(Meryl Streep) 그리고 조디 포스터(Jodie Foster)로부터 무엇을 배웠는지를 이야기한 2013년 《보그》 매거진 기사를 간직하며 연대감을 느꼈다. "아무리 돈이 많아도 여성이라는 이유로 주지 않기 때문에 돈을 요구해야 해요." 데인즈가 했던 말이다.

"연대감을 느끼기 위해 잡지 기사에 실린 짧은 글을 오려내기까지 했던 제 마음이 상상이 가세요?" 나중에 토메이는 조디에게 물었다. "혼자가 아니라고 느끼고 싶었어요."

서서히 조디는 공통의 친구나 몇 없는 의욕적인 매니저를 수소문해 다른 유명 여성 배우들과도 연락을 취할 수 있었다. 이들의 이메일

주소는 가명이거나 우스꽝스러운 별명일 때도 많았고, 전화통화를 시작하면 비밀을 지켜달라고 당부했다. 그럼에도 그들은 솔직했다. 이렇게 연락한 여성 배우들 중 대부분이 할리우드가 만연한 성추행에 시달리고 있다고 했다. 대릴 해나(Daryl Hannah)는 흥행 영화 여러 편에 출연해 조디에게도 익숙한, 그러나 불안한 목소리로, 자신이 와인스타인으로부터 피해를 입었지만 너무 두려워서 자세히 이야기할 수가 없다고 했다. 또 다른, 오스카 트로피를 수상한 한 여성 배우는 와인스타인이 성폭력을 그만두기를 오랫동안 바랐지만, 자신이 어떤 도움이 될 수 있을지 알 수 없다고 했다. 그녀에게 와인스타인과 있었던 일을 털어놓은 동료 여성 배우들이 사생활 보호를 부탁했기 때문이었다. 수년 전《뉴요커》에서 와인스타인 사건을 취재하다 실패했던 것,《뉴욕》매거진의 기사가 보류된 것을 알고 그녀는 어째서 기사들 속 모든 이야기가 없는 이야기처럼 되어버린 걸까 하고 생각했다.

그 배우들과의 대화는 기사화할 수 없었으나, 그럼에도 의미심장했으며, 와인스타인이 기삿거리가 될 수 없으리라고 설교한 이들의 말과는 상충했다. 토메이를 비롯해 이들은 세계적으로 성공했고 중요한 배역을 맡았으며 상까지 받은 배우들이었다. 내부자였음에도 성폭력 문제에 변화를 불러올 수 없다고 느껴온 그 여성 배우들은 〈타임스〉의 취재가 성공하기를 바랐다.

조디는 이들이 추천한 몇몇 다른 여성들과 접촉했으나 성과는 없었다. 다들 아무 일 없었다고 했다. 오래지 않아 지금까지 조디에게 도움이 되어주던 배우들 중에도 이메일과 문자 메시지에 답하지 않는 이들이 생겨났다.

토메이를 만났던 그 주, 조디는 희망적인 이메일을 한 통 받았다. 저명한 여성 인권 변호사 글로리아 올레드(Gloria Allred)의 딸이자 페미니스트 변호사로서 대중에게도 잘 알려진 리사 블룸(Lisa Bloom)이 그녀와 대화를 나누고 싶다고 했다. 블룸은 빌 오라일리와 빌 코즈비(Bill Cosby)를 비롯해 세간의 이목을 끈 주요 성폭력 사건에서 여성의 변호를 맡았었다. 조디는 블룸의 의뢰인 중 와인스타인에게 혐의를 주장하는 이가 있고, 그러다 〈타임스〉의 프로젝트를 알게 된 블룸이 도움을 주려 연락을 취한 것이리고 여겼다.

조디는 빌 오라일리 합의를 세상에 알린 기자 중 하나인 동료 에밀리 스틸에게 그 이메일을 전달했다. 스틸은 조디보다 열 살 남짓 어렸고, 체구가 작고 목소리가 높았는데, 조디는 금세 그녀가 하는 말을 전부 귀담아 듣게 됐다. 스틸은 이메일을 받자마자 전화를 걸어와 조심하라고 했다. 블룸이 와인스타인과 함께 진행하는 일이 있다고 했다. 공공연히 알려진 사실이었다. 몇 달 전 블룸이 트위터에 이런 소식을 터뜨렸던 것이다. "엄청난 소식: 제 책『수상한 국가』(Suspicion Nation)를 하비 와인스타인과 제이지(Jay Z)가 미니시리즈로 제작하고 있답니다!"

조디는 이 이메일 배후에 있는 이가 블룸이 아님을 깨달았다. 하비 와인스타인이 〈타임스〉의 계획을 알고 선제공격을 시도하는 것이었다.

아직 기사화 가능성도 확실치 않으니 취재가 이루어지는 중이라는 사실을 와인스타인에게 알릴 의무는 없었으며, 그의 인터뷰나 반응을 요청할 의무는 나중 일이었다. 그러나 와인스타인의 귀에 들어간 이상 취재는 더 어려워질 것이다. 중대한 가해 사실을 다루는 조사의 경우, 정보를 통제하고 취재원에게 접근하기 위해 조사 대상과 경쟁하게 된다. 기자는 폭로하기 위해, 상대는 은폐하기 위해, 경쟁을 벌이는 것이다.

좀 더 자유로운 취재가 가능했더라면 좋았겠으나, 조디가 할 수 있는 것은 취재를 계속하는 게 전부였다. 조디는 말을 삼가며 간략하게 블룸과의 통화를 마쳤다.

〈타임스〉 논설위원 니컬러스 크리스토프(Nicholas Kristof)의 도움으로 애슐리 저드와의 연락이 어렵잖게 이루어졌다. 그가 저드의 자서전에 서문을 쓴 인연이었다. 크리스토프를 통해 소개를 전하고 며칠 뒤, 조디와 저드는 페이스타임으로 통화했다. 저드는 이미 연락한 이유가 무엇인지 알고 있었다. 그리고 토메이의 경우와는 달리, 저드에게는 와인스타인에 관한 사적인 이야기가 존재했다.

1996년, 저드가 20대 후반의 나이로 〈히트〉, 〈타임 투 킬〉 같은 영화에 출연해 스타덤에 오르기 시작했을 무렵, 그녀는 로스앤젤레스에서 열린 한 행사에서 와인스타인을 만났다. 와인스타인이 만남을 요청했을 때, 저드는 일과 관련된 대화를 하는 줄로 알았다. 장소는 베벌리힐스 호텔이었다. 저드의 기억에, 호텔 내의 폴로 라운지 레스토랑에서 만났던 것 같다. 그녀는 아무런 의심조차 하지 않았다. 아버지와 함께 출장길에 올랐기에 행사에서 아버지와 와인스타인을 서로 소개시켜주기까지 했다. "우리 아버지조차도 그런 일은 전혀 예상치 못하셨어요." 그녀가 말했다.

호텔에 도착한 저드는 안내를 받아 와인스타인이 기다리고 있는 스위트룸에 도착했는데, 그곳에는 얼음에 재운 샴페인이 준비되어 있었다. 저드는 샴페인을 몇 모금 홀짝인 게 다였다. 가벼운 잡담을 나눈 뒤, "최대한 빨리 그곳을 빠져나왔다"고 그녀는 회상했다. 와인스타인의 꿍꿍이가 의심스러워서였다.

며칠 뒤 와인스타인은 또다시 저드를 불러냈다. 이번에는 베벌리힐스의 페닌슐러 호텔에서 조찬 미팅을 하자고 했다. 이른 아침이니만큼 당연히 안전할 거라고 저드는 생각했다.

호텔에 도착했을 때 그녀는 지쳐 있었다. 모건 프리먼(Morgan free-man)과 함께 출연하는, 처음으로 참여하는 스릴러 대작 〈키스 더 걸〉을 밤새 촬영하고 세트장에서 곧장 온 참이었다. 리셉션 직원에게서 와인스타인이 레스토랑이 아니라 스위트룸에서 기다리고 있다는 말을 듣자 그녀는 짜증이 났다. 졸린 데다가, 룸서비스를 주문하면 시간이 오래 걸릴 터였다. 시간을 아낄 수 있게 시리얼을 주문해야겠다고 생각했다.

방에 도착했을 때 와인스타인은 뜻밖에도 목욕가운 차림이었다고 저드는 회상했다. 그는 그녀더러 마사지를 해주겠다고 제안했다. 그녀가 거절하자, 이번에는 어깨를 주물러주겠다고 했다. 또 거절했다. 그러자 와인스타인이 저드를 옷장 쪽으로 데려가서는 그날 입을 옷을 골라달라고 했다. 그다음에는 욕실로 끌고 갔다. 20년이 지난 일인데도 아직 그 호텔 방 구조가 생생히 떠오른다고 그녀가 말했다.

와인스타인은 노골적으로 성적 요구를 하기 시작했다고 그녀는 말했다. 매번 거절했지만 그는 포기를 몰랐다. "다양한 방식으로, 여러 번이나 싫다고 말했지만, 그러면 그는 또다시 질척거리는 요구를 해왔어요." 그녀가 말했다. 와인스타인은 마치 군인처럼 딱딱 떨어지는 동작으로 여기로 가라, 저기로 가라, 하며 그녀를 끌고 다녔다고 했다. 그러다가 마침내 그는 타협이라도 한다는 듯, 자기가 샤워하는 모습을 지켜봐달라고 했다.

그녀는 호텔 방 안에 옴짝달싹 못하게 갇혀버린 기분이었고, 영화배우로서 앞으로의 전망이 훼손될까 두려웠다. "잃을 게 많았어요. 미라맥스가 주는 명성도요." 그녀가 말했다.

출구 전략, 와인스타인에게서 벗어날 방법이 필요했다. "내기 하나해요, 하비." 그녀는 그렇게 말했다고 한다. "제가 미라맥스 영화로 아카데미 시상식에서 상을 타면 그때 오럴 섹스를 해드리죠." 그렇게 말한 뒤 그녀는 방을 나섰다.

저드는 그때 자신에겐 선택지가 없었다고 했다. 제작자를 퇴짜 놓으면 배우 경력에 해가 될 수 있었다. 그래서 그녀는 그의 기분을 상하게 하지 않는 동시에 그 자리를 안전하게 떠날 수 있는 농담을 얼른 짜낸 것이다.

당시에 저드는 이 일을 소름 끼치는 사건으로 여겼다. 오래지 않아 그 일을 어머니인 가수 나오미 저드(Naomi Judd)에게 알렸다. 그다음에는 아버지에게, 에이전트에게, 나중에는 다른 사람들에게도 털어놓았다. 수화기 너머로 들려오는 저드의 목소리가 태연했던 것은 그 때문이었는지도 모르겠다. 그녀는 이 이야기를 혼자만 꽁꽁 감추고 있지 않았다. 그렇기에 그녀의 이야기는 날것의 자기 고백 같은 느낌으로 다가오지 않았다.

몇 년 뒤, 그녀는 멕시코 화가 프리다 칼로 배역을 맡은 살마 하이에크의 부탁으로 미라맥스에서 제작한 영화 〈프리다〉에 출연하게 되었다. (저드는 여전히 와인스타인을 경계하고 있었지만, 하이에크를 돕고 싶었다.) 멕시코에서 촬영하던 중 두 사람 그리고 함께 출연한 발레리아 골리노 (Valeria Golino)는 하루짜리 휴가를 얻어 리조트에서 휴식을 취했다. 세 여성 배우가 야외 테이블에 앉아 있는데 와인스타인이 다가왔다. 그가 다른 두 배우에게 따뜻하게 인사하면서 자신에게는 아는 척도 하지 않았다고 주드는 회상했다.

와인스타인이 자리를 떠나고 나서, 저드는 나머지 두 배우에게 로스앤젤레스의 호텔 방에서 있었던 일을 말해주었다. 그 사람은 원래 그래, 하고 그들은 말했다. 그는 항상 그런 요구를 한다고 했다. 두 사람에게도 비슷한 행동을 한 적이 있다고 했다.

저드는 두 사람에게 어째서 여성들이 힘을 합쳐 와인스타인에게 맞서지 않느냐고 물었다. "어째서 우리가 그를 그렇게 두려워하는지 이해가 안 됐어요." 그녀가 말했다. 그러나 살마 하이에크는 〈프리다〉에 온 마음을 다 쏟고 있었고, 제작자인 와인스타인은 언제든 제작을 중단할 권한이 있었다.

저드와 한 시간에 걸쳐 통화를 하면서 취재의 방향이 조금 바뀌었다. 저드는 오래전부터 와인스타인의 문제 행동을 알고 있었던 여성 배우들에 대해 알려주었다. 그녀의 말에 따르면 와인스타인은 업무상 미팅이라는 빌미로 여성에게 성적 접촉을 강요하는 권력자였으며, 어느 누구도 이에 대한 조치를 취하지 않았다.

애슐리 저드의 성장 과정을 정의하는 단어는 외로움이었다. 1968

년 애슐리 시미넬라(Ashley Ciminella)라는 이름으로 태어난 그녀의 부모는 일찍이 갈라섰다. 당시 저드의 어머니는 아마추어 뮤지션이었는데, 집에서는 화성악 연습을 했으나 생활비를 벌기 위해 처음에는 종업원, 나중에는 비서 일을 했다. 덕분에 저드는 고등학교를 졸업할 때까지 총 네 개의 주에서 열세 곳의 학교를 전전하느라 매번 친구들과 헤어져야 했다. 같이 놀 친구가 간절한 나머지 언제나 곁에 있어주는 요정 친구들을 상상으로 만들어내기도 했다. 3학년이 되었을 무렵 애슐리 저드는 "반제품 셰프 보야르디 피자 같은 것을 만들어 직접 끼니를 챙겼고, 초콜릿 칩 쿠키도 반죽부터 직접 해서 구울 줄 알았으며, 전학 첫날에는 학교가 어딘지도 모르면서 혼자 스쿨버스를 타러 갔다"는 것이 회고록 『달콤쌉싸름한 모든 것』(All That Is Bitter and Sweet)에 등장한다. "다들 어디 있는 걸까?"라는 질문이 그녀의 어린 시절을 떠날 줄 몰랐다.

회고록에 따르면 저드는 성장 과정에서 여러 번의 성추행을 겪었다. 초등학생 때는 어떤 노인이 핀볼 머신에 넣을 25센트를 줄 테니 무릎에 앉으라고 했다. "그 사람이 갑자기 내 몸에 팔을 둘러 꽉 끌어안더니 자기 입으로 내 입을 짓누르며 입 속 깊숙이 혀를 밀어 넣었을 때 나는 충격을 받았다"고 그녀는 썼다. 자신을 돌봐주리라 믿었던 어른들에게 이 일을 이야기했으나, 어른들은 그녀의 말을 믿지 않았다. 고등학교 여름방학 때는 일본에서 모델 활동을 하다 상사에게 성적 학대를 당했으며, 지인으로부터 강간을 당했다고 했다.

그러나 그녀는 켄터키 대학교에 입학한 뒤 여학생회와 젠더학 수업을 통해 여성 연대를 깨우치게 되었다. 대학 캠퍼스 내 조명이 밝혀진 오솔길과 전화 박스들이 문득 부당함의 상징으로 보이기 시작했다고 그녀는 나중에 말했다. 어째서 여성들은 안전해지기 위해 스스로를 제약해야 하나? 이런 부당함이 나아질 수 있으리라는 생각에 이끌린 그녀는 운동에 관심을 갖게 되었고, 대학 신탁 관리자의 인종주의적 발언에 항의하는 의미의 동맹 파업을 주도했다. 그녀는 기독교 선교사가 되기로 마음먹었고, 졸업 후에 입단할 생각으로 평화봉사단에 지원해 합격하기도 했다.

하지만 젊고 기회가 있을 때 연기를 해보고 싶었던 저드는 선교사 대신 배우가 되었고, 나아가 스타가 되었다. 스타가 된 뒤에도 짬이 나는 대로 자신의 유명세를 활용해 지지 활동에 나섰으며, 빈민촌과 슬럼, 전 세계 병원들을 찾아 에이즈, 여성에 대한 폭력, 모성 보건, 가족계획에 대한 의식 고취 활동을 펼쳤다. 2006년 그녀는 살마 하이에크와 함께 과테말라의 HIV 클리닉과 성매매 집결지를 방문했다. 그곳에서 성판매 종사자들은 돈이 필요하기에 한 번에 2달러를 받고 하루 열 번에서 열두 번의 관계를 가진다고 했다. 할리우드 내에서도 여러 문제를 마주하는 와중에도 그녀는 사명을 가지고 공중보건에 힘쓰며 두 가지 삶을 별개로 이어갔다.

2009년 저드는 41세의 나이로 하버드 대학교 케네디 행정대학원 경력자 석사과정에 입학했다. (UN 사무총장 반기문, 그리고 빌 오라일리가 수료한 것과 같은 과정이다.) 개인적으로 그녀는 정치에 입문할 생각을 하고 있었다. 당시까지 테네시 주에서는 한 번도 여성 주지사나 상원의원이 당선된 적이 없어서였다.

하버드가 연예계보다 더 편안하게 느껴졌던 그녀는 자신이 다시 연기로 돌아갈지 확신할 수 없었다. "내 사람들을 찾았거든요." 그녀가 말했다. 가장 좋아했던 수업은 로스쿨의 다이앤 로젠펠트(Diane Rosenfeld) 교수가 가르치는 '젠더 폭력, 법과 사회 정의'였다. 그 수업에서 저드는 스터디 그룹을 꾸리자고 제안하고 직접 비스킷을 구워다 주며 로스쿨 2, 3학년생들과 친해졌고, 수업 시간에도 편하게 발언했으나, 할리우드 이야기는 거의 하지 않았다.

로젠펠트 교수는 수업 중 사법 체계는 여성이 아닌 남성을 보호하게 만들어진 것이라고 주장했다. 이와는 대조적인 사례로 보노보원숭이의 평등주의적 행동에 관한 연구를 소개하기도 했다. 보노보원숭이는 진화 과정에서 공동체 내 수컷의 성적 강제를 뿌리 뽑았다. 수컷 보노보가 암컷에게 공격적으로 굴면 암컷이 특정한 울음 소리를 낸다. 그러면 나무 위에 있던 다른 암컷들이 그 암컷을 돕기 위해 몰려와서 수컷의 공격을 막아낸다고 했다.

그 수업은 저드에게 계시, 어떻게 보면 귀환으로 다가왔다. 저드가 어린 시절에, 할리우드에서, 해외의 성매매 집결지와 클리닉을 찾으면서 알게 되고 목격한 일들은 로젠펠트 교수를 통해 얻은 지적인 틀과 이론으로 새로운 이해에 다다랐다. "제 수업에서 그녀는 자신의 온 존재로 모든 것을 소화해냈어요." 로젠펠트 교수의 말이다. 저드는 모든 일에 적극적으로 참여했다. 수업에도, 리셉션 행사에도 참여했고, 고위험 가정폭력범에 대한 GPS 모니터링을 다루는 연구 발표도 들으러왔다.

저드는 자신의 생각을 담아 여성들이 공통의 경험을 인식하고 성적 억압에 맞서기를 호소하는 학기 말 논문을 써냈다. "나는 여성 간 연대의 모형을 제시한다." 이 논문의 첫 장에 쓰인 말이다. 저드는 여성들이 고립되고 은밀한 삶에서 벗어나 보노보처럼 함께 모여 공격적인 남성을 몰아내기를 바랐다.

상황이 바뀔 수 있다고 여성들을 설득하기는 쉽지 않으리라고 쓴 이 논문으로 저드는 우수 논문상을 수상했다. "우리의 공식적 제도, 경제, 그리고 일상생활의 구조 속에도 편견이 자리하고 있다. 그러나 저편에서 무언가가 기다리고 있다." 그녀가 말했다.

여성들에게 필요한 것은 "고립을 깨뜨리는 담대한 한 걸음"이라고 그녀는 썼다.

하지만 2017년 6월까지도 저드는 와인스타인을 공개적으로 고발할지 마음을 정하지 못하고 있었다. 그녀는 이미 그의 행동을 폭로하려 시도한 적이 있었다. 2015년, 저드는 《버라이어티》 매거진 인터뷰에서 와인스타인, 하이에크, 골리노의 이름을 밝히지 않고 그 사건을 이야기했고, 이로써 무언가가 일어나기를, 다른 사람들도 함께 입을 열기를 바랐다.

별다른 일은 일어나지 않았다. 봇물 같은 관심이 쏠린 대상은 와인스타인이 아니라 저드였으며, 그나마도 짧고도 선정적인 관심이었다. 그 사건에 대한 지나친 질문을 피하기 위해 저드는 영화 〈빅 스톤 갭〉에 참여하며 대중의 관심으로부터 멀어져야 했다. 또다시 앞으로 나선다 한들 똑같은 경험이 되풀이될지도 몰랐다.

그 경험은 교훈을 안겨주었다. 《버라이어티》에 실린 저드의 주장은 용기 있었으나, 가해자의 이름도 진술을 뒷받침할 증거도 없는 일방적 이야기에 불과했다. 저널리즘의 영향력은 특정성에서 나온다. 즉 이름, 날짜, 증거, 그리고 패턴이다. 조디는 훨씬 강력한 기사가 나올지도 모르는 이 취재 앞에서 저드가 기존의 약한 이야기가 효과가 없었다는 이유로 물러서지 않기를 바랐다.

저드가 취재를 경계한 또 한 가지 이유는, 불과 몇 달 전 그녀가 공개적인 발언의 대가를 치른 바 있어서였다. 저드는 몇 년째 양말, 압박 슬리브와 보호대 브랜드인 코퍼핏(Copper Fit) 홍보대사로 유리한 계약 관계를 이어가고 있었다. 광고 속에서 발랄하게 "하드우드 바닥을 정말 좋아하지만 발에 닿으면 딱딱해요. 그래서 전 코퍼핏 그리퍼 삭스를 사랑하죠" 같은 대사를 읊었다. 그녀는 회사와 좋은 관계를 유지하고 있었으며 때로 회사 대표이사와 친교의 시간을 가지기도 했다.

2017년 1월 여성행진 몇 주 전, 저드는 코퍼핏 대표이사에게 여성의 분노를 담은 저항시를 한 편 보냈다. 테네시 주 프랭클린에 사는 니나 도노반(Nina Donovan)이라는 19세 소녀가 쓴 이 시를 저드는 여성행진의 주 무대에서 낭독할 계획이었다. 시는 이렇게 시작했다. "나는 역겨운 여자다, 하지만 치토스 부스러기에 목욕한 것 같이 생긴 남자만큼 역겹지는 않다." 저속하지는 않지만 논란이 될 만한 시였다. "우리는 피 묻은 침대 시트처럼 역겨워지려고 이곳에 왔다." 시인의 의도는 월경이 삶의 일부라는 점을 짚는 것이었다. 코퍼핏 측에서는 어떤 이의도 제기하지 않으나, 여성행진 몇 주 뒤 저드는 해고당했다. 고객들이 저드가 낭독한 시에 대해 불만을 제기한다는 것이 회사의 설명이었다.

그렇기에 저드에겐 신중해야 할 이유가 있었다. 그러나 전화통화에서 조디는 그녀가 여태 기다려왔던, "패턴"이라는 표현을 사용했다. 저드는 자신의 입장에서 중요한 것은 기자들이 또 다른 사례들을 얼마나 더 추적할 수 있는가, 그리고 다른 배우들 역시 기사화에 동의할 것인가의 여부라고 했다. 저드는 하버드 논문에 썼듯이 와인스타인에게 대항하려 일어서는 많은 여성 중 하나가 되고 싶었다.

통화가 끝날 즈음에는 계획이 생겼다. 저드가 살마 하이에크에게 연락하기로 했다. 조디는 더 많은 정보를 얻기 위해 이전에도 할리우드라는 낯선 세계에 대해 알려준 적 있었던 TV 쇼 〈오드 맘 아웃〉 작가, 제작자 겸 주연배우 질 카그먼(Jill Kargman)과도 대화를 나누었다. 카그먼은 레나 던햄(Lena Dunham)과 〈걸스〉를 함께 제작한 제니 코너(Jenni Konner)와 이야기해보라고 조언했다. 조디의 연락을 받은 코너는 던햄과도 이야기해보라고 했다. 조디는 망설였다. 겉보기에 던햄은 비밀 같은 건 없는 사람 같아서였다. 그녀는 끊임없이 트위터를 했고 자기 삶의 내밀한 부분까지도 작품에 담아냈다.

그러나 코너와 던햄과의 통화는 도박을 할 만한 가치가 있었다. 두 사람은 와인스타인의 여성 착취에 관한 이야기를 여러 번 들었으며, 자신들이 발행하는 온라인 뉴스레터인 〈레니 레터〉(Lenny Letter)를 통해 폭로하고 싶었지만 그 주장들을 조사하거나 법적으로 검증할 자원이 없었다고 했다. 2016년 대선 캠페인에서 힐러리 대리인으로 활약했던 던햄은 클린턴 보좌관들에게 선거자금 모금에 와인스타인의 힘을 빌리지 말라고 경고했으나 소용없었다고 했다. (훗날, 90년대 후반 《토크》 매거진에서 짧게 와인스타인과 파트너로 일한 적 있었던 잡지 기자인 티나 브라운Tina Brown은 자신 역시 2008년 클린턴 캠페인에 비슷한 경고를 전했다고 조디에게 밝혔다. 대중 앞에 와인스타인의 실체가 드러났을 때 힐러리 측은 충격을 표시했고 던햄의 경고를 받은 적은 없다고 부인했다.)

코치와 던햄 두 여성은 조디에게 필요한 유명인들의 직통 연락처를 전달해주는 교환반이 되어 신속하고 비밀스럽게 일해주었다. 페미니스트 성향을 가진 할리우드의 또 다른 임원도 같은 일을 해주었다.

여전히 조디의 연락에 응답해오는 배우들은 얼마 없었다. 그러나 6월 말, 코너가 새 소식을 알려왔다. 귀네스 팰트로가 대화를 하고 싶다고 했다.

처음 조디가 꾸렸던 연락해볼 사람들 목록에 팰트로는 등장하지 않았다. 팰트로는 와인스타인이 직접 발굴해낸 톱스타 중 하나로 그의 '골든 걸'로 유명했던 데다가, 20년이 지난 지금까지도 기억 속 그녀의 연기 이력은 와인스타인과 뗄래야 뗄 수 없이 엮여 있어서다. 아버지와 딸처럼 활짝 웃으며 함께 사진을 찍은 적도 여러 번이다. 1999년 〈셰익스피어 인 러브〉로 오스카 여우주연상을 수상한 팰트로 옆에는 뿌듯함으로 상기된 얼굴의 와인스타인이 서 있었다. 그 영화를 만든 것도, 스타를 빚어낸 것도 그였다. 그 시절 팰트로에게는 미라맥스의 퍼스트레이디라는 별명이 붙어 있었다. 그녀가 〈타임스〉에 도움을 줄 것 같지는 않았다. 그녀는 맥고언 같은 반항아도, 저드 같은 활동가도 아니었다. 팰트로는 건강 미용 사업을 시작했고 어떤 사람들에게 그녀는 마음놓고 미워할 대상이었다.

그러나 2017년 6월 마지막 주 주말로 전화통화 약속을 잡고 난 뒤부터는 팰트로를 여태까지와는 달리 보게 되었다. 그녀는 지금까지 접촉한 그 누구보다도 더 많은 것을 알고 있을지도 모르는 핵심 정보원이었다. 전화를 받은 팰트로의 목소리는 정중했고 다소 초조했다. 조디가 의례적으로 안심시켜주는 말을 하자—맞아요, 이 통화는 기사화되지 않을 거예요. 그래요, 이 상황이 예민하다는 걸 이해합니다—팰트로는 자신과 와인스타인의 관계 속 알려지지 않았던 측면의 이야기를 털어놓았다.

팰트로의 회상에 따르면 와인스타인을 처음 만난 것은 그녀가 22살 즈음이었던 1994년 아니면 95년, 토론토영화제의 엘리베이터 앞에 서였다. 그 시절 그녀는 연기 경력이 거의 없었다. 성공한 배우 블라이드 대너(Blythe Danner) 그리고 영화감독이자 제작자 브루스 팰트로(Bruce Paltrow)의 딸인 데다가 영화 〈악몽〉에서 긍정적 평가를 받기는 했으나 아직은 배역을 얻으려 오디션을 보러 다니는 처지였다.

엘리베이터 앞에서 만난 와인스타인은 그녀에게 확신을 주는 말을 건넸다. 그 영화에서 당신을 봤어, 우리와 함께 일했으면 해, 당신은 재능이 있어, 팰트로는 그가 그렇게 말했던 것을 기억했다. "그의 말을 듣고 인정받은 것 같은 기분이었던 게 기억나요." 그녀가 말했다.

얼마 뒤 와인스타인이 그녀에게 영화 두 편을 제안했다. 〈졸업〉이라는 코미디에 출연할 생각이 있다면 조만간 제작에 들어갈 제인 오스틴 〈엠마〉를 각색한 작품의 주연도 맡기겠다고 했다. 〈엠마〉는 꿈에 그리던 자리, 스타로 부상할 수 있는 배역이었다.

그렇게 팰트로가 미라맥스에 합류했다. 당시 그녀의 눈에 미라맥스는 따뜻하고 창조적으로 보이는 공간이었다. "집에 온 기분이었어요." 당시 팰트로는 자신보다 훨씬 유명했던 브래드 피트와 사귀며 뉴욕과 로스앤젤레스를 오가며 지내고 있었다. 〈엠마〉 촬영이 시작되기 전, 그 여정 중 그녀는 크리에이티브 아티스트 에이전시의 대리인에게서 팩스 한 통을 받았다. 베벌리힐스의 페닌슐러 호텔에서 와인스타인을 만나보라는 연락이었다.

저드의 이야기에 등장했던 바로 그 호텔이었다. 팰트로의 다음 말역시도 낯설지 않았다. 사생활 보호를 이유로 들며 스위트룸을 미팅 장소로 정했다는 것이다. "하비를 만난다는 생각에 들떠서 골든 레트리버라도 된 듯 달려 올라갔어요." 그녀가 말했다. 두 사람은 일 이야기를 나누었다. 그러다가 와인스타인이 그녀의 몸에 손을 대더니 침실로 가서서로 마사지를 해주자고 했다. 지금 일어나는 상황이 도저히 믿기지 않았다고 그녀가 말했다. 여태 그녀는 와인스타인을 삼촌 같은 존재라고생각했던 것이다. 자신에게 성적인 관심을 갖고 있었다는 사실이 충격적인 나머지 속이 울렁거렸다. 그가 다시 한 번 침실로 가자고 했다고그녀가 말했다.

팰트로는 이만 가보겠다고 하고 일어나면서도, "그 스스로 뭔가를잘못했다는 기분이 들지는 않게" 신경 썼다고 했다. 그녀는 호텔 방을나서자마자 브래드 피트에게 연락해 방금 있었던 일을 이야기했고, 몇몇 친구들과 가족들, 자신의 에이전트에게도 알렸다.

팰트로의 이야기에서 다음 부분은 저드의 이야기와 사뭇 달랐기에더 중요할는지도 모른다. 몇 주 뒤, 팰트로는 피트와 함께 프리미어 시사회에 참석했다가 와인스타인을 만났는데, 그때 피트는 행동거지를 조심하라며 그에게 대놓고 맞섰다. 남자친구가 자신을 보호해준다는 생각에 팰트로는 마음을 놓았다.

그러나 팰트로가 뉴욕으로 돌아온 뒤 와인스타인이 전화를 걸어와 그 사건을 피트에게 이야기한 그녀를 비난하고 위협했다. "제 배우 생활을 망쳐버리겠다는 식의 이야기를 했어요." 그녀가 말했다. 그녀는 예정된 두 개의 배역, 특히 〈엠마〉 주연 자리를 잃을까 봐 겁에 질린 채 소호의 프린스 스트리트에 있는 낡은 아파트 안에 서 있던 순간을 기억했다. "전 아무것도 아니었어요. 어린애였죠. 계약을 맺은 상태였고요. 전 극도로 겁에 질렸어요, 그가 계약을 해지할 거라고 생각했죠."

펠트로는 당연히 남자친구에게 이야기하기는 했지만, 그 사건은 잊어버리고 앞으로 나아가고 싶다고 대답했다. 두 사람의 관계를 다시금 업무적인 것으로 되돌리기 위해서였다. "저는 원래 평화주의자였어요, 문제가 생기길 전혀 바라지 않았고요." 그녀가 말했다. 한동안 두 사람의 관계는 예전처럼 회복되었다. 와인스타인과 손을 잡고 성공하면 할수록 처음에 있었던 추악한 사건을 발설하기는 어려워졌다. "미라맥스에서 저는 승승장구했어요. 그렇기에 다시는 그 사건 이전으로 돌아가고 싶지 않았어요. 저는 비밀을 지키기로 했어요." 그녀가 말했다.

불만을 삼키고, 와인스타인이 한 바로 그런 종류의 행동을 참아내는 것이 할리우드의 윤리라고 그녀가 말했다. 그녀는 와인스타인과 있었던 일이 더 크거나 체계적인 패턴의 일부라고는 생각지 않았다. 미라맥스와 함께하면서 때때로 와인스타인에 관한 불편한 소문이 들려왔으나 구체적인 내용은 알 수 없었다. 와인스타인은 다른 면에서도 폭력적이었기에 호텔 방에서 있었던 사건은 그에 비하면 별 거 아닌 것처럼 느껴질 정도였다. 그는 물건을 집어던졌다. 성인 남성이라고는 믿기지 않을 정도로 폭언을 일삼았다. 미라맥스 직원들은 다혈질인 그가 언제 폭발할지 눈치를 보며 지냈다. 그가 가까이 오기 전에 "H-폭탄이다, H-폭탄이 오고 있어(수소폭탄을 의미하는 H-bomb을 하비 와인스타인의 이니셜과 연결시킨 별명—옮긴이 주)"하고 경고를 주고받기도 했다.

팰트로가 주연을 맡았던 미라맥스 영화 두 편이 흥행에 완전히 실패하자—2000년 작 〈바운스〉 그리고 2003년 작 〈뷰 프롬 더 톱〉—와인스타인이 태도를 바꾸었다고 그녀가 말했다. "더 이상 마이다스의 손길이 닿은 '골든 걸'이 아니었던 거죠. 그는 제 가치가 하락했다고 여겼어요." 팰트로는 첫 아이를 임신했을 무렵부터 와인스타인과 조용히 거리를 두었다.

그 상태로 시간이 흐르다가 2016년, 미라맥스가 사랑하던 와인스타인의 어머니 미리엄 와인스타인(Miriam Weinstein)이 타계했을 때 팰트로는 짤막한 추모의 이메일을 보냈다. 놀랍게도 와인스타인은 팰트로가 보낸 편지를 장례식에서 낭독했고 얼마 뒤 전화를 걸어왔다. 팰트로는 감사를 전하려는 연락이리라 짐작했다.

그러나 그는 그런 미묘한 행동들 뒤 다시금 그녀를 압박해왔다.《뉴욕》매거진이 와인스타인의 여성에 대한 태도를 폭로하는 기사를 준비하고 있었다. 와인스타인은 팰트로에게 기자들은 아무것도 모른다고 말했다. 오래전 페닌슐러 호텔에서의 일을 발설하지 않겠다고 약속하라고 했다. "내 제안에 응했던 사람들을 보호하려는 것뿐이야." 자신의 접근에 굴복했던 여성들을 그는 그렇게 표현했다. 팰트로는《뉴욕》매거진의 인터뷰 제안을 거절하기는 했지만 앞으로 그 일을 발설하지 않겠다고 확답하지는 않았다.

그녀는 조디에게 이 이야기는 알려져야 한다고 했다. 오랫동안 그녀는 당시에 있었던 일을 영영 밝힐 수 없을 것이라고 생각했었다. 그러나 20년이 지난 지금은 생각이 달라졌고, 그렇기에 조디와의 인터뷰에 응했던 것이다.

펠트로는 자신이 기사화에 나설 수는 없다고 못을 박았다. 아무리 완곡하게 표현하더라도 현재 자신은 대중의 이목을 끌기 좋은 시점이 아니라고 했다. 그녀의 온라인 라이프스타일 브랜드 구프(Goop)는 질내에 삽입해 그녀의 표현을 빌자면 "성적 에너지를 배양하고 몸속의 기를 정화하며 여성성을 강화시키고 생명력을 활성화시키는" 66달러짜리 옥 달걀을 판매하고 있었다. 이 달걀은 수개월째 조롱의 대상이 되면서 펠트로가 분별을 잃고 건강 효과가 의심스럽거나 전혀 없는 제품을 팔고 있다는 비난을 불러왔다. "조만간 구프에서는 유기농 공정무역 소변 pH 측정 스틱을 77달러에 팔지 않을까요?" 옥 달걀을 비롯해 구프가 광고하는 여러 제품들을 단호히 비판했던 여성의학 전문의 젠 건터(Jen Gunter) 박사가 쓴 글이다.

인스타그램만 보면 펠트로는 이런 비판에 조금도 개의치 않는 모습이었다. 그러나 사실 그녀는 자존감이 무너질 대로 무너져 더 이상의 논란을 감당할 수 없는 상태였다. 펠트로와 와인스타인, 그리고 섹스를 엮은 기사는 선정적으로 보도될 것이며, 유명인사들이 일으킨 그 주의 너저분한 스캔들 취급을 받을 거라고 그녀는 확신했다. "제가 진흙탕으로 끌려가게 될지 확실히는 몰라요. 하지만 역사적으로 여성들은 늘 그런 상황에 처했으니까요." 펠트로가 더 이상의 논란을 자초한다면 그녀를 위해 일하며 주택 담보 대출을 갚고 아이를 키우는 백 명이 넘는 사람들도 상처 입을 것이었다. 그녀의 표현에 따르면, "이 사업을 망칠 수는 없다".

그럼에도 팰트로는 할리우드 인맥을 이용해 조디가 와인스타인의 다른 피해 여성들을 찾고 모을 수 있도록, 나아가 그들이 입을 연다는 부담을 나누어 질 수 있도록 돕기로 했다. (조디는 팰트로에게 저드에 대한 이야기를 할 수 없었고, 그 반대도 마찬가지였다.) 팰트로는 자신이 연락해보고 싶은 유명인들 여섯 명을 언급하고 탐사보도의 의례적인 규칙들을 물었다. 조디는 또 다른 사람들을 제안했다. 당시 팰트로는 유럽에서 아이들과 휴가를 보내던 중이었고, 그녀의 소셜미디어 피드에는 와인 잔, 피크닉, 이탈리아의 호수 사진이 올라왔다. 그러나 그 이면에서 그녀는 동료 배우들이나 지인들에게 문자 메시지를 보내 다른 여성들의 연락처를 얻어내고, 취재에 응할 생각이 있는지 묻는 중이었다.

7월 5일, 메건은 무엇을 취재할지 정해지지 않은 상태로 〈타임스〉로 복귀했다. 복직 첫날 리베카 코벳이 메건에게 남은 선택지들을 설명해주었다. 첫 번째는 다시 도널드 트럼프 기사로 돌아가는 것이었다. 임신 막바지에 트럼프의 회사와 러시아와의 관계를 검토하던 메건은 대권 경쟁 기간 내에 모스크바에 트럼프 타워를 건설하는 계획을 비롯한 여러 의문스러운 거래를 밝혀냈다. 두 번째 선택지는 하비 와인스타인 취재팀에 합류하는 것이었다. 조디는 여전히 메건과 함께할 수 있기를 열렬히 바라고 있었다. 메건 역시 이 조사에 관심이 있었을까?

메건은 믿음직한 몇몇 동료들의 조언을 구해가며 숙고하는 데 꼬박 하루를 썼다. 트럼프 취재를 함께했던 기자들의 의견은 확고했다. 트럼프는 일생일대의 기삿거리이며, 어린 여성 배우들을 착취하는 추잡한 할리우드 제작자보다 더 중요하다. 대통령에 대한 보도를 놓치는 것은 어마어마한 실수이다. 하지만 메건은 그만한 확신이 없었다. 트럼프에 관한 충격적인 기사들이 그리 큰 영향력 없이 쌓여가는 모습을 이미 보았기 때문이다.

그렇다 해도 와인스타인 취재 역시 미지수였다. 맥고언이 주장한 내용은 심각했지만, 조디가 수집해온 사례 중 어떤 것은 메건이 시카고에서 취재한 성범죄들에 비하면 그리 지독해 보이지 않았다. 와인스타인이 마사지를 해달라고 했다는 주장 중 입증할 수 있는 것은 몇 건이나 있을까? 또, 메건은 유명 여성 배우들을 피해자라는 범주에 넣는 것도 어려운 일이 될 거라 생각했다. 저널리즘의 첫 번째 사명은 무시당하기 십상인, 목소리를 잃은 이들에게 목소리를 주는 것이었다. 부와 명성을 거머쥔 영화배우는 그런 존재들과 거리가 멀었다.

캐스팅 카우치가 성추행의 법적 요건을 충족하기는 하는 걸까? 피해를 주장한 여성들은 사실상 와인스타인에게 고용된 이들이 아니었고, 어떤 이들의 경우에는 특정 배역 캐스팅 때문에 있었던 것조차도 아니었다. 이 취재로 실제로 입증할 수 있는 것이 얼마나 될까?

하지만 조디는 만약 피해자들의 주장대로라면 와인스타인은 지위를 이용해 여성들을 지배하는 권력을 가진 남성 그 자체였다. 여성들이 와인스타인의 미팅 제안에 응한 것은 그들이 일을 하고 싶었고, 그들에게 야심, 창조성, 꿈과 희망이 있었기 때문이었다. 그런데 그 대가로, 그는 여성들을 성적 요구에 응하지 않으면 후폭풍을 감당해야 하는 꼼짝달싹할 수 없는 상황에 밀어 넣었다. 법적 요건을 충족하건 아니건 그것은 성추행이다.

아마 가장 유명한 성추행 사건 중 하나는 애니타 힐이 직장 내에서 자신에게 데이트 신청과 외설적 발언을 한 클래런스 토머스(Clarence Thomas)를 고발한 사건이리라. 미래의 대법관과 할리우드 영화 제작자의 지위가 같은 것은 아니지만, 와인스타인에게 제기된 혐의에도 가학성이 엿보였다. 혐의를 주장하는 이들이 유명한 여성이라는 점 역시도 중요했다. 성추행은 보편적인 문제임을 증명하기 때문이다.

메건은 조디의 칸막이 사무실에 자리를 잡고 취재에 착수했다.

이제 두 기자는 세상에서 가장 유명한 여성들을 상대로 연락을 취하고 있었다. 앤젤리나 졸리(Angelina Jolie) 역시 와인스타인에 대해 아는 바가 있다고 미라맥스의 옛 직원이 귀띔했다. 조디는 할리우드의 한 임원으로부터 전해 받은 이메일 주소로 신중하게 표현을 골라 연락을 취한 뒤, 조언자와 대화하며 졸리의 참여 여부를 기다렸다. 두 기자는 우마 서먼에게도 이메일을 보냈다. 서먼에게서는 답을 받지 못했는데, 나중에 알게 된 바에 따르면 누군가로부터 두 기자를 믿지 말라는 말을 들었다고 한다. 살마 하이에크에게도 여러 차례 이메일을 보냈지만 답은 없었다.

와인스타인을 공권력 앞에 세운 여성은 2015년 와인스타인이 미팅 중에 신체를 더듬었다고 뉴욕시경에 신고한 이탈리아 모델 암브라 바틸라나 구티에레스(Ambra Battilana Gutierrez)가 유일한 것 같았다. 지방검사실은 끝내 기소를 취하했으나, 바틸라나는 사복경찰의 도움으로 와인스타인이 해당 사건에 대해 이야기하는 녹취록을 얻은 듯했다.

바틸라나는 메건의 연락에 답하지 않았고, 뉴욕시경은 사건 기록 공개를 금지하는 오래된 규정에 따라 사건 보고서 사본을 제공하기를 거부했다. 그래서 메건은 이 사건에 대해 알고 있음 직한 변호사들에게 연락을 돌렸다. 시카고 사건의 DNA 증거를 취재하던 당시 메건은 성범죄 사건에서 명망 높은 검사 린다 페어스타인(Linda Fairstein)을 인터뷰한 적이 있었다. 메건은 페어스타인이 한때 자신 역시 활약한 분야이기도 한, 기소가 취하된 성범죄에 관한 귀중한 통찰을 나누어주길 기대하며 연락을 취했다. 그러나 이야기를 전하자마자 페어스타인의 말투는 차디차게 돌변했다. 암브라 바틸라나 구티에레스가 제기한 혐의는 사실무근이었다는 것이다. 범죄 사실은 없었으며, 기소 취하에 이르는 과정에도 변칙적인 부분은 없었다고 했다. "더 파고들 방법은 없다고 봅니다." 페어스틴이 메건에게 한 말이다.

7월 중순 두 기자는 처음으로 로즈 맥고언과 직접 만났다. 사생활 보호를 위해 조디의 집에서 만나 저녁식사를 함께했다. 맥고언은 무척 초조해 했고, 그녀의 눈길은 방 안을 끊임없이 배회했다. 가벼운 잡담을 나눌 의사는 조금도 없어 보였다. 그럼에도 그녀는 결연한 태도로 질문에 차례차례 대답했으며, 특히 호텔 방에서 일어난 사건의 후폭풍에 대해, 그 사건을 기억하거나 증거를 제공할 가능성이 있는 사람들에 대해 말해주었다. 조디와 메건은 로펌 중 한 군데에선 사본을 보관하고 있을 테니 가급적 입수해보라고 요청했다.

맥고언과의 인터뷰가 끝난 뒤, 두 기자는 〈타임스〉 대표 편집자 중 하나인 맷 퍼디(Matt Purdy)에게 특히 혼란스러웠던 질문 하나를 던졌다. 퍼디는 오라일리 기사를 주관했고, 성범죄라는 큰 주제로 조사팀을 꾸렸으며, 지금은 조사 결과들을 면밀히 살펴보고 있는 편집자였다. 맥고언뿐 아니라 몇몇 2차 취재원들의 말은 와인스타인이 범죄 행위, 즉 폭행과 강간을 반복적으로 저질렀다는 사실을 암시하고 있었다. 그렇다면 기자들은 가장 심각한 범죄를 우선하고 그 혐의에 집중해야 하는 걸까? 꼭 그럴 필요는 없다는 것이 퍼디의 답이었다. 상대적으로 가벼운 행위라 해도 증명 가능한 사건을 우선으로 하라고 했다. 성추행을 당했다고 주장하는 여성들의 말을 공식적으로 취재하고, 문서를 입수하고, 특히 피해자들에게 주어진 합의금에 관한 증거를 찾으라고 했다. 여태 와인스타인 보도에 성공한 이는 아무도 없으니, 완벽하게 보도하는 것이 가장 중요했다. 퍼디가 더 심각한 위법행위의 가능성을 간과하는 것은 아니었다. 두 기자가 기사를 내보내는 데 성공하면 모든 사실들이 쏟아져 나오리라는 것이 그의 생각이었다.

7월 15일 토요일, 휴대폰을 확인하던 조디는 귀네스 팰트로가 공황상태에 빠져 보낸 듯한 문자 메시지와 부재중 통화 기록이 여러 건 있음을 알았다. 하비 와인스타인이 햄튼스에 있는 팰트로의 집 거실에 서 있다는 연락이었다. 그를 피하려 2층 욕실에 숨어 있는 중이라고 했다.

뜻밖인 것은 타이밍이었지 그의 존재 자체는 아니었다. 팰트로는 1~2주 전 그에게서 연락을 받았다. 팰트로가 제작을 지원하는 뮤지컬의 예비 투자자들을 위해 파티를 연다는 소식을 들었으니 자신도 참석하겠다는 연락이었다. 그가 "지켜보고 있다"라는 메시지를 전하고 있는 게 분명하다는 느낌이 들었다. 어떻게 하면 좋을지 조디에게 상의하기도 했다.

조디는 그 일에 개입하고 싶지 않았지만, 팰트로와 함께 어떻게 하면 좋을지 이야기를 나누었다. 파티에 오지 말아달라고 한다면 와인스타인은 그녀가 기자와 이야기를 나누고 있다는 사실을 눈치챌지도 몰랐다. 차라리 오라고 하는 것이 나을 수도 있었다. 그런데 만약 와인스타인이 팰트로에게 〈타임스〉와 이야기를 나누고 있느냐고 대놓고 물어보면 어떻게 해야 하나?

결국 팰트로는 그의 참석을 허락한 뒤 그가 사람들 속에 묻히기를 바라는 게 최선이라는 결정을 내렸다. 그러나 그는 예정보다 일찍 찾아왔는데, 아마 그녀와 단둘이 이야기하며 그녀의 평정을 무너뜨릴 작정이었으리라. 팰트로에게서 도착한 문자 메시지 여러 통을 보면서 조디 역시 초조해졌다.

머나먼 곳에서 조디는 팰트로가 잘 버티기를 마음으로 빌었다. 파티가 끝난 뒤 팰트로에게서 전화가 왔다. 파티는 무사히 끝났다고 했다. 그녀는 내내 어시스턴트와 함께 다녔다고 했다. 평온한, 어떻게 보면 지금 일어나고 있는 일에 다소 매혹된 것 같기도 한 목소리였다.

8월 첫 주 금요일 조디와 메건은 햄튼스에 있는 팰트로의 자택에서 그녀를 처음 만났다. 두 기자는 이번 만남에서 팰트로에게 기사화에 대한 동의를 받을 수 있기를 바라고 있었다. 그네 의자며 무성하게 우거진 생울타리로 둘러싸인 집 뒤편 데크에서 인터뷰가 시작되었다. 직접 만나본 팰트로는 소탈하고 재미있는 사람이었다. 메건에게 엄마가 된 기분이 어떠냐는 질문을 정답게 물어본 뒤 그녀는 다시 와인스타인 이야기를 시작했다. 메건이 더 자세히 이야기해달라고 조심스레 요청하고, 이 이야기를 확인하기 위해 브래드 피트에게도 연락을 취할 것이라고 알려주자, 그녀는 씩씩하게 고개를 끄덕였다. 이는 통상적인 절차라고 메건은 설명했다. 피해 호소를 입증하기 위해 기자들은 당시 피해자와 이야기를 나누었던 이들에게 연락을 취해 그들 역시 같은 방식으로 사건을 기억하고 있는지를 확인한다고 말이다.

팰트로에게 기사화에 동의하라고 부탁하는 것은 민감한 사안이었다. 그녀는 여전히 옥 달걀 때문에 격렬한 비난에 시달리고 있었다. 조디와 메건은 비난이 이어지는 상황을 이해하면서도, 이 때문에 팰트로가 한층 더 중대한 기사에 참여하지 못하는 일은 없기를 바랐다. 게다가 팰트로가 다른 배우들을 설득하려 많은 노력을 했음에도 와인스타인에 대해 입을 열겠다고 하는 이들이 없었다. 한 여성 배우는 자신이 와인스타인의 아내와 친하다는 이유로 거절했다. 나머지는 팰트로의 연락에 답하지 않았다.

인터뷰 도중 한 유명인 친구가 팰트로에게 전화를 걸어왔다. 사생활 보호를 위해 잔디밭으로 걸어 나가 전화를 받은 팰트로는 상대에게 혹시 와인스타인에게 피해를 입은 일이 있느냐고 물었다. 그녀가 돌아와서는 전화 건 상대는 아무 일 없었다고 답했다고 전했다. 팰트로는 생각을 정리해서 두 기자에게 말했다. 기사화에 동의할 생각은 있지만, 기사가 자신의 이야기가 되는 것은 원치 않는다고 했다. 이 기사 속에 가능한 한 많은 여성들의 이야기를 담았으면 좋겠다고 했다. "제가 초점이 되는 일은 없으리라는 걸 확실히 했으면 해요." 그녀가 말했다.

햄튼스에서 돌아오는 길, 조디와 메건은 기운이 났다. 기사화에 대해 확답을 받지는 못했지만 일단 펠트로와 직접 만나 이야기를 나누었으니까. 그러다가 두 기자는 돌아가기 전 그들의 연락에 답을 주지 않았던 누군가를 만나고 갈 수도 있겠다는 생각이 들었다. 멀지 않은 곳에 살고 있는 미라맥스의 전 임원이었다. 두 기자는 우회해서 임원의 여름 별장을 찾았다. 기자들이 문을 두드리자 그녀가 다가와 미소를 지으며 인사를 건넸다. 그러나 방문한 목적을 밝히자마자 그녀는 앞문 포치에 서 있는 그들의 면전에서 문을 쾅 닫아버렸다.

기자들이 〈타임스〉로 복귀하자마자 리베카 코벳은 햄튼스 출장에서 있었던 일들을 샅샅이 알려달라고 했다. 편집자인 코벳은 기사 속에서 살아가며 기사의 진행을 재촉하는 사람, 기자들의 눈을 통해 세상을 보는 동시에 비판적인 시각을 잃지 않는 사람이었다. 미디어의 권력자들과 격의 없이 지낸다고 떠벌리던 와인스타인에게 코벳이라는 이름은 금시초문이었을 것이다. 60대인 코벳은 회의적이고 주도면밀했으며, 번지르르한 치장이나 과장은 질색하는 사람으로, 〈타임스〉 조사국의 공동 책임자를 맡고 있음에도 대중의 주목을 달가워하지 않았기에 구글에 검색해도 잘 나오지 않았다. 코벳이 품은 야망은 언론인으로서의 것이지 개인적인 것이 아니었다.

그럼에도 그녀는 신문 업계에서 존경받는 인물이었는데, 그녀가 가진 자질 중 와인스타인과 겹치는 것이 하나 있어서였다. 그녀 역시 타인의 작업물을 옹호함으로써 막대한 영향력을 행사했다. 〈볼티모어 선〉

에 재직하던 시절 데이비드 사이먼(David Simon)이라는 22살 기자의 멘토를 담당했던 코벳은 그에게 연립주택 화재나 살인사건 같은 단신 기사는 그만 쓰고 범죄와 계층의 사회학을 다루는 보다 야심찬 기사를 쓰라고 권했으며, 나중에 드라마 〈더 와이어〉 제작자가 된 사이먼이 〈볼티모어 선〉을 떠나는 그날까지 그가 쓴 기사를 편집했다. (〈더 와이어〉에 등장하는 몇 안 되는 영웅 중 하나가 마지막 시즌에 등장하는 사회부 기자인데, 남성으로 그려지기는 했으나 코벳의 몇몇 면모를 본떠 만든 인물이었다.) 9/11 테러 이후 수년 뒤, 미국 국가안전국이 타당한 권한 없이 미국 시민들을 은밀하게 사찰해왔음을 〈타임스〉의 두 기자가 밝혀냈을 때 코벳은 내부 논쟁, 그리고 기사를 막으려는 백악관의 거센 압박에 굴하지 않고 조사가 계속 이루어질 수 있도록 지원해 결국 부시 집권기의 가장 큰 특종 중 하나를 성사시켰다.

조디와 메건과 마찬가지로 코벳도 남성 위주의 공간인 뉴스룸에서 젊은 시절을 보냈고, 전력 질주하는 기사들의 한가운데서 딸 하나를 길러냈다. 그녀가 〈타임스〉 발행인란에 이름을 올렸던 2013년, 그곳에 실린 여성 비율이 처음으로 50퍼센트에 다다랐으나, 이런 중요한 사건은 거의 이목을 끌지 못한 채 지나가버렸다. 시간이 지나면 사람들은 와인스타인 사건을 세상에 알린 것이 두 명의 여성이라고 말하게 되겠지만, 사실 이는 세 명의 여성이 한 일이었다.

기자들이 추적하는 와인스타인과 호텔 방 이야기가 차츰 쌓여가는 내내 코벳의 주요 관심사는 한 가지였다. "이 여성들이 기사화에 동의하게 하기 위해서는 어떤 전략이 필요할까?" 코벳은 며칠에 한 번 꼴로 기자들에게 그렇게 물어왔다. 조디와 메건에게도 나름의 대답이 있었다.

충분한 수의 피해자들을 찾아내면 다수라는 점에서 안전이 보장될 테니까 모두 함께 나서라고 설득해볼 수 있다는 것이었다.

코벳은 두 기자의 접근법이 위태롭다고 여겼다. 여성들이 극도로 망설이는 데에는 충분히 이해할 만한 이유가 있었다. 이런 종류의 보도에는 본질적으로 불공평한 면이 있다. 어째서 불편한 이야기를 대중 앞에 털어놓는다는 부담을 짊어지는 쪽이 아무 잘못하지 않은 사람이어야 하는가? 코벳은 조디와 메건의 취재가 끝내 엄청난 양의 호텔 방 이야기만 남기고 기사가 되지 못할지도 모른다고 걱정했다. 한두 명의 여성을 설득해내더라도 "그는 이렇게 말했고, 그녀는 이렇게 말했다"라는 닳고 닳은 문제로 흘러갈 가능성도 있었다.

기자들은 와인스타인 기사를 터뜨리려면 증거가 뒷받침되어야 하리라는 사실을 서서히 깨닫고 있었다. 가장 이상적인 증거는 피해자들의 공식 발언이겠지만, 문서의 형태로 남은 금전 거래의 법적 증거가 더해진다면 압도적인 힘을 발휘할 것이었다.

3장

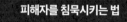

피해자를 침묵시키는 법

7월 중순, 조디가 할리우드 여성 배우들과의 연락에 애쓰던 시점에 메건은 탐사보도의 필수 질문에 착수했다. 바로 와인스타인이 저지른 학대 행위가 공식 기록으로 남아 있는가 하는 질문이었다.

일단은 성폭력 피해자를 보호하는 법이 존재하며 적어도 이론상으로는 정부기관들이 이를 시행하고 있었다. 와인스타인이 연쇄 성추행범이라면 피해자 중에 미연방 평등고용추진위원회(EEOC, Equal Employment Opportunity Commission) 또는 와인스타인의 회사들이 위치한 뉴욕과 로스앤젤레스 내의 주정부기관에 신고한 사람이 있을지도 몰랐다.

두 기관에는 아무런 기록도 남아 있지 않았다. 그러나 〈타임스〉 입사 한 달차였던 명민한 젊은 연구원 그레이스 애시포드(Grace Ashford)가 캘리포니아 주 평등고용 및 주거부서(California's Department of Fair Employment and Housing)로부터 미라맥스 내부에서 나온 신고 여러 건이 담긴 보고서를 입수했다. 정부기관의 요식 체계의 특징이라 할 수 있는 극히 불분명한 표현이 덧씌워진 보고서였다. 주소, 날짜, 그리고 고발된 혐의의 성질이 무엇이며 어떻게 처리되었는가를 나타내는 숫자 부호가 기입되어 있었으나, 고발한 사람이 누구이고 어떤 일이 일어났는지는 전혀 알 수 없었다.

2001년 9월 12일, 캘리포니아 주 평등고용 및 주거부서는 미라맥스에 대한 성추행 신고를 접수했다. 그런데 이상하게도 이 사건은 당일에 종결된 것으로 나와 있었다.

보고서에는 "해당 신고 건은 법정 조치로 넘어감"이라고 적혀 있었는데, 이는 보통 해당 기관이 사건을 민사법정으로 넘기고 손을 뗐다는 의미다. 그러나 알 수 있는 것은 여기까지가 다였고, 캘리포니아 주 법원의 사건 목록에도 아무 기록이 남아 있지 않았다. 어떻게 정부기관에 신고한 사건이 몇 시간 내로 종적을 감출 수 있었던 걸까?

메건은 질의를 하려고 해당 기관에 여러 번 연락을 시도했으나 아무도 받지 않았다. 이메일을 통해 마침내 연락이 닿은 이 기관 공무원의 답에 의하면, 미라맥스에 제기된 고발 건, 그리고 이와 연관된 기록들은 보존 기간을 3년으로 제한하는 기관 정책에 따라 파기된 뒤라고 했다. 규정에 따라 고발한 사람의 이름 역시 공개할 수 없다고 했다.

미쳐버릴 노릇이었다. 여러 번 재촉한 끝에 메건은 고발이 접수된 시점에 이 사건을 배정받았던 정부 조사관의 이름을 알아냈다. 조사관은 이미 은퇴한 뒤였다. 기관 근무자 중 그녀가 사는 곳을 아는 사람은 아무도 없었다. 메건은 소셜미디어와 주소 검색을 통해 그녀가 로스앤젤레스 동부에 살고 있다는 사실을 알아냈고, 마침내 전화통화에 성공했다.

인터뷰는 짧게 끝났다. 그녀는 그 기관에 근무하는 동안 수백 건의 신고를 검토했다. 그 사건은 기억나지 않는다고 했다.

"미라맥스가 뭔데요?" 그녀의 질문이었다.

7월 14일 오후, 오라일리 특종 이후 결성된 〈타임스〉의 성폭력 조사 특별팀인 리베카 코벳, 맷 퍼디, 에밀리 스틸 등은 비어 있던 페이지 원 회의실로 모여 진행 상황을 공유했다. 페이지 원 회의실은 대통령 사진이나 역사적인 사건을 담은 사진을 비롯한 어떤 장식도 없는 방이었다. 이곳에서 하루에 두 번 최고위 편집자들이 모여 〈타임스〉 지면과 온라인에 게재할 기사를 결정하는 논의가 이루어졌다. 그런 회의들에 기자들이 참석하는 일은 거의 없었다. 때문에 페이지 원이라는 공간 덕분에 이번 회의가 한층 더 중요하게 여겨졌다.

성폭력을 다루는 새로운 기사들은 잘 진행될 것 같았다. 실리콘밸리를 취재한 케이티 베너(Katie Benner)가 2주 전 첨단기술 업계에서 일어난 성추행 사건을 상세하게 폭로한 기사를 내보냈다. 남성 벤처 금융인에게 투자를 받으려던 한 여성 기업가가 부적절한 문자 메시지, 신체 더듬기와 유혹 ("당신과 계약을 해야 할지 당신한테 작업을 걸어야 할지 헷갈리기 시작해")에 시달린 사건이었다. 남성 위주 업계에 종사하는 여성들은 이런 문제들을 입 밖에 내는 것을 위험천만하다고 여기고 금기시하며 오랫동안 침묵해왔다.

이제 더 많은 여성들이 함께 목소리를 내고 있었다. 그해 초, 우버 엔지니어였던 수전 파울러(Susan Fowler)가 재직 중에 겪었던 성추행과 보복 행위를 블로그에 자세히 폭로하자 우버는 발칵 뒤집혔다. 베너는 스무 명이 넘는 여성들의 이야기를 기사에 실었는데, 이들 중 다수가 보도 전제로 공식 발언했으며 문제가 된 투자자들의 이름을 밝혔다. 기사에 실린 사진 속 여성들은 침착하고 강인해 보였다. 공정한 대우를 기대하며 창업의 길에 나선 혁신가들이었다.

베너의 기사는 영향력이 있었다. 기사에 등장한 남성 중 한 명, 기업 중 한 곳이 사과했다. 기사를 통해 자신의 경험을 공유한 여성은 동료와 독자들의 찬사를 받았다. 새로운 피해 경험들과 제보로 베너의 이메일 수신함이 터질 듯 넘쳐났다.

오라일리 기사 같은 특종을 또 한 번 터뜨릴 수 있다는 뜻이었다.

메건과 조디는 베너가 쓴 기사와 이에 쏟아진 독자들의 지지를 와인스타인 취재원들에게 문자로 전송했다. 그래요, 쉬운 일은 아니지만 저희 팀은 이렇게 잘 해낼 수 있어요, 라고 말한 것이나 마찬가지였다.

회의는 진행 상황을 빠르게 공유하며 시작되었다. 조디와 메건의 와인스타인 취재는 느리지만 실제 진전을 보이고 있었다. 에밀리 스틸은 미디어 그룹 〈바이스〉 내부에서 일어난 충격적인 성폭력 사건에 대한 이야기들을 듣고 있었다. 캐트린 아인혼(Catrin Einhorn)은 식당, 소매점, 호텔, 건설 현장 노동자들과 대화를 나누고 있었다. 수전 치라(Susan Chira)는 조선소와 탄광처럼 기존에는 남성 블루칼라 노동자들의 영역이던 일터에 초점을 맞추었다.

성폭력은 각 업계마다 독특한 생태를 가진다. 식당 노동자들의 경우, 그들의 일터에는 언제나 판단력을 갉아먹고 억제력을 느슨하게 하는 술이 있으며, 관리자들은 돌발 행동을 하는 손님에게 맞서기를 꺼리는 경우가 많다. 실리콘밸리에는 하룻밤 사이에 벼락부자가 된 무책임한 젊은 남성들이 넘쳐났다. 조선소와 건설 현장처럼 남성의 일터라는 통념이 있는 곳에서 남성들은 여성들을 몰아내고자 그들을 물리적 위험에 처하게 하기도 했다. 치라의 취재에 따르면 통신 장비 없이 탄광 깊은 곳에 내버려진 여성이 있었고, 풍력 발전기 꼭대기에 고립된 여성도 있었다.

기자들은 이 프로젝트에 참여하기 전 성추행에 대한 기본적인 사항들을 숙지했다. 1960년대부터 직장 내의 원치 않는 접근으로부터 사람들을 보호하는 법안들이 생겨났다. 강간이나 폭행이 개입하지 않는 성희롱은 범죄 행위는 아니나 연방민법권에는 위배된다. 회의실에 모인 사람들은 전부 클래런스 토머스 사건, 빌 클린턴 사건을 알았다. 그러나 기자들은 다양한 업계의 사례들을 모으면서 한 차원 깊은 이해에 다가가고 있었다. 성폭력에 맞서려는 의도로 만들어진 무기 중 어떤 것은 성폭력에 힘을 실어주기도 한다는 사실이었다.

폭스 뉴스와 오라일리 기사를 쓴 에밀리 스틸이 가장 앞서가고 있었다. 여러 성폭력 사건이 합의에 의해 법의 심판을 피해간다는 것은 상식이다. 스틸과 마이클 S. 슈미트는 이미 오라일리와 폭스가 피해자들이 합의금을 대가로 입을 다물도록 하는 기밀 유지 조항이 포함된 합의를 수단으로 썼음을 밝혀냈다. 그러나 이 합의의 구체적인 조건에 대한 추가 조사가 반드시 필요했다.

스틸이 밝혀낸 바에 따르면 이런 합의서는 공정한 법적 거래라기보다는 은폐를 연상시키는 표현들로 이루어졌다. 합의서 속에는 제한 조항이 연이어 등장했다. 피해자들은 오라일리의 변호인단에게 녹취록, 일기, 이메일, 백업 파일 등의 증거를 전부 넘겨야 했다. 또, 이 여성들이 앞으로 오라일리를 상대로 유사한 혐의를 제기하는 피해자를 도울 수 없다는 것도 합의 조건이었으며 피해자의 변호인들까지도 이 제약에 묶인 경우도 있었다. 증언을 강제하는 소환장을 받는다면 오라일리 측에 통보할 의무가 있었고, 그렇다면 오라일리 측이 증언을 막으려 싸울 것이었다.

피해자들의 변호사 중 하나가 합의서 표현대로라면 "성희롱 문제에 있어 오라일리에게 법적 조언을 제공하기로" 상대편에 붙는 합의를 한 경우도 있었다. 또 어떤 피해자는 오라일리와 폭스 뉴스를 상대로 "서면으로건 구두로건, 직접적으로건 간접적으로건" 폄하 발언을 절대 하지 않으며 이 문제와 관련해 접촉한 어떤 언론에도 응답하지 않기로 합의했다. EEOC를 포함해 성희롱 문제를 해소하는 어떠한 정부기관에도 고발하지 않겠다는 것 역시 이 거래의 조건이었다.

이런 합의를 치른 대가로 피해자 중 한 사람은 약 9백만 달러의 합의금을 받았고, 325만 달러를 받은 사람도 있었다. 이들이 합의 조항을 위반하면 합의금을 반환하게 된다. 오라일리의 가해가 실재했건 아니건, 사건은 다시는 끄집어낼 수 없는 깊은 우물 속으로 들어가버렸다. 침묵의 대가로 돈을 주는 것이 그 거래였으니까.

그해 여름 오라일리 사건을 조사하던 스틸에게는 더 큰 의문이 생겼다. 이런 조항들이 적법한 것이 맞을까? 매일같이, 전국의 여성들이 남몰래 이런 문서에 서명하고 있는 것일까? 성희롱 전문 변호사들은 정말 이 문제를 다루며 가해자와 맞서 싸우는 걸까, 아니면 합의금을 뽑아내며 이익을 얻는 걸까?

스틸은 〈타임스〉에서 이런 의문들을 파헤쳐보자고 편집자들에게 제안했고, 그렇기에 코벳이 조디에게 내준 과제에도 이런 질문들이 포함되었다. 조디는 배우들과 연락하는 사이사이에 소도시의 고용 전문 변호사에서부터 법학자에 이르기까지 전국의 변호사와 법전문가들에게 조언을 요청했고, 그렇게 알게 된 것들을 그 자리에서 공유했다.

변호사들의 말에 따르면 스틸이 의구심을 가진 조항들은 상궤를 벗어난 것이 아니었다. 성추행 합의 시엔 그런 조항들이 일반적인 관례이며 때로 그것이 유일한 합의 방법인 경우도 있다고 했다.

여성들은 정당한 이유로 이 합의서에 서명하는 것이라고 변호사들은 강조했다. 그들은 돈이 필요하고, 사생활이 노출되지 않기를 바라고,

더 나은 선택지가 없다고 생각하거나, 그저 이 일을 잊고 나아가고 싶어 한다고 말이다. 그들은 폭로자, 거짓말쟁이라는 딱지가 붙고, 꼬리를 치는 사람이나 상습적으로 소송을 거는 사람 취급을 받길 원치 않는다. 돈을 받아서 계속해서 삶을 살아가기 위해 합의를 한다. 합의하지 않고 법정으로 간다면 혹독한 대가가 뒤따른다. 연방법상 성추행 관련 법규는 허술하며 프리랜서, 15명 이하 사업장의 근로자 등 수많은 직업군에 해당 사항이 없었다. 또, 연방법에 따르면 성추행 신고 가능 기간은 사건 발생 180일 이내로 짧았으며 손해 배상금은 최대 30만 달러로 제한되어 있었다. 손실된 소득을 메꾸기에도, 실력 없는 변호사를 고용하기에도 부족한 액수였다. 그러니 합의를 더 솔깃한 제안으로 보는 이들이 많다는 게 놀라운 일은 아니다.

변호사들 역시 특히 수익 면에서 합의를 선호했다. 일반적으로 변호사는 고객이 승소해야 성사금을 받는데, 이때 그들이 받는 수수료는 고객이 받아낸 금액의 최소 1/3이다. 법정 싸움에서 패소하면 아무런 대가를 받지 못할 수도 있다. 터무니없는 합의 조항에 맞서 싸우는 변호사도 있지만, 이런 조항을 그저 받아들이거나 더 큰 보상을 받고자 굴복하는 이들도 많았다.

성추행 법규를 집행하는 정부기관인 EEOC조차도 합의 내용을 기밀로 하는 경우가 종종 있었다. EEOC에는 집행권이 적으며 기관 설립 시 위임된 권한하에서는 가급적 합의하고 공개는 최소화할 의무가 있었다. "기관 내부에서는 가장 많은 혐의가 제기된 기업들이 어디인지 알고 있습니다." EEOC 위원장 차이 펠트블룸(Chai Feldblum)이 조디에게 한 말이다. 그러나 EEOC가 이 정보를 공개하는 것은 금지되어 있었다. 여성들이 입사 전 미래의 고용주에게 제기된 성추행 혐의를 EEOC 를 통해 열람할 수도 없었다. 오래전 EEOC에 들어온 미라맥스 내부 성추행 신고에 관해 메건이 어디서도 알아내지 못한 것도 당연하다. 이들 기관은 세금을 써서 중요 정보를 수집해서는 거의 아무도 모르는 곳에 단단히 감춰버린다.

조디는 곧장 핵심으로 들어갔다. 미국의 법 체계는 성추행 신고를 침묵시키는 방식으로 이루어져 있기에, 그 때문에 가해자의 행동을 저지하기는커녕 부추길 수 있다. 여성들이 합의서에 서명함으로써 자신이 겪은 일에 대해 말할 권리를 빼앗기는 일이 관례처럼 일어난다. 가해자들은 새로운 영역을 찾아가서 똑같은 범법 행위를 이어간다. 로스쿨 강의실에서도, 공개 법정에서도 합의와 기밀 유지 서약을 검토하는 일은 거의 없다. 그렇기에 대중들은 이런 일이 일어난다는 사실을 알지조차 못한다. 심지어 페이지 원 회의실에 모여 있는, 수년간 젠더 문제를 취재해 온 기자들조차 지금 일어나는 사건을 정확히 파악하고 있지는 못했다.

회의가 끝난 뒤 조디와 메건은 갈 길이 멀다는 걸 실감했다. 법적장치와 그 모호한 영향에 대중이 관심을 가질까? 그럼에도 낙관적으로 생각할 여지는 있었다. 베너의 기사가 나오자, 성추행 합의의 적법성에 관한 캘리포니아 주법을 변경시키고자 하는 활동가와 국회의원들이 연락을 취해왔던 것이다. 그러나 만약 하비 와인스타인이 로즈 맥고언 외의 다른 여성들과 합의를 진행했다면, 그렇게 여성들이 그 사건에 대해 침묵하게 되었다면, 그 여성들을 찾아낼 수 있기는 할까?

2005년 와인스타인 형제는 그들이 세운 첫 영화사인 미라맥스를 떠났다. 그러나 이곳에서 일해왔던 직원들은 지금껏 끔찍한 순간들과 멋진 순간들, 때로는 끔찍한 동시에 멋진 순간들을 함께 버텨왔다는 사실로 끈끈하게 이어져 있었기 때문에 계속 연락을 이어간 경우가 많았다. 미라맥스는 수많은 직원들에게 배움의 장소이자 시련의 장소였고, 특권인 동시에 트라우마였다. 전 세계 관객들의 취향에 영향력을 끼칠 수 있는 곳, 칸 영화제의 요트 위에서 계약을 성사시킬 수 있는 곳이기도 했지만 같은 날 와인스타인의 불호령에 존엄성을 송두리째 빼앗길 수 있는 곳이기도 했다. 미라맥스의 전 직원들이 뉴욕과 로스앤젤레스에서 가지던 친목 모임에는 "미르아넌"(Mir-Anon,알코올 중독자 가족들의 자조 모임인 알아넌Al-Anon을 비틀어 만든 말—옮긴이 주)이라는 농담 섞인 별명이 붙었다. 마치 그들이 영영 끝나지 않는 회복 과정을 함께하고 있기라도 한 것처럼 말이다.

그해 7월, 메건과 조디는 옛 미라맥스 직원들이 서로 맺고 있는 연락망에 의지하여 매일같이 그들과 접촉하고 있었다. 가장 많은 것을 알 것 같은 이들은 연락에 응답하지 않았다. 소문에 따르면 와인스타인의 성추행에 가장 많은 도움을 주었다는 이들 중 대다수는 자신들의 공모 행위를 인정하지 않으려 들었다. 그럼에도 두 기자는 옛 직원들을 상대로 정보를 수소문했다. 혹시 그 시절 여성들이 합의에 응했다는 이야기를 들은 적이 있습니까?

페이지 원 회의실에서 전원 소집 회의가 열리고 2주가 지난 7월 마지막 주말, 메건은 뉴욕을 떠나 초록이 무성하게 우거진 교외의 구불구불한 도로를 달려 북쪽으로 향했다. 미라맥스 창립 초기 갑작스레 퇴사한 한 어시스턴트의 수수께끼를 풀 작정이었다.

메건은 그녀의 이름을 알았다. 미라맥스에 입사한 뒤 이 어시스턴트는 영리하고 진지한 사람이라는 평가를 받았으며 빠른 속도로 승진했다. 그런데 1990년, 그녀는 책상 아래 러닝화 한 켤레만 가지런히 남겨두고 사라져버렸다. 전화 인터뷰를 했던 미라맥스 전 직원 중 많은 사람들이 와인스타인이 그녀에게 무슨 짓을 저질렀다는 이야기를 들었다고 했다. 그러나 그 일을 자세히 아는 사람은 아무도 없었다.

가장 유력한 단서는 당시 밥 와인스타인의 어시스턴트로 일했던 캐시 드클레시스(Kathy DeClesis)에게서 얻을 수 있었다. 그녀가 사라진 직후, 사무실로 그녀의 아버지가 고용한 변호사가 편지를 보내왔다. 정확한 내용은 기억나지 않았으나, 그녀는 그 편지가 법적 조치를 취하겠다고 위협하는 내용이라는 인상을 받았다. 드클레시스는 메건과 조디와 이야기한 어느 그 누구보다 많은 것들을 기억하고 있었다. 그 젊은 여성 어시스턴트가 신고했던 사건은 무엇이었으며, 어떻게 해결되었고, 그녀에게는 무슨 일이 일어난 걸까?

문제의 어시스턴트는 온라인에 자신이 누구인지, 지난 20년 동안 어디에 살았는지에 관한 정보를 거의 남겨놓지 않았다. 링크드인에서도, 페이스북에서도 그녀를 찾을 수 없었다. 그러나 〈타임스〉 연구원 애시 포드가 인터넷의 변방에서 그녀의 이름이 실린 다른 도시의 직원 명부를 마침내 찾아냈다. 사진 속 그녀의 모습엔 할리우드나 셀러브리티를 연상시키는 흔적은 없었다. 그녀는 그저 어깨 길이의 머리와 화장기 없는 얼굴을 지닌 평범한 40대 여성이었다.

그 어시스턴트에게 연락을 취하기는 그녀를 찾아내는 과정보다 훨씬 더 어려웠다. 메건은 그 여성이 일하는 회사의 안내 데스크에 자신이 〈타임스〉 기자이며 그녀와 이야기를 나누고 싶다고 설명하고 여러 번 메시지를 남겼지만 답은 한 번도 오지 않았다. 심지어 안내 담당자와의 대화도 쉽지 않았는데, 그녀의 동료들이 민감한 사안임을 알아차려서는 안 되기 때문이었다. 그녀가 사는 도시로 직행할까 하는 생각도 들었지만 그 상대에게 겁을 주고 싶지는 않았다.

그러나 그들이 얻은 정보 중에는 뉴욕 교외에 있는, 전 어시스턴트의 어머니 집 주소도 있었다. 메건은 그곳을 몸소 찾아가 직접 설명하기로 마음먹었다. 집에 아무도 없다면 손으로 쪽지를 써서 문에 붙여 놓고 올 생각이었다. 주소를 보고 길을 찾았더니 커다란 현대식 주택이 나타났다.

기자 생활을 하며 메건이 초대받지 않은 집 대문을 두드리곤 한 지도 5년째였지만 어려운 건 여전했다. 그럼에도 이는 망설이는 취재원으로부터 이야기를 끌어내려면 꼭 해야 하는 일이기도 했다. 여기까지 찾아온 메건의 투지에 설득된 사람들이 기꺼이 그녀를 집 안으로 들이는 경우도 많았다. 하지만 기자가 찾아왔다는 사실만으로도 침범당했다고 느끼는 사람들 역시 많았다. 커다란 나무 문을 두드리고 있자니 누군가의 사생활을 침해하는 기분이 드는 건 어쩔 수 없었다.

현관으로 다가온 사람은 어머니가 아니라 웹사이트에 실린 사진 속 여성 본인이었다. 메건은 그렇게 찾고 있었던 어시스턴트와 마주했다.

그녀의 옆에 어린 여자아이가 서서 문간을 빼꼼 바라보고 있었다.

메건이 〈타임스〉 기자라는 신분을 밝히자 그녀의 얼굴에 문득 무언가를 알아차린 듯한, 어쩌면 두려워하는 듯한 빛이 스쳐 지나갔다. "절 찾아 내다니 믿기지가 않는군요." 그녀가 말했다. 그녀는 여름방학을 맞아 딸들을 데리고 뉴욕에 와 있던 참이라고 했다. 그리고 지금은 친한 가족이 집에 놀러와 있다고 했다. 집 안에 있는 다른 사람들 앞에서 너무 많은 이야기를 하는 것이 망설여졌던 메건은 혹시 앞문 계단에서 잠깐 이야기를 나눌 수 있느냐고 물었고 그녀는 알았다고 대답했다.

계단에 나란히 자리를 잡고 앉은 뒤, 메건은 자신과 조디가 하비 와인스타인 사건을 열렬히 조사하고 있다고 설명했다. 취재 도중 가해 행위의 패턴으로 보이는 것이 밝혀졌다. 당신이 미라맥스에서 일할 때 와인스타인이 당신에게 가해를 했을지도 모른다고 생각한 이유가 있었다. 그렇게 중요한 문제이기에 이렇게 힘들여 당신을 찾아낸 것이다.

전 어시스턴트가 입을 열었을 때, 그녀가 입꼬리를 아주 살짝 올리는 모습이 보였다. 미소를 짓는 것은 아니었으나, 무언가를 알고 있다는 기색이기는 했다. "누군가 우리 집 문을 두드리기를 27년 동안 기다렸어요." 그녀가 말했다. "제가 할 수 있는 말은 저와 미라맥스 사이 업무상의 분쟁이 있었고, 이 분쟁을 우호적으로 해결했으며, 더 이상 이에 대해 입 밖에 내지 않기로 합의했다는 것뿐입니다."

메건은 방금 들은 말을 머릿속에서 가만히 되새겨보았다. 사실상 그녀는 아무 말도 하지 않은 것이나 다름없었다. 그러나 마치 단어와 단어 사이의 빈칸을 채우기라도 한 것처럼 그녀의 침묵 자체가 하나의 의미였다. 꼭 이런 말처럼 들렸다. '오래전 실제로 저에게 나쁜 일이 일어났지만, 저는 그 사실을 신중하게 짜인 대사로만 당신에게 알릴 수 있

어요.'

　기밀 유지 서약서에 서명한 여성이 할 만한 대답 그 자체였다. 때로 언론인이 취재원을 그대로 두고 떠나는 것이 옳을 때가 있다. 그러나 지금은 그런 순간이 아니었다. 메건은 사건과 무관한 말일지라도 그녀의 이야기를 좀 더 끌어내기로 결심했다. 딸은 몇 살인가요? 메건에게도 이제 갓 4개월이 된 딸이 있었다. 그녀의 나이가 메건과 비슷했기에 공감을 끌어낼 만한 요소들이 아주 많았다. 대화는 수월하게 이어졌다.

　그렇게 삼십 분 정도 잡담을 나눈 끝에 메건은 본론으로 들어갔다. 〈타임스〉 조사에 기여해줄 수 있는지 고려해보라는 부탁이었다. 합의를 어기면 위험하다는 것을 잘 알지만, 그래도 취재원을 보호하는 동시에 합의서의 존재를 드러내는 여러 방법이 있다고 했다. 빌 오라일리 합의 건에 대해 그녀의 동료 기자들도 그렇게 해냈다고 말이다. 전 어시스턴트는 고개를 주억거리며 메건의 말에 귀를 기울였다. 안 되겠다고 답하지는 않았다. 하겠다고 답하지도 않았다. 그 대신 그녀는 기자들이라면 누구나 탐내는 것, 바로 자신의 휴대폰 번호를 메건에게 알려주었다.

　그러나 브루클린으로 돌아가는 길에 메건은 부풀어 오른 낙관을 단숨에 꺼뜨리는 전화를 받고 말았다. 전 어시스턴트가 조금 전 변호사와 상의했는데, 〈타임스〉와 이야기하지 말라는 조언을 받았다고 했다. 심장이 쿵 내려앉았으나 메건은 애써 긍정적인 어조를 잃지 않았다. 변호사가 그렇게 조언하는 건 예상했다고, 그러나 아직은 최종 결정을 내릴 필요가 없다고 말했다. 부탁하고 싶은 것은 연락을 끊지 말아달라는 것, 그리고 할 수 있는 일들을 계속 상의하자는 것뿐이라고 말이다. 상대는 마지못한 듯 수긍했다.

그렇게 브루클린으로 돌아가는 내내 메건이 품고 있던 의심은 점점 커졌다. 여태 하비 와인스타인을 둘러싼 소문은 전부 여성 배우들과 관련된 것이었는데, 이제 메건과 조디는 완전히 새로운 분류, 즉 와인스타인에게 고용된 직원들 역시 피해자라는 사실을 알게 된 것이다. 조금 전 메건이 만났던, 어쩌면 와인스타인의 최초 피해자일 수도 있는 그 여성은 유명한 사람이 전혀 아니었다. 하비 와인스타인이 메건 또는 조디가 예상한 것보다 한층 더 체계적으로 여성을 학대해왔을 가능성이 있을까? 지금까지 그의 피해자가 된 여성은 얼마나 많을까? 또, 전 어시스턴트가 자유롭게 입을 열 수 있었더라면 상황은 달라졌을까?

7월의 그 마지막 주말 당시에는 메건은 27년 전 그 여성에게 어떤 일이 있었는지 정확히 알지 못한 상태였다. 그럼에도 대화를 이어가고 싶은 마음이 간절했기에, 집을 찾아간 지 이틀 뒤 그녀에게 문자 메시지를 보냈다.

> 댁으로 찾아가서 당황스러우셨을 줄 압니다. 하지만 이 기사가 정말 중요하기 때문이라는 것을 알아주셨으면 합니다. 진정한 변화를 만들어낼 기회예요. 우리 쪽 진행 상황을 계속 알려드릴 수 있게, 계속 연락을 이어가고 싶습니다. 선생님 역시 이 일에 대해 가족이나 다른 누군가와 자세히 대화를 나누신 적 있을 것 같습니다. 제 생각에 가장 중요한 대화는 선생님이 당신 자신과 나누는 대화일 테고요.

그녀는 〈뉴욕타임스〉에 실린 오라일리의 합의 과정을 담은 기사 링크도 함께 보냈다. 메시지를 작성하는 순간에조차 메건은 그녀로부터 다시는 답장을 받지 못할 수도 있다고 생각하고 있었다.

며칠 뒤, 메건은 이번에는 그 젊은 어시스턴트가 사라졌던 해인 1990년에 최고재무책임자로 근무했던 옛 미라맥스 임원 존 슈미트(John Schmidt)의 집을 찾았다. 메건은 아직도 영화 업계에서 일하고 있는 슈미트라면 전 어시스턴트와의 합의에 대해 알고 있으리라 생각했으나, 슈미트는 매번 전화를 피했다. 그래서 메건은 녹음이 무성하게 우거진 브롱크스의 주거 지역인 리버데일에 위치한 그의 집을 찾았고, 지역 사설 순찰차가 지나갈 때마다 몸을 숙이며 잠복 근무 상태로 거실의 불이 켜지기를 기다리고 있었다. 얼마 지나지 않아 메건은 슈미트를 만났다. 저녁식사 시간에 사전 양해 없이 찾아온 것을 사과했지만, 옆에서 그녀의 말 한마디 한마디에 귀를 기울이고 있는 슈미트의 아내 때문에 곤란한 심정이었다.

메건은 슈미트에게 이 합의들은 피해자들이 합의 사실을 발설하면 엄청난 금전적 손해를 입게 하는 하는 방식으로 그들의 입을 다물게 하는 교활한 수단이었다고 말했다. 합의금에 대해 알고 있는 누군가가 있다면 다른 어디서도 얻을 수 없는 결정적 도움이 될 거라고도 했다. 메건은 슈미트에게 기사화에 응해달라고 부탁하지 않았다. 그저 오래전 어떤 일이 일어났는가를 그의 관점에서 알고 싶었다.

그러나 슈미트는 메건과 이야기를 나눌 준비가 되어 있지 않았다. 적어도 아직까지는 말이다. 그는 생각할 시간이 필요하다고 대답한 뒤 그녀를 문까지 배웅해주었다. 사람들에겐 생각할 시간이 필요한 경우가 많다는 것을 기자로서 잘 알고 있었음에도 메건은 낙담했다. 와인스타인의 전 직원 중 일부는 문제를 알면서도 입 밖에 내지 않으려 한다는 사실 때문이었다.

같은 달인 7월의 어느 금요일 저녁, 조디는 오래전 미라맥스에서 일했던 맷 브로들리(Matt Brodlie)라는 할리우드의 한 임원과 전화통화를 했다. 그는 각별히 주의 깊게 귀를 기울였고, 조디는 그가 자신을 재보고 있다는 느낌을 받았다. 통화가 끝나고 오래지 않아 그가 다시 전화를 걸어와 어떤 이름과 주소를 알려주었다. 미라맥스 재직 시절에 만난 가까운 친구인데, 오랫동안 마음에 담고 있었던 사건이 있다고 했다. 그녀는 걱정하는 한편으로 말하고 싶어 안달이 나 있다고 했다. 그녀의 이름은 에이미 이즈리얼(Amy Israel), 브로들리와 마찬가지로 연예계에서 존경받는 임원이었다.

"저는 경력을 오래 이어가고 싶어요. 이 일로 낙인찍히는 일이 없었으면 좋겠습니다." 전화가 연결되자마자 이즈리얼이 말했다. "제 이야기가 기사에 인용되지 않길 바랍니다. 그 부분에 있어서는 타협의 여지가 없고요." 그럼에도 이즈리얼은 20년 가까이 자신을 괴롭혔던 기억을 메건과 나누고 싶어 했다.

1998년 가을, 이즈리얼은 판권을 사들일 신작 영화를 찾을 목적으로 와인스타인과 함께 베니스 영화제에 참석했다. 와인스타인이 묵고 있던 호텔 스위트룸을 찾은 그녀는, 그곳에 있던 두 여성 어시스턴트에게서 심상치 않은 기색을 느꼈다. 그들은 런던 지사에서 오랫동안 일한 젤다 퍼킨스 그리고 상대적으로 신입에 가까웠던 로웨나 추(Rowena Chiu)였다.

"두 사람이 호텔 방에 앉아 떨고 있었어요." 이즈리얼의 회상이었다. "말 그대로 공포에 질려 부들부들 떨고 있었죠." 와인스타인은 아무렇지 않다는 듯 평소와 다름없이 영화 이야기를 이어갔다. 이즈리얼은 방금 두 여성에게 무슨 일이 있었다는 사실을 본능적으로 감지했다. 와인스타인은 모르는 일이라는 듯 행동했다.

이즈리얼은 와인스타인이 저지른 불쾌한 행위들을 직접 경험해서 알고 있었다. 그는 그녀를 칭찬했고, 젊은 나이임에도 큰일을 맡길 만큼 신뢰했지만, 또 성추행하기도 했다고 그녀가 말했다. 어느 해 토론토 영화제에 참석했을 때, 갈라 상영회 전에 와인스타인을 픽업하러 호텔에 들렀더니 한 남성 어시스턴트가 호텔 객실로 올라가라고 안내했다. 당연히 그 어시스턴트도 함께 호텔 방을 찾을 거라고 생각한 이즈리얼은 시키는 대로 그 방을 찾아갔다. 그러나 방에서 마주친 것은 조막만 한 수건 하나만 둘렀을 뿐 벌거벗은 것이나 다름없는 모습의 와인스타인이었다. 그가 마사지를 해달라고 사정했으나, 어머니에게 전화를 걸어야 한다는 임기응변으로 그 자리에서 곧바로 전화를 거는 척해서 상황을 무마했다고 그녀가 말했다.

한두 해 뒤, 소속 부서의 부서장으로 승진한 그녀가 뉴욕에서 와인스타인을 위해 영화를 상영해 보이는 동안 그가 불쑥 이렇게 물었다고 했다. "윗옷을 벗고 재주 한번 넘어보겠어?"

"꺼져, 이 돼지 새끼야." 그녀가 그렇게 되받아치자 와인스타인은 다시 하고 있던 틱택토 게임으로 돌아갔다. (와인스타인은 그녀의 주장을 부인했다.)

그러나 오랜 세월이 지난 뒤 이즈리얼은 베니스에서 있었던 사건이 생각보다 심각한 것일지도 몰라 두려워졌다. 젤다 퍼킨스는 퇴사하면서 어떤 일이 일어났는지에 대해 입을 다물겠다는 서약서에 서명했다. 합의서구나, 하고 조디는 생각했다. 이즈리얼은 또 예전에 런던 지사에서 일했던 로라 매든이라는 여성에게 연락해보라고 권했다. 아마 그녀 역시 할 이야기가 있을 거라고 말이다.

이즈리얼은 한층 더 광범위한 질문을 던지기도 했다. 그들 모두, 즉 미라맥스의 수많은 옛 직원들이 참고 견뎠던 그 일의 실체는 무엇이었을까? 그녀는 이를 알고 싶었기에 기자와의 전화통화에 응했던 것이다. 그 시절 이즈리얼은 여성 후배가 와인스타인과 단둘이 있지 못하게 하는 등 동료들을 보호하기 위한 나름의 조치들을 취했다. 그보다 더 큰 조치는 불가능할 것처럼 느껴졌다. 베니스에서 일어난 일은 그녀의 의혹에 불과할 뿐이었고, 이를 고발할 현실적인 통로는 없다시피했다. 호텔 방에서 자신과 와인스타인 사이에 있었던 일을 상사에게 알렸을 때는 다른 동료도 피해를 입었지만 아무 조치도 취해지지 않았다는 말을 들었다.

그녀와 동료들은 일에만 집중했다. "그는 제 수치심이 제 입을 막을 거라고 믿었던 겁니다." 그녀가 말했다. 빌 코즈비의 범죄가 밝혀진 뒤부터 그녀는 쭉 와인스타인도 언급되기를, 그에 관한 이야기도 수면 위로 나오기를 바랐다고 했다.

"왜 우린 입을 열지 않는 걸까요?" 이즈리얼이 전화로 한 말이었다. "어째서 20년이나 지난 지금까지도 사람들은 아무 말도 하지 않는 걸까요?"

3주 뒤인 8월 2일 수요일, 조디는 런던 사우스켄싱턴의 한 식당에서 젤다 퍼킨스와 마주앉아 그녀의 입으로 1998년에 일어난 사건에 대한 이야기를 들었다.

퍼킨스는 좋은 제작자다운 간단명료한 태도를 가진 사람이었다. 그녀는 주로 연극계에 몸담으며 그 일대의 가장 뛰어난 연극 및 영화 제작자 중 한 사람과 오랜 시간 협력했고, 그렇게 명망 높은 연극을 비롯해 〈더 크라운〉 같은 TV 드라마 작업을 했다. 시골의 별장에서 양 떼를 치면서 나날을 보내다가 작업이 있을 때면 런던으로 돌아왔다. 미라맥스에서 겪은 일을 말하는 것이 법적으로 금지되어 있었기에, 그녀의 경력에 대한 전체 이야기를 아는 사람은 얼마 없었다.

이 만남에서 퍼킨스는 여태까지 와인스타인과 관련한 루머 때문에 그녀에게 접촉한 그 어떤 기자에게보다 더 많은 이야기를 털어놓았다. (나머지 기자들은 전부 남자였다고 그녀가 신랄하게 지적했다.) 그녀가 목소리를 낮추어 조디가 처음 전화로 연락했을 때 했던 이야기로 돌아갔다.

퍼킨스가 와인스타인과 함께 일하기 시작한 것은 1995년, 그의 권력이 정점에 달했던 시기였다. 당시 고작 22살이었던 그녀는 우연한 기회에 일자리를 얻었다. "저는 그가 누구인지도 몰랐고, 영화 업계에서 일해야 한다는 큰 야심도 없었어요." 그녀가 말했다. "일반적인 삶과 극도로 동떨어진 곳으로 가게 되었단 걸 이해할 만큼 세상일에 밝지도 못했죠."

와인스타인은 사실상 퍼킨스가 일을 시작한 첫날부터 그녀를 희롱하기 시작했다고 그녀가 말했다. "여성을 정복하는 데 병적으로 중독되어 있는 사람이었어요. 아침에 자리에서 일어나는 동력이 바로 그거라고요." 비유적인 말이 아니었다. 아침마다 퍼킨스 또는 런던 지사에서 오전 근무를 맡은 어시스턴트 중 한 명이 호텔 방을 찾아가서, 헐벗

다시피 하거나 완전히 벌거벗은 상태로 자고 있는 와인스타인을 깨워서는 마치 그가 제 손으로는 손잡이를 돌릴 줄도 모르는 것처럼 샤워기까지 틀어줘야 했다. 때로 와인스타인은 자신을 침대에 끌어들이려 했다고 그녀가 말했다. 이런 행동을 고발할 상대가 아무도 없었고, 소규모인 런던 지사에는 인사 담당 부서도 없었으며, 정책이나 규율 같은 걸 치레조차 없었다.

퍼킨스는 와인스타인의 유혹에 단 한 번도 굴복하지 않았다. 그녀는 작지만 강단 있는 사람이었고, 출근하기 전이면 마음의 준비를 마쳤다. 어느 여성 동료가 그녀에게 와인스타인과 함께 있을 땐 그가 슬며시 다가올 수 없도록 소파가 아닌 팔걸이 의자에 앉으라고, 또 아무리 더워도 자신을 지키기 위해 겨울용 파카를 입으라고 조언하기도 했다. "저는 매번 간신히 거부했어요."

와인스타인과 일하며 겪은 위험은 여태 그녀가 겪어본 그 어떤 위험보다 심각했지만, 그로 인해 얻는 특권도 있었다. 파리와 로마로 출장을 가면, "그는 현금을 선뜻 줬어요, 피 묻은 돈인 셈이었죠"라고 그녀는 말했다. "그와의 출장을 마치고 돌아오는 길에는 죄책감 때문에 이상하게 기분이 가라앉았지만, 한편으로는 살아남았다는 안도감도 들었어요." 출장은 매번 번지점프처럼 짜릿하지만 공허했다고 한다. 때로 그는 출장이 끝날 무렵 호의가 담긴 메모를 남기기도 했다. 회사 전용기를 써. 주말 동안 리츠 호텔 스위트룸도 써. 남자친구더러 오라고 해서 즐기라고. "우리 모두 그런 선물을 받았죠." 그녀가 말했다.

1998년, 퍼킨스는 새로운 어시스턴트로 로웨나 추를 고용했다. 추는 창의적이고 야심에 가득한 제작자 지망생이었으며, 옥스퍼드 대학교 연극회에서 브레히트의 극을 원형무대에 올렸고 에우리피데스의 극을 그리스어 원어로 상연하기도 했다. 퍼킨스는 그녀에게 와인스타인을 조심하라고 경고했다. 그해 9월, 베니스 영화제를 맞아 이탈리아를 찾은 두 어시스턴트는 와인스타인의 전형적인 영화제 일정을 따랐다. 상영회, 일류 호텔에서의 숙박, 그리고 뉴욕 동료들과의 미팅이었는데, 그 상대 중 하나가 에이미 이즈리얼이었다.

그러나 이즈리얼이 기억하는 그 미팅 직전, 추가 도움이 필요하다며 퍼킨스를 찾아왔다. 전날 밤 와인스타인이 저지른 불쾌한 일을 추가 자세히 털어놓자, 퍼킨스는 눈물을 쏟았고, 너무나 부도덕한 일이라고 말한 뒤 와인스타인을 찾아갔다고 했다.

그러나 퍼킨스는 그때 추가 했던 이야기를 이 자리에서 메건에게 상세하게 이야기할 수는 없다고 했다. 이 사실을 이야기할지 영원히 감출지 결정하는 것은 추의 몫이었으니까.

그 이후로 상당한 시간이 지난 뒤, 조디는 추에게서 직접 그 이야기를 들었다. 베니스 출장에서 추가 맡은 일은 저녁 시간에 와인스타인을 수발하는 것이었기에 늦은 밤에 그의 호텔 방에서 단둘이 있게 되었다. 와인스타인은 처음부터 그에게 추근덕거리기 시작했다고 그녀는 말했다. 그러나 그의 행동이 더 심각해진 것은 영화제 이틀째 또는 사흘째 밤이었다. 그날 밤 두 사람은 무더기로 쌓인 각본을 살펴보아야 했는데, 각본을 넘겨보는 내내 그는 그녀가 진정한 감식안과 사업 감각을 가졌다며 추켜세웠다.

그날 밤 추는 자신을 보호하기 위해 타이츠를 두 겹 입고 있었다. 그러나 업무를 하려는 그녀에게 그는 마사지를 해달라거나 목욕을 하자는 등 성적인 요구를 지속적으로 해왔고, 서서히 요구의 강도를 높여갔다. 결국 추는 그를 달래기 위해 타이츠를 한 겹 벗고 그의 마사지를 받아들였다고 했다. 그의 손이 슬금슬금 안쪽으로 다가오자, 그녀는 다시 각본을 보아야겠다고, 나는 남자친구가 있다고 거부했다. 그러자 그는 경력에 도움을 주겠다는 허세 섞인 약속으로 응수했다.

"저는 직접적으로 싫다고 말하지 않았어요. 공격적으로 나가고 싶지 않았거든요." 그녀가 말했다. "그는 저보다 체구가 훨씬 컸고, 그가 화를 내지 않는 한 저 역시 화를 내고 싶지 않았어요."

이런 상황이 몇 시간이나 지속되었다고 그녀가 말했다. 그를 밀어내고 다시 일을 하려 할 때마다 그는 또다시 그녀를 압박하고 몸을 만지면서 오럴 섹스를 하자고, 중국 여성과는 한 번도 섹스해본 적이 없다고 말했다. 와인스타인은 나머지 타이츠 한 겹도 마저 벗었다. 그러나 그가 속옷을 벗으라고 요구하자 그녀는 거부했다.

"그는 사람이 조금씩 닳아 없어질 때까지 기진맥진하게 만들어요." 추가 말했다. "전 신경이 바짝 곤두선 채였어요. 강간을 당할지도 모른다는 걱정이 들었죠." 그는 결국 그녀를 침대로 끌어들였다. 그녀를 침대에 눕혔는데 힘을 써서 강제로 눕힌 것은 아니었고 게임이라도 되는 듯 굴었다고 그녀가 말했다. 그가 그녀의 다리를 양쪽으로 벌리더니 딱 한 번만 집어넣고 나면 다 끝날 거라고 말했다. 사태가 더 진행되기 전에 그녀는 몸을 굴려 애써 빠져나온 뒤 의무를 치르듯이 업무를 마저 한 다음 새벽 2시에야 일을 끝내고 호텔 방에서 나왔다.

훗날 와인스타인은 이 이야기를 전면 부인했다. "절대 사실이 아닙니다." 그가 대변인을 통해 한 말이었다. "그리고 언론 보도를 통해 이 이야기를 반복하는 건 거짓말을 계속하는 것에 지나지 않습니다."

런던, 퍼킨스는 이야기를 이어갔다. 와인스타인을 찾아다니던 그녀는 호텔 테라스에서 사업상의 점심식사를 하고 있는 그를 발견했다. 식탁에 앉은 다른 손님들이 보는 앞에서 그녀는 그에게 따라오라고 말했다. 그때 와인스타인은 마치 그녀가 상사이고 자신이 어시스턴트이기라도 한 것처럼 순순히 따라와 복도를 걸었다고 퍼킨스는 회상했다. 와인스타인에게 추와의 일을 따져 물었을 때 그는 아내와 자식의 목숨을 걸고 아무런 잘못도 하지 않았다고 맹세했다.

당시 24살이던 퍼킨스는 추보다 나이가 많고, 근무 경력도 길었다. 추가 들려준 이야기는 자신의 입장에서 한 것이었지만, 퍼킨스는 이미 상사가 저지른 비행의 일대기를 알고 있었다. 추와 퍼킨스는 힘을 합쳐 함께 퇴사했다. "저는 추를 지켜줘야 했어요." 퍼킨스가 말했다. "추 혼자서는 아무것도 할 수 없었을 거예요. 그저 그의 주장에 자신의 주장으로 맞서는 수밖에 없었겠죠. 제가 추의 방패가 되었어요."

퍼킨스는 선배인 도나 지글리오티(Donna Gigliotti)에게 이 일을 상의했다. 지글리오티는 훗날 〈셰익스피어 인 러브〉로, 또 더 오랜 시간이 지난 뒤 〈히든 피겨스〉로 호평을 받게 될 영화 제작자였다. 그녀는 퍼킨스보다 더 넓은 인맥을 가졌으며, 흥행 영화를 만들 수 있는 영향력과 경험을 갖춘, 상대적으로 몇 없는 여성 제작자였다. 지글리오티는 퍼킨스에게 변호사를 만나보라고 설득하고 뉴욕의 한 변호사를 추천해 직접 연결해주었으며 그 밖에도 여러 형태로 조용히 도움을 주었다. 당시 퍼킨스는 감사한 마음이었다. 시간이 흐른 이제는 그때 지글리오티가 더 많은 일을 해줄 수 있었던 것이 아닌가 하고 생각했다. (훗날 지글리오티는 자신은 퍼킨스를 이끌어줄 변호사를 찾을 수 있게 도와주려 한 것이라고 주장했다.)

퍼킨스, 그리고 당시 파트타임으로 일하는 로스쿨 학생이던 추는 런던의 법률사무소 사이먼스 뮤어헤드 앤드 버튼(Simons Muirhead & Burton)의 변호사를 선임했고, 곧 형사 절차를 밟게 되리라 생각했다.

그러나 변호사들이 두 여성에게 한 말은 그들의 생각과는 달랐다. 물적 증거가 없다는 것이었다. 두 사람은 베니스에서 경찰에 신고하지 않았었다. 그런데 이십 대 여성인 두 사람이 와인스타인, 그리고 당시 미라맥스의 소유주였던 디즈니와도 맞서려든다는 것이었다. 지금 택할 수 있는 최선의 조치는 합의금이라고 했다. 일 년치 연봉에 달하는 2만 파운드 정도의 액수였다. 통상적으로 이런 사건들은 그렇게 해결된다고 변호사들은 말했다. 퍼킨스와 추는 돈을 원하는 것이 아니라며 반발했다. 합의금을 받는다 해도 대중에게 경각심을 줄 수 있게 자선단체에 기부할 것이라고 했다. 그러나 변호사들은 그런 식으로는 일을 해결할 수 없다고 했다. 금전적인 요구가 없으면 와인스타인 측 변호사들은 협상 시도조차 하지 않을 거라고 말이다.

분개한 퍼킨스는 더 높은 금액을 불렀고, 합의서 안에 와인스타인의 행동을 어떤 식으로건 간에 저지할 수 있는 조항을 넣으려 시도했다. 와인스타인이 심리치료를 받게 하고, 첫 회기에 자신이 참석하겠다고 했다. 미라맥스는 여태 없었던 직장 내 성추행 관련 정책을 만들어

교육을 시행하고, 변호사 한 명을 포함해 세 명으로 구성된 고충 처리 담당 부서를 만들어야 한다고 했다. 추후 2년 안에 비슷한 혐의를 주장하는 사람이 생긴다면 최소 3만 5천 파운드 또는 6개월치 급여를 합의금으로 지급하고 이 문제를 디즈니에 보고하거나 와인스타인을 해고해야 한다고 말이다.

와인스타인 측 변호사들이 반격해왔다. 런던의 법률사무소인 앨런 앤드 오버리(Allen & Overy)가 와인스타인을 대변했고 보통 배우, 감독, 작가와의 계약을 담당하던 스티브 허텐스키(Steve Hutensky)라는 변호사가 갑자기 뉴욕 지사에서 모습을 감추더니 런던에 나타나 이들에게 합류했다. (훗날 허텐스키는 자신이 아는 한 와인스타인에게 제기된 성추행 혐의는 이것이 유일했으며, 와인스타인으로부터 그 일은 상호 간의 동의로 일어난 것이며, 자신이 합의하는 것은 결혼생활을 지키기 위해서라고 들었다고 했다.) 협상 자리 중 한 번은 오전 5시까지 이어지기도 했다. 결국 두 여성은 각각 합의금으로 12만 5천 파운드를 받았으나, 그 대가로 일반적이지 않은 제약에 동의해야 했다.

그 제약의 서면 증거는 런던에서 조디와 점심식사를 하는 내내 퍼킨스의 가방 속에 있었다. 조디와 메건은 로즈 맥고언이 쓴 합의서에 대해 알고 있었으며, 또 얼마 전 메건이 만났던 전 어시스턴트 역시 합의서를 쓴 것으로 추정하고 있었음에도, 두 기자가 실제 와인스타인 합의서를 직접 보는 것은 처음이었다. 탐사보도에서 유죄를 입증하는 서류에 대해 아는 것은 좋은 일이다. 이 서류를 보는 것은 굉장한 일이고, 그 사본까지 얻는다면 최고의 일이다. 조디가 출장을 떠나기 전 메건은 격려의 말을 전했고 응원의 이모지를 보냈다. 합의서를 볼 수 있을 거예요. 분명 그럴 수 있을 걸 알아요.

퍼킨스는 머뭇거리다가 가방 속에서 옛 미라맥스의 로고가 뚜렷한 낡은 문서를 꺼냈다. 그녀는 합의서를 소리 내어 읽기 시작했다. 그녀는 미라맥스에서 일했던 시절에 대해 그 누구에게도 발설할 수 없었다. 이 사건과 관련해 자문을 구한 "의료 전문인"은 모두 기밀 유지 서약서에 서명해야 했다. 또 수령한 합의금 내역을 자신의 회계사에게조차 솔직히 말할 수 없었다. 합의서에 베니스에서 일어난 사건에 관해 당시까지 이야기한 상대를 전부 기재해야 했다. 퍼킨스의 반발로 실제 이름을 쓰지는 않았다. 그래서 합의서에는 이 사건을 아는 사람들의 기이한 익명 명단이 실려 있었다. 그녀가 세 명의 직원과 남자친구에게 자신이 "어떤 행동" 및 도덕적 사유로 미라맥스를 떠난다고 말했다, 또 가장 친한 친구 두 명에게는 사건의 정확한 내용을 이야기했다, 그런 식이었다.

제약 조항들은 길게 이어졌다. 그녀는 "현존하는, 또는 앞으로 생겨날 그 어떤 언론사"에도 이 사건에 대해 이야기할 수 없었다. (20년 가까이 지난 지금 기자와 마주 앉아 있는 퍼킨스를 보며, 조디는 '퍼킨스에게 신의 가호가 있길' 하고 생각했다.) "당사자가 공개하는 경우"에는, 그녀가 "추가 공개를 방지하기 위해, 또는 그 효과를 완화하기 위해 앞서 언급한 사항을 처리하는 신중한 조치가 필요하므로 이에 합당한 지원"을 제공해야 했다. 즉, 퍼킨스는 어떤 식으로건 간에 이 사건이 드러나는 경우 진실을 은폐하는 일을 도울 의무가 있었다.

이런 제약 조항은 상식에 대한 모독이나 다름없었다. 이 합의서가 퍼킨스의 삶을 좌우했음에도, 그녀에겐 서류 전체의 사본도 주어지지 않았다. 그녀는 제한된 면접권만 허락받았다. 합의서가 보고 싶으면 변호사 사무실에서 열람할 수 있는 권리만 주어졌다. 그날 점심식사 자리에 퍼킨스가 가져온 합의서는 조각들을 이어붙인 것이었다. 확인할 수 없는 계약을 어떻게 준수하느냐고 변호사에게 물었을 때 받은 발췌본들이었다. 무엇보다 최악인 것은, 와인스타인 측 변호사들로부터 거센 압박을 받은 끝에 엇비슷한 합의를 끝낸 퍼킨스와 추가 앞으로는 이 문제에 관해 서로 논의하는 것마저 금지하는 기밀 유지 조항에도 동의해야 했다는 것이다.

서류에 적힌 날짜는 1998년 10월 23일이었다. 베니스에서 일어난 사건은 고작 몇 주 만에 지워지고 말았다. 추는 퍼킨스에게 감사의 선물로 파일로팩스 플래너를 한 권 보낸 다음 그녀의 눈앞에서 사라져버렸다.

그 뒤로 퍼킨스는 "상심과 환멸"을 느꼈다. 면접을 볼 때 업계 최고의 회사를 갑작스레 그만둔 이유를 설명할 수 없으니 새 직장을 얻기도 힘들었다. 영화 업계에서의 경력은 끝났다는 생각이 들었다. 그래서 과테말라로 가서 말을 훈련시키는 일을 했다. 합의를 위한 협상에서 그녀는 와인스타인의 심리치료를 참관할 권리를 얻으려 힘겨운 싸움을 벌였고 그를 담당할 심리 치료사까지 골라둔 상태였지만, 그 치료를 실현시키는 데 갈등이 있었고 결국 포기했다.

합의서에 사인한 뒤 5개월 뒤 열린 1999년 아카데미 시상식의 영광은 〈셰익스피어 인 러브〉에 돌아갔다. 이 영화는 그해의 어떤 영화보다도 많은 일곱 개의 오스카 트로피를 수상했다. 귀네스 펠트로는 여우

주연상을 받았다. 와인스타인과 도나 지글리오티는 최우수 작품상을 받았다. (훗날 지글리오티는 와인스타인과 한동안 다시 일했다. 그는 2010년 와인스타인 밑에서 일하는 제작 담당 사장이었다.) 〈셰익스피어 인 러브〉의 엔딩 크레디트에 퍼킨스의 이름이 실려 있었다.

그 후로 20년의 세월을 보내며 퍼킨스의 시야도 넓어졌다. 하비 와인스타인을 고발하고 싶은 마음이 더 이상 없다고 그녀가 말했다. 퍼킨스는 여성들이 압력에 의해 자신의 권리를 빼앗기지 않을 수 있도록, 합의라는 제도 전반의 공정성에 대해 공개적인 질문을 던지고 싶었다.

"제게 가장 큰 트라우마가 된 것은 변호사들과 있었던 일이었습니다. 저는 하비를 폭로하고 싶었지만, 변호사를 찾아갔을 때 저는 크게 상심했어요."

퍼킨스는 숨 막히는 기밀 유지 서약을 깨고 입을 열고 싶어 했고, 조디는 그녀의 용기에 감명받았다. 대다수 여성들이 전화통화조차 꺼리는 상황에서 퍼킨스는 크나큰 금전적, 법적 위험을 감수하고 폭로를 생각하고 있었던 것이다. 런던으로 돌아가기 전, 조디는 한 유명한 고용 전문 변호사에게 전화를 걸어 합의를 깨고 입을 연 여성이 얼마나 큰 피해를 입느냐고 물었다. 변호사의 답변은 명쾌했다. "상대가 고소하고 돈을 요구하겠죠." 변호사로 일하는 동안, 기밀 유지 서약을 깬 고객은 한 명도 없었다고 했다. "침묵의 대가로 지불하는 돈이니까요." 그렇게 그는 말을 마쳤다. 다른 이들과 마찬가지로 퍼킨스 역시도 함께할 누군가가 있어야 기사에 참여할 수 있다고 했다. 조디와 메건이 합의 서약을 깨고 입을 열 다른 여성들을 찾아낸다면, 자신도 입을 열겠다고 했다.

비록 덜 만족스럽더라도 더 안전하게 일을 진행하려면 다른 이들과의 대화를 통해 퍼킨스가 맺은 합의의 기본적인 사항들을 기록해야 했다. 에이미 이즈리얼이 그때의 사건을 상당 정도 알고 있었고, 그 밖에도 알고 있는 이들이 있었다. 그러나 아직까지 또 다른 문제가 남아 있었다. 피해자로 추정되는 로웨나 추가 이메일에도, 전화에도 응답하지 않았던 것이다. 추는 모습을 드러내고 싶어 하지 않았다.

퍼킨스를 만나러 런던으로 가기 전 주, 조디는 비행기에 올라 베이에어리어를 향했고, 렌터카를 빌려 실리콘밸리에 있는 추의 집을 찾아갔다. 몇 주 전의 메건과 마찬가지로 조디는 고급 문구류에 메모를 쓰고 머릿속으로 대본을 준비했다.

한 남자가 추의 집 진입로에 서서 차를 손보고 있었다. 조디는 신분을 밝힌 뒤 로웨나 추가 집에 있느냐고 물었다.

아니오, 지금 국내에 없습니다, 하고 그가 말했다. 그러나 자신이 추의 남편이며, 아내는 기자와 이야기할 마음이 전혀 없다고 했다. 그러니 이만 떠나주시겠습니까?

조디는 알았다며 고개를 끄덕였다. 떠나기 전, 그녀는 추의 남편에게 잠시 이곳 진입로에 선 채로 기사화는 되지 않을 이야기를 나눌 수 있느냐고 물었다. 뉴욕에서 여기까지 온 이유를 설명하고 싶었다.

그는 자신의 이름을 밝히지 않았으나 조디는 그가 앤드루 청(Andrew Cheung)이라는 사실을 이미 알고 있었다. 그의 표정을 읽으려 애썼다. 자기 집 진입로에서 차를 손보다가 갑자기 기자와 마주쳐 당혹스러웠으리라.

청은 망설이듯 고개를 끄덕였다. 조디가 찾아온 이유를 대강 설명하자마자 그가 질문을 던져댔다. 당신이 제 아내를 찾아온 유일한 기자는 아닙니다. 어째서 기자들이 다들 내 아내를 만나려드는 겁니까?

당연히 그 역시 답을 알고 있는 게 아닐까, 하고 조디는 의아해 했다. 아내를 찾는 기자가 여럿인데 그 이유를 남편이 까맣게 모를 수는 없을 것 같았다. 어쩌면 조디가 어디까지 알고 있는지 시험해보려고 말을 아끼며 뉴욕 교외에서 만난 옛 어시스턴트와 엇비슷한 대사를 읊는 건지도 몰랐다.

뭐라고 대답하는 게 좋을까? 거짓말을 할 수는 없었다. 이 남자가 사는 집 진입로에 나타나서 대화를 나누자고 한 건 그녀였다. 이 부부의 협력을 바라는 이상 조디 역시도 그들에게 투명해야 했다. 그러나 지금 이 시점에서는 조디도 혐의의 자세한 사항은 몰랐고, 만약 남편이 베니스에서 있었던 일을 전혀 모른다면 기자를 통해 알게 해서는 안 되는 상황이었다.

조디는 완곡한 어법으로 자신은 당신의 아내가 하비 와인스타인의 피해자일 수도 있다고 생각한다고, 어쩌면 자신의 생각이 틀렸을지도 모른다는 점을 분명히 했다. 그녀가 합의금에 대해 언급하자 청은 웃음을 터뜨리더니 그들 뒤에 서 있는 평범하게 생긴 집을 가리켰다. "내가 합의금을 받은 아내의 남편으로 보입니까?"

정말 모르는구나, 조디는 그렇게 깨닫는 순간 두려움이 일었다. 추는 자기 남편에게조차 그 이야기를 하지 않았던 것이다. 이렇게 오랜 세월이 지났는데도 기밀 유지 조항은 세 사람 모두를 기이한 입장에 밀어넣었다. 자신이 겪은 일을 배우자에게조차 말할 수 없는 여자, 자기 집 진입로에 서서 낯선 사람으로부터 아내의 비밀을 듣고 놀란 남자. 청은 아내에게 메시지를 전해주겠지만, 그녀가 관련되고 싶지 않아할 게 확실하다고 했다. 그는 요청했다. 와인스타인의 피해자가 여럿이라면 그냥 기사를 쓰되 제 아내 이야기는 빼주지 않겠습니까?

조디는 차에 올라 그곳을 떠나기 전, 그의 질문에 대답하면서 이 말로 사태가 더 악화되지 않기만을 빌었다. "다들 그런 입장을 취한다면 기사는 영영 쓰이지 않을 거예요." 그녀가 말했다.

조디가 떠난 뒤 청은 영국의 친정에 가 있던 아내에게 기자가 찾아왔다고 전했다. 추는 아무 일 아니라고 했고, 청은 더 캐물을 생각은 없었다. 아내가 미라맥스에서 일한 적이 있다는 것은 알았지만 혐의가 제기된 사건에 관해서도, 합의에 관해서도 전혀 몰랐기에, 아내의 직장생활에서 가장 의미심장했던 어떤 일에 대해서도 몰랐다. 바로 베니스 영화제로부터 9개월이 지난 뒤 그녀가 다시 미라맥스로 복귀했던 일이다.

추는 미라맥스로 돌아갈 생각이 없었다. 그러나 퍼킨스와 마찬가지로 면접을 볼 때 미라맥스를 왜 그만둔 건지 설명할 수 없었으니 런던의 영화 업계에서 자리를 찾을 가망이 없었다. 미라맥스가 합의 조건에 따라 그녀에게 추천서를 써주었기에, 그녀는 미라맥스의 변호사 허텐스키에게 다른 일자리 소개를 부탁했다.

그녀에게 돌아온 답은 다음과 같았다. "하비는 당신의 가치를 정말로 높이 평가하고, 다시 돌아오기를 바랍니다."

추는 뜻을 굽히고 1999년 여름 미라맥스로 돌아갔고, 홍콩에 체류하며 할리우드에서 각색할 만한 아시아 영화를 발굴하는 일을 했다. 허텐스키가 듣고 있는 가운데 단 한 번 전화 회의를 한 것 외에 와인스타인과 연락한 적은 없었고, 다른 직원들이 어디까지 알고 있는지 궁금하기는 했지만 당연히 물어볼 수는 없었다.

"저는 새로 시작하려고 최선을 다했어요. 완전히 새로운 나라로 갔으니까요." 그녀가 말했다. "저는 그 시절을 '나는 나만의 왕국을 세우는 중이고, 지금은 뉴욕에서도, 미라맥스 본사에서의 학대로부터도 멀리 떨어져 있어'라는 관점으로 바라보려 애썼어요." 처음에 그녀는 아시아 영화를 발굴하는 데 전심전력을 다했으나, 알고 보니 미라맥스는 그 일에 진지하게 임하는 게 아니었다. 그녀는 차츰 이 일자리 자체가 자신을 와인스타인의 통제하에 두기 위해 급조한 자리라는 사실을 알게 되었다.

"악마와의 계약이었던 거예요." 그녀가 말했다. 우울증에 걸렸고, 두 번이나 자살을 시도한 끝에 그녀는 미라맥스를 완전히 그만두고 런던으로 돌아가 MBA 학위를 딴 뒤 새로운 삶을 시작했다.

조디가 진입로에 찾아갔던 시기에 추는 사업과 경제 부문에서의 무수한 성취와 모험으로 가득한 이력, 그리고 네 아이가 있었는데 막내는 아직 갓난아기였다. 추는 남편에게 조디가 찾아온 건 무시하라고 했다. 기자들이 때때로 찾아오지만 결국 아무 기사도 쓰지 않았다고, 앞으로도 그럴 것이라고 그녀는 남편에게 단언했다.

젤다 퍼킨스와 런던에서 점심식사를 한 뒤 24시간이 지난 8월 3일 목요일, 조디는 피크닉 테이블 하나를 사이에 두고 에이미 이즈리얼이 만나보라고 한 또 다른 한 사람인 로라 매든과 마주 앉았다.

찾아가도 되겠느냐고 조디가 물었을 때 매든은 망설이면서도 괜찮다고 대답했다. 매든은 웨일스에 살았지만 그 주에는 휴가 차 잉글랜드 극남서부의 콘월에 머무르고 있었고, 낼 수 있는 시간은 한두 시간이 고작이라고 했다. 그럼에도 조디는 일단 매든을 찾아갔다. 런던에서 출발하는 비행기 표가 매진이어서 5시간이 소요되는 기차를 탔다. 도착을 한 시간 남겨놓고 기차가 고장 나는 바람에 버스로 갈아타기까지 했다. 반드시 매든을 만나야 했다. 전화통화를 나눌 때부터 그녀가 주저하며 시작했던 그 이야기가 지금까지 기자들이 알아낸 일들 중 아주 많은 것들을 하나로 묶어줄 수 있었기 때문이다.

1992년 매든은 인생 경험이라고는 거의 없는 스물 한두 살의 아일랜드 시골 출신 아가씨였다. 그녀는 가문 대대로 내려온 사유지에서 고독하게 자랐다. 대단한 유산이 남아 있는 것은 아니었으나—그녀의 부모님은 사유지를 호텔로 개조해 운영하고 있었다—매든의 가족은 일대에서 지나치게 사치스럽고 또 지나치게 영국적이라는 평을 받으며 지냈다. 어린 시절 그녀는 책을 읽고 농장과 정원이 있는 가족 사유지를 돌아다니는 것을 기쁨으로 삼았다. 대학에는 진학하지 않았고, 스페인에서 몇 달간 어학연수를 한 것 외에는 고향을 거의 떠나본 적이 없었다.

집 근처에서 영화 촬영이 있었던 계기로 그녀는 엑스트라들과 승강이하는 잡다한 일을 하게 되었다. 영화 스태프들이 그녀에게 개브리엘 번(Gabriel Byrne)과 엘렌 바킨(Ellen Barkin) 주연의 〈인투 더 웨스트〉 촬영장에서 일해보라 권했다. 그렇게 일자리를 얻은 그녀는 어느 날 아직까지 한 번도 만나본 적 없는 와인스타인을 위해 전화에 응대하고 심부름을 도맡을 기회가 생겼다는 사실에 들떠 그가 묵고 있는 호텔을 찾게 되었다. 호텔 방에 도착했더니 샴페인과 샌드위치가 준비되어 있었다. 와인스타인은 매든의 재능과 노력을 영화 제작팀 모두가 알아보았다며 칭찬했다.

"제게 미라맥스 런던 지사의 정규직 일자리를 보장한다며, 당장 일을 시작할 수 있다고 했어요." 훗날 조디에게 보낸 이메일에서 매든은 이렇게 설명했다. "제가 꿈꾸던 바로 그 일자리였기에 정말 기뻤어요."

목욕가운 차림이던 와인스타인은 매든에게 여독을 풀어줄 마사지를 부탁했다. 그녀는 거부했다. 그러자 그는 모두가 다 했던 일이라고, 로맨틱한 요구가 아니라 그저 쉬고 싶은 것뿐이라며 계속 강요했다고 했다. "본능적으로 잘못되었다고 느껴지는 상황 속에 꼼짝달싹 못 하게 갇혀버린 기분이었지만, 한편으로는 제가 문제고 그의 요구가 정상적이기 그지없는 건지도 모른다는 생각이 들었어요." 매든이 이메일에 쓴 말이다.

와인스타인은 목욕가운을 벗었고, 매든은 그의 몸에 손을 올렸으나 굳어버렸다. 그는 긴장이 풀리도록 자신이 먼저 마사지를 해주겠다고 제안했다. 그가 시키는 대로 상의를 벗고 브라도 벗자 그가 손으로 그녀의 온몸을 만져댔다고 했다. 역겨웠으나 런던 지사에 보장되었다는 일자리를 잃을까 봐 겁이 났다.

처음 이 이야기를 해준 뒤 몇 달이나 지난 뒤에야 매든은 그녀의 기억 속 최악의 사항들까지 털어놓았다. 오래지 않아 그녀의 바지도 벗겨졌다. 와인스타인은 벌거벗은 채 그녀의 몸 위에 버티고 서서 자위를 시작했다. "저는 침대에 누워 있었고, 무서웠고, 위태로웠고, 도저히 감당할 수 없다는 기분이 들었어요." 그녀는 와인스타인에게 자신을 가만히 내버려두라고 부탁했다. 그럼에도 그는 저드가 설명했던 것처럼 그럼 이건 어때, 저건 어때, 하는 식으로 자꾸만 성적인 요구를 해왔다. 와인스타인이 샤워를 하자고 하자 이미 무감각해진 매든은 항복했다. 두 사람이 물을 맞는 동안 그는 자위를 이어갔고, 매든이 너무 심하게 우는 바람에 결국 그도 짜증이 났는지 물러섰다. 욕실에 혼자 남은 그녀는 울면서 문을 잠가버렸다. 문밖에서 그가 자위를 하는 소리가 계속 이어지는 것 같았다.

조디를 처음 만났을 때 매든은 이런 세부 사항들은 생략하고, 자신이 급히 방으로 들어와 옷과 소지품을 챙겨 달아났다고 말했다. (훗날 와인스타인은 그녀의 진술을 전면 부인했다.)

가장 고통스러운 것은 그녀가 이 임무를 처음 배정받았을 때 운 좋게 기회가 생겼다는 생각으로 들떠 열심이었다는 사실이었다. "아직도 기억나는 건, 그토록 기대에 차 기다렸던 어떤 것이 고작 이런 거였다는 수치심과 실망감에 휩싸였던 거예요. 미래를 생각할 때 느끼던 낙관을 그가 전부 빼앗아버린 거예요. 제가 가진 가치 덕택에 일자리를 얻은 것이라는 희망 역시도 사라져버렸고요."

이후 그녀는 한 여성 동료에게 도움을 요청했고, 동료가 와인스타인에게 직접 전화를 걸어 추궁하자 그는 빠르게 사과했다. "런던의 일자리를 주겠다고 했지만 보상을 받았다는 생각은 전혀 들지 않았어요." 매든이 말했다. 와인스타인은 그런 일이 다시는 없을 거라고 맹세했다.

매든은 실제로 런던의 일자리를 얻었으며, 자신을 학대한 가해자를 위해 6년간 일했다고 그녀가 말했다. 어떻게 보면 와인스타인이 미국에 있으니 런던에서 일하는 게 더 안전하게 느껴지기도 했다. 결국 그녀가 원했던 것은 일자리였다. 처음에는 와인스타인의 행동에 격노했던 그녀의 아버지 역시 결정을 물렸다.

그럼에도 매든은 미라맥스에서 행복할 수 없었다. 와인스타인이 런던에 방문할 때마다, 어떤 버전의 그가 나타날지 알 수 없었다. 유쾌한 와인스타인일까, 아니면 위험한 와인스타인일까? 그 일만큼은 아니더라도, 와인스타인과 호텔 방에서 불편한 순간을 보낸 적이 아주 많았다고 그녀가 말했다. 미라맥스에서 일하는 내내 그녀는 "위태로운"—그녀의 표현이다—기분이었다. "저는 그 사건에 제 책임도 있다는, 제가 더 분명하게 거절해야 했고, 일자리를 승낙하지 말았어야 했다는 기분에 짓눌린 채 지냈어요." 그녀는 나중에 그렇게 썼다.

매든의 이야기는 이제 조디와 메건이 '패턴'이라고 부르는, 여러 여성의 이야기 속에서 극히 유사하게 나타나는 와인스타인의 특징적인 행동이 가진 요소들을 하나로 묶어주는 일종의 증류기였다. 모든 이야기는 그 자체로 괴로운 것이었으나, 이런 이야기들이 기이하리만치 반복된다는 사실은 한층 더 의미심장하고도 섬뜩했다. 배우들과 미라맥스의 전 직원들, 서로를 알지도 못하는, 사는 나라조차 다른 여성들은 두 기자에게 조금씩 달리 변주된 같은 이야기를 말해주면서 유사한 장면들을 설명했고 때로는 같은 표현을 쓰기도 했다. 제작자와 가까워지고 싶었던, 미라맥스에 갓 입사한 열정적인 젊은 여성들. 호텔 스위트룸. 그곳에 준비되어 있던 샴페인. 목욕가운 차림의 와인스타인. 이 여성들은 너무나 어렸고, 그들이 시달린 위압은 너무나 컸다. 다들 어린 로라 매든이 원했던 것을 원했다. 매든에게 주어진 런던 지사의 자리처럼, 일하고, 참여하고, 성공할 기회 말이다.

조디는 매든과 이야기를 나눌 때 전날 퍼킨스와 점심식사를 함께 했다는 이야기는 하지 않았고, 퍼킨스에게도 매든 이야기를 하지 않았다. 그럴 수 없었다. 이 대화들은 극비였다. 두 여성은 런던 지사에서 함께 일했음에도 각자의 고통스러운 이야기를 서로에게 털어놓을 수 없었다. 두 여성 모두 고립되어 있었다. 누구도 큰 그림을 볼 수 없었다. 와인스타인의 피해자라고 주장하는 여성들을 어떻게든 한데 모아놓고 그들이 어떤 더 큰 그림의 일부임을 보여준다는 공상은 유혹적이었다. 그러나 아무리 당사자들의 허락을 받는다 해도 그 여성들에게도, 또 기자들에게도 위험했다. 취재원들에게는 다른 취재원들에 관해 알리지 않았다. 두 기자는 불안은 쉽게 전염된다는 사실을 알았다. 한 여성이 참여하지 말라고 나머지 여성들을 설득할 수도 있었다. 조금만 새어나가도 취재의 모든 것이 무너질 수 있었다.

앞서 매든은 전화통화에서 자신은 결코 그 이야기를 공론화할 수 없을 거라고 이야기했었다. 해변에 나란히 앉아 있는 지금 조디는 매든이 어떤 사람인지 한층 더 선명하게 알 것 같았다. 매든에게는 고요하게 인상적인 무언가가 있었다. 자신이 기억하는 것과 기억하지 못하는 것을 신중하게 구별했고, 미묘한 의미의 차이나 세부 사항을 섬세하게 구분하여 묘사했다. 미라맥스에서 퇴사한 뒤 그녀는 어머니가 되어 깊은 행복감을 얻었다. 그럼에도 지금 그녀는 무척 괴로워하고 있었다. 불과 얼마 전 결혼생활이 끝을 맺었기 때문이었다. 그녀는 싱글맘으로서 열한 살에서 열여섯 살에 이르는 네 아이를 키울 방법을 찾아가고 있는 중이었다. 최근에는 유방암을 선고받고 한쪽 유방을 절제했으며, 조만간 완전 재건 수술과 함께 두 번째 절제 수술을 앞두고 있었다. 미라맥스를 떠난 뒤로 그녀는 한 번도 정규직으로 일한 적이 없었고, 잠시 작은 케이터링 사업을 하나 했으며, 지금은 조경 디자인 과정을 수료하려 애쓰고 있었지만 자신은 없었다. 당시에 조디에게는 말하지 않았지만, 결혼 생활도 유방도 잃고 난 그때 매든은 여성성을 잃어버린 것만 같은 기분이었고, 또다시 누군가에게 매력적이거나 욕망의 대상이 될 수 있을까 하는 생각을 하고 있었다. 해변에서 이야기를 나누면서 조디는 매든에게는 이 휴가마저도 도전이었다는 사실을 알게 되었다. 그녀는 홀로 여름휴가를 보내는 데 익숙지 않았던 것이다.

뿐만 아니라, 매든은 자신에게도 잘못이 있다는 기분을 떨쳐낼 수가 없었다. (매든이 조디에게 이야기를 축약해서 했던 것은 그 때문이었다.) 회사를 떠나지 않았다는 사실 때문에 다른 이들의 비난을 받을 것이 두려운 나머지 결코 입을 열 수 없었다고 했다.

그러나 매든이 조디와의 대화에 응하기로 한 것은 조디가 연락하기 전 그녀에게 걸려온 한 통의 전화 때문이었다. 전화를 건 사람은 와인스타인의 옛 어시스턴트였던 패멀라 루벨(Pamela Lubell)로, 20년간 매든과 연락이 끊긴 사이였다. 루벨은 자신과 매든이 미라맥스에서 일할 수 있었던 것은 행운이었다느니, 또 와인스타인은 정말 친절했었다느니 하는 이야기를 떠들어댔다. 그러더니 혹시 기자가—그녀의 표현에 따르면 "바퀴벌레 기자들이"—연락하지 않았는지 물었다. 루벨은 매든으로부터 기자와 이야기하지 않겠다는 확답을 받고 싶어 했다. 매든이 확답을 해주지 않자 루벨은 재차 전화를 걸어 압력을 넣었다. "혹시 하고 싶은 프로젝트가 있으면 저한테 가져오세요. 제가 하비에게 전달할 테니까." 루벨이 이렇게 말했다고 했다. 매든은 옛 직장 동료가 연락한 건 와인스타인이 시켜서라고 확신했다. 그녀는 루벨에게 대놓고 이렇게 말했다. 맞아요, 와인스타인이 절 성추행했어요. 아니오, 아무 말 않겠다는 약속은 해줄 수 없어요. 사실, 그녀는 침묵을 강요받는 상황에 몹시 화가 났다. 그렇기 때문에 그녀는 조디의 첫 번째 전화를 받았던 것이다.

해변에서 조디는 당신의 이야기를 기사에 싣는 상상을 해보라고 매든에게 말했다. 조디는 점점 커져가는 와인스타인의 혐의에 관해 다른 여성의 이름을 밝히지 않은 채 대략적으로 설명했으며, 매든에게 당신의 이야기가 다른 이들에게 정말 큰 의미가 될 거라고, 또 기사를 발행하기 전 모든 사항을 확인받을 것이며 당신의 경험이 최대한 존엄하게 다루어질 수 있도록 할 수 있는 노력을 다하겠다고 약속했다. 만약 와인스타인이 어떤 방법으로건 보복한다면 그건 그에게 제기된 혐의를 확정짓는 것에 불과하리라고 조디는 덧붙였다.

매든은 생각해보겠다고 조심스레 답했다. 그녀는 와인스타인 기사가 제 몫을 하기를 바랐다. 한편 매든이 처한 개인적인 어려움이 얼마나 큰지 알게 된 조디는 어쩌면 타이밍이 좋지 않은 게 아닌가 하는 걱정이 들었다. 그런데 매든의 속마음은 정반대였다. "모든 것이 안에서부터 붕괴되고 있는 것 같았어요. 거기에 작은 붕괴가 하나 더해진다고 해서 그렇게 힘들 것 같진 않았죠." 그녀는 무언가 주도적인 일, 긍정적인 일을 간절히 하고 싶던 것이다.

매든의 마음속에서는 한층 더 강력한 주장이 싹트고 있었다. 그녀는 자신이 자유로움을 깨달았다. 이제 할리우드에서 일하고 있는 것도 아니었다. 무엇보다도, 침묵을 지키는 대가로 돈을 받지도, 기밀 유지 서약서에 서명한 것도 아니었다. 그녀는 다른 사람들이 침묵할 수밖에 없다면 입을 열 책임은 자신에게 있는 것이 아닌지 생각하기 시작했다.

다시 뉴욕, 메건은 2001년에 캘리포니아 주 평등고용추진위원회에 접수되었던 미라맥스 내부의 수수께끼의 고발 건을 추적하려 마지막으로 한 번 더 노력을 기울였다. 메건이 왜 포기하고 싶지 않은지 이해해줄, 이 영역에 정통한 누군가의 도움이 필요했다. 그래서 그녀는 글로리아 올레드에게 이메일을 보냈다.

메건이 페미니스트 변호사인 글로리아 올레드와 서로 알게 된 것은 2016년 10월 트럼프가 여성을 대하는 태도를 취재하던 때였다. 〈액세스 할리우드〉 테이프가 공개된 이후 올레드는 트럼프의 혐의를 주장하는 여러 여성들을 대변했다. 엄격하게 통제되는 기자회견을 열고, 의뢰인이 카메라 앞에서 눈물을 쏟을 때 위로해주었다. 자신을 고발한 여성들에게 트럼프가 폭언을 쏟아내면 올레드는 맞서 싸웠다.

글로리아 올레드를 뻔뻔하게 자기 홍보에 열을 올리는 사람으로 바라보는 기자와 평론가도 있었다. 그러나 메건은 올레드의 회고록을 읽고, 그녀와 긴 대화를 나누고, 그녀의 예전 의뢰인 및 동료들과 인터뷰를 진행한 뒤 그녀를 아주 진지하게 생각하고 있었다. 나이 어린 싱글맘이던 올레드가 양육비를 받아내기 위해 분투했던 것을, 25세의 나이에 총으로 위협당하며 강간당했다는 것을, 불법 임신중단 시술을 하다가 목숨을 잃을 뻔했다는 것을 메건은 알았다. 다른 여성들을 지키고 피해자에게 목소리를 주려는 올레드의 투지는 고통이 낳은 산물로 보였다.

그러나 와인스타인 수사에 올레드의 도움을 구하기가 조심스러운 이유가 하나 있었다. 올레드의 딸 리사 블룸에게서 온 알 수 없는 연락이었다. 그래서 메건은 올레드에게 와인스타인의 이름은 언급하지 않고, 다만 주정부 기관에서 성추행 신고 기록을 입수하는 방법만 물었다. 당시 메건은 올레드의 법률사무소가 정부와 대중의 관심을 철저히 피한 채 와인스타인에 대해 자체적으로 조사를 진행하고 있다는 사실을 전혀 몰랐으며 그런 가능성을 의심하지도 않았다.

변호사 글로리아 올레드는 여성 피해자에게 목소리를 주면서 명성을 쌓아갔지만, 그녀의 업무와 수익 중 일부는 여성들을 침묵시키고 성추행과 성폭행 혐의를 묻어버리는 비밀스러운 합의 협상에서 나왔다. 2011년, 그녀는 파트너 변호사와 함께 빌 오라일리와의 합의 협상을 맡았다. 에밀리 스틸이 깜짝 놀랐을 정도로 숨막히는 제약 조항들로 가득한 합의였다. 2016년, 팀 닥터였던 래리 나사르(Larry Nassar)가 엘리트 체조 선수들을 성추행했다는 사실이 막 알려질 당시, 올레드는 올림픽 메달리스트이자 체육계에서 가장 유명한 체조 선수 중 하나인 매케일라 머로니(McKayla Moroney)에게 입마개를 씌우는 합의를 진행하던 중이었다.

수개월이 지나서야 메건은 올레드의 법률사무소가 2004년 와인스타인 합의 협상도 맡았다는 사실을 알게 되었다. 와인스타인을 고소한 피해자이자 올레드의 의뢰인은 그해 미라맥스가 제작한 〈더티 댄싱 2: 하바나 나이트〉에 백업댄서로 출연했던 애슐리 매소(Ashley Matthau, 결혼 후의 성은 앤더슨)였다. 당시 매소는 23살이었으나 나이에 비해서도 어려

보이는 편이었다. 그녀는 아메리카 발레 시어터와 투어를 하며 춤이라는 안전한 세계에서 십 대를 보냈다. 그러다가 뮤직비디오와 플레이보이 맨션 파티로 이루어진, 아름다운 얼굴로 입 다물고 있어야 하는 세계로 휩쓸려 들어갔다.

그러나 〈더티 댄싱 2〉를 촬영하는 동안에 일어난 사건이 매소의 가슴 깊이 감춰진 분노의 방아쇠를 당겼다고 그녀가 말했다. 푸에르토리코의 〈더티 댄싱〉 세트장에 갔을 때 와인스타인은 매소에게 앞으로의 프로젝트를 논의하는 미팅을 하자며, 자신이 묵는 호텔 방으로 오라고 했다. 단둘이 되자 그가 그녀를 침대로 밀치고는 그녀의 가슴을 어루만지며 그녀의 몸 위에서 자위를 했다고 했다. "저는 계속 말했어요. '그만해요, 전 약혼자가 있다고요.'" 나중에 매소가 메건에게 해준 말이다. "하지만 그는 계속 이렇게 말했어요. '그냥 좀 끌어안고 있는 것뿐이야. 아무 문제도 안 돼. 섹스를 하는 것도 아니잖아.'" 다음 날 와인스타인은 마치 사업상의 거래라도 진행하는 것처럼 그녀에게 더 많은 배역을 약속해주었다. "저는 그가 아무 벌을 받지 않고 빠져나가길 바라지 않았어요. 저 자신을 지키고 싶었죠."

약혼자가 설득한 끝에 매소는 글로리아 올레드를 찾았다. 올레드가 TV에 출연한 모습을 본 적 있던 약혼자는 올레드라면 도움을 줄 수 있을 거라고 생각했던 것이다. 올레드는 매소를 파트너 변호사 존 웨스트(John West)에게 넘겼고, 웨스트는 당사자 간의 비밀 합의를 권했다. 대중의 눈앞에서 와인스타인과 그의 권력에 맞서기 두려웠던 매소는 12만 5천 달러의 합의금을 받고 다시는 이 혐의를 입밖에 내지 않는다는 합의를 빠르게 마쳤다고 했다. "제가 정서적으로 만신창이가 된 상태이니 이 일을 더 끌고 갈 수 없다고 생각한 존이 협상에 그리 애쓰지 않았던 기억이 나요. 그냥 돈을 받고, 잊어버리고, 상처를 치유하려 애쓰라고 했죠." 법률사무소는 합의금의 40퍼센트를 수수료로 떼어갔다고 그녀가 말했다.

웨스트와 올레드는 매소 합의 건에 대해서는 언급을 거부했다. 그러나 또 다른 인터뷰에서 올레드는 두 기자가 이미 알고 있던 비밀 합의들의 정당함을 주장했다. 사생활 보호를 원하고 직장을 구하기 힘들까 봐 두려워하는 의뢰인 입장에서는 합의가 더 낫고, 법정 싸움은 위험 부담이 큰 데다 몇 년이나 이어질 수 있다고 했다. "기밀 유지 서약서에 서명하라고 강요한 사람은 아무도 없습니다. 머리에 총구를 들이댄 것도 아니잖아요."

올레드는 기밀 유지 조항의 가혹한 진실, 즉 그런 조항들이 성폭력 가해자를 위해 만들어진 것이기도 하다는 것을 인정했다. "의뢰인은 이렇게 말할 겁니다. '보상을 받고 싶어요, 당신이 내게 얻어다준 액수는 상당하고, 아주 만족스러워요. 그런데 제가 왜 비밀을 지켜야 하는 거죠?' 그 이유는 권력을 가진 쪽도 평화를 원하고, 분쟁을 끝내고 싶어 하며, 의뢰인이 앞으로 나아가고 싶은 만큼 그들 역시 마찬가지이기 때문입니다."

2017년에는 올레드의 활동 무대인 캘리포니아 주의 한 소비자 변호사 단체가 이런 의식 체계가 가진 위험성을 인지했다. 변호사 단체는 성추행 피해자에게 금전적 보상이 필요한 것은 맞지만 합의가 가해 행위를 은폐하고, 따라서 이를 지속시키는 도구가 되어서는 안 된다고 생각했다. "연쇄 포식자가 존재하는 경우 이런 비밀을 매번 숨겨서는 안 되니다. 똑같은 일이 반복될 테니까요." 이 소비자 변호사 단체의 로비스트 낸시 페베리니(Nancy Peverini)가 추후에 메건에게 한 말이었다.

그해 1월, 주의원 코니 레이바(Connie Leyva)가 변호사 단체의 요청 대로 피해자들이 입을 열고 가해자의 이름을 지목할 수 있도록 캘리포니아 주 내에서 성추행 합의 시 기밀 유지 조항을 금지하는 입법안을 추진했다. 케이티 베너가 페이지 원 회의실에서 〈타임스〉 동료들에게 언급했던 내용이었다.

그때 올레드가 끼어들었다. 로비스트 그리고 레이바의 보좌관들과 함께한 긴장감으로 팽팽했던 전화통화에서 올레드는 요지부동으로 나왔다. 피해자들의 침묵을 대가로 하지 않는 한 성추행 가해자들이 합의금을 지급할 리가 없다고 했다. 입법안을 제출하면 자신이 주의회를 직접 찾아 반대할 것이라고 말이다.

변호사 단체는 글로리아 올레드가 공공연하게 반기를 드는 상황에서는 피해자를 보호하려는 법안은 무산되리라는 것을 알고 있었다. 올레드에게는 그녀가 최고의 옹호자라고 믿는 수많은 팬들을 동원할 능력이 있었다. 코니 레이바가 입법안 추진을 철회한 것도 놀랍지 않았다. 올레드의 위협 때문에 시스템을 개혁하고 피해자의 목소리를 지키고자 하는 노력은 시도하기도 전에 실패하고 말았다.

4장

긍정적인 평판 관리

7월 12일, 〈타임스〉 편집장 딘 바케이가 조디, 메건, 코벳, 그리고 맷 퍼디를 자기 사무실로 불러 모았다. 와인스타인 기사의 진척 사항을 알고 싶다는 것이었고, 또 지시할 사항도 있었다.

뉴스룸 내 구석진 자리에 위치한 바케이의 외떨어진 사무실은 한 층 널찍하고 조용한 곳으로, 신문 업계에서 보낸 평생의 기념물들이 자리한 곳이었다. 바케이는 뉴올리언스 출신이었고, 부모님이 운영하던, 금전등록기 대신 시가 상자를 쓰던 허름한 크리올 음식점 뒤 아파트에서 어린 시절을 보냈다. 그는 〈타임스〉 최초의 흑인 편집자였으나 직원들에게 인종 차별 경험을 이야기하는 일은 거의 없었다. 그는 그보다는 권력자들을 추궁하는 방법이며 그들을 상대할 때 언제 공격해야 하고 언제 한 발 물러서야 하는지 이야기하기를 더 좋아했다.

그날 바케이는 전달하고 싶은 특별한 사항이 하나 있었다. 조심하라는 말이었다. 2014년, 와인스타인이 제작한 탈 많았던 연극 〈네버랜드를 찾아서〉의 초기 버전이 매사추세츠 케임브리지에서 상연되기 시작했을 때, 단 한 편의 혹평으로도 공연의 운명이 결정된다는 것을 알았던 와인스타인은 〈타임스〉가 공연평을 쓰지 못하게 했다. 바케이와 당시 발행인인 아서 설즈버거(Arthur Sulzberger)에게까지 여태 자신이 〈타임스〉에 썼던 적잖은 광고비를 입에 올리며 뉴욕의 언론사들이 타 지역에서 하는 시험 공연의 평을 싣지 않는다는 전통도 언급했다. 그러나 문화부의 한 편집자는 바케이에게 그런 원칙은 이미 낡아빠진 것이라며 그를 설득했다. 〈네버랜드를 찾아서〉는 거액을 들여 제작한 공연인 데다가, 온라인 시대인 지금에 와서 이 공연은 어차피 비밀도 아니라고 말이다. 대답을 들은 와인스타인은 메릴 스트립이 바케이에게 직접 연락할 테니 기다리라고 했다.

　그 저명한 배우로부터 연락이 오지는 않았으나, 전국적으로 유명한 변호사 데이비드 보이스(David Boies)가 바케이에게 연락해왔다. 보이스는 1990년대 정부가 마이크로소프트 사에 제기한 독점 금지 소송에서 참여해 앨 고어를 대변했으며, 대법원이 캘리포니아 주 동성결혼 금지법을 무효화하도록 설득하는 데서도 활약했다. 2001년부터 그는 와인스타인의 법률 고문을 담당해왔다. 그러나 2014년, 〈네버랜드를 찾아서〉 공연 평 문제로 바케이에게 전화를 건 보이스는 이렇게 입을 뗐다. "저는 하비의 변호사로서 전화를 드린 것이 아닙니다. 하비의 친구로서 연락을 드리는 것입니다." 바케이는 변호사가 와인스타인과의 관계를 솔직히 밝히지 않는다는 인상을 받았으며, '일이 잘 풀릴 수 있도록 당신을 도와주는 겁니다'라는 투의 사근사근한 말씨는 거들먹거림처럼 들렸다. 바케이는 입장을 바꾸지 않았다.

　다음 해, 〈네버랜드를 찾아서〉가 브로드웨이로 진출하게 되어 〈타임스〉가 공연에 관한 기사를 준비하고 있던 때였다. 와인스타인은 최근 논란을 일으킨 사건에 대한 언급을 전부 삭제하라며 〈타임스〉 문화부 편집자를 향해 고함을 질러댔다. 바로 그가 암브라 바틸라나 구티에레스가 제기한 성추행 혐의로 뉴욕시경의 조사를 받게 된 사건이었다. 그는 혐의가 거짓이라 주장했으며, 〈타임스〉뿐 아니라 이미 여러 언론에서 그 사건을 보도한 이후였음에도 〈타임스〉 측은 이를 무시해야 한다고 우겼다.

　바케이는 스태프들에게 기사를 수정하지 말라고 한 뒤 와인스타인에게 다시는 〈타임스〉 기자들에게 그런 언사를 사용하지 말라고 경고했다. "당신이 우리 편집자들을 상대하는 방식 때문에 우린 조만간 상당히 거친 대화를 나누게 될 겁니다." 2015년 3월, 바케이가 와인스타인에게 쓴 이메일이다. "그 대화는 아주 거칠 겁니다, 믿어도 좋아요."

와인스타인이 제작한 연극에 대한 기사보다도 그가 여성을 대하는 방식에 대한 취재에 달린 이해관계가 더 컸으니, 바케이는 이번 기사를 막기 위해 와인스타인이 무슨 짓이든 할 것이라고 예상했다. 바케이 자신은 조용히 넘어가고자 했으나 와인스타인과 보이스가 이미 그와 발행인에게 몇 번이나 연락해 비공개 대화를 요청하고 있었다.

바케이는 조디와 메건이 취재를 진행하는 동안 두 가지 규칙을 따르기를 바랐다. 첫째, 갈수록 절박해진 와인스타인이 기자나 취재원에게 사람을 붙여 뒷조사를 하고 과거를 캐낼 수 있음을 예상하라. 바케이는 두 기자와 눈을 맞추고는 이렇게 말했다. "누군가 뒤를 밟고 있다고 가정해. 전화통화 역시 전부 녹취되고 있다고 생각하고 임하고." 둘째, 와인스타인과 비공개 대화를 나누지 말 것. 상대방과 직접 대화하고 싶지 않은 기자가 어디 있겠는가? 그럼에도 조디와 메건의 취재는 전략적이어야 한다는 것이 바케이의 생각이었다. 와인스타인에게 자신감 있게 말할 기회를 주는 것은 처벌을 피할 기회를 주는 것과 마찬가지였다. 하고 싶은 말이 있다면 기사에 실릴 수 있게 큰 소리로 해야 했다.

그러나 8월 첫주, 조디가 예상치 못한 전화 한 통을 받자, 메건은 바케이가 말한 규칙에 의문을 품게 되었다. 전화를 건 사람은 클린턴 임기에 백악관 고문이었던 변호사 래니 데이비스(Lanny Davis)였다, 데이비스는 지금 위기관리 자문 사업으로 톡톡히 재미를 보는 중이었으나, 〈타임스〉가 조사했던 아프리카 지도자들을 비롯한 불미스러운 인물들을 대변하는 일도 종종 있었다. 최근 와인스타인에게 고용된 그가 조디와 비공개로 대화를 나누고 싶어 했다. 기사화가 불가한 의사소통은 어렵다고 했음에도 그가 물러서지 않자, 조디는 이 요청을 메건과 코벳에게 전달했다. 조디가 그의 답변을 기다리는 동안에도 데이비스는 재차 질문을 던져댔다. 만날 수 있겠습니까—지금 당장은요? 데이비드 보이스가 동석해도 되겠습니까? "그는 의뢰인의 가까운 친구입니다." 데이비스가 보낸 이메일에는 수년 전 바케이의 심기를 거스른 것과 똑같은 표현이 담겨 있었다.

조디와 코벳은 이전에도 래니 데이비스를 상대한 적 있었다. 그는 겉보기엔 사근사근한 구시대적 인물이었으나 기자들이 자신과 의뢰인에게 부당하게 군다는 생각이 들면 고함을 질러대는 것으로 유명했다.

바케이가 당부한 규칙이 있었음에도 메건은 데이비스를 만나보기로 했다. 바케이의 말은 이해했지만, 숨길 것이 있는 사람과 대면할 때 상대가 제 발 저리는 일도 있다는 사실을 그녀는 경험으로 알고 있었다. 또, 도대체 와인스타인이 이전에는 무슨 수로 기자의 취재를 막았는지 궁금하기도 했다. 그에게 무슨 꿍꿍이가 있는 거라면 나중에 아는 것보다는 일찍 아는 쪽이 나을 것 같았다.

메건은 자신과 조디가 데이비스를 만나 공표하지 않고 대화를 나눠보는 것이 어떨지 제안했는데, 공표하지 않은 대화란 이름을 밝히지 않는 한 그 대화를 기사로 쓸 수 있다는 뜻이었다. 이틀 뒤 코벳은 조디와 메건에게 데이비스를 만나보라고 했다. 그러나 코벳과 바케이는 이 만남이 와인스타인과의 공식 대화의 대안이 될 수는 없음을 분명히 했다. 보이스는 함께 만나지 않기로 했다. 그리고 두 기자는 힘겹게 진실을 조용히 털어놓기 시작한 배우들과 옛 직원들에 관해서는 그 어떤 것도 발설하지 않아야 했다.

조디가 세부 사항을 논의하려 데이비스에게 전화를 걸자, 그 수다스러운 홍보 담당자의 입에서 의뢰인에 대한 정보가 새어나오기 시작했다. "그는 굉장히 힘든 시간을 보내고 있습니다." 데이비스가 와인스타인을 가리켜 한 말이다. "그가 항상 그렇게까지 이성적이지는 않습니다."

8월 3일, 데이비스는 〈타임스〉 회의실의 기다란 테이블 앞에 앉아 야구며, 힐러리 클린턴의 가까운 지인으로 지내는 경험이며, 예일대 로스쿨에 다니던 시절에 관해 잡담을 늘어놓았다. 이 회의에는 조디, 메건과 함께 코벳도 참석했는데, 이는 그 만남이 얼마나 진지한 것이었는지를 보여준다. 메건은 아이폰을 꺼내 데이비스의 허락하에 녹음을 시작했다. 언제나처럼 녹음 버튼이 눌리는 소리가 나자마자 잡담은 끝을 맺었다.

"제가 여기 온 건 기사를 막거나, 방향을 돌리게 하거나, 잘못된 방향으로 이끌기 위해서가 아닙니다." 데이비스가 말했다. 그가 마음에 품은 여러 목적들은 따로 있었다.

첫 번째 목적은 방어였다. 그는 지난해 로즈 맥고언이 트위터에 이름을 밝히지 않고 올렸던, 와인스타인이 강간을 했다는 주장을 언급했다. 와인스타인 측은 맥고언이 현재 쓰고 있는 자서전에 그 주장에 대해 쓸 수도 있다고 생각했다. 조디와 메건이 그 주장을 기사에 쓸 생각이라면, 데이비스는 자신들에게도 답변할 기회가 있어야 한다고 했다.

어려운 일은 아니었다. 당연히 〈타임스〉는 혐의에 대한 와인스타인의 입장을 물을 계획이었다.

두 번째 목적은 탐색이었다. "사안이 사안이니만큼, 취재원의 이름을 알려주시지는 않을 거라는 걸 압니다만—만약 기사의 전체적인 내용을 알려주실 수 있다면 제가 제 역할을 하는 데 도움이 되겠지요. 여러분의 질문에 답하고, 사실임을 확인시켜드리는 역할 말입니다."

그 역시 간단했다. 조디와 메건은 자신들이 와인스타인이 여성들을 상대로 저지른 문제적 행동들을 살펴보고 있다는 선에서 설명을 마쳤다.

데이비스의 세 번째 목적은 설득이었다. 와인스타인은 모든 성폭행이나 성추행 혐의를 확고히 부인하고 있으나, 자신이 여성을 대하는 방식에 대한 불만이 커져가고 있다는 사실을 자각하고 있다는 이야기였다. 그는 자신이 과거에 저지른 행동을 새로이 깨달아가고 있다고 했다. 권력을 가진 윗세대 남성들이 '동의에 의한 성관계'의 의미가 무엇인지, 그리고 '어째서 남성이 동의가 이루어졌다고 믿을 때에도 여성은 그렇게 느끼지 않는지'를 알아가고 있다고 했다.

데이비스의 속내는 무엇일까? 쉽게 판단할 수는 없었다. 그날, 그리고 그 뒤로 몇 주간, 기자들은 데이비스와 업무적 소통을 하기가 만만치 않다는 사실을 알게 되었다. 데이비스가 전달하는 주장들은 정확한 의미를 파악하기 어려웠다. 유명 의뢰인들에 관한 쓸 만한 정보를 보내오기도 했으나, 틀린 것도 있었다.

"그 문제에 있어서는 남성들, 특히 하비 와인스타인도 발전해가고 있다고 저는 믿습니다." 데이비스의 말이었다.

갈수록 데이비스의 말에는 생략되는 부분이 늘어났다. "그렇기에 하비를 비롯해 할리우드의 수많은 남성, 권력을 가진 남성들에 관해 오랫동안 떠돌던 보다 큰 이야기가 드러날 테고, 여러분이 기사를 마치고 나면 이 문제에 있어 새로운 인식에 도달하고 있는 남성들에게 더 광범위한 이야기를 건넬 수 있겠지요."

데이비스의 말에 넌지시 담긴 속뜻이 대체 무엇이란 말인가? 와인스타인이 메건과 조디와의 인터뷰에 기꺼이 응해 자신이 여성들에게 저지른 문제적 행동들에 관해 이야기하겠다는 뜻일까?

데이비스는 자신이 와인스타인에게 인터뷰를 권하고 있다며, 그가 "그 전에 아내와 자식과 이야기를 끝내야 한다"고 했다고 전했다. 그래도 와인스타인이 인터뷰에 응하리라 생각한다고 했다. 그런 일이 일어날 수 있다고, "적어도 조금은 자신한다"고 했다.

데이비스와의 만남은 와인스타인 측과의 첫 만남에 불과했는데도, 와인스타인 측은 이미 잘못을 인정하고 있는 듯 보였다. 조사를 통해 훨씬 더 큰 악행들이 드러날지도 모른다는 암시였다. 와인스타인이 잘못을 시인할 의지가 있다는 게 사실이라면 그와의 인터뷰는 기념비적인 것이 될 테고, 취재 역시 예상보다 더 수월해질 것이었다. 하지만 와인스타인이 뉴스룸을 찾아와 자신의 성적 위반 행위에 관해 솔직히 말하는 모습은 도저히 그려지지 않았다. 증거를 들이대지 않는 한 그런 일을 시인하는 사람은 드물었다.

두 기자는 데이비스에게 당연히 와인스타인의 말을 얼마든지 든겠다고, 단 기사화할 수 있는 공식 발언이어야 한다고 답했다. 그들의 답은 여기까지였다. 데이비스가 일종의 거래를 시도하는 거라면, 그래서 인터뷰의 대가로 그들의 취재를 멈추려 한다면, 딱히 받아들일 이유가 없었다.

그래서 메건은 다시 로즈 맥고언에게로 화제를 돌렸다. 데이비스는 성폭행을 당했다는 맥고언의 주장이 거짓이라고 확고하게 주장했으며, 그녀를 믿을 수 없는 이유는 무엇보다도 그녀가 사건이 있었다고 주장하는 "그 당시에 항의"하지 않았기 때문이라고 했다. "그 일을 즉시 다른 사람들에게 알렸습니까? 괴로워하는 기색을 보였습니까?" 그가 물었다.

그러나 메건과 조디는 맥고언으로부터 자신은 1997년 와인스타인과의 호텔 방 사건 직후부터 쭉 힘들어했다는 이야기를 들은 터였다. 그녀는 매니저, 그다음으로는 변호사에게 사실을 알렸고, 변호사의 도움으로 와인스타인에게서 10만 달러의 합의금을 받았다. 맥고언은 여태까지의 이야기를 기사화하는 데 아직 동의하지 않은 상태였으며, 기자들은 여전히 합의 사실을 입증할 증거를 찾고 있었다. 어쩌면 데이비스를 밀어붙여 궁지에 몰아넣으면 그의 입으로 합의금 지불 사실을 확인할 수 있을지도 몰랐다.

메건은 데이비스에게 캐묻기 시작했다. 당시 맥고언이 괴로워하는 기색을 전혀 보이지 않았다고 "확신하십니까?" 맥고언과 있었던 고충을 와인스타인이 알게 된 것은 지난해 맥고언의 트위터를 통해서가 "처음이었습니까?"

데이비스는 말을 바꾸었다. "고충이라고요? 그렇지요—그는 그런 고충이 있다는 것을 알고는 있었지만, 맥고언이 자신을 강간범이라 주장하는 줄은 몰랐습니다. 그래서 전 이 '강간'이란 말에는 분명한 선을 긋겠습니다. 이 선을 넘지 않는 선에서 이루어지는 감정이나 우려에 대해서는 와인스타인도 알고 있었고…"

코벳이 물었다. "어떤 고충 말입니까?"

"강간에 대한 고충이 아니라면, 무엇에 관한 고충이었습니까?" 조디가 물었다.

데이비스는 와인스타인이 맥고언에게 저지르지 "않은" 일들을 이야기할 의도였다. 그러나 이제 그는 그가 "저지른" 일을 설명해야 하는 상황에 봉착하고 말았다. "조디, 제가 아는 바에 의거해 할 수 있는 대답은, 권력관계 격차로 인한 착취라는 인상을 받았다는 겁니다. 불평등한 지위 때문에 여성들이 사후에, 어쩌면 사건 도중에 이용당한다, 착취당한다 같은 생각을 하게 되는 겁니다."

"그건 정신적 강압이지 물리적 강압은 아니지요." 데이비스는 이렇게 말한 뒤 와인스타인이 리사 블룸의 도움을 받아 그 차이를 알아가고 있다고 덧붙였다. "리사가 이 일을 살펴보고, 그를 살펴보고, 그의 과거 행적도 살펴보면서 그의 이해를 도와가고 있다고 들었습니다."

리사 블룸이라니! 몇 주 전 조디에게 이메일을 보낸 변호사였다. 리사 블룸과 와인스타인의 관계에 관해 기자들이 몰랐던 사실은 또 무엇이 있는 걸까? 그러나 두 기자에게는 그런 질문보다는 데이비스를 통해 와인스타인이 맥고언에 관해 무엇을 알고 있으며 언제 알게 되었는지를 알아내는 것이 더 중요했다.

실제로 와인스타인이 그 당시에 맥고언의 고충을 알고 있었던 거라면, 그는 어떻게 응답했습니까?

"와인스타인이 맥고언과 법적으로 해결했다고 알고 있습니다." 데이비스가 말했다.

"그 법적 거래를 정확히 무어라고 설명하시겠습니까?" 메건이 물었다. 합의 사실을 확인하기 직전이었다.

"두 사람 사이에 있었던 일을 그녀가 괜찮다고 여기지 않는다는 것을 그가 알게 되었던 것 같습니다. 강간이라는 이야기가 아닙니다. 그가 로즈 맥고언에게 행사한 영향력 말입니다. 그녀는 그가 자신에게 심각한 영향력을 행사했다고 했지요. 그래서 다투기보다는…"

"다투기보다는?"

"소송 대신 합의에 동의했다고 알고 있습니다." 데이비스가 말했다. 와인스타인이 보기에는 "잘못한 것이 없더라도 합의하는 것이 낫기 때문"이었다고 그는 설명을 덧붙였다.

됐다! 와인스타인 측과 짧막한 대화를 나눈 것만으로도 데이비스를 통해 실제 합의가 이루어졌음을 확인할 수 있었다. 와인스타인은 맥고언에게 합의금을 지불했고, 이는 사건을 돈으로 무마하는 더 큰 패턴 역시 존재한다는 암시였다.

"여성과의 의문스러운 친밀한 관계를 와인스타인이 합의로 해결한" 다른 사례도 있느냐고 메건이 물었다. 입 밖에 내지는 않았으나 기자들은 당시까지 맥고언, 퍼킨스, 그리고 추의 사례를 알고 있었고, 뉴욕 지사를 그만두었던 어시스턴트 역시 합의금을 받았다고 믿고 있었다. 메건은 2015년 와인스타인을 경찰에 고발한 암브라 바틸라나 구티에레스 역시도 합의금을 받은 것으로 추정하고 있었다. 데이비스는 진실을 알고 있는가?

데이비스는 당황해 어쩔 줄 몰랐다. "전 신중을 기울이려 애썼습니다. 제 법적 위치에서 합의가 이루어졌다, 그 합의는 개인적인 성적 행위와 연관이 있다, 그런 사실을 인정해도 되는 것인지 잘 모르겠습니다. 그러니 지금은 아무리 공표하지 않은 대화라 할지라도 제 법적 한계가 어디까지인지, 제 위치가 어디인지를 알아보아야겠습니다. 그러나 대답은, 맞습니다, 그런 사실들이 존재했습니다. 그래도 우선 그 사실들을 뭐라고 정의하면 좋을지 알아보아야겠군요."

데이비스가 떠나기 전 메건은 그에게 한 가지 질문을 더 던졌다. 와인스타인 측이 사립탐정을 고용해 협박이나 위협을 가할지도 모른다는 바케이의 경고가 뇌리에 남아 있었던 것이다. 그녀가 데이비스에게 물었다. 와인스타인은 메건과 조디가 인터뷰들을 진행한다는 사실을 알고 데이비스를 고용한 것 외에 또 어떤 조치를 취했는가? 그가 어떤 방식으로건 취재를 방해하려 시도한 적이 있는가?

"말하자면 말입니다, 그 사람이 얼간이처럼 굴 때도 있지 않습니까? 그때의 기분이나 먹은 음식에 따라서 말입니다." 데이비스의 대답이었다.

그러나 와인스타인은 취재를 방해할 의도는 전혀 없다고 데이비스는 주장했다. 이미 와인스타인을 처음 만난 자리에서 대놓고 묻기도 했다고 했다. "누군가를 시켜 〈뉴욕타임스〉에 협력하는 사람들을 공격할 계획이 있습니까?"

그때 와인스타인의 대답은 단호했다고 했다. "없습니다." 그리고 "그럴 의도는 없습니다."

데이비스는 와인스타인과의 인터뷰를 성사시켜보겠다고 약속한 뒤 회의실을 떠났다. 의심이 완전히 걷힌 건 아니었지만 기자들은 힘이 생긴 기분이었다. 와인스타인은 어쩌면 자신이 〈타임스〉 조사를 저지할 수 없음을 깨달은 건지도 모른다. 게다가 와인스타인이 그런 시도를 하지 않으리라는 데이비스의 말이 녹취록으로 남아 있었다.

그러나 와인스타인은 애초부터 〈타임스〉의 조사보다 앞서가고 있었다. 혐의 사실을 은폐하려는 와인스타인의 노력은 맥고언이 처음 트위터에 글을 남기고 《뉴욕》 매거진이 그 이야기를 취재하려들었으며 그가 펠트로에게 입막음을 시도했던 2016년 10월로 거슬러간다. 그는 수십만 달러를 들여서 입을 열 만한 사람들을 찾아냈고, 자신이 저지른 일을 감추었으며, 심지어 맥고언의 회고록 초고 발췌본까지 손에 넣었다. 〈타임스〉에서 데이비스와의 만남이 성사되었을 당시에 와인스타인은 이미 조디와 메건을 "바퀴벌레 기자들"이라고 부르는 것 그 이상으로 그들의 취재를 막는 전투를 벌이던 중이었다.

경악스러웠던 것은 와인스타인의 조력자가 너무나 많았다는 사실이다.

바케이의 사무실에서 회의가 있기 이틀 전이자, 래니 데이비스와의 대화가 성사되기 약 한 달 전인 7월 10일, 데이비드 보이스는 가족의 생일파티에 참석하려 이스트 햄튼에서 전용 헬리콥터에 오를 준비를 하고 있었다. 그때 또다시 와인스타인으로부터 전화가 걸려왔다. 와인스타인의 어시스턴트들이 밝힌 바에 따르면, 그즈음 와인스타인은 보이스에게 전화를 거는 빈도가 잦았다. 두 남성은 변호사와 의뢰인 사이의 비밀 보장이라는 특권에 몸을 숨긴 채 〈타임스〉의 기사와 맞서 싸울 계략을 짜는 중이었다.

그날 와인스타인은 새로운 아이디어를 전하려 전화를 걸었다고 훗날 보이스는 회상했다. 와인스타인은 자신이 타임스 발행인인 아서 설즈버거 주니어와 친한 사이라고 했다. 자신이 운영하는 회사들이 〈타임스〉에 수년간 주요 광고들을 게재했다. 설즈버거와 업무상의 점심식사도 여러 번 했으며 활동반경도 겹쳤다. 그러니 그 관계를 이용해 설즈버거에게 기사를 막아달라고 할 생각이라고 했다.

와인스타인과 보이스는 16년간 제작자와 변호사로 함께해왔지만, 두 사람의 성향은 극과 극이었다. 와인스타인은 대담하면서도 변덕이 잦았고, 난폭했고, 때로는 단순한 사람이었던 반면 보이스는 세련되고 언변에 능했다. 보이스는 와인스타인의 악한 본능을 눌러주는 한편으로 반복적인 성추행 혐의를 받는 그가 보호받도록 도왔다.

일리노이 출신 교사 집안의 아들인 보이스는 공식적인 진단을 받지는 않았으나 난독증을 앓아 학습장애가 있었다. 그럼에도 노력해서 예일대에서 법학사 학위를 받고 거대 기업들을 무너뜨렸다. 보이스는 대담했다. 젊을 때부터 카드 게임에 소질을 보였고, 첫 번째로 진학한 로스쿨에서는 교수의 아내와 바람을 피워서 퇴학당했으며(이후 그녀와 결혼했다) 법률사무소 파트너 변호사 여러 명을 배신으로 떠나보냈다.

뿐만 아니라 그는 대중문화의 중심에 있고 싶어 하는 사람이었다. 보이스가 대형 법률사무소를 떠나 자신의 사무실을 개업했던 당시, 이해관계 충돌 때문에 새로운 의뢰인인 뉴욕 양키스 구단주 조지 스타인

브레너(George Steinbrenner)의 대리인을 맡을 수 없었던 그는 곧바로 다른 유명인들에게 접촉했다. 캘빈 클라인(Calvin Klein), 돈 아이머스(Don Imus)그리고 게리 샌들링(Gerry Shandling) 등이었다.

그의 서비스를 원하는 의뢰인 중에는 와인스타인이 동생 밥과 함께 시작한 새로운 출판 임프린트인 미라맥스 북스의 편집자들도 있었다. 2001년, 보이스는 부시 대 고어 판결에서 패소했으나, 이로 인해 새로운 팬들이 무더기로 생겨났다. 미라맥스 북스 편집자들은 유명 변호사가 된 보이스에게 회고록을 쓰라고 제안했으나 연락에 답하지 않았다. 그러던 어느 날, 와인스타인이 직접 전화를 걸어와 점심을 함께하자고 청했다는 것이 이후 메건과 여러 번 이어진 인터뷰에서 보이스가 회상한 내용이다.

오래지 않아 보이스는 트라이베카 그릴에서 와인스타인 형제를 만났다. 변호사의 입장은 확고했다. 자신은 책을 쓸 시간이 없으며, 스스로를 돌아보는 성격이 아니라는 것이었다. 와인스타인은 요지부동이었다. 보이스는 와인스타인이 책 쓰기가 아주 간단한 일인 것처럼 표현했다고 했다. 그저 자신이 맡았던 사건 이야기를 몇 개 써내기만 하면 된다고 말이다. 식사가 끝날 무렵 보이스는 제안을 받아들였다.

다음 해가 되었으나 보이스는 단 한 줄도 쓰지 못했다. 어느 날 오후, 컴퓨터 앞에 앉아 있던 아내가 그를 불렀다. "여보, 책을 완성했단 말을 왜 안 했어?" "무슨 책 말이야?" 보이스가 되물었다. "하비 회사에서 출판하는 책 말이야." 아내의 대답이었다. "찾아보니까 올 가을에 출판된다고 하네." 보이스는 진퇴유곡에 빠진 기분이었다. 일정을 지키지 못하면 실패한 것처럼 보일 터였다. 완성된 원고가 편집자의 책상 위에 놓이는 그날까지 그는 매일 글을 썼다. 처음 만난 순간부터 와인스타인은 그를 능수능란하게 다룰 줄 알았고, 보이스는 그의 요구를 거절하지 않았다.

와인스타인은 책 이상의 것을 요구하기 시작했다. 그는 법적 대리인 자리를 공석으로 만들어두었고, 2001년, 처음 점심식사를 함께한 지 불과 몇 달 만에 보이스는 로웨나 추가 주장한 성폭행 혐의가 기사화되지 못하도록 물밑에서 와인스타인을 돕기 시작했다.

2002년 〈뉴요커〉 필자 켄 올레타(Ken Auletta)는 한 취재원으로부터 와인스타인이 젤다 퍼킨스와 추에게 합의금을 지급했다는 이야기를 들었다. 지금 조디와 메건이 짜 맞추고 있는 것과 같은 합의 사건이었다. 올레타는 퍼킨스와 추와 접촉해 대화를 나누는 데는 실패했으나, 그럼에도 합의금과 그 합의를 불러온 사건에 대한 기사를 쓰고자 했다.

올레타, 〈뉴요커〉 편집장 데이비드 램닉(David Remnik), 그리고 또 다른 편집자 한 사람이 변호사를 대동하고 와인스타인, 그의 동생 밥, 그리고 데이비드 보이스를 만나 이 문제를 논의했다. 처음에 보이스는 심판 역할을 하는 것처럼 보였다. 와인스타인이 〈뉴요커〉를 상대로 가처분 신청을 하겠다고 하자 보이스는 그의 팔을 토닥이며 세상에는 당신이 건드릴 수 없는 수정헌법 제1조란 것이 있다고 말했다. 그러나 다음 순간 보이스는 기자들을 향해 그 기사를 내보내는 것은 엄청난 실수가 될 거라고 말했다.

나중에 보이스는, 당시 자신은 추와의 일이 동의에 의한 혼외관계였다는 와인스타인의 주장을 믿었다고 했다. 와인스타인이 〈뉴요커〉와의 미팅에서 했던, 여성들이 와인스타인에게서 돈을 뜯어내려 거짓말을 한다는 주장이 설득력 있다고 여겼다고 한다. 다음 날 이어진 〈뉴요커〉 기자들과의 미팅에서 밥 와인스타인은 자신이 형을 대신해 두 여성에게 써주었던 개인 수표 사본을 건넸다. 그는 이것이 와인스타인의 개인적인 일에 회사 돈을 쓰지 않았다는 증거라고 했다. 성폭력 혐의에 관한 공식적인 기록도, 회사 자금을 유용한 증거도 없으니 올레타는 이 합의에 대한 기사를 쓸 수 없음에 동의했다.

그즈음 보이스는 와인스타인 형제의 고문이 되어 그들의 사업에 점점 더 깊이 관여하게 되었다. 와인스타인 형제는 디즈니를 상대로 싸우고 있었다. 모회사 디즈니가 마이클 무어의 〈화씨 9/11〉 배급을 거부했을 때 보이스는 와인스타인 형제가 영화 판권을 되찾아 라이언스게이트 영화사에 넘길 수 있도록 도왔다. 2005년 와인스타인 형제가 디즈니와 이별하고 와인스타인컴퍼니를 세우기로 했을 때는 횡령을 저지르지 않는 한 두 형제를 해고할 수 없음을 명시하는 계약서를 만들기도 했다.

와인스타인과 보이스는 함께 영화 개막식, 자선 행사, 정치자금 모금 행사에 참여하며 유명인들과 어울리는 두 유명인사가 되었다. 보이스는 "하비는 언젠가 무언가를 판다"는 사실을 경이롭게 생각했고, 와인스타인을 통해 영화계와의 귀중한 인맥을 얻었다. 그의 딸 메리 리젠시(Mary Regency)는 배우 지망생이었다. 보이스 역시 영화 산업에 투자했다. 2012년 로펌 파트너의 아들과 함께 보이스/실러 필름 그룹이라는 제작사를 세운 것이다. 수년간 보이스와 회사는 와인스타인컴퍼니와 사업을 함께했고 와인스타인은 그에게 값진 호의들을 베풀었는데 그중에는 보이스의 딸에게 줄 배역에 관한 논의도 있었다. 보이스의 딸은 2011년에 개봉한, 관객도 반응도 거의 없었던 〈아침의 아들〉에서 단역으로 출연했다.

데이비드에게,

잘 지내고 계시지요? 〈아침의 아들〉을 보내주셔서 감사합니다. 팀원들과 함께 보았습니다. 영화에서 메리가 아주 잘하더군요. 영화는 상당히 거칠지만—상업적인 영화도 아니고 저한테 잘 맞는 영화는 아닌 것 같습니다—메리만큼은 눈부시게 빛났습니다.
메리가 기존에 출연한 장면들을 전부 보내주시겠습니까? 저희 팀에서 뛰어난 프로모션 영상을 제작해서 캐스팅 담당자들에게 직통으로 보내드리겠습니다. 또 내부적으로 우리 사람들과 연결해서 사라 제시카 파커 주연 〈하이힐을 신고 달리는 여자〉에서 작은 역할을 맡을 수 있게 하겠습니다. 제가 할 수 있는 도움은 무엇이든 드리지요.

하비 드림.

실제로 그 배역은 성사되지 않았지만 다음 해 메리 리젠시는 〈실버라이닝 플레이북〉에 출연했다. 2011년 10월, 이 영화 제작에 참여했던 와인스타인의 전 어시스턴트 존 고든(John Gordon)은 와인스타인에게 이메일로 메리 리젠시에 대한 이야기를 하며 감독 데이비드 O. 러셀(David O. Russell)을 대신해 지휘를 요청했다.

데이비드는 데이비드 보이스의 딸 리젠시에게 파텔 박사의 비서 역할을 맡기고 싶어 합니다.

데이비드 O. 는 아직 그녀에게 배역을 정해주지 않았는데, 당신이 데이비드 보이스와 기존에 협의한 사항이 있는지 묻더군요.

보이스는 와인스타인과 영화 제작으로 엮여 있었기에 점점 불어나는 그의 성폭력 혐의들을 은폐하고자 했던 걸까? 보이스는 이렇게 대답했다. "그럴 수도 있지요, 그거 아십니까? 제가 하비의 변호사라면, 저는 이런 사실들을 숨기려 애쓸 겁니다. 그게 제 할 일이니까요."

보이스는 영화 제작으로 연관된 사실이 있건 없건, "저는 의뢰인에게 헌신합니다"라고 말했다.

그 뒤로 몇 년간 보이스는 계속해서 더 많은 고소인들의 존재를 알게 되었다. 그때마다 그는 와인스타인을 변호하고 그가 사건을 은폐하고, 빠져나가고, 침묵을 지킬 수 있게 도왔다. 그는 자신은 그저 바람둥이일 뿐이라고 주장하는 와인스타인을 믿기로 했다. "저는 이렇게 생각했습니다. 애정을 원하는 매력적인 여성들에게 둘러싸여 있다 보니 여러 치정 사건들이 있었던 거라고요."

수년 뒤 와인스타인의 혐의 규모가 밝혀진 뒤에도 보이스는 자신이 그를 보호한 것이 문제라 생각지 않았다.

"지금 생각해도 제가 그를 그렇게 변호한 것이 전혀 후회스럽지 않습니다." 그가 말했다.

2017년 여름의 어느 저녁, 와인스타인이 설즈버거의 도움을 받아

〈타임스〉 기사를 막자고 했을 때 보이스는 그 아이디어는 시간 낭비라고 생각하고 기각했다. 이런 식의 압력 행사가 통하는 매체도 있을 테지만 〈타임스〉에서는 소용없을 터였다.

그 대신 보이스는 한층 더 은밀하게 〈타임스〉 기사를 막을 수 있는 방법에 집중했는데, 이는 와인스타인이 이미 하고 있는 일과 크게 다르지 않았다.

와인스타인은 오래전부터 사립탐정을 고용해 자신의 평판을 지켜왔다. 사립탐정 회사는 전문적인 감시자 집단이었다. 그들은 기자들을 지켜보고 보고서를 쓰고 때로는 심지어 기자들이 버린 쓰레기를 뒤지기도 했다. 기자와 취재 대상의 관계를 규정하는 불문율에 따르면 사립탐정을 고용하는 것은 부도덕한 일이기는 하지만 드문 일도, 불법적인일도 아니었다. 바케이가 말한 대로 조디와 메건이 염두에 두고 있어야하는 일이었다.

그러나 와인스타인은 9개월 전부터 완전히 다른 종류의 이스라엘회사와 은밀한 관계를 지속하고 있었다. "이스라엘의 블랙 큐브 그룹이에후드 바락(Ehud Barack)을 통해 저에게 접촉했습니다." 메건이 추후 입수한, 와인스타인이 2016년 10월 16일에 보이스에게 보낸 이메일에서밝힌 내용이다. "그들은 전략가이고 당신 회사에서도 자신들을 썼다고하더군요." 블랙 큐브가 하는 일은 사람들을 감시하는 데 그치는 것이 아니었다. 그들은 타인을 조종하고, 심지어 가짜 신원을 내세워 아무것도모르는 표적을 속이는 배우까지도 이용했다. 그 밖에는 기존에 군 정보기관에서 일하던 전문가들로 구성되어 있었다. 이메일을 보낸 시점에는블랙 큐브의 첩보원 중 두 사람이 루마니아에서 해킹 죄로 체포된 직후였다. 보이스의 법률사무소인 보이스, 쉴러 앤드 플렉스너는 실제로 기존에 블랙 큐브를 이용한 전적이 있었으며, 오래지 않아 로펌은 와인스타인과 블랙 큐브의 계약을 체결했다. 그해 10월 체결된 계약 조항에 따르면, 와인스타인은 이 심리 조종 전문가들에게 자신의 행동을 은폐하는 대가로 매달 10만 달러를 지급하기로 했다.

얼마 뒤 이 관계는 전면전에 돌입했다.

영국인 프리랜서 기자 세스 프리드먼(Seth Freedman)이 와인스타인이 그에게 불리한 정보를 발설할지도 모른다고 여기는 여성들로부터 수집한 정보를 블랙 큐브 측에 전달했다. 프리드먼은 〈가디언〉에서 나온 기자로 행세하며 여성들에게 접근해 어떤 때는 할리우드 생활에 대한 기사를 쓴다고, 또는 영화계에 관한 기사를 쓴다고 주장했다. 배우 캐서린 켄들(Katherine Kendall)을 비롯한 많은 여성들이 프리드먼의 연락을 받았으며, 그가 정직한 언론인이 아니라 다른 꿍꿍이가 있을지도 모른다는 의심은 추호도 없이 자유롭게 이야기했다고 했다.

블랙 큐브는《뉴욕》매거진에서 와인스타인의 여성 학대 문제를 조사하던 기자 벤저민 월리스(Benjamin Wallace)에게도 접촉했다. 프리드먼이 그에게 정보를 주면서 접근했지만 별 성과는 없었다. 또, 취재원으로 행세하는 블랙 큐브의 여성 요원 역시 그에게 접촉했다. 두 사람이 만났을 때 월리스는 자신의 이름이 애나라고 밝힌 그 여성 요원이 와인스타인 밑에서 일하고 있다고 의심했기에 많은 이야기를 하지 않았다. 결국 월리스와《뉴욕》매거진 편집자들은 와인스타인 조사를 일단 중단하기로 결정했다. 나중에 월리스는 그 누구도 그 기사를 입에 올리지 않았다고, 와인스타인 건은 막다른 길에 다다른 것처럼 느껴졌다고 설명했다.

2017년 5월, 그 여성 에이전트는 맥고언을 표적으로 삼았다. 이번에 에이전트는 자신을 다이애나 필립이라는 이름으로 소개하며 런던의 자산 관리 회사 루벤 캐피털 파트너스의 사회 책임 투자 책임자라고 밝혔다. 독일어 억양과 영국 휴대폰 번호를 사용하던 그녀는 맥고언에게 연설 행사에 참석하는 대가로 6만 달러를 제시했다. 그 뒤로 몇 달에 걸쳐 두 사람은 맥고언의 편의를 고려한 도시들에서 최소 세 번 만났고 그때마다 여성 문제며 맥고언이 운영하는 제작사에 대한 투자 의사에 대해 몇 시간씩이나 이야기를 나누었다. 맥고언은 그녀에게 자신의 회고록의 한 부분을 읽어주기까지 했다.

"그녀는 여성 문제에 굉장한 관심을 가진 척했어요." 나중에 맥고언이 메건에게 한 이야기다.

2017년 7월, 보이스는 와인스타인과 블랙 큐브 간의 계약을 재협상할 때 두 가지 문제 해결을 목표로 삼았다. 첫 번째 문제는 조디와 메건이 하고 있는 취재였다. 두 번째 문제는 와인스타인과 블랙 큐브 간의 대금 분쟁이었다. 블랙 큐브는 맥고언의 회고록 정보를 입수한 대가로 보너스를 기대했으나 와인스타인은 얻어온 내용은 대체로 그녀가 트위터에 썼던 이야기를 되풀이한 것뿐이라고 주장하며 지급을 거부했다고 보이스는 말했다.

보이스가 수정한 계약서에서는 블랙 큐브가 맡은 역할이 더 노골적으로 표현되었다. 바로 조디와 메건의 조사를 중단시키는 것이었다.

블랙 큐브는 "뉴욕의 주요 신문에 실리게 될 새로운 부정적인 기사의 발행을 전면적으로 막기 위한 의뢰인의 노력을 도울 수 있는 정보를 제공"하고 맥고언의 회고록에 대한 더 많은 정보를 수집해야 했다 맥ㄱ

언과 월리스에게 접근했던 "애나" 또는 다이애나 필립이라고 불린 여성 요원은 이 사건에 풀 타임으로 전념한다. 또 그 일명 프리랜서 기자 역시 마찬가지다. 또 이 계약에는 앞으로도 "아바타 정보원들"이 소셜미디어에서 가짜 신분을 만들고, 언어 능통자들과 "작전 전문가"들은 "사회공학"에 집중할 것이며 이들은 이스라엘의 정보기관 책임자였던 이들의 지도를 받을 것이라고 했다. 블랙 큐브가 기사의 발행을 막는 데 성공하면 30만 달러의 보너스를 받게 되어 있었다. 보이스가 계약서에 서명한 7월 11일은 〈타임스〉에서 래니 데이비스가 조디, 메건, 코벳을 만나기 몇 주 전이었다.

데이비스는 기자들에게 듣기 좋은 말로 와인스타인의 인터뷰 가능성을 흘리며 안달 나게 하면서도 그가 처음 와인스타인을 만난 자리에 블랙 큐브 요원이 동석했다는 사실을 전혀 언급하지 않았다. 나중에야 메건에게 당시에는 그 요원이 의뢰인을 위해 하는 일이 정확히 무엇인지 몰랐다고 했을 뿐이다.

데이비스와 만났던 그 주에 조디는 문제의 다이애나 필립으로부터 여러 통의 이메일과 문자 메시지를 받았다. 조디는 그녀를 전혀 몰랐으나, 그녀는 자신이 런던의 루벤 캐피털 파트너스라는 기관에서 일하며 자신이 성공한 직장 여성들을 위한 여러 행사들을 기획하고 있는데 조디가 참여해주기를 바란다고 했다. 조디가 거절했음에도 그 여성은 끈덕지게 이메일을 보내왔다.

안녕하세요 조디,

의사를 확실히 표현해주셔서 감사합니다.

저희는 성평등과 직장 내 성차별에 관한 라운드테이블 토론을 기획 중입니다. 정책 입안가들과 여러 업계 임원, 기자를 비롯한 관계자들이 다양한 관점에서 이런 이슈들을 논하는 자리를 만들고 싶습니다. 이 프로젝트에 이미 여러 뛰어나신 분들이 기꺼이 참여하겠다는 의사를 밝혀왔고, 저희는 이제 일정과 의제를 최종적으로 결정하는 단계입니다.

그 과정에서 저는 업계에서 많은 업적을 이루신 선생님의 도움을 (꼭 연사로 참여하시지 않더라도, 가능한 방법으로) 받았으면 합니다.

이 행사가 진정한 영향력을 발휘하고 그저 공허한 대화에 지나지 않기를 바라기에, 꼭 필요한 질문들을 할 수 있는 자리가 되었으면 합니다. 짐작하셨겠지만 저는 이 프로젝트에 정말 공을 들이고 있습니다. 정확히 말하면 이 행사는 제가 전적으로 기획한 프로젝트에 가깝기도 하고요.

주도적인 역할을 맡기 어렵다는 것을 이해하지만 그럼에도 짧은 대화로나마 선생님의 생각을 듣고 싶습니다.

시간을 내어 주셔서 감사합니다.

다이애나 드림.

이 이메일은 어쩐지 조금 괴상하다는 느낌이 들었으나, 뭐가 문제라고 콕 집어 말하기는 어려웠다. 조디는 〈타임스〉 온라인 보안 담당자에게 이 메시지를 전달했는데, 담당자는 첨부된 URL에는 문제가 없어

보인다고 했다. 비즈니스 정장을 입은 여성이 웃고 있는 사진이 담긴 웹사이트는 기업 영역에서의 성평등을 소리 높여 외치고 있었다. "여성은 일터에서 더 적은 임금을 받고, 승진 기회도 적으며, 인정받지 못합니다. 이 프로젝트는 단순히 직장 내 모든 형태의 여성 차별과 싸우는 것뿐 아니라 업계 내 여성 고용을 촉진시키는 데에도 적극적이며 전면적인 초점을 맞춥니다." 기업 페미니즘의 기준에 비추었을 때 이 웹사이트의 표현은 보통 수준 이상으로 격렬하게 "진취적 페미니즘"과 회사 내의 "완전한 투명성"을 외치고 있었다.

그 표현은 조디에게 흥미롭기보다는 경고처럼 느껴졌다. 조디는 정보를 모으고 비밀을 밝혀내는 기자일 뿐 활동가가 아니었다. 그리고 〈타임스〉에는 지면의 영향력을 돈으로 사지 못하도록 보호하기 위해 기자들이 기업의 연설 행사에 참여하는 것을 금지하는 윤리 규정이 있었기에 돈을 받고 행사에 참여할 수도 없었다. 게다가 조디에게는 커피를 마시며 서로를 알아갈 시간도 없었다.

며칠 뒤, 필립이 다시 이메일을 보내왔다. 조디는 답장에 관심이 없다고 분명히 전했다. "너무 바쁘네요, 하지만 프로젝트가 잘 되길 바랍니다."

나중에 로넌 패로는 블랙 큐브가 와인스타인을 위해 한 일들을 몇 가지 밝혀내게 되었다. 보이스는 와인스타인이 여성을 대하는 방식을 다룬 치명적인 기사들을 무찌를 수 있는 최선의 방법은 그를 방어할 만한 사실들을 내보내는 것이라고, 블랙 큐브가 그런 사실들을 수집할 것이라고 믿었다. 블랙 큐브가 기자들에게 부정한 전략을 쓴다는 사실을 몰랐으며, 더 자세히 알려고 관심을 기울이지 않았던 게 후회된다고 했다. 여기서 두드러지는 사실 하나는, 보이스의 법률사무소가 법률 사건에서 〈타임스〉 측을 대변하는 한편으로 〈타임스〉 조사를 방해하려는 목적으로 성립된 계약을 도왔다는 것이다. 보이스는 이 사실은 이해관계 충돌의 구성 요건이 되지 않는다고 주장했으나 〈타임스〉는 이를 "부끄러운 일"이라고 부르며 회사와의 계약을 해지했다.

그러나 2017년 여름 당시에 조디는 자신에게 온 노골적인 페미니즘 메시지가 그들의 조사를 방해하고 피해자들의 이야기를 무너뜨리기 위해 고용된 배우—요원에게서 온 것이라는 것을 전혀 짐작하지 못했다. 또 이 메시지들이 보이스와 어떠한 연관이 있으리라고도 생각지 못했다. 바케이의 지시대로 조디와 메건은 보이스의 만나자는 요청을 전부 거절했다. 그때 보이스는 이미 먼 곳으로 밀려난 사람처럼 보였다.

메건과 조디가 와인스타인의 팀 규모를 가늠하고 있는 동안 에밀리 스틸은 최근《W》매거진에 대서특필된 글로리아 올레드와 리사 블룸의 기사를 보내왔다. 헤드라인은 "글로리아 올레드와 리사 블룸은 2017년 여성의 대변자다"였다.

이 기사는 올레드의 딸 블룸이 어머니의 상속자이자 대등한 동료이며, 두 사람이 함께 민권 문제, 특히 "권력을 지닌 남성에 의한 여성에 대한 성추행 및 폭력"의 최전선에 서 있다고 표현했다. 말리부에 있는 올레드의 해변가 자택 풍경을 배경으로 포즈를 취한 두 변호사는 모녀라기보다는 자매 같아 보였다.

어머니와 마찬가지로 블룸 역시 대중의 관심을 얻는 데 뛰어난 소질이 있었다. 변호사 생활을 시작한 이래 그녀는 여러 방송사의 법률 분석가로 출연했고, 〈코트 TV〉에서 프로그램을 도맡아 진행하기까지 했다. 로스앤젤레스에 법률사무소를 두고 활동하던 그녀는 어머니라는 모델을 어느 정도 따라 하는 듯싶었다. 유명한 의뢰인들을 물색했고 남몰래 거액의 합의를 성사시켜냈다.

블룸의 홍보 기술은 《W》에 실린 기사에서도 두드러졌다. 그녀는 얼마 전 성사시킨 비밀 합의에 관해 자랑스레 떠들었다. "성추행을 당한 여성들이 백만장자가 됐죠." 인터뷰 당시 블룸은 그 누구보다도 저명한 페미니스트 대법관 루스 베이더 긴즈버그(Ruth Bader Ginsberg)와의 연결고리를 주장하듯 "노토리어스 R. B. G."라고 적힌 티셔츠를 입고 있었다.

그렇다면 어째서 블룸은 성 착취자라는 소문이 있는 사람과 계약을 맺고 일하게 된 것일까? 몇 달 전 블룸이 자랑스레 트위터에 떠벌린 영화 계약과도 관련이 있을까? 그녀의 동기는 무엇이고, 어떤 작전을 벌였을까?

메건은 조디와 스틸에게 자신은 2016년 도널드 J. 트럼프가 1990년대 제프리 엡스타인이 주최한 파티에서 13세 소녀를 강간했다는 혐의로 제기된 소송에 블룸이 참여했을 때부터 그녀를 수상쩍게 생각해왔다고 털어놓았다. 익명 피해자의 주장은 조사할 수 없었기에 메건이 취재를 거부했던 사건이다. 대선 일주일 전, 〈액세스 할리우드〉 녹취록에 대한 논란이 거세지고 트럼프에 대한 혐의들이 점점 더 수를 늘려가던 그때 블룸은 자신이 제인 도(Jane Doe)라고만 알려진 피해자의 변호를 맡았다고 발표했다. 메건은 블룸과 직접 대화해본 적이 없었음에도 급히 그녀에게 이메일을 보냈다.

저는 오랫동안 이 사건이 불확실하다고 보아왔고 실제 고소인/피해자가 존재하는지 의심해왔습니다.

실제 고소인을 만나 적법한 고소라고 결론 내리셨습니까?

당신의 의견을 알려주시면 정말 큰 도움이 될 것 같습니다.

답장은 오지 않았다. 그 대신 메건은 블룸이 로스앤젤레스에 있는 자기 회사에서 연 기자회견을 보았다. 제인 도가 처음으로 대중에게 모습을 드러내기로 한 기자회견이었다.

그날 카메라 앞에 나선 건 블룸 혼자였다. 피해자가 이곳에 와 있으나, 살해 협박이 두려워 모습을 드러낼 수 없다고 했다. 어쩌면 그 말은 진실이었을지도 모른다. 블룸의 의뢰인이 실제 트럼프에게 강간을 당했으며, 입을 열기가 진심으로 두려웠을 수도 있다. 그러나 메건의 눈에 일련의 사건은 전부 대선 후보에게 제기된 실체 없는 혐의에 언론의 관심을 집중시키기 위한 정교한 노력으로 보였다.

나중에 블룸은 자신이 클린턴을 지지하는 정치적 옹호 단체에 자금을 요청했음을 인정했고, 그 돈은 제인 도의 주장을 검증하기 위해 필요했다고 했다. 또, 소송을 취하한 뒤 그녀는 클린턴을 지지하는 기부자들로부터 안전 비용, 이주 비용, 그리고 트럼프를 고발한 또 다른 이들을 위한 "안전가옥"을 마련할 비용으로 70만 달러를 받았다고 했다. 다른 여성들이 나서지 않기로 하자 블룸은 기부금 중 50만 달러를 반환했으나 나머지 20만 달러는 본인이 가졌다고 전해졌는데, 이후 〈타임스〉 측에 그 돈은 "지출한 사비를 메꾸기 위한 돈"이라고 밝혔다. 공화당 지지자들은 블룸이 트럼프에 대한 거짓말을 꾸며내는 여성들에게 자금을 지원했다며 비난했다. 블룸이 경제적 이득을 노리고 트럼프에 대한 근거 없는 비난을 조작했다고 보는 이들도 있었다.

블룸은 자신이 몇 달간 제인 도의 주장을 검증했으며 결국 그 여성이 대중 앞에 나설 용기를 내지 못했기에 자신이 고소를 취하하고 더 이상 이 일을 거론하지 말라고 했다고 밝혔다. 또, 트럼프를 고소한 여성들로부터 수임료를 전혀 받지 않았다고 했다.

엇비슷한 시기에 블룸의 의뢰인들 중에서도 그녀를 비난하는 이들이 생겨났다. 2016년 스틸은 정치적으로 진보적인 변호사이자 과거 폭스의 기고자였던 타마라 홀더(Tamara Holder)의 인터뷰를 조용히 진행하기 시작했다. 홀더는 폭스로부터 성폭행을 당했다고 주장했다. 스틸이 열람한 법적 문서에 따르면, 홀더가 2015년 2월 〈스포츠 코트〉라는 프로그램의 진행자였을 당시 프랜시스코 코르테스(Francisco Cortes)가 그녀를 사무실에 가둔 뒤 오럴 섹스를 강요했다고 했다.

스틸이 취재를 이어가는 동안 블룸은 홀더가 2백 50만 달러 이상의 합의금을 받을 수 있도록 도왔다. 홀더는 그 과정에서 자신이 이의를 제기할 수 없도록 만들어진 조항을 이해하지 못했다고 했다. 만약 〈타임스〉나 〈월스트리트 저널〉 기사에 그녀가 겪은 일이 실리면 합의금의 상당액을 받지 못하게 된다는 조항이었다. "스틸(또는 〈월스트리트 저널〉 기자)이 기사를 쓰면 2차 지불금을 받지 못하게 된다는 것을 이해하지 못한 채로 서명했다"고 나중에 그녀는 블룸에게 말했다.

홀더는 무척 화가 났다. 그녀는 블룸이 자신을 경제적 위험에 처하게 할 수도 있는 조항을 정확히 밝히지 않은 채 합의를 받아들이라고 종용한 것이라고 생각했다. 엎친 데 덮친 격으로 자신의 이야기를 대중 앞에서 말할 수 없게 되었는데, 그녀는 블룸에게 돈보다도 더 중요한 것이 자신의 말할 권리라고 분명히 이야기했었다. 합의가 이루어진 직후 우려를 표하자 블룸이 도리어 계약을 해지하고 백만 달러를 받아 떠나버렸다고 그녀가 말했다.

"블룸은 저한테는 관심이 없었어요. 관심 있는 건 돈이었죠."

블룸은 자신이 합의를 강요한 적 없으며, 언제나 의뢰인과 합의 조항을 세세하게 검토했고, 합의가 끝난 직후 계약을 끝내는 건 통상적인 일이라고 말했다. 블룸은 또 홀더 본인 역시도 경험이 풍부한 민권 변호사임을 지적했다.

8월 26일 토요일 밤, 리사 블룸에 대한 이야기를 예기치 못하게 들은 메건은 그녀가 와인스타인을 위해 무엇을 하고 있는지 알아가기 시작했다.

메건은 바케이가 언급했던 와인스타인의 브로드웨이 작품 〈네버랜드를 찾아서〉 그리고 와인스타인이 칸에서 화려한 갈라 경매행사를 열도록 도왔던 에이즈 자선제단인 amfAR 사이의 이례적인 금전 거래에 대해 설명해줄 수 있음 직한 사람을 만났다. 연극이 순조로이 진행되지 않자 와인스타인은 2015년 amfAR 경매에서 모인 60만 달러를 〈네버랜드를 찾아서〉 투자자들의 주머니로 흘러가게 처리하면서 그 사실을 자선단체에는 알리지 않았다. 자선단체 운영자들 중 일부는 사기를 당했다고 느꼈고 위법행위가 일어난 것일까 걱정했다

메건은 amfAR 위원회가 이 문제를 파악하기 위해 고용한 변호사인 톰 아자미(Tom Ajamie)를 만나고 있었다. 아자미는 메건에게 와인스타인 조사는 그가 기존에 했던 그 어떤 조사보다 어렵다고 했다. 그가 금융 거래를 검토하려 할 때마다 와인스타인이 매번 가로막았다. 데이비드 보이스는 기밀 유지 서약서로 위원회 구성원들의 입을 막았다. 한편 아자미는 와인스타인에 대해 수소문할 때마다 성추행과 학대 혐의에 관한 사실들을 자꾸 접하게 되었다.

이런 혐의를 알게 된 아자미는 고민 끝에 2016년 10월, 로스앤젤레스에서 있었던 술자리에서 블룸에게 이를 알렸다. 아자미는 블룸을 이전에 한 번 만난 적 있었고, 페미니스트로서 그녀가 가진 자질에 깊은 인상을 받았으며, 전문가로서 서로의 관계를 굳건히 다지고 싶었다. 도널드 트럼프처럼 권력을 지닌 남성들에게 맞설 의지를 가진 그녀는 하비 와인스타인과의 대적을 두려워할 리 없다고 추론했다. 어쩌면 블룸이 이미 와인스타인 피해자 중 일부와 협력하고 있는 것은 아닐까?

블룸은 아자미에게 자신은 와인스타인이 여성을 대하는 태도에 대한 고발을 한 번도 들어본 적 없으니 아는 바가 생기는 대로 전해달라고 부탁했다고 했다. 그런데 몇 달 뒤 상황이 묘해졌다. 2017년 1월, 선댄스 영화제 기간에 아자미는 몇몇 친구들과 함께 빌린 유타주 파크시티의 콘도에 블룸도 함께 묵자고 제안했고, 그녀는 제안을 받아들였다. 와인스타인과 제이지가 주최한 파티에서 돌아온 블룸은 와인스타인이 아자미와 한번 만나고 싶어 한다고 전했다. 그는 마지못해 블룸의 제안대로 와인스타인이 묵던 메인 앤드 스카이 호텔 스위트룸에서의 아침식사 자리에 응했다. 와인스타인은 한동안 자신의 과거를 캐내려는 아자미에게 가혹한 언사를 쏟아내다가, 잠시 후엔 일종의 계약을 체결해 함께 일하자고 구슬렸다. 아자미는 기밀 유지 서약서에 서명하기만 하면 된다고 했다. 보이스가 초안을 작성한 것으로, 그가 알게 된 와인스타인의 비밀을 입 밖에 내지 않겠다는 내용이었다. "그냥 친하게 지내자고요." 아자미는 와인스타인이 이렇게 말한 것을 기억했다. "같이 비즈니스를 할 수도 있지 않겠습니까."

아자미는 침묵을 대가로는 어떤 계약도 하지 않겠다고 거절했고, 호텔 방을 떠날 즈음엔 amfAR과 거래한 60만 달러의 자금은 그가 숨겨야 할 것의 극히 일부에 불과할 거라고 확신했다.

잠시 후, 두 사람이 함께 자리를 떠날 때 블룸이 말을 걸었다. 미팅이 이루어지는 동안 블룸은 중립적인 입장을 유지했고 거의 끼어들지 않았다. 그런데 지금은 조언할 게 있다고 했다.

"그런데 말입니다, 와인스타인에 대한 당신 입장을 재고해봤으면 해요." 그녀가 말했다.

"무슨 뜻입니까?" 아자미가 물었다.

"그 사람이 당신 경력에 정말 큰 도움이 될 거예요." 그녀의 대답이었다.

파크 시티로 출장을 갔을 즈음에 블룸은 와인스타인과 시간당 895 달러의 요율로 일한 지 6주째였다.

오랜 시간이 지난 뒤에야 블룸은 2017년 와인스타인을 대변한 것이 "어마어마한 실수"였고 이를 "깊이 후회한다"고 했다. "저는 그가 여성에게 부적절한 언사를 쓴 것이 전부라고 믿고, 제가 사과를 요구함으로써 다른 방식으로 그의 문제를 뿌리 뽑을 수 있다고 생각할 정도로 순진했습니다. 기사가 터졌을 때 그는 사과했고요." 블룸이 조디와 메건에게 보낸 이메일에 쓴 말이다. "제 접근 방식이 부족했고, 제가 어리석었습니다. 당시 제가 아는 바 이상으로 상황이 심각할 가능성을 생각했어야 할까요? 그렇습니다. 제 탓입니다."

이메일로 전한 바와는 상반되게도, 블룸은 2016년 12월 와인스타인의 의뢰를 받았을 때는 자신이 어떤 일에 연루되고 있는 것인지 상당히 잘 알고 있었던 듯하고, 그에게 단순히 사과하라고 권하는 정도를 훨씬 뛰어넘은 어두운 역할을 자처했다. 그녀는 당시 세웠던 계획을 메모로 작성해 와인스타인, 그리고 잭 팔라디노(Jack Palladino)와 사라 네스(Sara Ness)라는 사립 탐정들에게도 보냈는데, 추후 메건이 그 메모를 입수했다.

하비,

오늘 당신과 이야기할 수 있었던 것은 특별한 기회였습니다. 물론, 그래요, 더 좋은 상황에서라면 좋았겠지만 말입니다. 저는 만남이 끝난 뒤에 잭과 사라가 로즈에 대해 작성한 철저한 보고서를 읽었는데, 정말 문제가 있는 병적인 거짓말쟁이더군요. 또 당신의 전 어시스턴트… 그쪽은 걱정할 필요가 덜할 것 같습니다. 또, 로즈가 어떤 사람인지 알아보려고 트위터 피드를 살펴보고, 단편영화인 〈새벽〉도 보았습니다. (전 영화평론가는 아니지만 정말 엉망진창인 영화였어요. 그러나 로즈라는 사람이 어떤 사람인지는 확실히 알겠더군요. 남자가 여자를 만난다. 여자가 남자를 믿는다. 남자가 여자를 죽인다. 세상 남자들은 다 쓰레기다. 끝.)

저는 당신이 세상의 로즈들과 맞서 싸우는 걸 도울 준비가 된 것 같습니다. 지금까지 그런 이들 중 다수를 변호한 적 있었기 때문이지요. 그들은 처음에는 인상적이고 대담한 여성의 모습으로 나서지만 증거를 내놓으라고 압박하면 할수록 약점과 거짓말을 드러냅니다. 그녀는 최근 딱히 하는 일 없이 페미니즘 전사로서의 자아만 빠른 속도로 키워가는 것 같고, 그나마도 온라인에 떠드는 말이 거의 전부로 보입니다. 그녀는 그 "로즈아미" 팔로워들을 지킬 심산으로 계속해서 터무니없는 비방을 점점 더 많이 쏟아낼 것입니다.

그녀는 당신에 대한 우스꽝스러운 명예훼손을 반드시 멈춰야 합니다. 그녀는 위험해요. 당신이 걱정할 만도 합니다.

보고서를 한 번 읽고 다음과 같은 방안들을 생각해봤는데, 다음 번 연락에서 구체화시켜보지요.

1. 저나 다른 좋은 중재자를 통해 그녀에게 친근한 연락을 시작하기. 관계를 다진 다음 "윈윈" 이끌어내기. 중요 질문: 그녀는 무엇을 원하는가? 아마도 영화감독 자리?

2. 온라인 캠페인으로 반격해서 그녀를 밀어내고 그녀가 병적인 거짓말쟁이라는 사실을 알리기. 이 시점에서 잘 쓰인 기사 몇 건만 나와주면 상황이 우리 편이 되었을 때 쓸모가 있을 겁니다. 우리 쪽에서 손을 써서 그녀가 점점 더 이성을 잃고 있다는 기사를 내보내며, 그

녀를 구글에서 검색했을 때 그 기사가 떠서 사람들이 그녀를 불신하게 만들 수 있을 겁니다. 우리가 가진 사실들은 전부 대중에게 공개된 정보에 기반을 둔 겁니다. 이 방법은 1번과 동시에 시작할 수 있어요.

3. 제가 정지 명령을 발송해서 그녀가 당신과의 계약을 위반했다고 경고하고, 캘리포니아 주법에 따라 허위 묘사, 사생활 침해, 명예훼손 등에 관한 조치를 취할 것임을 고지하기. 위험 요소: 그녀가 경고장을 온라인에 게시하면 과열과 반발을 불러올 수 있음. (사라에게: 그 합의서를 저한테 보여주세요.)

4. 당신과 제가 선수를 쳐 인터뷰를 진행해서, 당신이 어머니의 죽음, 트럼프의 음부 움켜쥐기 녹취록, 그리고 어쩌면 당신에 대해 떠돌아다니는 역겹고 고통스러운 근거 없는 루머들을 계기로 여성 문제에 관한 인식이 발전했다고 이야기하기. 당신이 상처를 준 이들에게 진심 어린 참회를 보여주는 동시에 전부 성인 간 동의하에 한 행위였다고 강조하면 헤드라인을 장식하게 될 것. 당시에는 이로써 충분하다 여겼으나, 지금은 그것이 더 미묘한 일이라는 사실과 권력 불균형의 중요성을 깨달았다고 밝히기. 당신은 성적 위법행위에 있어 급속도로 변화하는 사회적 관행을 이해하고자 저에게 연락을 취했으며, 이는 당신이 선하며 온당한 사람이기 때문임(당신이 일생 동안 중요한 사회 문제에 관한 영화를 제작했고, 극히 관대한 독지가라는 사실이 이를 증명함). 예: 찰리 쉰(Charlie Sheen)의 경우 HIV 감염 사실이 알려진 뒤 여성들의 항의가 빗발쳤으나, 〈투데이 쇼〉에 출연해 직접 자신의

상황을 밝히자 엄청난 찬사를 받았음. 저는 당시 일부 여성의 변호를 맡기도 했는데, 그들의 이야기는 대개 그 인터뷰 그리고 그것을 통해 그가 얻게 된 대중의 사랑 때문에 묻혀버렸음. 평판 관리의 관점에서는 먼저 이야기하는 것이 무엇보다도 핵심임. 이 방법을 강력 추천함. 당신이 동의한다면 최대한의 효과를 거둘 수 있도록 제가 나서서 당신과 이 이야기를 어느 정도 자세히 짚어볼 것임. 당신은 이 이야기에서 악당이 아니라 영웅이 되어야 함. 성공 가능성이 매우 높은 방법.

5. 영화 속 성평등 등에 초점을 맞추는 와인스타인 재단을 설립. 또는 영화의 1/3을 여성 감독이나 여성 각본가로 채우거나 벡델 테스트 통과(이름을 가진 두 여성 인물이 남성이 아닌 다른 주제로 서로 대화를 나누는 것) 등을 목표로 하는 와인스타인 기준을 세울 것. 당신이 담당하는 모든 영화를 대상으로 성별 격차에 대한 매우 구체적인 기준을 즉시 적용할 것임을 발표할 것. 군중 신에 등장하는 모든 엑스트라 중 반드시 여성을 절반으로 채우는 등 역시 영화계의 성평등을 위해 활동하는 지나 데이비드 그룹과의 파트너십을 발표할 것. 알아들으시겠지요. 자세한 내용은 앞으로 결정하면 되겠지만 중요한 것은 당신이 선두 주자로 나서서 헤드라인을 사로잡을 수 있는 확고한 방식으로 기대치를 높인다는 점.

6. 긍정적인 평판 관리. 당신의 이름을 구글에 검색해보니 몇 건의 불쾌한 기사들이 떴음. 저는 우수한 평판 관리 회사들과 함께 일하고 있는데, 그 회사들은 긍정적 기사에 역 링크를 걸어서 부정적 기사들

이 구글 상위에 랭크되지 못하게 하는 "방화벽"을 세움. 구글 검색 첫 화면이 가장 중요한데, 사람들 중 95%는 다음 페이지로 넘어가지 않기 때문임. 이 점을 개선시켜보기로. 아주 쉬워요. 이 방법은 다른 방법들과 동시에 추진해야 함.

잊으셨을까 봐: 제가 정식으로 위임될 수 있도록 데이비드 보이스와 연결해주시겠어요?
또, 최근 클린턴 캠페인에 관한 당신의 이메일이 해킹된 적 있으니, 이 팀과 함께 일할 수 있도록 보안을 강화한 새로운 이메일 계정을 만들기를 권합니다. 이렇게 민감한 문제를 IT 인력 등이 접속할 수 있는 회사 이메일로 주고받아서는 안 되니까요.
이 팀에 합류하게 되어서 무척 감사하고 또 영광입니다.
내일 이야기할까요?

안부를 빌며,
리사 블룸

와인스타인은 블룸에게 최초 의뢰비로 5만 달러를 지급했다. 그리고 그녀의 개인 계좌에 남은 이후의 지급 기록은 그녀가 와인스타인을 돕기 위해 무엇을 했는지를 알려준다.
블룸은 블랙 큐브 요원 "애나" 즉 다이애나 필립과 협력했다. 와인스타인, 보이스와 한데 뭉쳤다. 그녀는 로즈 맥고언, 암브라 바틸라나 구티에레스, 애슐리 저드를 비롯해 와인스타인을 고발할 가능성이 있는 여성들의 정보 수집을 조직하는 것을 도왔다. 블룸은 와인스타인을 조사하는 기자들에 대한 자료 일체를 수집하던 사설탐정 사라 네스와도 손을 잡고 기자들의 소셜미디어 계정을 추적해 취재원의 단서를 찾았다. 바케이가 예상한 바대로였다. 와인스타인과 그의 팀은 기자들이 소셜미디어에 남기는 클릭 하나하나에 관심을 기울이며 그들의 대화 상대를 찾아내려 감시했다.

"소셜미디어 활동 및 하비 와인스타인이 했던 말에 기반해 판단했을 때 지금까지 가장 가능성 높은/중요한 캔터와 패로의 취재원 중에는 다음 이름들이 포함될 것." 조디와 메건이 수개월 뒤에야 보게 될 문서에 네스가 작성한 내용이다. 여러 페이지로 이어지는 이 문서에는 두 기자가 트위터에서 팔로우하는 사람의 목록들과 팔로잉을 시작한 날짜가 적혀 있었다. 조디와 메건의 주요 취재원 중 일부가 그 목록에 포함되어 있었다.

어떤 예측들은 빗나가기도 했다. "맥고언이 패로나 캔터와의 인터뷰에 응했으리라고는 예측하기 힘들다"고 네스는 썼지만 이때는 조디와 메건이 맥고언과 대화하기 시작한 지 이미 몇 주가 지난 시점이었다. "저드가 기사화에 동의해 2015년 《버라이어티》 기사에 실린 이야기를 되풀이할 가능성은 거의 없다"고도 썼다. 와인스타인은 "팰트로가 위협이 될 거라고 믿지 않는다"는 내용도 있었다.

그러나 무시무시할 정도로 맞아떨어진 다른 예측들도 있었다. 여성들 중 "적대적 취재원"일 가능성이 있다고 묘사된 여성들 중에는 1990년 미라맥스를 떠났던, 메건이 어머니 집을 찾아가 만났던 그 어시스턴트도 있었다.

"적대적(adverse) 취재원"이라는 말은 "적(adversaries)"이라는 말과 비슷하게 들린다. 와인스타인은 대규모 팀의 지원을 받아 전쟁에 착수했던 것이다.

5장

회사의 공모

2017년 8월에서 9월에 이르는 기간 내내 조디와 메건이 감지한 문제는 점점 커져갔다. 와인스타인이 여성들을 학대한다는 혐의를 여럿 알게 되었으나 그중 기사에 실을 수 있는 주장은 극히 적었다.

어느 날 밤 리베카 코벳이 미드타운 맨해튼의 조용한 술집으로 두 기자를 데려가 진행 상황을 물었다. 조디와 메건은 지금까지 알게 된 사실들을 이야기했다. 와인스타인에 대한 이야기를 해준 배우들. 전 직원들. 합의 사실들.

코벳은 기자들이 어떤 정보를 가지고 있는지 이미 잘 알고 있었다. 부러 질문을 한 것은 하고 싶은 말이 있어서였다. 기사에 실을 수 있는 여성들이 얼마나 있는가? 확인된 합의는 몇 건인가? 직접적 피해 사실을 주장한 여성 중 기사화에 동의한 건 로라 매든뿐이었고, 그녀의 답변조차 최종 결정은 아니었다. 와인스타인이 합의금을 지급한 증거 역시 불완전했다.

"내보낼 수 있는 기사가 완성되지 않았군." 코벳이 말했다.

와인스타인의 전 직원들에게 입을 열라고 설득하는 일은 여전히 만만치 않았고, 특히 상대가 와인스타인과 수년간 일해온 핵심 측근인 임원들인 경우에는 더 어려웠다. 이들은 입을 열어서 얻을 것이 하나도 없었다. 포식자에게 그럴 수 있는 힘을 실어준 대가로 출세했다는 사실을 온 세상에 알리고 싶을 리가 있을까? 기자들이 할 수 있는 최선은 〈타임스〉 조사에 도움을 주는 것이야말로 어쩌면 아직도 그들을 괴롭히고 있을지도 모르는 과거의 잘못을 경감시키고 이를 설명할 수 있는 안전한 방법이라고 설득하는 것뿐이었다.

조디는 어느 임원과 대화를 나누었는데, 그 대화로 딱히 많은 것을 알게 되지는 않았으나, 대화가 끝날 무렵 흥미로운 이야기가 하나 나왔다. 그 이야기에 등장한 인물은 와인스타인의 최측근 중 하나이자 와인스타인컴퍼니의 회계 및 재무보고 부서의 수석부사장 어윈 라이터(Irwin Reiter)였다. 과거 그와 함께 일했던 동료들은 라이터를 와인스타인컴퍼니의 "제도적 기억(institutional memory)"이라고 표현했다. 라이터는 1989년부터 와인스타인 형제의 회계를 도맡아왔다. 그런데 조디와 대화를 나눈 임원은 그에 대해 다른 누구도 하지 않았던 말을 했다. "어윈 라이터는 하비 와인스타인을 '증오합니다.'" 취재원의 말이었다.

조디는 라이터의 전화번호를 이미 가지고 있었지만, 그에 대해 좀 더 알게 된 뒤 연락할 생각이었다. 드디어 때가 왔다. 조디의 전화를 받은 라이터는 통화하고 싶지 않다고 말하면서도, 전화를 끊기 전 개인 이메일 주소를 알려주었다. 조디는 그에게 이메일을 썼다.

2017년 9월 15일 금요일 오후 4시 46분
수신: 어윈 라이터
발신: 조디 캔터

어윈에게,

이메일 주소를 알려주셔서 감사합니다. 저희는 지난 수년간 이어진 여성에 대한 성폭력 패턴과 관련된 혐의를 수집하는 중입니다. 취재 과정에서 여러 건의 합의가 이루어졌다는 증거를 찾았습니다. 그리고 선생님께서 이 문제로 오랫동안 우려해왔다는 이야기도 들었고요. 이 기사를 쓸 수 있게 남몰래 도와주시면 상황을 바로잡을 기회가 생길지도 모릅니다. 선생님과 비밀리에 대화를 나눌 기회가 있다면 좋겠고, 저희가 가진 정보가 정확한지 선생님께서 확인해주셔도 좋겠습니다.

제 자매가 선생님과 멀지 않은 곳에 살고 있어서 조만간 뉴저지를 방문할 계획이 있습니다. 커피 한잔 대접하면서 자세히 알려드려도 될까요?

2017년 9월 15일 금요일 오후 8시 27분
수신: 조디 캔터
발신: 어윈 라이터

연락하시게 된 배경이 인상적이군요. 2017년, 상황이 점점 더 나빠지는군요.

저는 기자들을 아주 존경합니다. 좋은 주말 보내십시오.

조디는 어윈이 보낸 이메일을 곧장 메건에게 전달했다.

2017년 9월 15일 금요일 오후 8시 37분
수신: 메건 투히
발신: 조디 캔터

뭐라고 답할까요?

2017년 9월 15일 금요일 오후 9시 11분
수신: 어윈 라이터

발신: 조디 캔터

답장을 주셔서 정말 감사합니다. 진실을 신중하게 기록하는 것이 그 어느 때보다도 중요하게 느껴지는 때입니다. 제가 월요일 오전 11시에 댁으로 잠시 들러서 제 소개를 할까요? (전화번호부를 찾아보니 이스트 윈저 히브런 드라이브 3번지라고 나와 있더군요.) 다른 시간이나 장소가 좋으시면 알려주세요.

2017년 9월 15일 금요일 오후 9시 46분
수신: 조디 캔터
발신: 어윈 라이터

당신은 뛰어난 기자일지는 모르지만 주소지 파악에는 젬병이군요. 전 평생 뉴저지엔 한 번도 살아본 적 없습니다. 지금 전부 생각 중입니다. 결정을 내려서 월요일에 알려드리죠.

조디는 이메일 대화가 끊기지 않도록 가벼운 잡담을 계속했고 그 사이 메건이 몰래 라이터의 답장을 읽고 어떻게 답할지 조언해주었다.

곧 라이터가 지시 사항을 알려왔다. 트라이베카에 있는 리틀 파크라는 식당 안쪽에 있는 바에서 저녁 9시 30분에 만나자고 했다. 그는 이 만남의 규칙도 알려왔다. 질문은 자신이 한다, 5분간 머무른 뒤 자유롭게 떠날 수 있다, 계산은 자신이 한다는 것이었다. 규칙은 이해할 수 있었으나, 그가 정한 약속 장소는 당혹스러웠다. 트라이베카는 와인스타인의 구역이었기 때문이다. 수십 년 전 와인스타인이 미라맥스 사무실을 트라이베카로 옮긴 뒤 회사가 성장하면서 허름하던 동네는 부와 특권, 권력의 공간으로 변신했고, 수백만 달러짜리 로프트 건물이며 고급 레스트랑이 즐비하고 유명한 영화제까지 열리는 곳이 되었다. 리틀 파크 같은 값비싸고 세련된 식당은 와인스타인 같은 유의 사람들이 자주 방문할 만한 곳 같았다. 그가 2005년 동생과 함께 만든 와인스타인컴퍼니와 여섯 블록 떨어진 곳이었다. 그러나 조디는 약속 장소에 대해 문제를 제기하지 않았다. 라이터가 와인스타인의 코앞에서 만나자고 한다면 그렇게 할 생각이었다.

9월 18일 월요일 밤, 조디는 북적이는 식당에 들어서서 주변을 둘러보았다. 식당 안에 와인스타인이 없다 해도, 만에 하나 다가올지도 모르는 아는 사람이 없다는 것을 확인할 필요가 있었다. 조디는 식당 안쪽에 숨겨져 있다시피 한 한산한 공간을 향했다. 사교 클럽 응접실처럼 꾸며놓은 어둑어둑한 바는 소파와 윙 체어로 이루어진 좌석들이 듬성듬성 떨어져 있어서 비밀 대화를 나누기 알맞은 곳이었다. 라이터는 어디에 있는 걸까? 혹시 그는 기자가 어디까지 알고 있는지를 파악하려는 스파이일까?

그러나 바 구석에 놓인 팔걸이의자를 차지하고 있던 키 작은 50대 남성은 도저히 누군가의 *끄나풀*로는 보이지 않게 자꾸만 불안한 듯 어깨 너머를 힐끔거렸고, 와인스타인이 폭력배를 심어놓았을지도 모른다며 음울한 농담을 해댔다. 라이터는 맨해튼 외부 지역에 사는 사람 특유의 억양을 쓰는, 삼촌처럼 푸근한 성미를 지닌 사람이었다.

이야기를 시작하고 나서 한동안 라이터는 계속 조마조마해 할 뿐, 조디에게 많은 것을 묻지 않았고, 떠날 생각도 없어 보였기에, 조디는 용감하게 먼저 질문을 던졌다. 오래전에 이루어진 것으로 추정되는 합의 건들에 대해 재무상의 세부 사항을 알고 있는지 알고 싶다. 옛 일을 캐묻자 그는 약간 혼란스러워하는 것 같았고, 다소 실망한 것 같기도 했다. 마침내 그가 되돌려준 질문은 다음과 같았다. 와인스타인이 근래 저지른 위법행위도 참 많은데, 어째서 그렇게 옛날 일을 묻는 겁니까?

근래 저지른 위법행위.

조디와 메건은 최근의 사건들에 대해서는 아는 바가 많지 않았다. 2015년 경찰 조사가 들어갔던 사건 외에는 불확실한 정보 몇 가지가 다였다. 라이터에게 좀 더 자세히 말해달라고 부탁하자, 그는 긴장하더니 자세한 사항은 생략하고 이야기의 얼개를 말해주기 시작했다. 그의 이야기에는 각본을 검토하는 업무를 맡았던 한 젊은 개발 임원, 그리고 경영대학원에 다니면서 와인스타인컴퍼니에서 일했던 또 다른 직원이 등장했다. 그는 EN, LO 같은 이니셜로 그들을 지칭했다. 그보다 더 자세히 이야기해주지는 않았다. 라이터는 자신이 가장 중요하게 생각하는 것은 최근 몇 년간 와인스타인이 회사의 젊은 여성 직원들에게 저질렀던 행동들을 저지하는 것이라고 했다.

그 뒤로 2주간 조디는 며칠에 한 번꼴로 라이터를 만났다. 매번 밤 늦은 시각, 리틀 파크 안쪽에 있는 바에서였다. 조디와 메건은 편집자들 외 상부에는 이를 보고하지 않았다. 두 기자가 서로 이메일을 주고받을 때조차 라이터를 "취재원" 또는 "조디 쪽 사람"으로 일컬었다. 라이터는 만날 때마다 이번이 마지막이라고 으름장을 놓았다. 그의 일자리가 달린 일이어서다. 그는 불안한 듯 말을 급히 쏟아냈고, 어떤 일은 기꺼이 털어놓았으나 또 어떤 일들에 대해서는 입을 다물었으며, 때로는 등장

인물의 이름을 밝히길 거부했다. 그는 조디에게 와인스타인컴퍼니 내부에서 일어난 일 모두를 이해하라고 요구하지 않았으며, 사건이 일어난 순서대로 이야기하지도 않았다.

라이터와 인터뷰를 진행하는 사이사이 조디와 메건은 그가 한 말을 해석하고 추적하고 입증하기 위해 와인스타인컴퍼니의 옛 직원들과 대화를 나누고, 기록을 입수하고, 라이터가 신원을 흘린 여성들에게 연락을 취하는 등 힘썼다. 두 기자는 근본적인 질문에 집중했다. 와인스타인은 이 젊은 여성들에게 무슨 일을 저질렀으며, 이를 입증할 증거는 무엇이 있을까?

그러나 두 기자는 차츰 라이터의 이야기 속에서 내비치는 이야기는 보도하기까지 더 오랜 시간이 걸릴 것임을 알게 되었다. 2014년부터 2015년, 그 끔찍한 두 해 동안 와인스타인이 여성 직원들에게 가하는 위험은 회사 내 고위 임원들의 눈에도 점점 더 분명히 드러났으며, 그가 일으키는 문제들이 수면 위로 떠오르는 빈도도 불편하리만치 잦아졌다.

하비 와인스타인은 변호사에서 어시스턴트에 이르는 인력, 그리고 계약에서부터 업무 비용에 이르는 관행을 이용해 오랫동안 자신의 가해 행위를 지속하고 은폐해왔다. 이에 대해 거의, 또는 전혀 모르는 채로 영화 홍보 포스터를 제작하거나 개봉 일자를 정하는 등의 업무를 맡는 직원들도 있었다. 그러나 그 두 해 동안 이사회에서 가장 적극적으로 활동하고 있는 라이터, 그리고 와인스타인의 동생이자 사업 파트너인 밥 와인스타인까지도 와인스타인의 성추행과 성폭력 혐의를 알고 걱정하게 되었다고 했다. 문제를 해결하기 위해 여러 가지 노력을 했으나 매번 실패로 끝났고, 와인스타인은 여러 문제를 그저 없던 일로 만들어버리고 자신만의 현실을 창조하는 놀라운 능력을 보여주었다.

어떻게 한 회사가 성폭력에 그렇게 깊숙이 공모할 수 있었던 걸까?

라이터는 와인스타인의 여성에 대한 행동을 오랫동안 외면해왔다. 브루클린 컬리지를 졸업하고 1989년 7월 15일 미라맥스에 입사한 30세 회계사였던 그는 보통의 멀티플렉스 영화와는 다른, 와인스타인이 출시하는 대담한 영화들을 보며 경외감을 느꼈다. 입사 다음 해, 그는 소규모인 뉴욕 지사에서 어느 어시스턴트가 알 수 없는 이유로 갑작스레 사직했다는 사실을 알게 되었다. 그녀는 바로 훗날 메건이 어머니 집에서 만났던 그 여성 어시스턴트였다. 라이터가 듣기로는 와인스타인이 그녀에게 부적절한 행동을 했으며, 그녀가 일종의 합의금 협상을 했고, 일은 그렇게 마무리되었다고 했다.

약 10년이 흐른 뒤, 라이터는 런던 지사에서 젤다 퍼킨스에게 문제가 생겼으며 사내 변호사가 영국까지 날아가서 사태를 해결했다는 이야기를 들었다. 다른 동료들처럼 라이터도 와인스타인과 여성 배우들 사이의 "치정 사건"에 관한 루머들을 들어왔으나, 누가 누구를 이용하는 건지는 꼬집어 말할 수는 없다고 생각했다. 어차피 여성 배우들이란 배역을 따기 위해 무슨 일이든 한다고들 하지 않나? 게다가 라이터는 회계 담당인 내근직이었기 때문에 와인스타인에게 캐물을 위치도 아니었다. 그래서 그는 그 일에 대해 더 이상 묻지 않았다.

그러나 2014년이 되자 그가 느끼는 위기감은 한층 커졌다. 여름 내내, 그는 회사 사람들이 나누는 걱정 섞인 잡담을 통해 와인스타인이 여성들에게 저지르는 행동을 알게 되었다. 그해 10월, 다양한 배경과 연령대 여성들이 빌 코즈비의 성폭력 혐의를 대중 앞에서 주장했다. 뉴스가 터진 뒤 코즈비의 TV 프로젝트며 투어 일정은 무산되었다. 코즈비가 공연을 하더라도 시위자들과 방해꾼들이 그에게 역겨움을 표했다.

코즈비 사건을 보면서 라이터는 자신이 와인스타인의 행동에 개입해야 한다고 느꼈다. 그 시점에 그는 아직 여성들이 실제 피해를 입었는지, 그렇다면 어떤 피해를 입었는지 자세히 알지 못했다. 그는 와인스타인컴퍼니의 위상을 걱정하고 있었다. 〈킹스 스피치〉 같은 명품 영화며 〈프로젝트 런웨이〉 같은 쇼를 제작하며 외부인들에게는 승승장구하는 회사라는 이미지였던 와인스타인컴퍼니는 사실 여러 프로젝트에 실패해 수억 달러의 손실을 보아 위태로운 상태였다. 그 와중에 성 학대 스캔들이 터지면 회사는 그대로 몰락의 길을 걸을 게 뻔했다.

2014년 11월, 라이터는 회사 내에 도는 소문으로 알게 된 몇몇 여성의 이름을 거론하며 와인스타인을 질책하는 이메일을 썼다. 이메일 초안에 따르면, 그는 상사를 향해 "나쁜 짓을 그만두라"고 썼다. "회사에 피해가 되지 않고, 손실을 주지 않는 한" 여성들과 무슨 짓을 하든 알 바 아니라고 했다. 다음 날, 와인스타인은 라이터와 직접 만났으나 아무것도 인정하지 않았다. 그 후로 라이터에 대한 와인스타인의 태도는 냉담해졌으며 그를 이 회사의 "섹스 단속반"이라고 부르기 시작했다고 한다. (와인스타인은 이런 사실을 부인했다.)

몇 주 뒤인 2014년 12월, 크리스마스 휴무가 끝난 뒤 라이터가 출근했더니 몇몇 임원들이 술렁거리고 있었다. 에밀리 네스터(Emily Nestor)라는 25세의 대학원생이 크리스마스 휴무 기간 동안 로스앤젤레스 지사에서 기간제로 안내담당자 일을 했다고 했다. 출근한 지 이틀째 되는 날, 와인스타인은 아침식사를 하자는 핑계로 그녀를 베벌리힐스

페닌슐러 호텔로 불러낸 다음, 멘토링을 대가로 섹스를 요구했고, 지금까지 여러 여성 배우들이 이 요구를 받아들인 덕분에 부와 명성을 얻었다며 으스댔다고 했다. 네스터는 계속 거부했다. 와인스타인은 계속 요구했다. 간신히 그 자리를 빠져나와 회사로 돌아온 그녀는 다른 직원들에게 이 사태를 알렸고, 그들이 뉴욕 지사로 상황을 알려왔다.

라이터는 걱정스러웠다. 회사가 지금 마주한 사태는 성추행 사건으로 보였다. 네스터는 이 사실을 인사부에 신고하고 싶어 하지 않았다. 결국 라이터를 비롯한 몇몇 임원들은 당사자의 이야기를 직접 들은 로스앤젤레스의 직원들을 설득해 들은 바를 전부 기록하게 했다. 그렇게 만들어진 기록 중 하나는 네스터가 와인스타인을 뿌리치는 데 얼마나 오랜 시간이 걸렸는지를 보여준다. "그녀는 그가 무척이나 끈질기고 집요했기에 자신이 한 시간 이상 거부 의사를 밝혔다고 말했다."

2015년 초, 라이터는 미드타운의 한 식당에서 자신의 딸 샤리와 말씨름을 했다. 샤리는 네스터 또래인 26세로 심리학과에 재학 중인 강경한 페미니스트였다. 로이터가 샤리, 그리고 로스쿨에 다니는 그녀의 친구에게 직장에서 있었던 일을 이야기하고, 심지어 이메일과 문서들이 담긴 휴대폰을 건네 보여주기까지 했을 때 샤리는 충격을 받았다. 나중에 두 사람 모두 회상한 바에 따르면 그녀는 아버지가 행동을 취해야 한다고 주장했으며, 그는 하비 와인스타인을 저지할 방법을 찾아야겠다고 했다.

라이터도 와인스타인을 저지하고 싶었다. 더 이상 회사의 안위만 걱정되는 것이 아니었다. 이제는 여성 직원들의 안전이 걱정되었고, 상사가 직원을 해치고 있다는 사실이 괴로웠다. 그러나 할 수 있는 일이 무엇인지 알 수 없었다. 사외 고문은 네스터가 공식적으로 신고한 것이 아니기에 그녀가 한 이야기를 회사 이사회와 공유할 수 없다고 했다. 이 문제는 채근해도 소용없을 것 같았다. 게다가, 이런 상황에서 어떤 일이 일어나는지는 우리 모두 알지 않느냐고 그는 딸에게 덧붙였다. 결국 피해자가 무슨 잘못을 한 것처럼, 피해자 탓이 되곤 한다고 말이다.

그럼에도 샤리는 아버지를 계속 설득했다. 그러다 보니 대화가 과열되면서 식당 안 다른 사람들이 쳐다보기도 했다고 라이터는 나중에 회상했다. 아버지에게도 그럴 만한 힘이 있잖아요, 하고 샤리가 말했다. 라이터에게는 여성들이 입을 열 수 있는 환경을 만들 능력이 있으며, 이를 위해 한층 더 노력할 책임이 있다고 했다.

그해 겨울, 라이터는 또 다른 젊은 여성 직원이 겪는 고충을 알게 되었다. 와인스타인의 개인 어시스턴트인 28세 샌디프 리할(Sandeep Rehal)은 시간제 소매점에서 일한 경력이 있을 뿐 이곳이 첫 진짜 직장이었다. 리할은 라이터를 비롯한 몇몇 임원들에게 자신이 맡은 불편한 업무를 털어놓았다. 와인스타인이 법인카드로 가구 딸린 아파트를 빌리고, 여성용 란제리와 꽃, 목욕가운 두 벌을 준비해놓으라고 했다는 것이다. 그녀는 여성들의 명단을 가지고 있었고, 그녀들을 라이터 역시도 회사에서 들은 적 있는 "하비의 친구들"이라는 이름으로 지칭했다. 그 여성들이 들고 나는 것을 관리하는 것 역시 리할의 업무였다.

리할이 나중에 말한 바에 따르면, 최악이었던 경험은 너무 수치스럽고 두려운 나머지 남성 임원들에게 말할 수 없었다고 한다. 그 경험이란 와인스타인이 사적인 용도로 쓸, 성기에 주사하는 발기 부전 약물인 카버젝트를 수급하고 관리하는 일이었다. 리할은 주사제를 자기 자리에 두었다가 갈색 종이 봉투에 담아 그에게 건넸고, 때로는 그가 여성과의 만남을 가지기 전에 호텔 등의 만남 장소에 가져다주기도 했다. 새로운 약물 수급처를 찾아 일주일을 애쓴 끝에 법인카드로 결제했을 때는 와인스타인에게 500달러의 보너스를 받았는데, 그가 인사부에 보냈던 이메일에서 본 바에 따르면 회사 경비였다. 그는 리할의 학자금 대출이나 여동생이 다니는 학교를 언급하고, 자신이 그녀를 해고할 수도 있다고 말하는 등 리할이 이런 업무를 발설하면 대가를 치르게 될 것임을 암시했다. 침묵에는 보상이 따를 것이라고도 했다. "넌 하비 와인스타인 대학교에 다니는 거야. 졸업할 수 있는지는 내가 결정해." 그는 이렇게 말했다고 한다. 오래지 않아 리할은 퇴사했고, 라이터는 더 이상 그녀의 소식을 알 수 없었다.

그런데 리할이 제기했던 또 한 가지 문제에 대해 라이터가 동료들에게 투덜거리는 일이 점점 늘었다. 바로 회사 경비를 사용하는 문제였다. 와인스타인은 사적인 지출 중 회사 경비를 지원할 수 있는 항목을 분류하는 체계가 느슨하다는 점을 이용해서 법인카드로 거액을 사용했다. 2015년 기준으로 2백 50만 달러라는 후한 연봉을 받으면서도 때로 의문스러운 지출까지도 회사 경비로 메꾸기를 요청했는데, 예를 들면 요트 스태프에게 준 2만 4천 달러의 팁—결국은 회사가 지원했다—그리고 모델을 픽업하러 전용기로 유럽에 들렀을 때의 비용이었다. (와인스타인은 자신이 회사 경비를 유용한 적이 없다고 부정했다.)

와인스타인이 명확한 일자리나 임무 없이 또다시 여러 명의 새로운 여성들을 영화 제작에 끼워 넣고 급여 지급을 요청하자 라이터는 제작 관리 최고책임자인 톰 프린스(Tom Prince)에게 이메일을 보냈다.

2015년 2월 10일 화요일
수신: 톰 프린스
발신: 어윈 라이터

몇 명이나??????????
몇 명이어야 충분한데????
몇 명이어야 지나친데???

수신: 톰 프린스
발신: 어윈 라이터

생각할 필요도 없어… 일이 벌어지고 말 거야… 코즈비가 몇 살이지?
그는 그 역겨운 성 추문을 얼마나 오랫동안 숨긴 거지?
사후에 밝혀지는 것만은 아니길…

수신: 어윈 라이터
발신: 톰 프린스

정말 나도 어이가 없다.

　　조디가 늦은 밤 시간을 이용해 라이터와 여러 번 대화를 나누던 사이사이에, 기자들은 라이터의 말을 확인할 근거들을 계속 조사했다. 에밀리 네스터는 그때 일어난 일을 기사화하길 원치 않았다. 그러나 오래지 않아 메건은 라이터가 이니셜로 알려주었던, 2015년 여름 와인스타인컴퍼니를 퇴사했던 또 다른 젊은 어시스턴트와 전화통화를 할 수 있었다. 그녀의 목소리는 떨리고 있었다. 그럼에도 그녀는 자신이 퇴사한 건 "도덕적 사유" 때문이었다고 설명했다. 기밀 유지 서약서에 서명했기 때문에 자신이 겪은 일을 메건에게 전부 설명하기는 겁이 난다고 했다. 와인스타인이 섹스와 마사지를 끝도 없이 요구하며 괴롭혔고 그녀는 매번 거절했다고 했다. 그녀는 높은 위상을 가진 회사를 그만두고 싶지 않았기에 애써 와인스타인에게서 거리를 두고 일할 수 있는 새로운 자리로 갔다.

와인스타인이 자신과 가까이서 일하는 위치로 돌아오라고 요구했을 때, 그녀는 한 고위급 임원에게 지금까지 그가 강제했던 행동들에 대해 털어놓았는데, 그렇게 하면 자신이 그의 손아귀로부터 멀어지도록 도움을 받을 수 있으리라고 생각했기 때문이었다. 그러나 와인스타인은 그녀를 직접 호출한 뒤 주장을 번복하고 이 회사에서 "긍정적 경험"을 얻었다는 내용의 편지를 제출하도록 압박하고 그 자리를 떠났다고 했다.

이즈음 조디는 또 다른 전 어시스턴트로부터 소름 끼칠 만치 비슷한 이야기를 듣고 있었다. 그녀의 이름은 미셸 프랭클린(Michelle Franklin)이었으며, 2012년 런던 지사에서 일했다. 그녀 역시 입을 여는 것을 불안해 했으며 기사화를 원치 않았다. 와인스타인이 프랭클린에게 강압적으로 섹스를 요구했던 것은 아니었다. 그러나 메건과 이야기를 나누었던 다른 어시스턴트처럼, 프랭클린 역시도 라이터를 비롯해 여러 사람이 썼던 표현인 "하비의 친구들"과의 만남을 위한 호텔 방을 예약하는 업무를 맡았다. 리할처럼 프랭클린 역시 약국에서 성기에 주입하는 약물을 수급했고, 심지어는 그의 호텔 방을 정돈하던 도중 방바닥에 흩어져 있던 사용한 주사기를 줍기도 했다고 한다. (와인스타인은 그들의 주장을 부인했다.)

어느 날, 프랭클린은 한 젊은 여성을 와인스타인이 기다리는 호텔 방으로 데려다준 뒤 그에게 맞섰다. "이건 제가 할 일이 아니에요. 이런 일은 하지 않겠어요." 그렇게 말하자, 그는 "네 의견은 중요치 않아"라고 대답했다고 그녀가 말했다. 머지않아 그녀는 해고당했다.

9월 19일 오후, 메건은 압박을 행사하고, 목적을 위해 타인을 이용하고, 뻔뻔하게 아무 문제도 없는 양 굴 수 있는 와인스타인의 능력을 몸소 경험하게 되었다.

메건은 2015년 에이즈 자선 경매에서 모금된 50만 달러가 어떻게 여러 건의 복잡한 이체 거래를 거쳐 마침내 〈네버랜드를 찾아서〉 제작 투자자들의 계좌에 안착했는가에 관한 보다 상세한 세부 사실들을 이어 맞추는 작업을 2주째 하고 있는 중이었다. 조디와 편집자들은 메건이 와인스타인의 여성에 대한 태도라는 더 큰 주제에서 벗어나고 있는 것이 아닌지 걱정했다.

그러나 메건은 그 조사를 그만둘 수 없었다. 뉴욕 검찰총장실이 수사에 착수했다는 사실을 확인했다. amfAR 내부인들이 심각한 우려를 표했다는 내부 증거도 입수했다. amfAR의 최고재무책임자는 이메일에 이렇게 썼다. "이 거래는 나에게는 조금도 정당치 않게 느껴진다." 법 전문가들은 메건에게 이런 거래는 사기나 마찬가지라는 의견을 냈다. 와인스타인의 행동이 위법이 아니라 하더라도, 그는 에이즈 연구 목적으로 모금한 금액 중 50만 달러 이상을 빼돌려 투자자들에게 보낸 것 같았다.

메건은 이는 와인스타인이 하나의 기관을 자기 마음대로 주무르고 있다는 증거라고 믿었다. 그는 오랫동안 amfAR과 좋은 관계를 유지하면서, 프랑스 칸에서 다수의 스타들이 참여하는 모금 행사를 열었다. 조디가 수개월 전 찾아보았던, 화려한 레드카펫 사진들이 남는 그런 행사 말이다. 외부 수사를 요구하는 amfAR 이사회를 침묵시키는 일은 데이비드 보이스가 도왔다. 얼마 전의 한 인터뷰에서 보이스는 래니 데이비스, 그리고 와인스타인컴퍼니 사내 변호사인 찰리 프린스(Charlie Prince)가 쏟아내는 말의 감옥에 메건을 두 시간가량 가두어놓고 조사할 건 아무것도 없다는 방어로 일관했다.

그런데 이제는 와인스타인이 메건을 대면하고 기사를 무산시키기로 마음먹고 〈타임스〉 사옥 4층을 직접 찾아온 것이다.

코벳과 바케이는 와인스타인과의 인터뷰를 허락하며 두 가지 조건을 걸었다. 첫째, 기사화가 가능한 인터뷰여야 한다. 두 번째, 이 인터뷰에서는 여성 학대 혐의가 아닌, 금전 거래에만 초점을 맞춘다. 메건은 질문을 던지는 한편으로 여태까지 수개월간 자신이 조디와 함께 취재해왔던 상대를 가늠해보아야 했다. 인터뷰를 순조로이 진행할 수 있도록 코벳도 자리에 함께하기로 했다.

와인스타인은 구깃구깃한 옷차림으로 다리를 약간 절룩거리며 다가왔다. 그러더니 구식 뉴욕 억양의 비음 섞인 낮은 목소리로 인사를 건넸다.

그는 뒤에 수행원을 줄줄 달고 왔다. 그중 데이비드와 프린스가 있다는 데 메건은 놀라지 않았다. 얼마 전 고용된 듯한 새 변호사 제이슨 릴리엔(Jason Lilien)이 자신은 뉴욕검찰 총장실의 자선 담당 부서장이었다고 소개했다. "잘난 척하는 것처럼 보이겠지만, 전 이런 문제와 관련한 뉴욕 주 법안을 실제로 작성한 사람입니다." 그가 메건에게 한 말이었다.

와인스타인 사절단에 있던 나머지 두 명의 존재는 당혹스러웠다. 메건은 연방 동성 결혼 합법화의 포석을 깔아준 중요한 사건인 미합중국 대 윈저 사건을 승리로 이끈 소송 전문 변호사 로버타 캐플런(Roberta Kaplan)과 인사를 나누었다. 그다음에는 검은 머리에 얼굴은 묘하게 낯이 익은, 키가 훤칠하고 빼어나게 아름다운 중년 여성을 보았다. 일명 "더프"라고 불리던, 젊은 시절 MTV의 비디오자키였던 캐런 더피(Karen Duffy)였다. 이 문제에 대해 아는 바도 없을 사람들이 와인스타인의 편에 서기로 한 것은 무엇 때문일까?

코벳은 오늘의 미팅은 amfAR의 금전 거래에만 초점을 맞추는 것으로 인터뷰의 목표를 확고하게 정했다.

그러나 와인스타인의 목적이 자신의 서사를 늘어놓는 것이었음이 점점 분명해졌다. 에이즈의 고통에 눈떴다는 것, 자선활동에 커다란 관심을 갖고 있다는 것, 그리고 타인의 고통에 신경 쓴다는 것 같은 이야기였다. 회의실에 둘러앉은 나머지 방문자들은 전부 그를 뒷받침해줄 선수들이었다.

처음에 와인스타인은 약간 경멸조를 띠기는 했으나 살가웠다. 이야기의 서두는 자선 기금 모금의 세계가 실제로 어떻게 작동하는가였다. 기자들이 깊이 파고들어 보면, amfAR과의 거래 정도는 아무것도 아닌 창의적인 거래들을 발견하게 될 거라고 말이다. 다들 그렇게 한다. 세상에 도움이 되는 일을 하려면 자선 사업도 비즈니스처럼 해야 한다며, 그는 경매에서 모금한 기금 나머지는 모두 amfAR로 갔다고 강조했다.

"법 따위가 중요할까요." 그러면서 그는 미소를 띠고 회의실 안을 둘러보았다. "우린 사람들에게 도움을 주는 게 더 중요했습니다."

이제는 지금까지 그가 에이즈와 맞서 싸우느라 얼마나 많은 일을 해왔는가를 논할 차례였다. 그가 처음으로 에이즈의 참상을 가까이서 목격한 것은, 수십 년 전 〈코러스 라인〉으로 명성을 얻은 브로드웨이 연출가 마이클 베넷(Michael Bennett)이 병에 걸렸을 때라고 했다.

"어느 날 그쪽에서 전화가 걸려오더니, 마이클이 폐렴에 걸렸다더군요. 그래서 저는…" 와인스타인은 마음을 추스르려는 듯 말을 잠깐 멈췄다. "좋아, 괜찮아. 이 사태를 해결해보자." 그가 말했다.

그러더니 와인스타인은 실제 대본을 읽기 시작했다. 이 미팅에 참여하지 못한, amfAR의 전 부회장에게서 받아온 서면 성명문이었다. 자신의 공감 능력과 아량을 선보이려 제삼자를 이용하는 처사였다.

"하비가 찾아오더니 이렇게 말했습니다. '도움이 필요하십니까?'" 와인스타인이 성명문을 읽었다. "우리에겐 도움이 필요했습니다. 그러자 하비가 경매행사를 열어 기부금을 얻어냈습니다."

그러더니 그는 목이 멘 듯 차마 말을 잇지 못했다.

"연기하는 게 아닙니다." 그가 말했다.

그는 다시 말을 열었다가, 마치 격한 감정에 휩쓸린 듯 말을 멈추더니 들고 있던 대본을 테이블 위로 더피에게 밀어주었고, 나머지는 더피가 마저 읽었다. 더피는 눈에 눈물이 그렁그렁한 채로 와인스타인은 자신이 희귀병을 진단받았을 때 목숨을 구해준 사람이라고 했다. 이제는 "지금 말할 수 없는 사람을 대신해야" 한다고 했다. 와인스타인의 아량 덕에 직접적 혜택을 얻은 피해자들 이야기였다.

메건은 그들의 이야기가 끝날 때까지 기다렸다가 계속해서 질문을 던졌다. 자선 경매행사 입찰자들은 자신의 돈이 어디로 갈지 알아야 하는 것이 아닙니까? 자선 기금이 결국 다시 와인스타인을 비롯한 〈네버랜드를 찾아서〉 투자자들에게 흘러가는 것이 합당한 일입니까?

질문이 던져질 때마다 와인스타인은 점점 더 눈에 띄게 불쾌한 기색이었다.

메건과 코벳은 그들이 속한 〈타임스〉 역시 탐사보도에 필요한 자금을 외부 비영리 단체에서 끌어오고 있다는 것을 알고 있는가? "그 손해는 누가 봅니까? 그런데도 그렇게 하지 않습니까?" 그가 쏘아붙였다. 그러더니 재빨리 〈뉴욕타임스〉 공격을 그만두고 다시금 자신의 헌신을 주워섬기기 시작했다. "전 〈뉴욕타임스〉를 사랑합니다." 그가 말했다. "제가 즐겨 이야기하는 사연이 하나 있지요. 1977년, 제가 학생일 때 뉴욕 주 버펄로가 눈폭풍으로 뒤덮였습니다. 게리라는 친구가 바깥으로 나왔어요. '가게에 가서 뭘 살 건데?' 그 녀석은 이랬습니다. '난 트윙키 살 거야.' 다른 친구는 우유를 사러 간다고 했고, 또 다른 여학생 하나는 치리오스를 사겠다고 했었습니다. 그런데 전 말입니다—이 얘긴 전부터 여러 번 해서 아마 찾아보시면 나올 겁니다. 전 이렇게 말했어요. '난 〈뉴욕타임스〉 최신호만 한 부 사면 돼.'"

만약 그 60만 달러짜리 거래에 의심스러운 구석이 조금이라도 있다면, 담당한 변호사를 압박하라고 와인스타인은 주장했다 경매 입찰자들이 자신의 돈이 와인스타인의 사업상 거래에 사용되는 줄 몰랐다면 그건 그들 잘못이라고 했다. "그런 일에 돈을 내기 싫다면, 안 내면 됩니다." 그의 말이었다.

캐플런은 자신이 또 다른 에이즈 자선단체에서 이사직을 맡고 있다며, 만약 〈타임스〉가 이 기사를 계속 취재한다면 전 세계 에이즈 환자들에게 상처가 될 것임을 암시했다. 그녀는 자신이 지금 변호하고 있는 금전 거래를 아예 이해하지도 못한 것 같았다.

메건은 와인스타인에게 앞으로 이런 식의 금전 거래를 또 할 생각이 있느냐고 물었다.

"당신 앞에선 안 해야겠군요." 와인스타인은 농담으로 받아쳤다.

"이제 이쯤에서 마무리하지요." 코벳이 말했다.

그런데 와인스타인이 마지막으로 하고 싶은 말이 한 가지 더 남아 있었다. 자신은 비단 선을 위해 싸우는 것뿐 아니라 악당들과 맞서 싸우는 것이기도 하다는 말이었다. 그를 검찰 총장실에 고발한 자선단체 이사들은 부당 이득을 추구하며 그 기관을 마음대로 주무르려는 의도였다는 뜻이었다.

와인스타인컴퍼니 변호사가 끼어들려 했으나 와인스타인이 그를 뿌리쳤다.

"전 진실이 이끄는 대로 가렵니다." 와인스타인이 기자들에게 한 말이었다. "저는 그렇게 자라왔으니까요. 저는 진실하게 살아왔습니다."

메건은 와인스타인 일행에게 시간을 내주어서 고맙다고 했다. 방금 전 펼쳐진 한 편의 연극에도 불구하고, 60만 달러 거래에 대한 기사를 쓰겠다는 생각은 변하지 않았다. 와인스타인이 자기 편들을 달고 떠나는 모습을 보며 메건은 모든 사람이 당연히 자신에게 협조하리라고 기대하며 세상을 멋대로 헤치고 나가는 그의 모습이 충격적이라는 생각이 들었다.

와인스타인 일행이 떠나는 모습을 본 조디가 로비로 내려왔다. 그녀는 회의 시작 전에 짬을 내어 와인스타인에게 자기소개를 했고, 와인스타인 일행이 떠나기 전 한 번 더 만나서 래니 데이비스가 언급한 인터뷰에 대한 운을 띄워볼 작정이었다.

와인스타인은 보안 출입문 바깥, 평소처럼 회사원들이며 〈타임스〉 간판을 사진으로 남기는 관광객으로 이루어진 군중 가운데 서 있었다. 조디가 다가갔을 때 그가 그녀를 향해 몸을 기울이는 몸짓이 너무나 강렬해서, 주눅 들지 말자고 속으로 되뇌어야 할 지경이었다. 조디는 오늘의 미팅은 amfAR 기사 때문이었지만, 추후 메건과 함께 여성에 대한 당신의 태도를 주제로 인터뷰를 한 번 더 진행하고 싶다고 했다.

와인스타인은 취재에 대해 듣자마자 자신의 수행자들에게 대고 이를 조롱해댔는데, 기자들이 그에게 아무 것도 전달한 바가 없는데도 이미 결과를 알고 있는 것 같았다. "여자들을 호텔 방으로 꾀어냈다나." 그는 생각해볼 가치도 없다는 투였다.

그는 갑자기 지금 잠깐 시간을 내서 이야기하는 건 어떠냐는 제안을 했다. "전부 이야기해드리겠습니다. 제가 다 터놓고 이야기하고, 기사는 내지 않는 걸로 하지요. 자, 합시다."

조디는 거절했다. 자신과 메건이 준비가 되는 대로 연락하겠다고 했다.

그가 한 발짝 성큼 다가서자 조디는 초조하게 웃음을 터뜨렸다 와인스타인은 여성들이 주장한 바와 같은 끔찍한 일은 한 적이 없다고 했다. 자신은 그렇게 나쁜 사람이 아니라고 말이다.

　그는 가소롭다는 듯 웃더니 이렇게 덧붙였다. "전 그보다 더 나쁜 사람이지요."

　와인스타인이 amfAR 거래에 관한 대면 인터뷰에서 썼던 전술이 그가 주로 쓰는 작전의 가이드가 되었다. 나중에 메건은 2015년 3월, 이탈리아 모델 암브라 파틸라나 구티에레스의 고발 당시에 와인스타인컴퍼니에서 무슨 일이 있었는지를 알아내는 데도 그 전술을 참조했다. 에밀리 네스터, 샌디프 리할이 퇴사한 직후 있었던 구티에레스의 고발은 여태까지보다 더 큰 파문을 일으켰는데, 처음으로 한 여성이 공식적으로 와인스타인의 혐의를 주장한 사건이었기 때문이다. 구티에레스는 업무상 미팅을 위해 와인스타인의 사무실에 다녀온 뒤 뉴욕시경을 찾아 원치 않게 신체를 더듬었다는 혐의로 그를 고발했다. 이 뉴스는 헤드라인을 장식했다. 회사 입장에서 보았을 때는 그보다 더 나쁠 수 없는 타이밍이었다. 와인스타인컴퍼니는 TV 분과를 영국 방송사 ITV에 4억 달러 이상의 금액으로 매각할 만반의 준비를 마친 상태였고, 이 거래는 회사에 구사일생의 기회가 될 것이었다. 거래가 성사될 시 백만 달러의 보너스를 약속받은 상태였던 라이터는 공포에 질렸다. 그가 여태까지 두려워했던, 대중 앞에서 난장판을 일으키는 사태가 실제로 벌어지고 말았던 것이다.

　경찰은 구티에레스가 와인스타인이 자기 입으로 그 사건을 직접 이야기하는 녹취록을 얻을 수 있도록 도왔고, 나중에는 와인스타인이 성적 학대로 고발당하는 그날을 기다려왔다고도 했다.

그러나 얼마 지나지 않아 지방검찰청은 대변인을 통해 그 사건을 기소하지 않을 것이며, "수 회에 걸친 양측 인터뷰를 포함해 입수할 수 있었던 증거들을 분석한 결과 범죄 행위에 대한 충분한 근거가 없다"고만 밝혔다. 구티에레스는 인터뷰는 물론 와인스타인 고발에 대한 어떤 공식 발언도 남기지 않은 채 뉴욕을 떠났고, 라이터를 비롯한 사람들은 배후에서 무슨 일이 벌어졌는지 의문을 품었다.

당시에 거의 누구도 알지 못한 사실은, 와인스타인이 기소를 취하시키기 위해 정교한 작전을 펼쳤다는 것이었다.

지방검사 사이 밴스(Cy Vance)의 전 파트너였던 형사전문 변호사 엘칸 어브래머위츠(Elkan Abramowitz)가 와인스타인 측 법률 팀의 얼굴을 맡았다.

맨해튼의 성범죄 사건들을 담당하며 유명세를 얻은 검사 린다 페어스타인 역시 배후의 조력자였다. 페어스타인은 이 사건과 관련해 와인스타인 측과 연락을 주고받았고, 와인스타인 법률 팀과 수석 검사 사이에 다리를 놓아주었다. (2017년 여름 메건에게 구티에레스의 고발이 근거가 없다고 일축했던 당시, 페어스타인은 자신과 사건의 관계를 그녀에게 숨겼다. 훗날 페어스타인은 메건이 묻지 않았기에 말하지 않은 것뿐이라며, 자신의 행동에 통상적인 선을 벗어난 것은 없었다고 주장했다.)

와인스타인 측이 고용한 사설탐정들이 구티에레스가 연루된 이탈리아 법정 사건 두 건의 기록을 수집했다. 2011년, 미성년 성매매 혐의로 기소된 전 이탈리아 총리 실비오 베를루스코니(Silvio Berlusconi) 재판에 구티에레스는 검사 측 증인으로 참여했다. 구티에레스는 베를루스코니 자택에서 있었던 십 대 여성들과의 섹스 파티를 묘사했으며, 외설 행위에 참여하라는 권유를 받았으나 뿌리쳤다고 말했다. 피고 측 변호사는 증인석에 선 그녀가 수년 전 한 70대 남성을 성폭행으로 고소했던 사건을 들먹이며 압박했다. 구티에레스가 그 사건에 협력하지 않았기에 고소가 취하되었던 사건이다. 교차 검증 당시 그녀는 자신의 선서 진술서에 담긴 사실과 상반되는 발언을 했다.

그 법정 기록들은 구티에레스가 와인스타인을 거짓 고소했다는 증거가 될 수 없었다. 심지어 70대 남성에 대한 성폭행 고소가 거짓이었다는 증거도 될 수 없었다. 그럼에도 훗날 뉴욕 검찰은 와인스타인 측이 제시한 과거 기록에 비추어 볼 때 구티에레스가 재판에서 신뢰성 있게 행동하지 않으리라 생각했음을 인정했다.

보이스와 어브래머위츠는 이탈리아에서 입수한 기록을 〈뉴요커〉 기자 켄 올레타와 공유했다. 올레타는 이 사건에 대한 기사를 쓸까 고려했으나, 두 변호사가 구티에레스가 믿을 만한 사람이 아니라고 설득했다고 훗날 설명했다.

전 뉴욕 시장 루돌프 줄리아니(Rudolph Giuliani)는 경찰에 신고된 뒤 와인스타인으로부터 연락을 받았으며, 그를 법률사무소의 파트너 변호사 대니얼 S. 코널리(Daniel S. Connolly)에게 연결해주었다고 했다.

검찰 측이 기소를 취하한 뒤 와인스타인은 코널리를 내세워서 구티에레스에게 침묵의 대가로 일곱 자리 숫자의 합의금을 지급했다. 합의 조건 중 하나는 구티에레스가 경찰의 지시하에 만들었던 녹취록의 회수였다.

와인스타인은 회사 경영진들에게 그 사건은 전부 그를 협박하려는 정교한 노력이었다고 주장했으나, 자신이 구티에레스에게 합의금으로 거액을 지급했다는 사실은 숨겼다.

"그녀는 돈을 뜯어내는 덴 선수야. 이미 이탈리아의 어느 노인한테도 이런 짓을 했었고, 베를루스코니의 붕가붕가 파티에도 갔지." 이사회 임원 중 하나인 랜스 매로브(Lance Maerov)는 와인스타인이 이렇게 말했다고 회상했다. "내 말이 믿기지 않는다면 루디 줄리아니한테 가봐."

와인스타인이 사용했던 전략의 최종 마무리는, 회사의 권력과 자원을 끌어와 고발한 여성의 입을 막는 은밀한 거래를 체결시키는 것이었다.

2015년 4월 18일 토요일 밤, 와인스타인은 두 명의 유력한 여성 임원을 줄리아니의 법률사무소로 불러냈다. 구티에레스 역시 자신의 변호사와 그곳에 와 있었다. 그날의 미팅에 참석한 이들이 훗날 회상한 바에 따르면, 두 여성 임원은 와인스타인의 지시대로 구티에레스가 연기자로 새 출발해 대중적 인지도를 얻을 수 있는 방법들을 알려주었다고 한다.

이는 와인스타인과 구티에레스 간의 계약 조건 중 일부였다. 와인스타인은 구티에레스의 경력을 위해 물밑에서 손을 써주기로 했다. 모델인 구티에레스 입장에서는 인지도를 높이고 성공하는 데 도움이 되는 일이었으며, 제작자인 와인스타인의 입장에서는 '네가 입 다물면, 나와 내 사람들이 네 성공을 돕겠다'는 익숙한 형태로 영향력을 행사하는 일이었다.

그날 밤, 와인스타인은 두 여성 임원에게 감사의 이메일을 보냈고, 훗날 메건이 이를 입수했다.

오늘 저녁 6시 줄리아니의 사무실에서 있었던 회의에 참석해주셔서 감사합니다. 두 분의 금전 지출은 전부 제가 감당할 것임을 말씀드리고자 합니다. 모든 배상은 제가 약속드리고, 저를 위해 해주신 모든 것들에 감사드립니다… 두 분 각자에게 1만 달러의 보너스 그리고 제 진심 어린 감사가 전해질 것입니다.

만사형통을 빌며,
하비 드림.

와인스타인에게 책임을 물을 동기를 가장 많이 가진 이는 하비의 동생이자 오랜 사업 파트너 밥 와인스타인이었다.

와인스타인 형제는 퀸스의 검소한 아파트에서 한 방을 나눠 쓰며 살았던 어린 시절부터 쌓아온 우애로 영화계에서 승승장구했다. 와인스타인은 열 살이나 열두 살쯤 되는 어린 나이에도 왕성한 독서를 즐겼고, 재능을 알아보았으며, 심야 TV 쇼에 출연하고 가십 칼럼이나 유명 나이트클럽에 등장하는 유명 배우들이 누구인지 훤히 아는 아이였다. "시나트라가 오늘 이 동네에 온다는 거 알고 있어?" 저녁 식탁에 앉아 그가 그렇게 물으면 가족들은 어린 와인스타인이 그런 것도 안다며 놀랐다. 밥은 연예계보다는 숫자에 더 관심이 많았는데, 한 달 집세가 86달러에서 92달러로 올랐을 때 가족 생활비를 얼마나 절약해야 하는지를 계산할 정도였다고 나중에 회상하기도 했다.

형제가 미라맥스를 시작한 뒤 와인스타인은 명망 있는 영화들을 찾아냈고 밥은 재무 설계를 담당하며 호러 영화를 비롯한 대규모 프랜

차이즈 영화들로 수익성을 높였다. 미라맥스 설립 초기엔 형제가 밤 아홉 시에서 열 시부터 새벽 한두 시가 되도록 전화통화를 나누는 날들이 많았다. 밥 자체로는 함께 일하기 어려운 사람이라고 여기는 사람들도 많았다. 밥은 사회성이 떨어지는 데다가 성격이 변덕스러워서 친절하다가도 갑자기 폭언을 쏟아붓고는 했다. 밥은 형으로부터 영감과 창의성, 열정을 얻었으며, 메건과의 인터뷰에서는 두 사람 사이의 관계를 결혼, "궁극적 우정", 기나긴 대화라고 비유했다.

그러나 와인스타인 형제가 2005년 설립한 와인스타인컴퍼니는 미라맥스 정도의 문화적 경제적 전성기를 한 번도 누리지 못했으며, 오래지 않아 돈을 놓고 싸우기 시작했다. 밥의 절제력 있는 접근은 끝없는 허기로 영화를 사들이고 승인하고, 어마어마한 지출을 하고, 또다시 영화를 사들이는 와인스타인과 대립하게 되었다. 형이 개인의 명성에 서서히 집착하다가 마침내는 자기 자신을 고유명사인 "하비"로 만들어버리는 모습을 밥은 우려스레 지켜보았다.

또, 밥은 형이 여성들을 협박한 증거 역시 본 적 있었다. 1990년 미라맥스를 그만둔 젊은 어시스턴트에게 비밀 합의금을 지급할 때 밥 역시 이를 위한 토론 자리에 참석했다. 이 합의 건에 대해 잘 아는 두 명의 취재원이 메건에게 알려준 사실이었는데, 정작 밥은 자신은 아무것도 모른다며 부인했다. 하비 와인스타인이 젤다 퍼킨스와 그 동료에게 지급할 합의금이 필요했을 때 수표를 써준 사람 역시 밥이었다. (훗날 밥은 형이 혼외관계를 덮기 위해 그 돈이 필요하다는 핑계를 댔다고 했다.)

그러나 형의 성적 행동은 그저 또 한 가지 형태의 방종에 불과하다 여겼다고 그는 메건에게 말했다. 밥의 눈에 형은 "미친 사람, 돈, 소비,

분노, 자선에 있어 통제 불능인 사람"이었다.

2010년 아니면 2011년의 어느 날, 형제는 와인스타인의 사무실 근처에 있는 작은 대기실에서 재정 문제로 다퉜다. 밥이 자리를 떠나려 일어서자 와인스타인은 동생의 얼굴에 주먹을 날렸다. 그 자리에는 다른 임원들도 여럿 함께였다. 라이터, 법률부 고문, 최고운영책임자, 그리고 회계 감사관이었다. 밥의 얼굴에서 피가 쏟아지는 모습을 모두가 지켜보았다. 누구도, 심지어 당사자인 밥조차 이 폭력에 와인스타인의 책임을 지우지 않았다.

그즈음 밥은 비록 함께 회사와 직원들, 비즈니스에 투자한 거액의 자본을 책임지는 사이일지라도 형을 책임지지는 못하겠다고 마음먹었다.

그 시점부터 그는 형으로부터 거리를 두었다. 이론상 회사를 공동 경영했기에 세상의 눈에는 한 팀으로 보였으나 형제 사이의 연락은 차츰 줄었다. 이미 근무하는 건물도 서로 달랐다. 이제 둘 사이의 거리는 비단 물리적인 것만이 아니었다.

한동안 밥은 회사를 둘로 쪼갤까 하는 생각도 했다. "스플릿코"라는 암호명을 붙인 이 계획을 은행 간부들과 슬쩍 상의해보기도 했지만, 재정적 부담이 감당하기 어려운 수준이었다고 그는 말했다. 밥이 이 이야기를 꺼내면 형은 이렇게 대답했다. "당연히 회사를 쪼개면 되지. 내가 전부 가지고 네가 빈털털이가 되는 식으로 말이야." 밥은 빈손으로 회사를 떠날 생각은 없었다. "전 포기할 준비가 되어 있지 않았어요. 새로 시작하는 것도 그리 쉬운 일은 아니고요." 밥의 말이었다.

밥이 회사에서 거의 언급한 적은 없었으나, 형에 대한 선입견이 강해진 개인적 경험도 있었다.

1990년대 초반, 첫 번째 아내와 이혼하는 과정에서 술 없이는 하루도 잠들 수 없었다고 밥은 메건에게 말했다. '익명의 알코올중독자들', 그리고 '앨아넌'(둘 다 알코올중독자 자조 모임—옮긴이 주)의 도움으로 알코올 중독에서 회복한 뒤로 밥은 중독과 맞서 싸우며 얻은 통찰로 인간의 행동을 바라보게 되었다. 그는 알코올 중독 회복의 바탕인 12단계 원칙을 믿어 의심치 않았다. 타인을 바꿀 수 있는 사람은 없다. 당사자가 변화를 원해야 했다.

밥은 형이 성 중독에 시달린다고 믿었으며, 하비 와인스타인을 멈출 수 있는 것은 하비 와인스타인 본인뿐이라고 생각했다. 이는 자신이 더 이상 손쓰지 않았다는 것을 합리화하기 위한, 편리하면서도 형편없는 도덕적 선택이었다. 그는 형과 동업 관계를 유지하면서도 형의 행동에 개입하지 않을 핑계를 찾았다. 그는 책임을 지지도, 와인스타인의 업신여기는 언사나 상대를 혹독하게 비난하는 전술에 괴로워하며 밥을 찾아온 직원들을 돕지도 않았다.

"사람들이 절 찾아와서 '당신 형이 저한테 고함을 지르고 몰아세웁니다' 하곤 했죠. 그러면 저는 '회사를 그만두세요. 당신은 재능이 있잖아요'라고 대답했습니다."

밥은 이를 사업상의 신조로 삼았다. 와인스타인컴퍼니의 인사과 운영은 미진했고 큰 도움이 되지도 않았음에도 직원들에게 "인사부에 보고하세요, 그쪽으로 보고를 올리세요"라고 하기도 했다.

그러나 구티에레스가 와인스타인을 공개 고발한 지 몇 주 뒤, 밥은 이제는 행동을 취해야 한다는 생각이 들었다. TV 부서 매각은 무산되었고 회사는 큰 타격을 입었다. 개입하지 않으면 형이 회사에 더 치명적인 손해가 될 만한 일을 저지를지도 모른다는 두려움이 들었다. 와인스타인 형제, 그리고 몇몇 고위 임원들의 계약이 2015년 말 종료를 앞둔 시점이었다. 밥은 이 기회를 잘 이용해 형이 성 중독에 대한 심층 치료를 받게 하기로 했다.

그해 여름, 밥은 형에게 쓴 편지를 첨부해 데이비드 보이스에게 이메일을 보냈다. 추후에 메건이 입수한 그 이메일에서 그는 와인스타인과 보이스가 "책임감 있는 행동 계획"으로 답하기를 바란다고 쓰고 있었다.

하비 형에게,

우선, 에반스 박사, 칸스 박사와 함께 형을 오랫동안 괴롭혀온 문제를 해결하는 첫 단계를 시작했다는 사실이 정말 기쁘다는 말을 하고 싶다. 이 문제를 진정성 그리고 마땅한 진지함으로 마주보기 위한 뜻깊은 시작이야.

내 경험을 담은 이 글을 통해서, 형이 과거에 저지른 행동들이 내게 어떤 영향을 미쳤는지 알았으면 해. 지금 난 다른 누구도 아닌 오직 나 자신을 위해 이 말을 하는 거야.

지난 15년에서 20년간, 나는 형이 저지른 행동들의 파문에 휘말렸어. 이 이야기를 하는 건, 이 일이 오랫동안 이어져왔으며 나날이 더 심해졌다는 사실을 형이 진정으로 알아주었으면 해서야.

나는 데이비드 보이스와 함께 형을 난처한 상황에서 구해주기 위해 여러 조치들을 취해야 했어. 영국에서 있었던 일 말이야. 그 일이 있었을 때도, 그리고 항상, 그러니까 한 번도 빠짐없이, 형은 형의 행동, 말하자면 비행을 축소했으며 자기 잘못을 모면하려 상대방을 폄하했어. 그럴 때마다 난 자신의 행동을 인정하지 못하고 인정하려 들지도 않는 형을 보며 슬프고 화가 났어.

오랫동안 이런 일이 적어도 백 번은 있었어. 과장하는 게 아니야. 스무 명쯤 되는 직원들이 형한테 언어적, 또는 정서적 학대를 당했다며 나를 찾아오는 일이 일 년에 다섯 번은 넘었거든. 형이 그 사람들한테 멍청하다, 무능하다, 바보 천치다, 같은 말을 했고, 업무가 아니라 개인적인 이야기를 했다고 보고하더라. 형은 이 사람들을 인간으로서 폄하한 거야.

나는 형이 진심으로 그런 게 아니었다고, 또 곧 그런 행동을 그만둘 거라고 말하며 형을 변호하곤 했지만, 나도, 그들도, 형은 직원들을 항상 그런 식으로 대한다는 걸, 그리고 그 행동은 계속될 거라는 걸 알았어. 실제로도 그랬고, 시간이 지날수록 더 심해지기만 했어. 난 그 사람들에게 차라리 용기를 내서 그만두라는 말을 여러 번 했어. 그 사람들에게도 부양할 가족이 있으니 쉽게 그만둘 순 없었지.

나 역시 슬프고 화가 나기 시작했어. 내 눈에 형은 완전히 길을 잃은 사람, 사람들에게 인간 대우를 해주지 않는 존재였어. 그들이 가진 존엄성이라는 기본권을 형은 완전히 무시해버렸지.

형은 자기 불안감을 약자를 괴롭히며 푸는 전형적인 '괴롭히는 사람(bully)'이라는 사실을 난 마음 깊은 데서부터 알고 있어.

그러다 난 나 자신에 대해, 그리고 나와 형의 관계에 대해 생각해봤어. 내 나약함, 형과 맺는 상호 의존 관계를 바라보고는, 내게도 형에게 맞설 용기가 없다는 것을 알았어. 나 또한 형의 학대를 계속 참아내고 있다는 사실도. 나는 치료를 받으면서 이런 문제를 해소하려 진지하게 노력했지. 이제 난 나를 이끌어줄 형의 회복을 바라지 않아. 힘겹고 느린 과정이지만 나는 나아지고 있어.

참고로, 형은 형의 사무실에서 내게 물리적 폭력을 휘둘렀고, 몇 주전 심리치료를 받을 땐 그 사실을 축소해 이야기했지. 내가 그 이야기를 꺼내자 형은 나한테 사과했었다고 말하더라!! 한 점의 진심도 없이, 한 방울의 걱정도 담기지 않은 말투로 말야.

자, 미안하다고 말했지, 그러니까 이제 넘어가자. 나는 형이 이런 식으로 굴 때마다 증오와 슬픔을 느껴.

마지막으로, 형은 나를 때린 것처럼 형의 자식들을 때리고, 그 애들에게 바보라고, 멍청하다고, 무능하다고 말할 수 있을까? 아니면 영화배우라든지, 금전 관계를 맺는 상대나 높은 사람들에게 말할 수 있을까? 절대 아닐걸.

이 편지에는 쓰지 않겠지만 형 역시도 해결이 필요하단 걸 알고 있을 다른 행동들도 있지.

얼마 전 형은 자기 진짜 문제는 분노라며 다른 문제는 축소했어. 그건 전형적인 중독 행동이야. 한 가지 행동을 포기하며 연막을 쳐서 또 다른 "실책"을 계속 저지르는 일 말이야.

형은 형의 행동으로 수많은 사람들을 아프게 했어. 형은 상대를 봐가며 권력을 행사했어. 형의 실책으로 우리 가족에게, 회사에 수치심을 안겼어.

형은 그때마다 피해자를 탓하거나 여러 가지 방법으로 잘못을 축소했어. 이 문제에 형이 정말 잘못한 게 없다고 생각한다면 형수님과 가족들에게도 이야기하지 그래? 바트 맨델스(Bart Mandels) 사무실에서는 그 행동이 부끄럽다고, 아무에게도 알리고 싶지 않다고 했었잖아. 시간이 지날수록 더 심각해지면서 내 눈에는 더 이상 인간도, 내가 알던 하비 형도 아닌, 그저 공간을 채우고 지워지지 않는 상처를 남기기 위해 무슨 짓이든 하는 공허한 영혼으로 변해가는 모습을 천천히 지켜볼 수밖에 없었어.

내가 그 어떤 판단도 내리지 않고 이런 말을 할 수 있는 건 나 또한 같은 길을 지나왔기 때문이야, 형. 나는 내 경험에 비추어 이런 이야길 하는 거야. 나 역시 고통받았고, 잘못된 행동을 했고, 결국은 완전히 길을 잃고 패배했어. 그리고 완전한 패배를 인정한 다음에야 나는 내게 도움이 필요하단 걸 깨달았어.

나는 도움을 구했고 도움을 받았어.

도움을 받은 뒤, 나는 낫기 위해선 평생 치료를 이어가야 한다는 이야기를 들었어. 손쉬운 미봉책을 기대하거나, 오래지 않아 치료가 끝날 거라 기대한다면, 다시금 나쁜 행동으로 되돌아오고 만다고 말이야. 난 절대 그렇게 되지 않을 거야.

그러면 내가 바라는 게 뭔지 말할게. 첫째, 나는 형이 이 편지와 다음의 요구사항이 오로지 형을 위한 사랑과 관심에서 나온 것이라는 사실을 이해했으면 좋겠어.

형이 에반스 박사, 칸스 박사와 함께하는 치료가 정확히 어떤 것인지를 알려주길 바라. 일주일에 몇 번 의사를 면담하고, 이 치료를 몇 년이나 계속할 마음인지.

형이 그룹 치료에 참여할 생각이 있는지도 알고 싶어. 일주일에, 아니면 한 달에 몇 번이나 할 것인지, 기간은 얼마인지도.

형에 대한 내 경험을 설명할 수 있게 내가 그 의사들과 각각 한 회기씩 대화나 치료 시간을 가졌으면 해.

형이 동의한 이 치료를 계속하겠다고 각서를 써서 나와 데이비드 보이스, 버트 필즈(Bert Fields)에게 주었으면 해. 물론 우리 셋에겐 형이 약속을 지키도록 강제할 힘은 없어. 우린 그저 형이 한때 우리에게 이런 각서를 준 적이 있음을 기록으로 남기고자, 우리 자신과 형을 위해 각서를 받으려는 거야.

나는 이 편지나 형이 쓴 각서를 우리 공통의 가족 중 누구와도 공유하지 않을 거야. 과거 또는 현재의 사업 파트너들과도 공유하지 않을 거고. 그건 우리 셋만의 비밀이야.

그리고 진심 또 진심으로 말하건대, 만약 형이 나를 때리거나 언어적으로 학대하거나 폄하하는 일이 또다시 생긴다면 나 자신과 내 가족과 내 이익을 보호하기 위한 적합한 조치를 취할 거야. 이건 협박이 아니야. 내가 인간으로서의 내 권리를 행사하리라는 사실을 진술하는 것에 불과해.

우리 회사에 영향을 미치지 않는 다른 그릇된 행동에 관해서는 나는 경찰에 알리거나 형에게 따져 물을 의도도 관심도 전혀 없어. 그건 내 알 바 아니야.

위의 내용을 데이비드 보이스와 상의하고, 형이 결심한 바를 그를 통해 알려줘. 지금은 모르겠지만, 전부 형을 위한 거야.

그 무엇보다 내가 바라는 것은 그저 형이 예전의 하비로 돌아오는 거야. 내가 알던 그 사람은 그 자체로도 아주 괜찮은 사람이었으니까. 사랑하는 동생 밥으로부터.

이와 동시에, 나름의 행동을 취해야겠다고 생각한 또 다른 회사의 간부가 있었다.

와인스타인컴퍼니 이사회는 전부 와인스타인 형제의 협력자들로 채워져 있었다. 대부분 남성이었고—역대 이사회 중 단 한 명 있었던 여성은 에이즈 분야의 선구자 마틸드 크림(Mathilde Krim) 박사로 연예계나 기업 전문가가 아니었다. 이사회 구성원은 전부 재정 분야나 연예 산업에 종사하는 부유한 임원들이었으며 대부분은 불간섭주의로 접근했다.

그러나 2013년, 세 명의 사외이사 중 하나로 임명된 랜스 매로브는 달랐다. 그가 담당한 역할은 감시자였다. 매로브의 고용주였던, 거대 광고기업 WWP, 골드만삭스를 비롯한 주요 투자자들은 그가 와인스타인 형제가 주주들을 등쳐먹는 것은 아닌지 감시하기를 바랐다. "그 형제들이 정직하게 행동하는지를 확인하는 역할이었습니다." 훗날 매로브가 메건에게 한 말이다.

처음에 매로브는 여성에 대한 와인스타인의 태도에 관해 별다른 생각이 없었다. 와인스타인이 자신이 제작하는 영화에 "친구들"을 출연시킨다는 소문은 익히 알았고, 영화 시사회를 비롯한 행사마다 젊은 여성의 팔짱을 끼고 나타나는 것도, 혼외관계일 뿐 다른 의미는 없다고 생각했다. 그의 초점은 재정상 위법행위가 있는지를 캐내고, 와인스타인컴퍼니에 존재하는 더 광범위한 유해함을 해결하려 노력하는 것이었다. "이사회 회의에 참석하면 콩가루 집안의 추수감사절 저녁식사 자리에 앉아 있는 기분이 들었죠." 와인스타인 형제 사이에 오고 가던 말씨름을 놓고 매로브가 한 말이다.

그러나 와인스타인이 신체를 더듬었다는 주장이 헤드라인을 장식하자 매로브 역시 밥과 마찬가지로 와인스타인에겐 회사가 법적 책임을 져야 할 만한 성적 위법행위의 패턴이 있는 걸지도 모른다고 생각했고, 계약 갱신을 이 문제를 해결할 기회로 삼기로 했다. 매로브에게 밥이 협력해서 행동한 것은 아니다. 밥은 매로브가 자신의 권력을 위협하리라 여겼다. 그러나 매로브는 이사회에서 계약 갱신을 결정하는 구성원 중 하나였다. 그 과정에서 매로브는 관례대로 와인스타인의 인사 파일을 검토하게 되어 있었고, 이때 의문스러운 점이 있는지를 확인할 생각이었다.

와인스타인은 파일 열람을 거부했으며 데이비드 보이스가 그에게 힘을 실어주었다. 보이스는 자신이 직접 파일을 검토한 뒤 회사에 법적 책임을 지울 만한 사항이 있는 경우 이사회에 보고하겠다며 맞섰다.

이 터무니없는 제안 덕분에, 보이스에 대한 매로브의 의심은 한층 깊어졌다. 보이스는 어떤 때는 자신이 회사를 위해 일한다고 했다가, 또 어떤 때는 와인스타인을 위해서 일한다고 하면서 와인스타인이 이사회에 감추려 하는, 회사에 해를 입힐 가능성이 있는 정보에 있어 이해관계 충돌을 낳았다.

2015년 7월 1일, 아침 매로브는 누군가의 도움으로 그 파일을 몰래 들여다볼 수 있었다. 도움을 준 사람은 바로 어윈 라이터였다. 어윈 라이터가 다른 두 임원과 함께 베벌리힐스 포시즌스 호텔에서 아침식사를 하자며 그를 불러내더니, 지난 수년간 와인스타인을 상대로 제기된 언어폭력 문제에 대해 이야기했다. 그러더니 그가 종이 몇 장을 슬쩍 건네주었다고 매로브는 나중에 회상했다. 와인스타인이 에밀리 네스터에게 저지른 일이 담긴 메모였다. 큰 위험을 무릅쓴 라이터와 다른 두 임원은 매로브가 이 메모를 가져가는 것을 꺼렸기에, 그는 식탁 앞에 앉아 페이지를 넘겨 여태 찾고 있던 정보를 마침내 두 눈으로 확인했다. 매로브가 의심했던 바로 그런 종류의 행동이었다.

　매로브, 라이터, 그리고 밥 와인스타인 모두 지금의 상황을 용인해선 안 된다고 생각했다. 그러나 그로부터 4개월 뒤인 2015년 10월, 하비 와인스타인은 앞으로도 수년간 그의 권력을 보전해줄 계약서에 서명했다. 그는 데이비드 보이스를 뒤에 업은 채 매로브, 라이터, 그리고 자기 동생을 속이고, 회유하고, 전술로 찍어눌렀다.

　매로브에게 있어 와인스타인을 검증하려는 시도는 수십 년간 기업계에 몸담으면서 겪은 그 어떤 경험과도 상대가 되지 않았다. 와인스타인과 보이스는 협력해 행동하면서, 와인스타인의 억지스러운 압력과 보이스의 교묘한 설득을 번갈아 사용했다. 매로브의 말에 따르면, 재계약 협상이 이루어진 그 여름, 어느 프리미어 시사회에서 와인스타인은 그를 주먹으로 때리겠다고 위협했다. 매로브가 항의하자 보이스로부터는 간명하게 쓰인 편지가 왔는데, 편지에 따르면 매로브의 주장은 "과장되고", "다소 히스테리컬하며", 이는 "하비를 그렇게 생각하는 사람이 그와 협상을 벌이는 위치에 있어서는 안 되는" 증거라고 했다. 보이스는 매로브에게 와인스타인의 인사 파일에서 이것저것을 들어내고 난 나머지로 보이는 정보를 제출했다. 전국적 명성을 가진 기업변호사 로진 코언(Rodgin Cohen)이 그 파일을 검토하고 그 안에 "회사에 법적 책임을 야기할 만한" 사항이 없다고 응답했다. (나중에야 매로브는 코언의 아들이 영화산업에서 첫걸음을 내딛고자 하는, 와인스타인컴퍼니의 준사원이었다는 사실을 알게 되었다.)

매로브는 중요한 정보를 무시해버리기도 했다. 보이스가 와인스타인이 수년간 여성들에게 합의금을 지불한 사실이 있다고 인정하며, 회사 경비를 쓰지 않았음을 강조했을 때, 매로브는 더 자세히 이야기하라고 밀어붙이지 않았다. 또, 라이터가 보여준 에밀리 네스터에 관한 메모도 무시하기로 마음먹었다. 훗날 그는 메건에게 그 메모가 품질 낮은 복사본, 또는 스캔 본을 다시 스캔해 만든 사본 같았다고 말하면서 그 정보의 중요성을 깎아내렸고, 또 그 메모의 출처가 네스터 본인이 아니라 그녀의 동료라는 점에 주목했다고 했다.

매로브는 그 일이 해결된 것으로 간주했는데, 이는 재계약 협상에서 와인스타인이 한 발 물러섰기 때문이었다. 회사는 새로운 행동강령을 시행하기로 했다. 와인스타인의 위법행위로 인해 합의금을 지불해야 하는 일이 생기면, 비용은 와인스타인이 부담하고 이후에 범칙금을 순차적으로 부과하기로 했다. 첫 번째 합의 시에는 25만 달러, 두 번째 합의 시에는 50만 달러, 이렇게 백만 달러까지, 앞으로 생길지도 모르는 혐의에 대한 전반적인 범칙금 체계를 만든 것이다. 새로운 계약서는 와인스타인이 위법행위로 인해 해고될 수 있음을 명시했다. 그 계약서는 마치 회사 측은 와인스타인의 혐의가 앞으로도 계속 누적될 것이며 그로 인해 발생하는 범칙금이 그 문제를 해결할 거라 기대하는 것처럼 읽혔다.

매로브의 주된 관심사는 법적 책임이었다. 그는 무언가가 잘못되는 경우에도 회사 측은 고통을 짊어지지 않을 것임을 확실히 하고자 했다. 이는 여성이 성추행을 당하거나 피해를 입지 않도록 보장하는 것과는 달랐다. 매로브는 이로써 회사가 법적 보호를 받을 수 있다고 확신했으며, 그 밖에 몇 가지 재정상의 통제를 준비한 뒤에는 이것으로 충분하다고 생각했다.

어윈 라이터는 더 이상 무엇을 해야 할지 알 수 없었다. 밥 와인스타인과 함께 회사에서 와인스타인을 떨구어내는 방법을 공모했음에도 밥이 주눅 드는 바람에 할 수 없었다. 이사회 구성원인 매로브에게 자료를 건네는 노력도 헛되이 끝났다. 당시 그는 주 3일만 출근하고 있었는데, 그해 여름 회사가 연봉의 두 배인 연간 65만 달러를 제시하며 전일 근무를 제안했다. 라이터는 거절했다. 그의 걱정은 더욱 더 깊어만 갔다. "HW가 내 상사만 아니었더라면 그 계약서에 서명하지 않을 이유가 없었겠지만, 그가 내 상사인 이상 어떤 계약서에도 서명할 수 없습니다." 2015년 그가 한 이사회 멤버에게 쓴 편지다. 그러나 그는 회사를 떠나지 않은 채 서른 살부터 해온 같은 직무를 이어갔다.

책임이 가장 컸던 밥 와인스타인은 형에게 바라던 것을 드디어 얻어냈다는 데 만족하고 손을 뗐다. 성 중독 집중 치료를 받겠다는 약속이었다. 처음에 밥은 그 치료에 대해서도 회사의 행동강령과 마찬가지로 위반 시 순차적으로 범칙금을 부과하는 조건을 걸어 문서로 남기고자 했다. 그러나 보이스가, 매로브가 그 사실을 알게 되면 회사를 한층 더 통제하려들 것이라며 설득해 그만두게 했다. 그 대신 밥이 받아낸 것은 개인적인 약속, 강제 집행이 불가능한 약속이었다.

"형은 치료를 받겠다고 맹세하는 이메일을 여러 통 보냈습니다. 그다음에는 치료를 받으러 가겠다고 했죠. 그러다가 매번 미뤘습니다. 그러다 보면 저는 집착하고, 집착하고, 집착하게 되었죠." 밥이 말했다.

"그런 말을 자꾸만 듣다 보면 지쳐버립니다. 지친다고요. 끊임없이 거짓말을 쏟아냅니다. 저는 지쳐버렸어요. 그래서 이렇게 말했죠. '내가 항복할게.' 아시겠습니까?"

　
메건이 amfAR 사태에 대해 쓴 기사가 게재되고 닷새 뒤인 2017년 9월 28일 늦은 밤, 조디는 리틀 파크 안쪽에 있는 바에서 또다시 라이터를 만났다. 와인스타인컴퍼니 직원들이 기사를 읽고 논의하자 라이터가 회사 내부 반응을 조디에게 문자 메시지로 전해주었다. 와인스타인의 연극 사업은 별개로 이루어지고 있었기에 라이터는 에이즈 자선단체와의 수상한 거래에 개입하지 않았다. 그럼에도 그를 비롯한 많은 직원들이 그 기사에서 눈을 뗄 수 없었다고 했다. 드디어 와인스타인이 누군가에게 추궁당하는 모습을 보았던 것이다. (와인스타인은 위법행위를 계속 부인했으나 이후 관계 당국이 조치를 취했다. 맨해튼에서 연방 수사요원들이 범죄 수사에 착수했으나, 수사 진행 상황을 공개적으로 밝히지는 않았다. 뉴욕 지방검사실은 amfAR에 이 거래에 몇 가지 우려할 요소가 있으며 그중에는 "사적 이득으로 귀결된" 것도 있다고, 단체의 경영 구조를 확고하게 다지라는 권고를 담은 편지를 보냈다.)

이미 라이터가 큰 도움을 주고 있었으며, 〈타임스〉 편집자들도 조디와 메건에게 와인스타인에 관한 첫 번째 기사 작성을 시작하라고 부추기는 중이었다. 그러나 두 기자는 아직 부족하다는 생각이 들었다. 특히, 그 격동의 2년간 와인스타인컴퍼니에서 일어난 일에 대한 더 많은 기록, 취재원을 특정하지 않고도 기사에 실을 수 있는 기록이 필요했다. 라이터는 로런 오코너(Lauren O'connor)라는 존경받는 신입 임원이 작성한 메모를 언급한 적이 있었다. 그의 말에 따르면 오코너는 와인스타인의 여성에 대한 태도를 문제 삼아 퇴사했다고 했다.

조디는 라이터가 2014년부터 누적해온 분노가 정당하다는 사실을 지나치게 많은 취재 내용을 발설하지 않는 선에서 그에게 알려주고 싶었다. 대화를 시작한 지 몇 분 뒤 조디는 몇 시간 전에 준비해둔 인쇄물을 가방에서 꺼내 라이터에게 건넸다. 회사 내부에서 일어난 일들을 그토록 많이 알고 있었던 라이터도 와인스타인과 여성 배우들 사이에 있었던 호텔 방 사건들에 대해서는 아는 바가 거의 없었다. 조디는 이 글은 어느 유명 여성 배우로부터 들은 이야기라고 알려주었다. 인쇄물에 적힌 단 한 단락짜리 글에는 와인스타인 외 다른 인물들의 이름, 장소와 시간은 명시되어 있지 않았다. 글에 등장하는 한 여성은 아무 것도 모른 채 와인스타인과의 미팅에 참석하러 호텔을 찾았다가, 호텔 방으로 올라가라는 지시를 받고 당황했다. 호텔 방에 도착하자 목욕가운 차림으로 기다리던 와인스타인이 마사지를 요구했다. 그는 경력에 도움을 주겠다는 말로 압박하며 섹스를 강요했다. 그녀는 도망쳤다.

조디의 예상대로 라이터는 경악했다. 조디는 그에게 이런 배우가 결코 단 한 명이 아니라고, 자신과 메건은 이와 비슷한 이야기를 수도 없이 들었으며 이는 라이터를 시달리게 한 직원들의 고발 내용과도 거의 일치한다고 했다. 와인스타인에게 비슷한 일을 겪은 여성들이 얼마나 더 있는지는 모르지만, 두 기자가 들은 바에 따르면 무척이나 많은 거라고 그녀가 말했다.

조디는 그에게 오코너의 메모를 다시 한 번 보여달라고 부탁했다. 라이터가 이미 몇몇 구절을 읽어주어서 받아 적었는데도, 메모를 더 잘 이해하고 싶다고 말이다. 다시 한 번 휴대폰에서 열어 보여주실 수 있을까요? 라이터는 메모를 읽기 시작했지만, 곧 입을 다물었다.

"화장실에 잠시 다녀오겠습니다." 그렇게 말하더니 그는 메모가 담긴 이메일이 열려 있는 휴대폰을 조디에게 건네주고서는 일어나서 나가버렸다.

분노, 수포로 돌아간 개입 시도, 그러다 항복하기를 되풀이한 끝에 라이터는 드디어 와인스타인을 저지하려 돌이킬 수 없는 행동을 시작한 것이다.

처음 그 메모를 보았을 때 라이터는 일종의 기시감을 느꼈다. 2015년 11월, 와인스타인이 새 계약서에 사인하고 얼마 뒤, 출근했더니 사무실에 모인 동료들이 와인스타인을 상대로 들어온 고발을 다시금 검토하고 있었다. 이번에 와인스타인을 고발한 사람은 라이터가 잘 알고 신뢰하는 여성이었다. 오코너는 취향과 업무 윤리 면에서 회사 내의 존중을 받는 전도유망한 직원이었다. 네스터와는 달리 오코너는 고발 내용을 길고 상세한 글로 작성했고, 이 글에 등장하는 사건은 한 가지가 아니었다. 와인스타인이 그녀에게 저지른 것은 불쾌한 언사였지만, 그녀의 글에 담긴 고발은 그 행동 하나에 국한되는 것이 아니었다. 그녀는 글을 통해 와인스타인이 여성에게 어떤 행동을 하며, 그 행동이 회사를 어떻게 부패시키는지를 상세하게 설명했다.

라이터와 동료들은 이를 밥 와인스타인에게 보고했고, 글을 읽은 밥은 이 혐의를 이사회에 알려야 한다는 데 의견을 같이했다. 밥은 이사회에 이 문서를 전달하는 대신—그건 너무 위험했다—이사회 구성원들이 사무실로 와서 직접 읽으라는 내용의 메모를 받아쓰게 시켰고, 30분 뒤에 그 조치를 형에게도 알렸다.

몇 달간의 좌절 끝에 라이터에게 새로운 희망이 찾아온 셈이었다. 다음 날 출근한 그는 테이블 맞은편에 앉아 메모를 읽는 매로브의 모습을 만족스레 바라보았다. 매로브는 메모의 첫 장과 마지막 장을 사진으로 찍었고, 오코너의 글에 등장하는 증인을 비롯한 세부 사항들을 유심히 읽었다. "무척 믿을 만한 것들이었습니다." 훗날 매로브가 한 말이다.

그런데 그 뒤, 오코너의 고발은 구티에레스의 고발과 마찬가지로 자취를 감추고 말았다. 라이터 역시 어떻게 된 영문인지 알 수 없었다. 밥 와인스타인이 또 한 번 주눅 들어 물러났으리라는 것이 그의 추측이었다. 또다시 데이비드 보이스가 개입해 의뢰인의 실책을 덮은 모양이었다. 얼마 지나지 않아 오코너는 별다른 설명 없이 퇴사했다.

하지만 오코너가 제기한 혐의가 완전히 사라져버린 것은 아니었다. 라이터도, 다른 동료 여러 명도 그 메모를 직접 보았기 때문이다. 라이터는 메모를 읽자마자 몰래 사본을 만들어 간직했다. 2년 가까이 지난 지금, 와인스타인컴퍼니에서 고작 몇 블록 떨어진 곳에서 조디는 그 문서를 무릎에 올려놓고 있었고, 라이터는 고의로 자리를 비웠다. '대놓고 말한 건 아니지만 메모를 복사해가라는 뜻이구나' 하고 조디는 생각했다.

조디는 메모를 읽으려 시간을 쓰는 대신 실수 없이 손가락을 놀려 재빨리 작업에 들어갔다. 몇 번의 클릭으로 문서 전체가 조디의 휴대폰 속에 담겼다.

라이터가 자리로 돌아왔을 때 휴대폰은 그의 의자 위에 놓여 있었고, 조디는 도를 지나치지 않는 선에서 고맙다고 말했다.

잠시 후 라이터가 식당을 떠나자마자 조디는 화장실에 가서 메건과 코벳에게 스크린 샷을 전송했다. 이 전자 자료를 잠깐이라도 더 혼자 갖고 있고 싶지 않았던 것이다. 이메일 제목란에는 그저 "메모"라고만 썼다.

로런 오코너가 이 문서를 발송한 것은 2015년 11월 3일 화요일이었고, 무해한 제목("알림"), 그리고 다음과 같은 서두가 달려 있었다. "요청받은 대로, 시간을 들여 일람하고 요약했습니다…" 그다음에는 바로 문제의 본론으로 들어갔다.

이 회사의 환경은 여성에게 유해합니다. 저는 이곳에서 열심히 일해 성공하는 것 외에 그 어떤 것도 바라지 않았습니다. 헌신과 성실의 대가로 저는 이 회사의 대표로부터 반복적인 성추행과 학대를 겪었습니다. 또, 하비가 다른 직원들에게 가한 언어적, 육체적 학대를 직접 목격하거나 듣기도 했습니다. 저는 돈을 벌고 경력을 쌓고 싶은 28세 여성입니다. 하비 와인스타인은 64세의 세계적으로 유명한 남성이고 이 회사는 그의 소유입니다. 권력의 균형을 따지자면 저: 0, 하비 와인스타인: 10입니다.

저는 전문인이기에 전문인답게 행동하고자 했습니다. 그럼에도 그는 저를 전문인으로 대하지 않았습니다. 그 대신 그는 저를 성적으로 대상화하고 깎아내렸습니다.

저는 젊고 이제 막 커리어를 시작한 사람이고, 지금까지 입을 열기를 두려워했으며 지금도 그렇습니다. 그러나 침묵하는 것도, 계속해서 그의 터무니없는 행위의 희생양이 되는 것도 저에게 크나큰 고통을 줍니다.

메모의 나머지 부분에는 와인스타인의 행동이 자세히 서술되어 있었고, 그중에는 한 어시스턴트가 강제로 그에게 마사지를 해주어야 했다고 오코너에게 고백했던 내용도 포함되어 있었다.

그녀는 하비가 벌거벗은 채로 그녀에게 마사지를 요구했다고 말했습니다. 무슨 일이 있었느냐고 묻자, 그녀는 자신은 스위트룸의 다른 방에서 그의 전자 기기를 설치하고 있었는데 그녀가 침실로 들어갔을 때 벌거벗은 채 침대에 누워 있던 그가 마사지를 요구했다고 했습니다. 그녀가 마사지사를 불러달라고 호텔에 요청하겠다고 제안했으나, 그는 바보같이 굴지 말고, 그냥 그녀가 하면 된다고 했다고 했습니다. 그녀는 그러고 싶지 않았고 불편했다고 했습니다. 제 동료는 하비가 마사지 제안에 응할 때까지 계속해서 졸라댔다고 했습니다. 그녀가 그렇게 힘들어 하는 모습을 보는 게 끔찍했습니다. 신고하고 싶었지만 그녀는 후폭풍이 두렵다며 비밀을 지켜달라고 했습니다.

구티에레스 스캔들이 일어나는 동안 오코너는 와인스타이의 섬 중독 치료실 바깥에 앉아 기다려야 했다고 했다. 와인스타인의 "개인 손님"이던 여성이 방에 들어가지 못하고 호텔 로비에서 한 시간을 기다리는 일이 벌어지자 그는 오코너에게 노발대발하며 차라리 "뚱뚱한 유대인 부자 놈"과 결혼해서 "애나 싸지르라"고 했다고 했다. 또 다른 출장에서 그는 그녀에게 자신이 "나쁜 남자"라고 인정하면서도 말도 안 되는 논리를 펼쳐 그녀의 입을 다물게 했다고 했다. "그런 이야기는 하지 말자고—내가 널 믿어도 되겠니? 내 말은, 난 나쁜 남자지만 중요한 건 내가 그 사실을 인정한단 거잖아."

오코너가 와인스타인컴퍼니의 인사과 임원에게 와인스타인의 언어적 학대를 고발했을 때, "그가 나를 때리거나 물리적으로 선을 넘었을 때 알려달라는 응답을 받았다"고 그녀는 썼다.

오코너의 가장 근본적인 불만은 와인스타인의 불편한 성적 행동들로 인해 자신의 업무가 엉망이 되어버렸다는 점이었다. 책 원작을 재미있는 영화로 만들기 위해 입사한 그녀가 어쩌다 상사의 수상한 성적 행동에 엮이게 된 걸까?

하비와 함께 갔던 다른 출장에서, 저는 그로부터 호텔 방에서의 "개인적인" 약속을 마친 여성 배우 지망생들을 만나라는 지시를 들었습니다. 하비는 그들이 호텔 로비로 내려오면 인사하고, 매니저, 에이전트 등에게 소개를 시켜준 뒤, 그들이 와인스타인컴퍼니의 프로젝트에 캐스팅될 수 있게 도우라고 했습니다. 눈에 띄는 것은, 이렇게 하비가 "개인적인 우정"을 맺고 있는 여성 배우들을 상대하는 일을 하는 건 오로지 여성 직원들뿐이라는 점이며, 제가 알기로 이때 "개인적인 우정"이란 그가 그녀들과 성관계를 맺었거나 맺고 싶어 한다는 뜻입니다. 와인스타인의 여성 직원들은 하비 와인스타인이 일자리를 얻고자 하는 취약한 여성들을 성적으로 정복하는 일을 돕는 데 이용되고 있습니다.

저는 소설 원작 스카우터이자 제작부서 임원입니다. 와인스타인컴퍼니가 영화화할 만한 원작을 찾는 업무에 고용되었다가, 이후 업무 영역이 제작 전반으로 확장되었습니다. 하비의 과거 그리고 현재의 성적 정복을 관리하는 것은 제가 제 업무라고 상상조차 못한 일입니다.

그날 밤 늦게 조디, 메건, 그리고 코벳이 이 메모의 전문을 읽고 나자, 와인스타인 취재에 담긴 도덕적 측면은 별안간 변화하고 확장되었다. 한때는 역사의 수정이었던 일이 문득 훨씬 더 긴박한 목표로 보이기 시작했다. 그 누구도 이 남성을 멈추지 못했다. 기자들이 그들의 취재 결과가 담긴 기사를 발행하지 못한다면, 그는 계속해서 또 다른 사람들을 해칠 터였다.

6장

또 누가 기사화에 동의했습니까?

2017년 9월 29일, 금요일

오전에 코벳은 이미 바케이와 퍼디에게 이 메모를 공유했다. 회사 내부에서 나온, 지금까지 몇 달간 기자들이 이어붙여온 패턴을 확인하고 정교하게 만들어주는 비밀문서는 헤아릴 수 없이 귀중한 정보였다. 그들은 외부에서 이 상황을 바라보고 있었다. 오코너는 내부에서 바라보았다. 그녀의 메모는 자물쇠에 꽂혀 돌아가는 열쇠나 마찬가지였다.

코벳, 퍼디, 바케이는 똑같은 지시를 내렸다. "써라!"

그러나 조사 팀은 무엇을 쓸지를 놓고 논쟁을 벌였다. 아직도 오라일리 기사를 마음속에 생생하게 간직하고 있는 바케이와 퍼디는 합의의 자취를 기록하는 좀 더 좁은 범위의 기사를 써서 최대한 빨리 지면에 싣고 싶어 했다. 그들은 마커를 설정하고자 했는데, 요즈음 〈뉴요커〉의 로넌 패로가 조디와 메건의 취재원에게 연락을 취한 뒤 기사를 준비한다는 얘기가 들려왔기 때문이었다. 〈타임스〉 팀은 패로의 취재 내용이 무엇인지, 그의 기사가 발행까지 얼마나 가까워졌는지 거의 알지 못하는 상태였다.

조디, 메건과 코벳은 기사를 내보내려는 욕망은 마찬가지였으나 이들은 바케이와 퍼디보다 취재 내용을 잘 알고 있었다. 그들은 첫 번째 기사는 폭넓어야 하며, 그들이 지금까지 듣고 기록한 것이 가진 힘을 드러내야 한다고 믿었다. 역겨울 만치 되풀이되는 호텔 방 이야기. 갓 입사한 여성들을 표적으로 삼는 것. 일을 빌미로 섹스를 요구하는 끔찍한 거래, 그리고 진실을 아는 자들의 기나긴 침묵. 코벳은 머릿속에 떠오르기 시작한 그 기사를 최대한 빨리 쓰라고 기자들을 밀어붙이는 한편으로 바케이와 퍼디의 추궁을 막아냈다.

이 기사에는 이름과 날짜, 법적, 금전적 정보, 공식 인터뷰, 그리고 문서가 들어가야 했다. 조디와 메건은 여태까지 쫓고 있던, 반쯤만 입증된 주장들과 루머는 한편에 미뤄두고 첫 기사에 들어갈 만큼 입증이 가능해 보이는 주장들을 목록으로 만든 뒤 추행이나 폭행 주장은 검은색으로, 합의는 빨간색으로 표시했다.

> 1990년— 미라맥스의 어시스턴트, 뉴욕. 합의.
>
> 1992년— 로라 매든, 아일랜드.
>
> 1994년 또는 1995년— 귀네스 팰트로, 로스앤젤레스.
>
> 1996년— 애슐리 저드, 로스앤젤레스.
>
> 1997년— 로즈 맥고언, 유타 주 파크 시티. 합의.
>
> 1998년— 젤다 퍼킨스와 로웨나 추, 이탈리아 베니스. 합의.
>
> 2014년— 에밀리 네스터, 로스앤젤레스.
>
> 2015년— 암브라 바틸라나 구티에레스, 뉴욕. 합의.
>
> 2015년— 로런 오코너, 뉴욕. 합의?
>
> 2015년— "도덕적 사유"로 퇴사한 뉴욕의 어시스턴트.

며칠 전 래니 데이비스가 마침내 메건에게 와인스타인이 여성에게 합의금을 지불한 횟수를 은밀하게 답해주었다. 여덟 건에서 열두 건에 이르는 합의였다. 와인스타인의 팀이 이런 과오를 시사하는 정보를 노출했다는 사실에 다소 충격을 받은 메건은 잠시 멈췄다.

이렇게 많은 합의금을 지불하는 게 남자들에게는 "평범한" 것이라고 생각하세요? 그녀가 데이비스에게 했던 질문이다. "그렇게 생각합니다." 그는 사무적인 어조로 이렇게 답했었다.

그러나 이 숫자를 입증하려면 2차적 출처가 필요했다. 또, 취재 결과를 증명해줄 미라맥스와 와인스타인컴퍼니의 예전 직원들을 포함해 기사화에 동의할 가능성이 있는 모든 사람에게 연락을 취해야 했다. 기자들이 언급할 계획인 모든 이들—퍼킨스와 추의 합의 협상을 도왔던 미라맥스 사내 변호사인 스티브 허텐스키 등—에게도 의견을 말할 기회를 주어야 했다. 또 지금은 오코너에게 자신이 그녀의 메모를 가지고 있다고 밝힐 때이기도 했다.

기사 초고의 모든 행에 대해 협상, 사실관계 확인, 조정, 또는 삭제를 가하며 진행해야 할 터였다.

금요일 오후 코벳, 조디, 그리고 메건은 오코너와 그녀의 변호사인 니콜 페이지(Nicole Page)와의 전화 회의를 진행했다.

말은 대부분 페이지의 몫이었다. 오코너는 말을 하지 않았으나 〈타임스〉가 자신의 메모를 가지고 있으며 그 일부를 기사에 싣고자 한다는 사실에 괴로워하는 것은 분명했다. 오코너는 이를 공개할 생각이 전혀 없었다. 와인스타인컴퍼니에서의 사태 이후 그녀는 새 회사에서 다시 시작하며 잊고 나아가려 했다.

오코너는 와인스타인의 보복을 두려워했고, 페이지는 이 기사가 오코너에게 얼마나 큰 스트레스를 줄지 설명하며 기자들에게 메모 사용을 재고해보라고, 아니면 최소한 오코너의 이름을 빼달라고 요청했다.

기자들은 걱정스런 눈길을 주고받았다. 그들은 오코너를 곤란에 빠뜨리고 싶은 생각이 전혀 없었다. 오코너는 아직 서른도 안 된 젊은 여성이었다. 그리고 그녀는 피해를 입었다고 믿은 다른 여성들을 위해 목소리를 낸, 와인스타인의 행동에 공식적으로 감히 문제를 제기한, 와인스타인 일대기 전체에서 거의 드문 인물이기도 했다.

그러나 기사에 내보낼 가치가 있는 문서를 신문 보도에서 독자들에게 숨기는 경우는 드물다. 오코너는 익명을 약속 받고 기자들에게 솔직하게 털어놓은 취재원이 아니었다. 그녀는 와인스타인컴퍼니 내부 최고위에서 돌다가 은폐되어버린 고발장을 쓴 사람이었다. 여러 출판물에서는 성범죄의 독특한 사적인 성질 때문에 당사자의 요구가 있을 시 성폭력 피해자의 이름을 뺀다. 그러나 오코너의 상황은 달랐다. 그녀가 와인스타인의 언어 학대 행위를 묘사하기는 했지만 이 메모가 가진 힘은 다른 여성들에게 와인스타인이 한 성적 부당 행위를 기록한 목격자로서 그녀가 했던 역할에서 나온다.

이 통화에서 주도적인 역할을 맡은 것은 말을 할 때마다 단정한 은색 단발머리 가닥을 귀 뒤로 넘기는 코벳이었다. 그녀는 사람들의 말을 최대한 객관적으로 경청하는 스타일이었고, 바케이처럼 코벳도 취재원을 상대하는 것은 기자들의 몫으로 놔두는 사람이었다. 그러나 지금 코벳은 기자들은 할 수 없는 방식으로 〈타임스〉를 대변해 말하고 있었다. 〈타임스〉는 이 메모를 반드시 내보내야 한다고 그녀는 부드럽지만 단호하게 말했다. 아니, 전체는 아닙니다. 그렇습니다, 오코너에게서 메모를 입수한 것이 아니라며, 그녀는 어떠한 의견 표명도 거부했다고 밝힐 수 있습니다. 그렇습니다, 〈타임스〉는 신뢰성을 구축하기 위해 이 메모의 작성자인 오코너의 이름을 밝히고자 합니다. 코벳은 페이지 또는 오코너가 그녀의 이름을 삭제하고자 정당한 주장을 하고 싶다면 그렇게 하라고 덧붙였다.

페이지는 대답하지 않았고, 그녀의 고객 역시 아무 말 없었다. 페이지는 나중에, 〈타임스〉의 결정은 결코 흔들리지 않을 것 같았다고 했다. 변호사는 기자들이 하려는 일에 무척 감사한다는 말로 대화로 끝냈다.

메건은 통화 내내 오코너가 침묵했던 이유를 추측했고, 몇 번의 통화가 더 이어진 끝에 이를 확신했다. 오코너 역시도 합의를 받아들였던 것이다. 법적으로 그녀는 어떤 발언도 할 수 없는 입장이었다.

메건은 뒷이야기를 알게 된 것은 훨씬 더 시간이 지난 뒤였다. 메모를 발신한 직후, 오코너는 회사에 오지 말라는 지시를 받았다. 며칠 지나지 않아 페이지는 보이스와 다른 와인스타인컴퍼니의 변호사와 함께 합의 협상을 했다. 보이스는 자신이 오코너가 출근하지 않는 핑계를 만들어내는 데 일조했다고 했다. 몇 주 정도, 와인스타인의 접촉을 피할 수 있는 곳에서 프로젝트를 끝낸다고 말이다. 그러나 와인스타인컴퍼니에서의 오코너의 경력은 끝났다. 나중에 메건과의 인터뷰에서 오코너는 자신의 고발에 대한 회사 측의 답변은 다음과 같았다고 했다. "우리가 이 일을 얼마나 빨리 치워버릴 수 있지?"

메모를 발송한 지 6일 뒤, 퇴사 협의가 마무리되었다고 보이스는 말했다. 요청받은 대로 오코너는 와인스타인에게 연예계에 대해 배울 기회를 주어 감사하다는 편지를 썼고, 인사과에는 이런 후속 편지를 썼다.

2015년 11월 9일 월요일, 오후 3시 23분
발신: 로런 오코너
제목: 알림

해당 사안이 해소되었고 후속 조치가 불필요하기에 고발을 철회합
니다. 로런으로부터.

조디와 메건은 다음으로 할 일은 와인스타인컴퍼니 이사회 멤버인
랜스 매로브에게 연락을 취하는 것이라는 데 생각을 같이했다. 첫 번째
기사에서 라이터의 이야기를 통해 알게 된 이 회사의 공모 관계를 보여
줄 수 있었으면 했다.

매로브는 커피 한 잔을 손에 들고 파크에비뉴에 있는 사무실 건물
로 들어가던 길에 휴대폰으로 전화를 받았다. 메건이 자기소개를 한 뒤
〈타임스〉가 수십 년간 이어져온 와인스타인에게 제기된 성폭력 혐의에
대한 기사를 내보낼 것임을 설명했다. 그녀는 오코너의 메모 중 일부를
읽어준 다음에 물었다. "이 일에 대해 무엇을 하셨습니까?" 매로브의 손
에서 커피 잔이 미끄러지면서 펄펄 끓는 커피가 쏟아졌다. '도대체 저
빌어먹을 기록을 저 여자가 어떻게 갖고 있는 거야?' 나중에 그는 이렇
게 생각했던 것을 회상했다.

고작 몇 시간 뒤에 메건은 미드타운 맨해튼에 있는 브라이언트 파크
에서 매로브를 만났다. 머리 가르마를 솜씨 좋게 타서 넘기고 값비싼 스
카프를 맨 매로브의 모습은 잘 차려입은 비즈니스맨 그 자체였다.

매로브는 그렇다, 자신은 와인스타인이 여성을 대우하는 방식을
우려해왔으며 특히 뉴욕시경의 수사를 받은 이후로 그 우려는 커졌다고

설명했다. 그는 와인스타인이 이를 금전 갈취 시도라고 표현했으며, 이 사회는 위법행위를 억제하기 위해 고안한 행동강령을 승인했다고 했다. 그해 말 이사회가 오코너의 메모에 대해 통지를 받았을 때, 그는 외부 변호사가 수사하기를 원했다고 말했다. 그러나 하루 이틀 사이에 보이스가 이 문제가 해소되었다고 통지해왔다. "보이스가 고발은 철회되었다고 말했습니다." 그렇게 매로브는 그대로 그 일을 잊어버렸다.

메건은 고개를 주억거리며 그의 말을 듣고는 세부 내용을 더 이끌어냈다. 자신이 아는 전부를 말하고 있지 않은 것 같다는 생각이 들었지만, 매로브가 하고 있는 말만으로도 이미 귀중했고, 이를 공식적으로 기사화할 수 있다면 더 귀중할 것이었다. 와인스타인컴퍼니 이사회가 와인스타인에게 제기된 성적 위법행위 혐의를 실제로 알고 있었으며, 서면상의 행동강령 외 근본적인 문제는 외면했다는 사실 말이다.

매로브는 자신의 발언을 인용하는 데 동의했으나, 그는 〈타임스〉 기사가 나올 것이라는 사실, 자신이 메건과 이야기를 나누었음을 다른 이사회 멤버들에게 말할 의무가 있다고 했다. 그녀는 주말 동안만 이 사실을 발설하지 말아주기를 부탁했다. 와인스타인은 기사가 곧 나올 거라는 사실을 알게 되는 순간 저지하려는 압박을 더 심하게 가해올 것이기 때문이었다. 메건과 조디에게는 시간이 좀 더 필요했다. 매로브는 그들에게 이틀의 시간을 주는 데 동의했다.

헤어지기 전 매로브가 질문을 하나 던졌다. "이 일이 성공하고 싶었던 젊은 여성들이 유명한 영화 제작자와 자고 싶어 했던 게 아니라고 확신하십니까?"

공원을 나설 때 어느 정도 안도감이 느껴졌다고 매로브는 나중에 메건에게 말했다. 수년간 와인스타인에게 책임을 물으려는 그의 노력은 대개 수포로 돌아갔다. 어떤 일들이 수면으로 떠오르건 간에 와인스타인은 매번 사태를 빠져나갔다. "마치 알 파치노 같은 주인공이 자꾸만 난관을 벗어나는 범죄 영화를 보는 것 같았습니다. 그는 언제나 법보다 한 걸음 앞에 있었죠." 매로브가 설명했다. 마침내 누군가가 그를 바짝 쫓아간 것이다.

그러나 매로브는 언제나처럼 와인스타인컴퍼니를 보호해야 하는 의무감을 느꼈다. 자리로 돌아오는 즉시 그는 메건과의 약속을 어겼다. 그는 밥 와인스타인과 사장 데이비드 글래서(David Glasser)에게 전화를 걸어 메건에게 들은 말을 모두 전했다.

2017년 9월 30일 토요일

그날 아침이 되자 와인스타인 역시 사안을 알게 되었고, 그는 매로브에게 전화를 걸어 기사를 중단시키는 걸 도와달라고 애걸했다. "랜스, 오랫동안 우리에겐 의견 차이가 있었지만, 이번 한 번만 저를 위해 같이 방어 태세를 굳힐 수 있겠습니까?" 매로브는 이 대화가 적대적이라고 생각했기에 기록해두었다.

매로브가 난색을 보이자 와인스타인의 태도가 위협적으로 바뀌었다고 그는 말했다. 수년 전, 매로브는 모델 스테파니 시모어(Stephanie Seymour)가 남편이던 피터 브랜트(Peter Brandt)라는 재무 담당 이사와 별거하는 동안 그녀와 사귄 적이 있었다. 와인스타인은 매로브가 시모어 앞으로 쓴 편지를 입수했고 이를 그에게 불리하게 사용하겠다고 말했다. 와인스타인은 그 편지를 "역겹다"고 표현했다.

매로브는 거부했다. 그가 할 일은 회사를 지키는 것이지 와인스타인을 지키는 것이 아니었기 때문이다. 또한 자신이 쓴 편지 속에 부적절한 내용은 전혀 없다는 생각이 들었다고 훗날 그는 밝혔다.

다음 날, 그는 와인스타인에게 한 줄짜리 이메일을 보냈다. "메건 투히가 기사를 내보냈을 때 와인스타인컴퍼니를 보호할 계획을 논의해야 합니다."

그동안, 조디와 메건은 키보드 앞에 앉아서 기사를 써내려갔다. 조디는 이렇게 썼다.

> 배우들과 이전 어시스턴트들은 〈뉴욕타임스〉 측에 같은 이야기의 조금씩 다른 버전들을 이야기했고, 다른 사람들도 같은 일을 겪었다는 것을 대부분 모르고 있었다.
>
> 그가 평소 그의 [런던의] 호텔 방에서 일하고 회사에 출근하는 일이 거의 없기 때문에, 이 여성들은 그와 단둘이 있을 때가 잦았으며 빠져나갈 방법이 없었다.
>
> 그 과정에서 그는 자신을 고발한 여성들을 위협하고 직원들을 기밀유지 서약에 묶어둠으로써 철저히 침묵을 강요했다.

메건은 2015년 일어난 특이한 사건들에 대해 그들이 아는 바를 기사 속에 엮어 넣었다. 구티에레스의 경찰 기록은 대중에게 공개되지 않았으나 한 취재원이 전화통화로 〈타임스〉의 동료 기자에게 신고서를 전부 읽어주었다. 이제 메건은 그 표현을 빌려 와인스타인이 업무상의 미팅에서 "그녀의 가슴이 진짜냐고 묻고는 손으로 움켜쥐고 치마 속에 손을 집어넣었다"고 묘사했다. 뒤에서 와인스타인이 남몰래 구티에레스의 입을 다물게 하려 "돈을 지불했다"는 뒷이야기는 한 번도 보도된 적이 없었다. "페이지마다 상세한 혐의가 기록된" 오코너의 메모가 등장했을 때 매로브는 이를 조사하고 싶었지만 와인스타인은 오코너와도 합의했다.

토요일 밤, 두 사람은 기사 초고 엇비슷한 것을 완성해 코벳에게 보여주었다. 코벳은 타임스 편집 시스템에 두 기자 그리고 관련된 편집자들만 열 수 있는 비밀 파일을 만들어두었다. 통상적으로 기사의 파일명은 발행할 날짜와 주제를 담는다. 예를 들면 "16트럼프 연설, 07지진, 21비욘세" 식으로 말이다. 코벳은 이 기사에 "00질의"라는 포괄적인 제목을 붙였기에 우연히 편집 시스템을 스크롤하던 동료라 해도 이 기사가 무엇인지 알 수 없도록 했다.

기자들은 기사를 쓰는 동안에도 제기된 혐의에 대해 취재원이 정확히 무슨 말을 했는지, 출처는 어디인지를 입증하고 또 확장하고자 노력했다. 조디와 메건이 와인스타인 피해자와 했던 인터뷰 중 기사화가 가능한 것은 단 한 건, 1992년 더블린에서 와인스타인을 처음 만났다는 로라 매든뿐이었다. 젤다 퍼킨슨은 아직도 기밀 유지 서약서에 묶여 있고 로웨나 추는 전혀 입을 열지 않았기 때문에 그들의 이야기는 두 여성을 보호하는 한편으로, 심각한 혐의가 존재했고 합의가 이루어졌다는 것을 보여주는 짧지만 결정적인 네 문장으로 축소되는 수밖에 없었다.

　메건이 어머니의 집에서 만난 1990년의 어시스턴트는 이 기사에서 빠질 수 없는 존재였다.

　결국, 그해 여름 메건이 예고 없이 찾았던 미라맥스의 옛 이사 존 슈미트는 그 어시스턴트가 와인스타인과의 곤란한 사건 이후에 합의금을 받았음을 비밀리에 확인해주었다. 그는 메건이 쓴 amfAR 기사에 감명을 받았다며 그녀와의 대화에 응했다. 메건은 그 어시스턴트가 공식 인터뷰에 응하리라는 희망을 버리지 않았다. 그러나 그녀에게 연락했을 때, 답은 다음과 같았다.

　　메건에게,

　　죄송하지만 다시는 직접적으로건 간접적으로건 연락하지 않았으면 합니다. 저는 할 말이 없고, 저를 대변할 권한을 그 누구에게도 주지 않습니다. 저는 어떤 기사에도 이름이 실리거나 익명 취재원으로 인용되고 싶지 않으며 이런 일이 일어날 시 법적 대응하겠습니다.

　그녀의 이야기에 성폭력이 연관되어 있는 듯했기에 조디와 메건은 허락 없이 그녀의 이름을 사용할 수 없었다. 두 기자는 그녀를 복수의 이전 직원들에 따르면 와인스타인과의 사건 이후 급작스레 회사를 그만두었으며 이후 합의금을 받은 한 젊은 여성으로 일컫기로 결정했다. 그들은 그녀의 옛 상사인 케이티 드클레시스의 "최측근들 사이에선 비밀도 아니었습니다"라는 말을 인용했다.

나중에 메건은 그녀가 와인스타인의 자택에서 잡무를 처리할 때 성폭행을 당했다고 주장했음을 알게 되었고, 슈미트가 그 밖의 사실을 메건에게 알려주었다. 그 일이 일어난 직후 와인스타인이 슈미트에게 자신이 "끔찍한 짓"을 저질렀다고 실토했다는 사실이었다. "내가 뭐에 씌었는지 모르겠어. 다신 그런 일 없을 거야." 슈미트가 나중에 회상한 바에 따르면 와인스타인은 이렇게 말했다. (와인스타인은 이 말을 한 사실을 부인했다.)

다음으로 메건은 와인스타인을 폭로하기로 굳게 마음먹은 듯했던 로즈 맥고언에게 전화를 걸었다. 그러나 맥고언은 자신이 와인스타인을 상대로 한 주장을 공식적으로 기사화할 입장이 아니라고 말했다. 와인스타인이 최근 그녀에게 침묵을 대가로 백만 달러의 합의금을 제시했으며, 그녀의 변호사는 돈을 받으라고 권했다고 했다. 맥고언은 합의금을 받을 생각은 없으나 여러 가지 복잡한 사정 때문에 이 기사에서는 빠지겠다고 했다. 로넌 패로와 했던 인터뷰 내용 역시 기사에 사용할 수 없도록 변호사가 패로 측에 정지 명령을 발송했다고 했다. "죄송합니다." 맥고언은 말했다. "할 수 없어요."

그러나 조디와 메건이 설득한 끝에 맥고언은 1997년 와인스타인과 체결한 합의서 사본을 입수했다. 눈에 띄는 것은, 한 장짜리인 이 문서에 기밀 유지 조항이 없었다는 것이다. 맥고언은 법적, 경제적 대가를 치를 걱정 없이 기자들에게 합의 사실을 공유할 수 있었다. 맥고언이 기사에 자신의 견해를 싣는 것은 거절하더라도, 기사에서 이 문서를 인용하며 선댄스 영화제 기간 호텔 방에서 있었던 사건 이후 와인스타인이 맥고언에게 10만 달러를 지급했다고 쓸 수 있었다. 이 합의금은 와인스타인의 "혐의 인정으로 간주되는" 것이 아니라 "법적 공방을 피하고 평화를 얻기 위한" 목적이었다.

기자들이 인용하고자 했던 와인스타인의 이전 직원들 대부분은 보복이 두려워 겁을 먹고 있었다. 조디와 메건은 그들의 기사에는 압도적인 증거들이 포함될 것이며 오랜 시간이 지났지만 아직 입을 열기에 늦은 때는 아니라고 주장했다. 그들 대부분은 거절했다. ("저에게도 삶이 있습니다!" 한 이사의 항의였다.) 또 다른 누군가는 이런 말을 남겼다.

"성추행은 종종 소문으로 퍼지지만 실제로 밝혀지는 경우는 거의 없다. 슬프게도, 수치스럽게도, 이에 맞설 용기나 돈을 가진 사람은 극히 소수다."

그러나 몇 시간 뒤, 그의 고용주인 한 대기업이 회사가 이 기사와 스치듯 연관되는 것조차도 원치 않는다며 이 인용문에 퇴짜를 놓았다.

기사화에 동의한 몇 안 되는 사람 중 하나가 미라맥스 로스앤젤레스 지사의 전 사장이었던 마크 질(Mark Gill)이었다. "바깥에서 보면 황금빛이다. 오스카 트로피, 성공, 눈에 띄는 문화적 영향력. 그러나 그 이면은 난장판이고 이는 그 무엇보다도 더 큰 난장판이다." 와인스타인에게 제기된 여성 폭력 혐의에 대한 그의 묘사였다. 조디와 메건은 그 말을 비롯한 몇 가지 말들을 얻어낸 것을 승리라고 생각하며 기사 초고에 삽입했다.

월요일 정오, 조디는 애슐리 저드에게 발언해줄 수 있느냐고 문자 메시지를 보냈다. 바케이와 퍼디는 여전히 배우들에게 매달리지 말라고 두 기자를 설득하고 있었다. 가장 중요한 것은 기사를 터뜨리는 것이라고, 그러고 나면 모든 게 터져 나오기 시작할 거라는 것이 그들의 생각이었다. 저드와 팰트로의 공식 발언은 그 이후에 실어도 된다는 것이었다.

조디와 메건의 생각은 달랐다. 와인스타인 기사에는 두 개의 가닥이 있었다. 하나는 와인스타인이 자기 직원을 오랜 세월에 걸쳐 학대해왔던 것, 다른 하나가 배역을 맡고 싶어 하는 여성 배우들에 대한 것이었다. 기자들은 첫 번째 가닥에 대한 기록은 충분히 확보했다. 그러나 두번째 가닥—와인스타인에게 추행당했다고 밝힌 수많은 여성 배우, 심지어 톱스타들까지—없이 이 기사는 완성될 수 없었다.

저드는 곧바로 답장을 보내왔다. 좋다, 지금 치과 대기실에 있고, 대화할 수 있다는 것이었다.

조디는 석 달 이상 이 순간을 위한 기초 작업을 해왔다. 2주 전 그녀는 유엔총회에 참석하러 뉴욕에 온 저드를 직접 만났다. 맨해튼 이스트사이드에 우뚝 솟은 테라스에서 조디는 그녀에게 공식적인 기사화에 동의하면 어떨지 상상해보라고 부탁하며, 다른 배우들의 증언 역시 받으려 노력하는 중이라는 것을 강조했다. 저드는 조디의 말을 귀 기울여 들은 다음 아직 확신이 없다고 대답했다.

이런 부탁은 지금의 상황에서는 무리였다. 기사는 저드가 출연하는 드라마 〈베를린 스테이션〉 시즌 첫 공개 직전에 나오게 될 예정이었는데, 저드는 그 시나리오는 피하고 싶었다. 더 큰 문제는, 저드는 처음부터 다른 여성 배우들과 함께 입을 열기만을 바랐다는 것이다. 그러나 배우들과 수십 번의 대화를 나눈 끝에도 그 일은 실현되지 않았다. 살마 하이에크, 우마 서먼, 그리고 앤젤리나 졸리는 전화통화에 응하지 않았다. 조디가 아직도 귀네스 펠트로를 설득하고는 있지만 그녀 역시 물음표였다. 로재나 아켓(Rosanna Arquette) 역시 조디에게 호텔 방에서 있었던 무시무시한 사건을 이야기했지만 아직 공개할 마음의 준비가 되지 않았다고 했다. 유명 배우에서부터 무명 배우에 이르기까지 많은 여성 배우들이 두 기자에게 와인스타인에 얽힌 이야기를 해주면서 비밀 유지를 당부했다. 와인스타인을 수십 년간 지켜주었던 패턴—입을 열고 와인스타인의 이름을 밝히려는 배우가 없다는 사실—은 아직 깨지지 않았다.

저드와 통화하면서 조디는 애원하지도, 자신이 그녀가 기사화에 동의해주기를 얼마나 간절히 바라는지 말하지도 않았다. 대신 그녀는 저드에게 이 기사가 얼마나 강력한 힘을 발휘할지를 이야기해주려 애썼다. 25년에 걸친 혐의, 뚜렷한 패턴, 이름과 사례, 인사부 기록, 법적/금전적 정보, 그리고 이 문제의 특성을 말하는 여성 직원들과 남성 직원들의 말을 인용할 것이었다.

그렇게 말하는 동안에도 조디는 거절당할 마음의 준비를 했다. 저드는 자기 패를 보여주지 않았다. 이 요청을 진지하게 생각해보고 곧 다시 전화하겠다고 했다.

몇 시간 뒤 로라 매든에게서 문자 메시지가 왔다. 조디는 매든을 잃을까 봐 걱정하고 있었다. 기사화의 타임라인이 당겨지면서 불편한 갈등이 촉발되었던 것이다. 매든이 오랫동안 두려워하던 다음 번 유방 수술인 두 번째 유방 절제와 잇따른 재건 수술 날짜가 10월 10일로 잡혀 있었다. 조디는 매든에게 확고한 게재 날짜를 알려줄 수 없었는데, 수술 날짜와 기사화 날짜가 겹칠 수도 있을 것 같았다. 그건 한 사람이 감당하기엔 지나치게 큰 스트레스였다—그러나 기자들의 입장에서 매든을 잃는 것은 재앙일 터였다.

그러나 매든이 걱정하는 것은 자신이 런던 지사에 근무했던 이들 중 공식적인 기사화에 동의한 유일한 취재원이 될지도 모른다는 사실이었다. 만약 그렇게 된다면 자신은 빠지겠다고 했다. 그녀는 조디에게 기사에 대해 여러 질문을 해왔다. 올해, 이곳, 이 사무실에서, 이런 일을 겪은 여성이 몇 명이냐고.

모두가 동료를 원했고, 이는 충분히 이해할 만했다.

2017년 10월 2일 월요일

정오가 지나자마자 기자들은 취재 마지막 단계를 논의하려 딘 바케이의 사무실에 모였다. 취재한 자료를 와인스타인에게 보내는 시점을 언제로 할지, 그에게 응답할 시간을 얼마나 줄지를 정해야 했다. 오랫동안 취재원을 보호한 끝에 이제는 와인스타인과 그의 대리인들에게 연락을 취해 기사를 설명하고 그들이 공개하고자 하는 모든 혐의를 공유할 때였다. 모든 일화, 모든 날짜, 모든 여성의 이름을 말이다. (기사화에 동의할지 확실치 않은 저드와 펠트로의 이름은 언급하지 않을 예정이었다.) 그다음에 조디와 메건은 와인스타인 쪽의 답변을 기사에 포함시키게 될 것이다. 그가 혐의를 부인한다면 그렇게 쓸 것이다. 그가 사과한다면 이 역시 그의 말을 빌어 기사에 실을 것이다. 그가 답변을 거부한다면 그렇게 밝힐 것이다. 만약 그가 혐의 중 일부를 반박한다면, 그 주장은 기사에서 누락해야 한다.

취재 결과를 제시하는 것은 기자들의 표준적인 관례로, 상대가 아무리 신뢰할 만하지 않은 대상이라 해도 기사의 대상을 대하는 정당한 방식이다. 그러나 조사팀은 와인스타인에게 답변할 시간을 얼마나 주어야 할지 결정할 수 없었다. 그에게 기사가 공개되기까지 남은 기간을 알리며 마감 시한을 제시해야 할 것이다. 그러나 와인스타인은 〈타임스〉가 기사를 실을 계획이라는 것을 알자마자 여성들에게 철회하라고 압박을 넣을 것이고, 자신의 주장을 반박하라고 겁을 주고, 고발한 여성들을 무너뜨리려 할 것이었다. 또 이 기사의 파급력을 약화시키려 다른 지면에 정보를 흘리거나, 일종의 참회 성명을 급히 내면서 선수를 칠지도 몰랐다. 기자들은 피해자들을, 그리고 기사를 지켜내야 했다.

와인스타인 기사를 안전하게 지면에 실릴 수 있도록 할 일종의 권위를 지닌 최종 책임자 여섯 명이 바케이의 사무실에 모였다. 이곳의 우두머리는 매일 백과사전에 가까운 신문 전체를 감독하는 책임을 가진 기자인 바케이였다. 최종 결정은 언제나 바케이의 몫이었다. 그러나 처음부터 이 프로젝트를 이끌어온 것은 코벳이었고 바케이 역시도 남들과는 조금 다른 그녀의 본능에 어느 정도 의지해왔다. 두 사람은 뉴스룸 속 수많은 기사들을 감독하는 소란 한가운데에서 여전히 취재 상황을 바짝 눈여겨보고 있는 맷 퍼디와도 대화를 이어가는 중이었다.

그러나 조디와 메건 역시 기자로서 그들만의 권위와 책임이 있었다. 정보를 모아온 것은 그들이었다. 취재원들과의 관계를 맺은 것도 그들이었다. 기사를 작성하는 것도 그들이고, 기사 상단에는 그들의 바이라인이 실릴 것이며, 기사가 나온 이후에 엄청난 비난 또는 찬사를 받는 것 역시 두 기자가 될 터였다.

사무실에 모인 사람 중 여섯 번째는 〈타임스〉 변호사 데이비드 맥크로였다. 그는 〈타임스〉가 법적공방에 휘말리지 않도록 하기 위해 그 자리에 참석했고, 이곳에 있는 어느 누구도 그의 조언을 거부할 생각이 없었다.

코벳은 와인스타인에게 48시간을 주어야 한다고, 이는 그를 위해서이기도 하지만 기자들을 위해서이기도 하다고 했다. 그렇게 하면 올바른 일을 했다고 말하는 동시에 와인스타인이 부당한 대우를 당했다고 주장할 빌미를 주지 않을 수 있었다.

바케이에게 48시간은 너무 길게 느껴졌다. 이곳에 모인 사람들 그 누구도 와인스타인을 신뢰하지 않았으나, 그중에서도 바케이가 가장 큰 의심을 품고 있었다. 그는 와인스타인이 시한을 지키지 않을 것임을 본능적으로 알았다. 또, 아무리 많은 시간을 주어도 와인스타인은 더 오래 질질 끌 것이라고 예상했다. 이는 협상이 될 것이었기에, 이쪽에서 제시하는 시한은 짧아야 했다.

그러나 바케이는 한편으로 기사가 흠잡을 데 없이 나오기를 바라는 마음 역시 있었다. 언론인으로서 경력을 시작한 초창기에 그는 신인을 물색하는 척 어린 배우 지망생들을 꾀어낸 삼류 배우 제럴드 해처(Gerald Hatcher) 사건을 취재했는데, 소녀들 중 일부는 열네 살 남짓으로 어렸고, 그는 영화에 출연시켜주겠다는 핑계로 개인적인 만남을 가진 뒤 그들을 강간했다. 바케이가 그 기사를 쓴 방식을 생각하면 오래전의 일인데도 아직도 절로 인상이 찌푸려졌다. 바케이는 그가 유죄라고 확신했다. 그러나 지금 생각하면 그는 기사 속에서 지나치게 성급하게 그를 유죄로 몰아갔고, 지나치게 선정적이고 멜로드라마적인 방식으로 사건을 서술했으며, 상대가 방어할 수 있도록 공정하게 주장을 요약하지 않았다. "아마 이는 그 여성들에게도 결례였을 거야." 나중에 바케이가 한 말이다. "검사를 포함해 법정에 있는 사람들의 존중심을 어느 정도 잃었다는 기분이 들었지." 바케이는 와인스타인을 폭로하고 싶었지만, 그 폭로가 정확하기를 바랐다.

조디와 메건을 포함해 모두가 차례차례 모든 측면을 논의하며 어떤 위험이 가장 큰지를 재고자 토론을 벌였다. 마지막 순간에 지나치게 서둘러서 취재의 흠결을 타협할 것이냐, 아니면 손을 쓰려들 것이 분명한 사람을 상대로 지나치게 관대하게 굴 것이냐였다. 기사를 마저 쓰기 위해 기자들이 사무실을 떠날 때까지도 편집자들은 이 문제를 숙고하고 있었다.

타임스스퀘어에 어둠이 내릴 무렵 그들은 결정을 내렸다. 메건은 래니 데이비스에게 통보하기 위해 전화를 걸었다. 그녀와 조디가 와인스타인 측과 다음 날 오후 1시에 그에게 제기된 혐의를 공유하기 위해 대화하고 싶다는 통보였다.

갑자기 기사를 공개하는 날이 하루 이틀 뒤로 다가왔다. 모든 동료들이 〈타임스〉에 실릴 수 있도록 기사를 수정하는 데 매달렸다. 기사 상단에 싣기 알맞은 와인스타인 사진을 찾아야 했는데, 사진 편집자인 베스 플린(Beth Flynn)이 사진 모음을 보내주었다. 웃는 얼굴이어야 할까, 아니면 웃지 않는 얼굴이어야 할까? 레드 카펫 사진이어야 할까? 여성과 함께 있는 사진이라면—"어떤" 여성을 택해야 할까? 그의 아내 조지나 채프먼(Georgina Chapman)과 함께 찍은 사진을 실으면 문제가 될까?

그러고 보면, 기사에 와인스타인이 두 번째 결혼을 했다는 사실, 이 혐의들이 일어난 시점에 그가 대부분 결혼한 상태였다는 사실을 언급해야 할까?

기사 파일에는 한 번에 한 기자만 로그인할 수 있었기 때문에 조디가 기사를 쓰고, 그다음에 메건, 다음에 리베카, 그다음에는 표현을 다듬는 데 집중하는 제2편집자인 로리 톨런(Rory Tolan) 순서로 살펴보았다. 그들은 가장 알맞은 표현을 찾으려 애쓴 뒤 이 기사가 법적 공방에 휘말리지 않도록 맥크로의 권고 사항에 맞추어 고쳐 썼다.

자정이 막 지난 시각, 메건과 조디는 사무실을 나와 차를 함께 타고 브루클린으로 돌아갔다. 두 기자는 독자들이 이 기사에 어떻게 반응할지 처음으로 곰곰이 생각해보았다. 메건은 와인스타인컴퍼니 이사회는 분명 그에게 조치를 취하리라 추측했지만, 대중들도 이를 신경 쓸지는 알 수 없었다. 조디는 고전적인, 회의적인 신문 편집자의 태도로, 조사 초기에 하비 와인스타인이 그 정도로 유명하지는 않다는 퍼디의 지적을 인용했다. 어쩌면 할리우드 영화 제작자의 추잡한 행실을 알고 놀라는 이들이 그리 많지 않을지도 모른다.

2017년 10월 3일 화요일

오후 1시 통화를 준비하던 코벳은 래니 데이비스로부터 별난 메시지를 하나 받았다.

리베카에게,

이건 개인적으로 드리는 말씀입니다.

어젯밤 늦은 시간에야 로런의 이메일에 대해 알게 되고 처음으로 읽어보았습니다. 오래전에 했어야 할 일을 하기 위해 최선을 다할 겁니다. 성명서에 대해서는 그리 낙관적이지 않습니다. 오늘 오후 1시가 최종 시한인 것 같아 그때를 목표로 하고 있습니다. 제가 틀렸다면 말해주십시오.

좌우간, 통상적인 선, 나아가 필요한 선 이상으로 보여주신 사려와 정중함에 감사드립니다.

래니 드림.

외부인의 눈으로 보면 이 메시지는 그저 통상적인 것으로 보일 것이다. 죄송합니다. 문서 일부를 늦게 받았습니다. 이제야 알게 되었고 최선을 다하겠습니다. 그러나 언론과 홍보의 언어로 번역하면 이 메시지는 다음과 같은 뜻으로 읽혔다.

'와인스타인이 당신네 기사에 대응하라고 나를 고용해놓고는 로런 오코너의 메모를 나에게 공유하지 않았다는 게 믿어지십니까? 정말이지 낭패가 따로 없습니다. 그건 그렇고, 그 메모는 강력합니다. 제 말 믿으세요, 제가 와인스타인을 설득해서 기사에 실을 성명문 비슷한 걸 내놓게 하긴 할 테지만, 제 의뢰인이 말을 잘 듣지 않는군요.'

데이비드 보이스는 이 통화에 참여할 수 없었지만 그럼에도 와인스타인을 위해 개입하려 시도하고 있었다. 오후 12시 19분, 바케이는 보이스로부터 이메일을 한 통 받았는데, "(〈폭스 뉴스〉 방식이 아니라 〈뉴욕타임스〉 방식으로) 공정하고 균형 잡힌 기사를 위해" 와인스타인에게 답변할 시간을 더 달라고 극구 설득하는 내용이었다. 자신이 와인스타인의 변호사가 아니라고 여태 우겼던 보이스는 이 사안에 대해선 〈타임스〉가 다른 언론사의 본보기를 따라야 한다고 넌지시 암시하고 있었다.

"〈타임스〉를 비롯해 3개 주요 출판사/방송사가 지난 몇 달간 이 기사를 취재했고, 제가 아는 한 똑같은 혐의와 증거를 검토했습니다." 보이스는 NBC와 〈뉴요커〉를 가리켜 이렇게 썼다. "다른 두 곳 중 하나는 이 기사를 내보내지 않기로 정했다고 했고, 한 곳은 기사 발행 전 하비와 함께 그에게 제기된 혐의를 철저히 검토할 시간을 갖고 그가 답변을 준비하기에 충분한 시간을 줄 거라고 말했습니다. 저는 〈타임스〉도 최소한 그 같은 조치를 하기를 바랍니다."

"답장 안 할 거야." 바케이가 기자들에게 말했다.

오후 1시가 되기 직전, 기자들과 코벳은 통화 준비를 마쳤다. 그들은 할 말을 거의 토씨 하나 틀리지 않고 적어둔 뒤였다. 그들의 머릿속에 최우선적으로 자리한 것은 그들이 기사에 이름을 거론하게 될 여성들이었다. 그 전 몇 시간 동안 조디와 메건은 매든과 퍼킨스 등에게 이렇게 경고했다. "우린 이제 하비에게 답변을 받으러 갈 것이고, 선생님 주장을 포함해 기사에 실릴 모든 혐의를 그에게 공유해야 해요. 두려우시겠지만 이렇게 조치해야 그에게 혐의에 응답할 기회를 주는 공정한 절차를 거치는 것이기 때문에, 당신과 우리를 보호할 수 있습니다. 와인스타인 측 대리인이 선생님께 연락을 취하지는 않으리라 생각합니다. 그래도 혹시 모르니 수첩을 가지고 다니시다가 전화가 오면 전부 받아적으세요. 위협이나 겁을 주는 말이 있다면 기사에 곧이곧대로 실을 겁니다. 이런 전략과 맞서 싸우는 유일한 방법은 이를 노출시키는 것이니까요."

여성들은 동의했다. 그들의 최종적 신뢰가 담긴 행동이었다.

통화가 시작되었을 때 와인스타인과 함께 참여한 사람 중에는 데이비스와 블룸뿐 아니라 새로운 변호사인 찰스 하더(Charles Harder)도 있었다.

하더는 부유하거나 유능한 의뢰인을 비판한 출판물을 공격하며 명성을 얻은 사람이었다. 얼마 전 헐크 호건(Hulk Hogan)의 섹스 테이프를 공개한 가십 뉴스 사이트인 거커(Gauker)를 고소해 파산에 이르게 하고 폐쇄하는 것을 도운 장본인이었는데, 이 사건엔 기술 투자자 피터 틸(Peter Thiel)의 은밀한 재정 지원이 있었다. 하더는 인쇄매체에서 누가 누구에 대해 무슨 말을 할 수 있는가를 좌우하는 명예훼손법이 지나치게 느슨하다고 믿었다. 오늘날의 법적 기준은 1964년 대법원이 뉴욕타임스 대 설리번 사건에서 명예훼손 고소가 성공적으로 끝나려면 기자들이 잘못된 정보를 인쇄한 것뿐 아니라 공인에 대해 "실제 악의"를 가지고 이를 행한 경우, 여기서 실제 악의란 "사실을 무모할 정도로 무시하는" 것이라는 정의로 정리된 것이다. 이런 높은 기준은 대부분 기자를 보호했는데, 하더의 생각에 기준이 높아도 너무 높았다.

하더는 로저 에일스가 자신에게 제기된 성추행 혐의에 대한 언론 보도에 맞서 싸울 때 에일스를 대변했다. 2016년 멜라니아 트럼프가 한때 에스코트로 일했다는 2016년 〈데일리 메일〉의 잘못된 보도에 맞서 2천 9백만 달러의 합의금 협상에 성공한 이후 트럼프 대통령 역시 그를 고용했다. 얼마 전 《GQ》 매거진은 하더를 "어쩌면 미국에서 기자 수정헌법 제1조, 그리고 언론의 자유라는 개념에 가장 큰 위협이 되는 존재"라고 표현했다.

전화상으로 마주한 하더는 딱 부러지면서도 예의 바른 태도로 기자들이 제시하는 내용을 경청하며 "곧 답변 드리겠다"는 내용을 조금씩 다른 표현으로 되풀이했다.

그의 의뢰인에게는 그만한 자제력이 없었다. 전화가 연결되는 순간부터 와인스타인은 기자들의 말에 끼어들며 그들이 누구와 이야기했고 누가 자신을 배신했는지 알아내려 여념이 없었다. 수화기를 통해 들려오는 그의 목소리는 실제로 만나서 듣는 것보다 더 억세게 들리는, 낮고 거칠거칠하며 끈질긴 목소리였으며, 그는 같은 질문을 끝없이 되풀이하는 전술을 썼다. 메건과 조디가 혐의들을 쭉 읊어주는 동안 와인스타인은 자꾸만 말 참견을 해서 통제권을 장악하고자 했다.

"또 누가 기사화에 동의했습니까?"

"이런 말을 한 사람 중 기사화에 동의한 사람이 있습니까?"

"왜 누가 기사화에 동의했는지 알려주고 답변 기회를 주지 않습니까?"

"이 여성은 기사화에 동의했습니까?"

"그럼 이 말을 한 사람 중 기사화에 동의한 사람이 있습니까?"

그는 기자들을 들들 볶느라 여념이 없어 기자들이 인터뷰만을 진행한 것이 아니라 합의 기록 그리고 오코너의 메모를 포함한 다른 문서들도 입수했다는 사실을 이해하지 못한 것 같았다.

메건이 와인스타인에게 지난 수년간 몇 건의 합의금을 지불했는가 하는 결정적 질문을 던졌다. 이미 데이비스로부터 여덟 건에서 열두 건이라는 답을 들은 뒤였으나, 2차적 출처가 필요했고 와인스타인으로부터 확인받을 수 있다면 가장 좋았다. 그러나 그녀가 데이비스로부터 들은 숫자를 언급하자 와인스타인은 자신의 법률 고문을 향해 폭언을 일삼았다. "그건 당신 말이지, 내 말이 아니잖아요." 그가 데이비스를 향해 쏘아붙였다. "만약 래니가 입을 연 거라면, 그건 저를 대신해 한 말이 아니라 자기 마음대로 한 말입니다." 그가 말했다.

메건은 바짝 긴장했다. 합의에 대해 아는 사람들은 극히 적었다. 이 중요한 숫자를 기사에 쓰지 못하게 될까?

기자들이 혐의 나열을 끝내자 하더가 답변을 준비할 시간이 얼마나 있는지 물었다. "저희는 오늘 안에 답변을 듣기를 기대합니다." 코벳은 편집자들이 합의한 대로 말했다.

"그건 불가능합니다. 1990년대 초반까지로 거슬러 올라가는 빨랫감 목록을 던져주고서는 답변 시간을 세 시간 주다니요?" 하더는 2주를 제시했으나 코벳은 거절했고, 그러자 그는 또다시 48시간을 요청했다. 코벳은 논의 후 다시 알려주겠다고 답했다.

수화기에서 다시 와인스타인의 목소리가 쏟아져 나왔다. "그만한 시간을 주지 않는다면 우리도 다른 사람과 힘을 합쳐볼 겁니다." 그가 전화를 끊고 이 이야기를 한층 더 부드럽고 왜곡된 형태로 보도할 다른 매체에 곧장 접촉할지도 모른다는 기자들의 두려움을 읽었는지 와인스타인이 위협하기 시작했다.

"전 성자는 아닙니다만." 와인스타인이 말했다. "당신들이 생각하는 그런 죄인도 아닙니다."

그러더니 그는 언론에 대한 설교를 시작했다.

"사실관계를 정확하게 알아내야지요. 사실관계를 정확하게 얻어내도록 우리가 돕겠습니다. 만약 영화 제작에 뛰어들지 않았더라면 저는 기자가 되었을 것입니다. 저는 〈뉴욕타임스〉에 대한 책을 전부 읽었고, 언론에 대한 책도 다 읽었습니다. 신문이며 잡지도 몽땅 읽는다고요. 저에게 가장 감명을 주는 기자들은 공정하기 위해 비상한 노력을 기울이는 이들입니다."

와인스타인이 말을 이었다. "어린아이들은 올바른 이야기를 하라고, 진실을 말하라고 배우며 자라지 않습니까? 중요한 건 마감 시한이 아닙니다. 진실을 말해야 하지 않습니까? 아무렇게나 뒤섞고 진실을 말하지 않는다면 그저 글을 쓰기 위해 글을 쓰는 것인데 그러면 스스로 부끄럽지 않습니까?"

90분간의 통화가 이어진 뒤 마침내 통화는 끝이 났다. 코벳과 기자들은 회의실에 자리 잡았다.

코벳은 기사에 더 힘을 싣기 위해 기사 속 혐의를 뒷받침할 방법이며, 더 시간을 달라는 하더의 부탁에 〈타임스〉 측이 응해야 할지를 생각하고 있었다. 바케이와 오랜 세월 일하면서 그의 머릿속을 훤히 꿰뚫어보게 된 그녀는 새로운 마감 시한에 대해 뭐라고 해야 할지 짜내는 중이었다.

메건은 머릿속으로 와인스타인 팀의 반응을 되짚어보며 그 말에 조사 결과를 반박하거나 약화시킬 정보가 있었는지 단서를 찾아보고 있었다. 와인스타인은 당장의 심각한 문제를 해결하기보다는 자신이 품은 목적에 별 도움이 되지 않을 질문들을 해왔다. 데이비스와 싸우기도 했다. 그가 형세를 역전시키려 온 힘을 다한 탓에 그가 이 정보를 얼마만큼 이해했는지조차 잘 알 수 없었다.

조디는 와인스타인이 통화에서 얻은 정보들을 이용해 이 기사를 약화시킬 계획임을 확신했기에 그의 다음 행보를 각오하고 있었다. 그가 어떻게 나올지는 뻔했다. 가십 사이트에 "〈뉴욕타임스〉가 하비 와인스타인 기사를 내보내려 하지만 여성들의 공식 발언을 거의 확보하지 못했다"는 말과 함께 이 아이템을 흘리는 것이었다.

단 한 번의 통화로도 와인스타인은 아직 발행되지도 않은 기사를 실패한 것처럼 보이게 할 수 있었다.

한 시간 뒤, 조디는 저드의 전화를 받았다.

저드는 평소와 다름없이 차분한 말투였다. "기사에서 이름을 밝힐 마음의 준비가 되었어요." 그녀가 말했다. 숲속을 달리고, 변호사들과 상의하고, 여성이자 기독교인으로서의 의무를 생각하며 결정을 숙고한 끝에 이 일이 옳다고 결론 지었다고 그녀가 말했다.

유리 벽과 회색 카펫이 단정하게 줄지어 선 한가운데에서 조디는 마치 결승선에서 무너지는 마라톤 선수처럼 무너져버렸다. 그녀와 메건은 몇 달간 긴장감과 책임감에 시달리며 살았다. 기사를 내보낼 수도 있지만, 망칠 수도 있었다. 배우들의 공식 발언을 받을 수도 있었지만, 아닐 수도 있었다. 조디는 울면서, 지금의 순간에 적절하면서도 전문인다운 대답을 찾으려 애썼다. 그녀가 짜낼 수 있었던 답변은 "기자로서 저에게 이보다 의미 있는 일은 없습니다"가 최선이었다.

다른 팀원들이 복도에 모여 서성이고 있는 걸 보고, 조디는 저드와의 통화가 끝나기도 전에 그들에게 다가가 새로운 소식이 있다는 뜻으로 손짓했다. 메건은 조디가 입을 열기도 전에 무슨 일인지 알아차렸다.

저드의 결정을 기념해 그들은 기사 초고를 다시 썼다. 리드(lede) 즉, 기사의 서두는 저드가 이야기한 오래전 페닌슐러 호텔 스위트룸에서 있었던 사건이었고, 기사의 첫 부분에 행동을 촉발시키는 호소이기도 한 저드의 말을 인용했다. "여성들은 오랫동안 우리들끼리 하비에 대한 이야기를 해왔고, 이제는 그저 그 대화를 공개적으로 이어갈 때가 되었을 뿐이다." 그날 저녁, 저드의 공식 발언이 실린 새로운 버전의 기사가 완성되었다.

그 사이에 코벳은 와인스타인과의 협상에 승리했다. 다음 날인 10월 4일 수요일 정오가 마감 시한이었다. 이제 그날이 기사의 발행 목표일이 되었다. 기자들은 마음속으로 발행일을 상기하며 마음의 준비를 했다.

화요일 저녁 9시, 기자들은 아직도 사무실에서 테이크아웃 음식으로 끼니를 때우며 기사를 고치느라 진땀을 흘리고 있었다. 그러나 그들의 불안한 웅성거림은 남쪽으로 몇 마일 떨어진 와인스타인컴퍼니에서 벌어지고 있는 일에 비할 바가 아니었다. 와인스타인은 보이스, 그리고 이사회와 긴급 전화 회의를 진행하고 있었다. 매로브는 이사회로서는 알지도 못한 사안을 해결하려 변호사 여럿과 데이비드의 법률사무소까지 고용한 와인스타인의 행태에 분개하며 자신도 이 회의에 참여하겠다고 우겼다.

대부분의 이야기는 보이스의 입에서 나왔다. 수년간 와인스타인의 문제를 축소해서 이사회에 전달해온 그가 별안간 솔직해졌다. 〈타임스〉

기사가 곧 나올 것이고 이는 회사에 "악영향을 미칠 것"이라고 그가 말했다고, 그 통화에 참여했던 이들이 나중에 메건에게 전했다. 그는 결론을 설명하고 여덟 건에서 열두 건에 이르는 합의에 대해서도 언급한 뒤 이 숫자는 더 클 가능성도 있다고 덧붙였다. 그는 와인스타인이 실제로 수년간 얼마나 더 많은 합의금을 여성들에게 지급했는지 스스로 기억하고 있을 거라고 생각지 않는다고 말했다. 보이스는 와인스타인을 변호하는 것도, 그를 해고하는 것도 극단적이고 부적절하다고 주장했다. 목표는 그 중간 지대를 찾아 연합 전선을 펼치는 것이었다. "여러분, 우리가 똘똘 뭉치지 않으면 둥그렇게 모여서 서로에게 총을 쏴 죽이는 거랑 다를 바가 없을 겁니다." 그가 말했다.

밤 11시 38분에는 리사 블룸이 〈타임스〉 기사를 중단시키려고 애썼지만 실패했음을 인정하라고 와인스타인에게 조언하고 있었다. "우리는 가장자리부터 파고들어가는 전략을 쓸 수 있고, 그렇게 할 테지만, 그래도 기사는 나올 겁니다." 그녀가 의뢰인 곁에 있기 위해 로스앤젤레스로부터 뉴욕으로 향하는 비행기에 탑승할 준비를 하면서 와인스타인, 하더, 데이비스, 그리고 보이스에게 보낸 이메일이다. 블룸의 제안은 와인스타인은 자신이 성추행이라는 핵심적 문제와 관련이 있음을 인정하고 후회를 표하며 더 나은 사람이 되겠다고 약속해야 한다는 것이었다. "'하이미(Hymie) 동네'라고 말하는 모습을 들킨 제시 잭슨(Jesse Jackson)이(흑인민권운동에 앞섰던 목사이자 정치인 제시 잭슨이 사석에서 유대인 비하 발언을 한 사실이 알려져 논란이 되었던 사건을 가리킨다—옮긴이 주) '하느님은 저를 버리지 않으셨습니다'라는 말로 용서를 구했던 걸 전 종종 떠올렸어요." 이후에 메건이 입수한 이메일에서 블룸은 반유대주의 발언을 한 예전 대통령 후보의 사과를 언급하고 있었다. "84년도에 저는 그에게 표를 던졌죠."

블룸은 와인스타인의 여러 혐의를 잭슨이 했던 단 한마디의 말과 비교하면서, 자신의 역할, 심지어 자신의 영화 프로젝트까지도 강조하는 다음과 같은 성명문을 〈타임스〉에 보내라고 했다.

"저는 여성 권리 옹호자로서 하비에게 직언해왔고, 그는 제 말을 귀 담아 들었습니다. 저는 그에게 지금은 2017년이라고, 시대가 변했다고, 기준을 더 높여야 한다고 했습니다. 하비는 솔직한 사람으로 변했고, 제 메시지를 수용했습니다. 그는 자신이 저지른 실수를 인정했습니다. 제 책을 영화로 각색하는 작업을 함께하는 동안 그는 저를 언제나 존중하는 태도로 대했습니다."

블룸은 와인스타인을 개심하게 도운 사람이 바로 자기 자신이라는 메시지를 보내고 있었다. 여태까지 와인스타인의 혐의에 대한 조사를 저지하는 데 힘을 합쳤으면서도, 자신이 그를 변화시킨 사람이라고 널리 알리고 싶었던 것이다.

데이비스는 스스로를 보호하기 위해 워싱턴 D.C.에 머물러 있기로 결정했다. 그즈음 그는 와인스타인이 무슨 짓을 한들 기사를 통해 밝혀진 조사 결과들을 모면할 수 없으리라는 사실을 알고 있었다. 심지어 보이스조차도 와인스타인에게 뉘우치는 모습을 보이라고 했다.

그러나 와인스타인은 굴복할 준비가 되지 않았다.

그날 그 자리에 있었던 사람들에 따르면, 와인스타인은 한 IT 직원을 불러내 그의 어시스턴트가 사용하는 컴퓨터에서 "HW 친구들"이라는 문서를 삭제하라고 시켰다고 한다. (메건과 조디의 취재원들이 썼던 "하비의 친구들"이라는 표현과 본질적으로 같은 명칭이었다.) 이 문서는 도시별로 분류된 여성들의 이름과 연락처가 적힌 목록이었다.

뿐만 아니라 와인스타인은 블룸의 도움을 받아 직원들에게 자신들이 이 회사에서 긍정적인 경험을 누렸다는 서면 확인서에 서명하도록 강요했다.

다음 날 아침, 메건은 "도덕적 사유"로 회사를 떠났던 젊은 여성과 연락을 취했다. 그녀는 문자 메시지로 그날 아침 와인스타인이 자신이 취재원이 아닌가 의심하며 세 번이나 전화를 걸었다고 설명했다.

"무서워요." 그녀의 메시지였다.

7장

하나의 운동이 일어날 겁니다.

2017년 10월 4일 수요일

기자들은 와인스타인 팀에게 저드가 공식 인터뷰에 동의했음을 알려야 한다는 사실을 알면서도 그가 그 정보를 무기로 사용할까 우려하며 다시 기사에 착수했다. 와인스타인은 그 정보를 답변을 더 미루는 데 사용할 수도 있었고, 더 최악으로는 선수 쳐서 타블로이드 지에다 저드를 공공연히 흠집 내는 작전을 쓸지도 몰랐다. ("괴짜 활동가 애슐리 저드가 대중에게 말도 안 되는 고발을 하겠다고 위협하고 있다…") 그럼에도 해야 할 일이었다. 오전 8시 40분, 조디는 래니 데이비스에게 전화를 걸었고 그는 이 소식을 태연히 받아들였다.

전날 와인스타인 측과 나눈 통화는 와인스타인이 지난 수년간 열두 명은 되는 여성들과 합의를 체결했다는 결정적인 조사 결과에 큰 타격을 줄 수도 있었다. 그러나 이제는 와인스타인컴퍼니의 다른 이사들 역시 〈타임스〉 기사가 나오리라는 사실을 알고 있었으니, 메건은 그들이 와인스타인의 행위 때문에 회사가 위태로워졌다는 사실에 노여워하리라고 짐작했다. 그러면 분노가 입을 열 동기로 작용할지 몰랐다.

메건은 캘리포니아 주 와인스타인컴퍼니 사장인 데이비드 글래서에게 전화를 걸었다. 로스앤젤레스는 아직 동이 트기 전이었는데도 한숨도 못 잔 듯 기진맥진한 목소리로 글래서가 전화를 받았다. 메건은 다른 이사들 역시 〈타임스〉 기사에 응답할 기회를 가져야 공정하다는 생각으로 전화를 걸었다고 했다.

물론, 글래서 역시도 지난밤이 힘들었다고 인정했다. 전화 회의를 통한 긴급 이사회의가 있었다고 했다. 보이스가 〈타임스〉가 준비하는 기사 내용을 자세히 설명해주었다고 글래스는 말했고, 그 이야기에 자신도 충격을 받았다고 덧붙였다.

정말입니까? 메건이 물었다. 무엇이 가장 놀라우셨습니까? 보이스가 와인스타인이 여성들에게 합의금을 지불한 횟수도 언급했습니까? 그렇습니다, 여덟 건에서 열두 건이라고 들었습니다, 하고 글래서는 대답했다. 믿을 수 있으시겠습니까? 게다가 보이스는 이사진에 그 숫자가 더 높을 수도 있다고 말했다고 한다.

메건은 글래서에게 만약 기사화에 동의하시면 그의 의견도 〈타임스〉 기사에 넣고 싶다고 했다. 또, 이름을 밝히지 않고 합의 횟수를 알려준 출처로 당신을 활용해도 되느냐고 물었다. 글래서는 동의했다. 메건이 코벳에게 이 소식을 전하자 코벳은 의자에서 벌떡 일어나 그녀를 끌어안았다.

기자들의 눈길은 시계에 붙박여 있었다. 약속한 정오가 다가오고 있었다. 정오가 지날 때까지 와인스타인 측에서 온 것은 격한 말투의 전화 한 통이 고작이었다. 그들은 몇몇 혐의를 부인했으며 기사에 실리지조차 않은 사건들에 대해 중언부언을 늘어놓더니 또다시 시간이 부족하다고 항의했다.

잠시 후, 바케이는 메건이 자기 사무실 바깥에 서서 데이비스로부터 온 또 다른 전화를 받는 모습을 지켜보았다. 데이비스에게서도 답변은 없었다. 오랫동안 바케이는 와인스타인과도, 그의 대리인들과도 대화하기를 거부했다. 그런데 이번에는 메건에게 전화기를 건네달라고 했다. "래니, 전 이제 지긋지긋합니다." 바케이는 평소보다도 냉철한 말투였다. "지금까지 다섯 명이나 되는 변호사를 시켜서 저희 쪽으로 연락했지요. 저희는 다섯 명이나 되는 변호사들과 매번 이야기를 나눌 생각은 없습니다. 그쪽에서 제대로 정리해서 답변을 들려주시지요."

오후 1시 43분, 와인스타인 팀의 응답은 "기밀 / 비공식 / 출판 불가"라는 표시가 달린 찰스 하더의 이메일에 첨부된 편지 형태로 도착했다. 기자들은 기밀 유지가 의무 사항이라고는 생각지 않았다. 이 내용을 비공개로 유지하기 위해서는 기자들 쪽의 동의도 필요하기 때문이다. 그러나 이 표시는 18페이지로 이루어진 협박이나 마찬가지인 편지 내용에 딱 맞는 서두였다. 그 모든 협박은 결국 한 가지 메시지로 귀결되었다. 기자들이 기사를 계속 진행할 시 와인스타인과 하더가 〈타임스〉를 고소하겠다는 것이었다.

핵심 팀이 바케이의 사무실에 모였다. 모두가 당면한 상황을 알 수 있도록, 데이비드 맥크로가 편지 인쇄본을 나눠주었다. "정지 명령 및 문서와 자료 보존 명령" 문서의 제목이었다. 지난 몇 달, 그리고 특히 지난 며칠간 그들은 와인스타인이 최종적으로 취할 입장이 부인일지, 사죄일지 기다려왔다. 그런데 이메일로 도착한 답은 다음과 같았다.

제 의뢰인이 직원 및 배우들을 대상으로 한 성폭력에 연루되었다는 〈뉴욕타임스〉 및 "취재원"들의 주장은 거짓입니다. 제 의뢰인은 귀 측이 주장하는 잘못된 행위에 연루되지 않았습니다.

제 의뢰인은 귀 측의 잘못된 기사로 인해 1억 달러 이상의 손해를 입을 것입니다. 이 기사를 출판한다면 〈뉴욕타임스〉 측에 손해에 대한 법적 책임을 물을 수밖에 없습니다.

와인스타인과 하더는 한층 더 전략적인 요구도 덧붙였다.

> 이 고발은 아시다시피 제 의뢰인이 과거 40년간 쌓아온 성공적인 경
> 력과 사업을 완전히 무너뜨리거나 상당한 손해를 입힐 영향력이 있
> 을 것이며, 귀 측에서 이 기사를 수개월간 준비했으며 기사에서 주장
> 하는 사건들은 시간상 25년 전까지 거슬러 올라가는 것이기에, 최소
> 한 〈뉴욕타임스〉 측이 제 의뢰인과 관련해 출판하려는 여러 잘못된
> 주장을 반박할 수 있는 사실과 증거를 제 의뢰인과 그 자문단이 적
> 절하게 제시할 수 있는 적정한 시간을 주는 것이 합당한 처사일 것이
> 며, 그래서 우리는 2주를 요구합니다. 법원에서는 피고에게 증거 개
> 시 그리고 법정에서의 반론을 위해 최소 1년의 시간을 허락합니다.
> 우리가 요구하는 것은 2주입니다.

와인스타인은 맞서 싸우려는 것이었다. 이 편지에 따르면 그는
〈타임스〉의 추격을 받는 희생자 그 자체다. 언론에 대한 경멸로 끓어오
르는 듯한 이 편지는 권력자의 범죄 행위를 담은 정보를 알리는 언론
이 대중의 신뢰를 옹호하는 대신 훼손시킨다는 음울한 대체 현실을 지
어내고 있었다.
　이 편지는 로라 매든을 직접 겨냥하며 그녀를 거짓말쟁이라고 부
르고 있었다. "그 주장은 거짓입니다"라고 하더는 썼다.

> 그 주장을 반박할 문서와 증인들을 제공하고 싶습니다만 25년 전 일
> 어난 사건에 대한 문서와 증인을 찾으려면 시간이 필요합니다. 저희

는 진실을 분명히 고지하고 있습니다. 제 의뢰인이 그 주장이 거짓임을 입증할 더 많은 증거(증인과 문서)를 찾아서 제시할 적정한 기회를 얻기 전에 귀사가 거짓 주장들을 출판하는 것은 진실을 무모할 정도로 무시하는 일이 될 것입니다.

이 표현이야말로 명예훼손 소송에서 정보가 거짓이라는 것을 알면서도 악의를 가지고 출판했음을 증명해 원고의 승소를 이끄는 비결이었다.

조디는 웨일스 어딘가에 있을 매든을 생각했다. 와인스타인이 매든의 주장을 진정으로 반박할 어떤 증거라도 있다면 지금 즉시 그녀에게 알려야 했다. 그러나 어쩌면 그가 매든은 권력도, 증거도 없는 한 여성에 불과하니까 일단 부정하면 된다는 생각으로 도박을 벌이고 있는 건지도 몰랐다.

기자들을 도운 옛 직원들은 "불만에 차 있고, 숨은 의도를 품고, 귀 측에 잘못된 중상모략에 가까운 정보를 제공하고자 했다"고 편지에 쓰여 있었다. "귀 측의 취재원들이 신뢰할 수 없는 이들임을 고지합니다. 그들은 개인적인 정보가 없으며, 제 고객과 회사의 명예를 훼손하고 해를 입힐 수 있는 부당하고 불법적인 노력의 수단으로 〈뉴욕타임스〉를 이용하고자 하고 있습니다. 〈뉴욕타임스〉가 제 의뢰인에 관한 잘못된 주장들을 출판하는 것은 실제 악의를 가진 것이기에 명예훼손의 구성 요건이 됩니다." 용기를 낸 전 직원들을 와인스타인 측이 앙심을 품은 추방자이자 낙오자로 공론화할 가능성이 있었다.

마지막 부분에서 와인스타인과 하더는 조디와 메건을 직접적으로 겨냥했다.

> 당신들에게 하비 와인스타인, 와인스타인컴퍼니와 그 이사, 직원, 계
> 약자(모두 합쳐 와인스타인컴퍼니)를 언급하거나 관련된 모든 문서와
> 내용과 데이터를 포함해 이 분쟁과 관련된 디지털, 전자 형태 및 서
> 면 형태의 일체의 문서와 연락, 내용과 데이터를 유지하고, 보존하고,
> 보호할 법적 책임이 있다는 사실을 고지합니다.

그 말인즉슨 모든 문자 메시지, 인스턴트 메시지, 음성 메시지, 일
정 관리 항목까지 모든 것을 말하는 것이었다. 하비 와인스타인은 〈타임
스〉 수사 내용 전체, 기자들이 보호하겠다고 맹세한 모든 것을 강제로
드러내게 할 작정이었다.

기자들은 바케이의 사무실에 모여 앉아 일치된 결론을 내렸다. 기
사의 단 한 가지 요소라도 바꿀 이유가 없다고 말이다. 하더의 편지는
법을 빌미로 약자를 괴롭히는 것과 다름없었다. 와인스타인이 증거를
제시한다면 기자들도 기꺼이 받아보겠지만, 이 편지 때문에 굴복한다는
건 상상조차 할 수 없는 일이었다.

법이 그들을 보호할 거라고 맥크로가 안심시켜주었다. 하더가 지
어낸 세계는 무시무시하게 들리지만 그런 세계는 실제로 존재하지 않는
다고 말이다. "사실이 우리를 보호하고, 법이 우리를 보호하는 한 우리
의 법적 위치를 반박할 여지는 없습니다." 맥크로가 나중에 한 말이다.

오후 3시 33분, 맥크로는 기자들에게 하더에게 방금 발신한 답장
을 전달해주었다. 단 세 단락으로 이루어진 답신이었다. 언론의 테크닉

에 관해 18페이지에 걸쳐 불만을 토해낸 편지에 맥크로는 간단하게 답했다. "우리가 와인스타인 씨를 불공정하게 다루었다는 주장은 완전히 거짓이며, 우리가 출판하는 모든 기사는 정확성과 공정성이라는 우리의 통상적인 요건을 준수한다고 확신하셔도 됩니다."

마지막 단락에서 그는 카운터펀치를 날렸다.

> 귀 측에서 요구한 문서 보존 명령에 주목했습니다. 이에 대해, 귀 측이 이 문제와 관련 있을 수 있는 와인스타인 씨 또는 그의 기업체가 소유하거나, 관리하거나, 통제하고 있는 모든 데이터와 기록을 보호하기 위한 즉각 조치를 취했다는 확증을 주시기 바랍니다. 특히 와인스타인 씨의 언론 대변인인 데이비스 씨의 모든 통화, 이메일, 문자 메시지 기록 그리고 와인스타인 씨 또는 그의 기업체가 소유, 관리 또는 통제하고 있는, 부적절한 업무 환경 행동에 관련된 기록을 담은 와인스타인 씨의 개인 전화 및 업무 전화, 이메일, 문자 메시지, 그리고 와인스타인 씨 또는 그의 기업체가 소유, 관리, 통제하고 있는 직원들과의 합의에 관한 모든 기록을 즉시 확보하기를 요청합니다.

법의 언어로 된 이 말을 해석하면 다음과 같다. 하비 와인스타인, 당신이 이 기사를 법정으로 끌고 가고 싶다면 마음대로 하십시오. 우리의 정보를 추적하려 한다면 우리는 여성에 대한 당신 태도와 관련된 모든 기록을 포함한 당신 측 정보를 더 많이 요구할 것입니다.

와인스타인 측 요구사항 중 〈뉴욕타임스〉가 허락한 단 한 가지는 좀 더 시간을 달라는 요청이었다. 2주씩이나 줄 생각은 애초에 없었다

그러나 기자들은 와인스타인에게 그토록 오랜 시간을 주는 것은 어렵더라도, 하더가 이전에 요구한 48시간은 허락해야 한다는 생각이 들었다. 그보다 짧은 시간을 준다면 절차가 불공정하다는 와인스타인 측 주장에 힘이 실릴 것이다. 새로 정해진 최종 시한은 다음 날인 10월 5일 목요일 오후 1시였다.

조디와 메건은 지쳐버렸지만 맥크로가 보낸 답신 덕에 자신감이 생겼다. 맥크로는 수 세대에 걸쳐 이어져온 언론의 전통, 여전히 언론의 자유를 보호하는 법 체계, 그리고 적어도 수정헌법 제1조만큼은 신성불가침의 영역인 이 국가를 일깨웠다. 그들은 또한 바케이가 와인스타인과 대결하는 모든 순간을 음미하고 있다는 사실을 알았다. 그들을 제외하면 세상 어느 누구도 하더의 공격에 관해선 모를 것이다. 그러나 함께 그 공격에 맞서는 일은 짜릿했다.

그날 오후, 조디는 마지막으로 한 번 더 팰트로를 설득해 공식 인터뷰를 요청해야겠다는 생각이 들었다. 한때 톱스타였던 사람의 증언이 있다면 전 세계 독자들이 충격을 받을 것이다. 팰트로 역시 와인스타인에게 피해를 입고 협박을 당했다는 이야기는 심지어 기자들이 접촉했던 취재원 중 가장 많은 것을 알고 있었던 이들조차도 전혀 모르고 있었다. 팰트로에 대한 단 세 단락의 기사가 미라맥스의 역사를 다시 쓰고 앞으로 나서려는 수많은 여성을 보호해줄 수 있었다. 조디는 자신이 가진 설득력을 마지막 한 점까지 짜내어 지나친 압박으로 인해 반작용이 있을까, 어쩌면 상대방이 이만 꺼지라고 말하지 않을까 싶을 정도로 강하게 설득했다.

조디와 팰트로는 일주일 내내 전화통화와 문자 메시지로 끊임없이 대화를 이어가고 있었고, 팰트로는 진심으로 숙고하는 것 같았다. 그녀는 처음 연락이 되었던 시점부터 이 프로젝트를 계속 도왔다. 그럼에도 팰트로와 가까운 지인들은 모두 그녀에게 조용히 있으라고 충고했다. 당연히 공식 인터뷰를 한다는 건 그들에게는 미친 생각으로 들렸을 것이다. 그들이 취재의 내부에 들어와 있지 않았기 때문이다. 조디는 팰트로가 한편으로는 지인들의 말을 무시하고 싶어 한다는 사실을 알았기에 전화통화와 문자 메시지로 계속해서 부드럽게 밀어붙였다.

그러나 팰트로는 몇 주간 타블로이드 지의 헤드라인이 자신과 와인스타인과 섹스로 도배될 거라고 생각하면 견딜 수가 없었다. 이 뉴스가 결국은 선정적인 유명인사 스캔들로 귀결될까 여전히 두려웠다.

팰트로는 또, 저드와는 상당히 다른 입장에 놓여 있기도 했는데, 와인스타인이 훨씬 더 큰 역할을 했다는 점 때문이었다. 훗날 그녀가 표현한 바에 의하면 그는 "제 경력에서 가장 중요한 남성"이었다. 드디어 그를 고발하겠다는 마음을 먹었음에도, 기사 게재일이 그녀의 예상일보다 바투 다가오고 있었기에 이 문제를 생각할 시간이 좀 더 필요했다.

힘겨운 상황에서 결정을 내릴 준비가 되어 있지 않기에 보류해야겠습니다.

실망시켜 미안해요. 진심이에요. 정말 마음이 아픕니다.

펠트로가 자신이 내린 결정을 아쉬워하고 있다는 것은, 이번 기사에 참여할 수 없더라도 다음 번 기사에는 참여할 수 있도록 조디가 설득할 수 있다는 뜻이었다. 곁에서 바라보다가 들어가면 된다. 조디는 몇 시간 정도 문자 메시지에 답하지 않았다가, 다시 시작했다.

　조디와 메건은 처음부터 바케이의 규칙에 따르기로 했었다. 와인스타인과의 모든 소통은 기사화가 가능한 공식 인터뷰여야 한다는 규칙 말이다. 그러나 오후 3시경 메건은 데이비스로부터 와인스타인이 민감하고 결정적인 정보를 비공식적으로 공유하기 위해 이미 출발했다는 연락을 받았다.

　기자들은 혼란스러워졌다. 이미 출발했다니, "어디로" 말인가? 〈타임스〉 본사로? 와인스타인의 출입을 거부해야 할까? 못하게 해야 할까? 속히 결정을 내려야 했다. 와인스타인이 곧 도착할 터였고 그의 목적은 지문 하나 남기지 않고 그를 고발한 여성들에게 흠집을 내려는 것이 분명했다.

　메건은 미팅에 응하기로 마음먹었다. 와인스타인이 가진 패가 궁금했으며, 급작스런 미팅이라는 추잡한 수 덕분에 그와 직접 맞설 방법이 생긴 셈이기도 했다.

　면도도 하지 않고 눈 아래에는 다크서클이 자리한 모습으로 〈타임스〉 로비에 나타난 와인스타인은 쟁쟁한 법률 자문단을 달고 왔다. 블룸뿐 아니라, 구티에레스 사건에서 와인스타인을 대변했던 검사 출신 형사변호사 어브래머위츠도 함께였다. 맨 뒤를 지키고 있던 사람은 메건에게 구티에레스가 제기한 혐의는 근거 없다고 주장했던 전(前) 성범죄 전담 검사 린다 페어스타인이었다.

　메건은 와인스타인 일행을 뉴스룸 내에 있는 유리 벽이 달린 작은 회의실들 중 한군데로 안내했는데, 복도를 오가는 사람들이 많아 〈타임스〉 동료들 모두가 와인스타인을 구경하는 셈이 되었다. 어항이나 다름없는 회의실 안을 메운 와인스타인 일행을 보려고 지나가던 사람들이 발길을 멈추기도 했다. 메건은 와인스타인 측에게 이야기할 시간은 15분 낼 수 있다고, 단 1분도 초과할 수 없다고 했다.

　와인스타인 측이 가져온 정보는 역겹고 신빙성이 약했으며 얄팍했다. 어브래머위츠와 페어스타인은 구티에레스가 추잡한 과거를 지닌 기회주의자라고 매도했다. 블룸은 가져온 폴더 안에서 맥고언과 저드가 와인스타인과 함께 웃는 얼굴로 찍은 사진을 꺼내기도 했는데, 마치 예의를 차려 찍은 레드카펫 사진이 부정한 일이 일어나지 않았다는 증거라는 듯한 태도였다. 와인스타인은 회고록을 통해 알게 된 저드가 어린 시절에서 기인한 심리적 문제로 인해 정신과 입원 치료를 받은 적 있었다는 사실을 이용해 그녀를 정신병자 취급했다.

　메건은 반응을 최대한 삼갔다. 비공식 미팅의 목적은 매복 공격이겠으나 그렇다고 해서 〈타임스〉 취재를 위태롭게 할 수 있는 건 아니었다. 조디와 메건은 이탈리아에 있는 한 동료의 도움으로 구티에레스에 대한 신원 조사를 마친 뒤였다. 또, 예기치 못한 정보로 저드와 〈타임스〉 측이 공격받지 않도록, 연구원 그레이스 애시포드에게 부탁해 회고록 내용도 살펴보았다. 이번 미팅은 와인스타인과 그 동맹군이 준비하는 전술이 무엇인지 좀 더 알게 된 계기에 지나지 않았다.

그날 하루는 점점 더 이상하게 흘러갔다. 같은 날 오후, 조디와 메건은 〈버라이어티〉와 〈할리우드 리포터〉에 실린 자신들에 관한 기사를 읽었다.

〈뉴욕타임스〉가 하비 와인스타인의 명예를 손상시키는 정보를 폭로하려 하는가?

배후에서 벌어지고 있는 사정을 잘 아는 복수의 취재원들이 〈할리우드 리포터〉에 알린 바에 따르면, 영화와 TV 계의 큰손인 와인스타인컴퍼니가 최근 몇 주간 여러 변호사와 위기관리 전문가를 소집한 뒤 그의 사생활을 다룬 기사를 준비하고 있는 〈타임스〉를 공격하기 시작했다.

기사 속에 자세한 내용은 별로 없었으나, 〈뉴요커〉에서도 같은 사안을 보도하려 시도했다는 사실도 언급하고 있었다. 〈버라이어티〉 기사도 비슷했는데, 이 기사에서 와인스타인은 〈타임스〉 기사가 곧 나오리라는 사실조차 몰랐다고 부인하고 있었다. "전 몰랐습니다. 무슨 말씀을하는 건지도 모르겠군요, 정말입니다."

"영화 판권을 사고 싶을 정도로 그럴싸한 이야기군요." 그는 이렇게 덧붙이기까지 했다.

만약 기자들에게 와인스타인의 진실성에 대한 자그마한 믿음이 남아 있었다 해도, 그가 다른 언론사를 상대로 한 새빨간 거짓말은 그것마저 깨끗이 지워주었다.

〈버라이어티〉와 〈할리우드 리포터〉 기사로 인해 조디와 메건은 대중의 눈앞에 드러나게 되었다. 기자들과 이야기한 사람들이 누구인가에 대한 추측이 난무하고, 취재원들은 불안에 떨게 될 것이다. 프로젝트가 모두에게 공개되었고 경쟁 언론사들에도 알려졌다. 최대한 단단하게 통제해야 하는 순간 통제력을 잃고 만 셈이었다.

"좋지 않은 상황인걸, 친구들." 바케이는 이런 이메일을 보내왔다.

두 기자의 휴대폰과 이메일 수신함으로 할리우드 업계 간행물에 실린 기사들을 본 사람들의 연락이 쇄도하기 시작했다. 조디와 메건은 답장을 삼갔다. 기사 본문에 몰두한 채로 리드를 다시 작업하고 문제가 되는 부분들에 초점을 맞추며 맥크로의 조언에 따라 완성도를 높이는 중이었다.

자정이 지난 시각, 기자들은 피로가 쌓인 탓에 작업 효율이 떨어진다는 사실을 깨달았다. 며칠째 눈을 거의 못 붙이다시피 했다. 리베카와 톨런과 나누는 대화 역시 제자리걸음을 반복했다. 조디와 메건은 기사에서 잠시 손을 놓고 함께 택시를 타고 집으로 돌아갔다. 한 시간쯤 뒤 톨런도 사무실을 떠났다. 코벳은 키보드 앞을 떠나려들지 않았다. 이미 기사의 여러 부분을 손질한 뒤였기에 코벳은 이제 기사 전문을 다시 읽는 일은 그만두고 여기에 무엇을 더 더하고 강화할 수 있을지를 가늠하고 싶었다.

평소에도 기자들은 코벳이 건강을 챙기지 않는다고 걱정했다. 코벳은 손에서 일을 놓는 법이 없는 듯했고—그녀는 대개 기밀 프로젝트를 담당했기에, 실제 업무량이 얼마나 많은 건지는 가늠할 방법이 없.

었다—때로는 홍차와 다크 초콜릿을 입힌 아몬드로만 연명하는 것 같았다. 코벳의 하루는 몇 분에 한 번씩 협의를 반복하며 정신없이 흘러갔다.

그럼에도 코벳은 마침내 잠잠해진 뉴스룸의 정적 속에서야 기사 편집에 진정으로 집중할 수 있었다. (남편의 표현에 따르면, 그 누구도 접근할 수 없는 "무아지경"에 빠진 상태였다.) 코벳은 늦게까지 야근하는 경우가 많아서 때로는 천장 조명이 자동으로 꺼져버리는 바람에 그제야 자리에서 일어나서 팔을 흔들기도 했다.

그날 밤 그녀는 제자리에 앉아 작업을 이어갔고 기사는 점점 더 긴밀하고 명확하며 강력해졌다. 동이 트기 전 책상에 엎드려 45분간 눈을 붙이기도 했다. 그러다가 눈을 뜨고 다시 작업을 좀 더 했다.

오전 7시, 드디어 코벳이 작업을 끝내고 건물을 나섰다. 그러나 집으로는 갈 수 없었다. 코벳은 볼티모어에 살았고, 매주 화요일부터 금요일까지는 〈타임스〉 본사와 멀지 않은 호텔에 방을 빌려 지냈다. 그녀는 호텔로 돌아가 샤워를 하고 옷을 갈아입었다. 잠시 후, 그녀는 다시 책상 앞에 앉아 있었다.

2017년 10월 5일 목요일

코벳이 호텔로 돌아가고 있을 때쯤, 조디는 수술을 닷새 앞둔 로라 매든에게서 이메일을 받았다. 전날 밤 매든은 웨일스의 자기 집 부엌에 서서 첫째 딸 그레이시와 둘째 딸 넬에게 할 이야기가 있다고 했다. 십대인 두 딸은 수술에 대한 이야기이리라 짐작했다. 그러나 매든이 딸들에게 한 이야기는 오래전 와인스타인이 자신에게 저질렀던 일, 그리고 그 일이 곧 신문에 실리리라는 이야기였다.

두 딸은 충격에 사로잡힌 채 어머니를 바라보며 스무 살의 피해자였던 어머니의 모습을 그려보려 애썼다. "엄마는 그냥 엄마예요." 그레이시가 말했다. "정말 온화한 분이시죠. 엄마에게 무슨 일이 일어났는지 사람들이 신문에서 읽게 될 거라고 생각하면…" 두 딸은 자신의 친구들에게도 얼마 전 비슷한 일이 일어났다는 이야기를 엄마에게 털어놓았다. 술 취한 남자들의 희생양이 된 어린 여성들은 어떻게 해야 할지 알 수 없었다. 이번에는 매든이 충격 받을 차례였다. 딸의 친구들을 알았으면서도, 그 아이들이 어떤 일을 겪었는지는 상상조차 하지 못했던 것이다.

매든은 이메일로 조디에게 이런 말을 전했다.

미라맥스 재직 중에 일어난 일들에 대해 제가 이야기할 의무가 있다고 느낀 건, 영화 업계에서 일하지 않는 제가 생계에 영향을 받지 않을 운 좋은 위치에 있다는 사실을 깨달았기 때문입니다. 또, 하비 와인스타인 밑에서 일하는 사람들이 제게 입을 다물라고 설득하긴 했으나, 저는 침묵을 강요당하지 않았습니다. 또, 기밀 유지 서약을 하지도 않았죠. 저는 생계나 결혼생활에 영향을 받을 위험 때문에 침묵할 수밖에 없는 여성들을 위해 입을 여는 것 같아요. 저에겐 딸이 셋인데, 그 아이들이 어떤 상황에서건 약자를 괴롭히는 행동을 '평범한' 것이라 받아들이며 살게 하고 싶지 않습니다. 저는 생명을 좌우하는 건강 문제를 겪었기에, 시간이 귀하다는 것, 가해자에게 맞서는 것이 중요하단 걸 알게 됐어요. 제 가족 모두가 제 결정을 응원합니다

기꺼이 기사화에 동의합니다.

매든의 이메일만큼이나 놀라웠던 건, 조디와 메건이 연락을 취하지 않았던 여성들에게서도 와인스타인에 대한 이야기를 공유하고 싶다는 연락들이 오기 시작했다는 것이다. 몇 달이나 두 기자는 여성들을 찾아다니며 입을 열어달라고 간곡히 부탁했다. 그런데 갑자기 강줄기가 거꾸로 흐르기라도 하는 것처럼, 〈버라이어티〉와 〈할리우드 리포트〉 기사를 읽은 여성들이 그들을 먼저 찾기 시작했다. 지금은 이들의 이야기를 취재하고, 입증하고, 또 응답해 첫 기사에 실을 시간적 여유가 없었다. 후속 기사에서나 가능할 듯싶었다. 그럼에도 기자들은 이 메시지들을 하더의 편지에 대한 조용한 응답이라 받아들였다.

오전 10시 30분, 조디는 팰트로에게 마지막으로 한 번 더 연락했다. 팰트로는 〈어벤저스〉 시리즈 촬영 중이라 애틀랜타의 분장실 의자에 앉아 있었다. 그날은 지금까지 등장한 〈어벤저스〉 배우들이 총출동해 중요한 단체사진 촬영이 예정된 날이었다. 그러나 몸 상태가 좋지 않았던 그녀는 자기 장면 촬영도 간신히 마쳤다. 심지어 함께 출연하는 미셸 파이퍼(Michelle Pfeiffer)를 한쪽으로 불러내 현 상황을 간략히 설명하고 마지막 조언을 받기까지 했다.

오전 11시 22분, 팰트로가 조디에게 문자 메시지를 보냈다.

전 애틀랜타의 촬영장이에요. 시간적 제약 때문에 엄청난 압박을 느끼고 있어요. 그가 〈할리우드 리포터〉에 한 답변이 믿기지가 않고, 그가 이런 방식을 택했다는 것도 믿지 않아요. 전 그가 참회하기를 기대했던 것 같아요. 하지만 그는 점점 더 가파른 추락으로 나아가고 있는 것 같네요.

우선은 보류했다가 이후에 후속 조치로 당신과 무언가를 함께하는 게 최선일 것 같아요.

이 이메일 덕분에, 오후 12시 4분 데이비스가 보낸 이메일은 더욱 혼란스럽게 느껴졌다. 〈타임스〉가 와인스타인 측에 준 마감 시한을 56분 남겨놓은 시점이었다. 그런데 와인스타인은 데이비스를 통해 기사에 등장할 수많은 혐의들에 집중하는 대신 펠트로에 대한 질문들을 퍼부었다. 펠트로가 기사에 등장하리라 확신했던 모양이었다.

조디와 메건은 어안이 벙벙했다. 기사에는 펠트로에 대한 언급은 하나도 없었기 때문이다. 어째서 와인스타인은 엉뚱한 사안에 집중하고 있나? 혐의들에 대한 답변을 줄 생각은 아예 없는 것일까? 1시가 다가왔고, 지나갔다. 와인스타인 측은 성명서를 거의 완성했다고 주장했으나 오후 1시 33분까지도 도착한 것은 아무것도 없었다.

바케이는 메건이 아직 보낼 것이 아무것도 없다고 재차 말하는 데이비스의 전화에 응대하는 모습을 지켜보았다. 바케이는 메건에게 메시지를 전하라고 지시했다. "래니에게 마감 시한이 지났다고 전해!"

그 순간, 별안간 와인스타인이 수화기를 넘겨받더니 펠트로에 대해 물었다. "여러분한테 일말의 투명성도 없는 판국이니, 그냥 당장 제가 〈워싱턴포스트〉와 빌어먹을 인터뷰를 해버리렵니다. 솔직해지지 않을 거라면 5분 뒤 인터뷰를 할 겁니다. 실토할 생각이 없다면 기사는 얼른 내보내는 게 좋을 거요."

메건과 조디는 유리 상자로 된 회의실 속에 있었다. 바깥에서 코벳과 퍼디가 톨런의 어깨너머로 기사를 검토하는 모습이 보였다.

"기사를 위해 인터뷰한 사람들의 명단 같은 걸 원하시는 겁니까?" 조디가 물었다. "그 명단을 공개하라고 협박을 하시는 거고요?"

"협박이 아닙니다." 그가 말했다. "귀네스 펠트로를 이용하고 있다면 그렇다고 말해요." 펠트로도 두려워했지만, 펠트로의 인터뷰 때문에 더 겁에 질린 건 와인스타인인 것 같았다.

"우린 귀네스 펠트로를 이용하지 않았어요." 메건이 말했다. 만약 펠트로가 기사에 등장한다면 그렇다고 이야기하고 응답할 시간을 주었으리라는 사실을 와인스타인은 이해하지 못하는 것 같았다.

그는 같은 질문을 두 번, 세 번 더 물었다. "거짓말할 생각은 그만 둬요, 아시겠습니까? 하지 말란 말입니다. 그런데 그거 아십니까? 전 여러분의 저널리즘을 존중하고 여러분이 하는 일도 존중합니다. 여러분은 중요한 주제를 다루고, 저 같은 사람들은 배우고 성장해야 하죠. 저도 압니다. 제 성명서에서도 확인하실 수 있을 겁니다. 누가 저한테 뭘 숨길 때마다 전 늘 알아냈습니다. 무슨 소린지 아시겠습니까? 전 지략을 쓸 줄 아는 사람이란 말입니다. 진실을 알려주시죠."

그는 실제로 조디와 메건이 펠트로와 대화를 나누었다는 사실을 아는 것 같았다. 그가 무슨 수로 그 사실을 알았는지 두 기자는 몇 달 뒤에야 알 수 있었다.

메건은 다시 한 번 그를 납득시키려 애썼다. "하비, 우린 당신으로부터 이 기사에 등장하는 그 어떤 것에 대해서라도 말할 기회를 빼앗은 적이 없어요."

"귀네스 팰트로와 이야기했습니까?" 와인스타인은 똑같은 질문을 되풀이했다.

그때, 한 사람이 메건에게 다가왔다. 딘 바케이가 어깨너머에 서 있었다. 지난 몇 달간 와인스타인은 중요한 인물 대 중요한 인물로서 딘 바케이와 직접 접촉해 그에게 영향력을 행사하려고 수도 없이 시도했다. 그런데 그가 원하던 관객이 드디어 눈앞에 나타난 셈이었다.

"안녕하세요, 하비? 딘 바케이입니다." 그가 입을 열었다. "분명히 말하겠습니다. 지금 당장 성명서를 주십시오. 지금 발행 버튼을 누르기 직전이니까요."

와인스타인이 말을 잘랐다. "이봐요, 딘, 제가 위협이란 무엇인지 한 말씀 드려도 되겠습니까?" 와인스타인은 〈워싱턴포스트〉와 인터뷰해 〈타임스〉 기사에 악영향을 주겠다는 협박을 되풀이했다. 바케이는 거의 40년간 기자생활을 했고 국내 최고의 신문사 두 곳을 운영했으며 CIA며 타국의 독재자들에게 대적한 인물이었다. 그런 그가 폭발하지는 않을까?

그러나 바케이의 목소리가 누그러지더니 다시금 희미한 뉴올리언스 억양을 띠기 시작했다. "하비, 그쪽으로 연락하십시오." 그가 말했다. "상관없어요. 〈포스트〉에 연락하세요." 아이를 어르는 듯한 목소리였다. "하비, 위협하는 게 아니에요. 공정하게 구는 거예요."

"지금 위협하고 있잖아요, 딘." 와인스타인이 말했다.

이제 코벳과 퍼디도 회의실 안으로 들어와 있었다. "아니오, 하비, 분명히 말하죠." 바케이가 말했다. "우리는 공정하고자 당신의 성명서를 받으려 하는 겁니다. 이제 곧 기사를 발행할 테니 어서 보내십시오."

"저 역시 보내고 싶습니다." 와인스타인이 말했다.

"고맙습니다." 바케이는 통화를 끝낼 심산으로 그렇게 답했다.

"하지만 지금 이 전화 한 통에 제 경력이, 제 인생이 달려 있단 말입니다."

그러더니 다시금 펠트로에 대해 캐묻기 시작했다.

"펠트로는 기사에 등장하지 않는다고요." 바케이, 메건, 조디가 합창하듯 대답했다.

"하비, 이제 통화는 마무리합시다." 바케이가 말했다. "앞으로 우리가 할 일을 알려드리죠. 하비, 당신이 하고 싶은 말은 전부 들어드릴 겁니다. 그러니 어서 하세요. 저한텐 그 말을 실어드릴 신문도 있습니다. 그러니 성명서를 보내세요. 전 이만 자리를 떠납니다. 나머지는 기자들과 이야기하시죠. 수고하십시오. 행운을 빕니다." 그 말을 남기고 바케이는 회의실을 떠났다.

잠시 후인 오후 1시 41분, 와인스타인 측이 보낸 온 성명서 여러 통이 도착하기 시작했다. 기자들이 기사를 발행하기 전에 마지막으로 필요한 것들이었다.

와인스타인은 아직도 수화기 너머에서 말을 쏟아내는 중이었고, ("결국 제 손해로 끝난다 할지라도 이런 조사는 중요합니다.") 블룸은 〈타임스〉가 "사실을 무모할 정도로 무시하며", "잘못된 고발"로 가득한 "날조 기사"를 내보내려 한다고 비난하고 있었다. 코벳과 퍼디는 기자들이 모르는 사이에 회의실을 떠난 뒤였다.

와인스타인 측에서 온 성명서를 훑어보다가 문득 성명서 속에서 중요한 사실을 발견한 메건이 블룸의 말에 끼어들었다. "리사, 하비가 이 문제에 집중하기 위해 잠시 떠나 있어야 한다고 하셨군요."

그렇습니다, 하고 와인스타인이 말했다. 그는 잠시 떠나 있기로 했다고 했다.

"회사를… 말이지요?" 메건은 자기 생각이 맞는다는 것을 확인하려 물었다. 그렇다고, 배움을 위해 시간이 필요하다고 와인스타인이 대답했다.

"배움을 얻고, 제 말에 귀를 기울일 시간이 필요하죠." 블룸이 거들었다.

와인스타인은 아직까지도 조디와 메건에게 당신들에게는 유머감각이 부족하다고, 또 자신은 〈뉴욕타임스〉를 위해 매일 기도한다며 연설을 늘어놓는 중이었다.

그러나 메건과 조디는 놀란 표정으로 서로를 마주보고 있었다. 와인스타인이 회사를 잠시 떠난다니, 언론, 홍보, 사업의 언어로 이는 그가 잘못을 인정한다는 뜻이었다. 전력을 다해 싸울 작정인 사람은 자신의 회사를 떠나지 않는다. 그 순간 두 기자는 와인스타인이 아마도 〈타임스〉에 소송을 걸지도, 기사를 크게 반박하지도 않으리라는 사실을 직감했다.

메건이 휴직 계획에 대해 더 자세히 캐물었으나, 그는 나중에 다시 전화하겠다고 했다. "중국 신문과 기자회견을 해야 해서 말입니다." 기삿거리를 경쟁 언론사로 가져가겠다는 위협을 담은 농담이었다.

메건은 큰 소리로 웃었다.

"웃으시다니!" 와인스타인이 외쳤다. "기자들이 처음으로 웃는군요." 그가 블룸에게 말했다. 어쩌면 이것이 사람들이 설명하고자 했던 와인스타인의 거친 매력일는지도 몰랐다. 아니면, 자신의 파멸 한가운데서 마지막으로 다시금 지배와 통제를 거머쥐려 애쓴 걸지도 모르고.

어느 쪽이건 상관없었다. 메건과 조디는 전화를 끊고는 안도감과 소속감, 그리고 자매애에 휩싸여 함께 울고 웃었다.

만반의 준비를 끝낸 두 기자가 유리로 된 회의실을 나왔다. 그런데 코벳을 비롯한 편집자들은 이미 한참을 앞서가 있었다. 기자들이 전화통화를 하는 동안 편집자들은 와인스타인 측이 보낸 성명서들을 검토하고 기사에 쓸 골자를 뽑아낸 다음 기사에 담을 수 있도록 편집하는 중이었다.

와인스타인과 그의 변호사단이 보낸 성명서들은 모아놓고 보니 혼란스러웠다. 리사 블룸의 성명서는 "혐의의 대다수가 명백히 거짓"이라고 부인했지만 그중 어떤 것이 거짓인지는 말하지 않았다. 와인스타인의 성명서에는 애매모호한 참회가 담겨 있었고 ("저는 오래전 제가 더 나은 사람이었어야 했다는 사실을 깨달았습니다… 이제부터 저는 저 자신에 대해 알아가고 제 안의 악마를 무찌르는 여정을 떠나고자 합니다… 저는 모든 여성들을 존중하며 일어난 사건을 후회합니다.") 중언부언 써내려간 성명서에서 그는 자신이 전미총기협회에 대한 반대 활동을 펼쳤다는 이야기를 하며, 실제 존재하지도 않는 제이지의 노래를 인용했다.

"저는 우리 대통령에 관한 영화를 만드는 중인데, 어쩌면 우리가 이를 합동 은퇴 파티로 만들 수도 있을 겁니다." 기자들이 여태까지 본 그 어떤 성명서보다도 미성숙하고 비전문적인 글이었다.

"사실 그는 위협하는 게 아니었어, 그저 고함을 질러댔을 뿐이지." 맷 퍼디가 말했다. "그에게는 변호사가 여럿이야. 말도 많지. 목소리도 커. 하지만 사실들을 갖고 있는 건 우리 쪽이야."

이제 두 기자와 세 편집자는 키보드를 두드리는 털런 뒤에 줄지어 서서 모니터 속 기사에 시선을 집중하고 있었다. 예전에는 신문 기사를 발행하려면 기사를 거대한 종이 두루마리와 몇 통이나 되는 잉크가 들어가는 인쇄기로 보낸 뒤, 완성된 신문을 트럭으로 실어 날라 신문 가판대와 잔디밭에 배달해야 했다. 그런데 이제는 버튼 하나만 누르면 끝이었다.

바케이는 잔뜩 들떠서는 이제 기사를 발행해도 되겠다고 했다. 퍼디는 여섯 기자들이 마지막으로 다 함께 한 번 읽어보자고 했다.

그들은 맨 위 헤드라인부터 읽기 시작했다.

하비 와인스타인이 수십 년간
성폭력 고발자들에게 합의금을 지불했다

기사의 시작은 페닌슐러 호텔에서 있었던 세 개의 각각 다른 사건을 차근차근 쌓아가면서 시작했다. 기자들은 최소 여덟 건의 합의, 그리고 1990년 뉴욕에서의 젊은 어시스턴트로 시작해 아일랜드의 매든을 거쳐 2015년까지 이어지는 끔찍한 패턴으로 기록된 일련의 혐의들을 언급했다. "과거부터 현재까지, 어시스턴트에서 상급 임원에 이르기까지, 와인스타인의 과거와 현재 직원 수십 명이 그의 부적절한 행위를 알고 있었다고 했다. 그중 그에게 직접 맞선 사람들은 극소수에 불과했다." 그들이 쓴 기사였다. 기사에서는 앞으로 나선 여성들이 묵살당하거나 침묵을 강요당했다고 설명하고 있었다.

취재 팀은 말없이 한마음으로 기사를 한 줄 한 줄 읽어내렸다. 끝까지 읽은 뒤 수정이 필요하다고 느끼는 사람은 아무도 없었다. 오후 2시 5분, 와인스타인이 성명서를 보내온 지 불과 24분 뒤 톨런이 발행 버튼을 눌렀다.

와인스타인은 기사가 이렇게 곧바로 나올 줄은 예상치 못하고 있었다. 블룸을 위시한 변호사들과 사무실에서 다음 행보를 논의하고 있는데, 어시스턴트가 문 안으로 고개를 들이밀었다. "기사가 올라왔습니다." 어시스턴트의 말이었다. 회사 내의 모든 직원들이 컴퓨터 스크린을 주시하며 상사에 대한 뉴스를 읽어내리고 있었다.

다시 〈타임스〉, 조디의 휴대폰이 울렸다. "하비 와인스타인한테서 전화가 왔어요." 한 어시스턴트가 평소와 다름없는 단조로운 말투로 말했다.

"애슐리 저드와 한 방에 있었을 때 성추행은 없었습니다." 전화를 받자마자 와인스타인이 고래고래 고함을 질렀다. "경찰 신고 기록도 없다고요. 그건 이미 다 끝난 일입니다."

조디와 메건은 기사에 이름이 거론된 여성들에게 그가 보복할 계획인가를 물었다. 그들은 이 질문에 대한 공식적인 답변을 듣고자 했다.

"보복은 당신들 기사에 대해 할 겁니다." 불과 한 시간 전만 해도 농담조이던 그의 목소리가 험상궂게 변했다가, 또다시 변했다. "그 여성들에게 미안한 마음도 있습니다." 그가 말했다. "전 성자가 아닙니다, 우리 모두 알다시피 말입니다." 성명서에서와 마찬가지로 전화통화에서도 그는 부인과 후회 사이를 바쁘게 오갔다. 그는 호텔 방을 찾은 것은 여자들인데, 어째서 〈타임스〉가 자신의 행위를 성폭력이라 부르느냐고 물었다.

그의 마지막 말에는 자기 연민이 묻어 있었다. "전 이미 죽은 거나 다름없습니다. 전 이미 죽었습니다. 전 이제 굴러나간 돌이 되고 말 겁니다."

3천 3백 단어로 이루어진 이 기사는 즉시 와인스타인컴퍼니에 위기를 불러왔다. 몇 시간 지나지 않아 회사의 이사진은 긴급 전화 회의를 열었고, 이후 메건이 입수한 회의 녹취록에 따르면 앞으로 어떻게 대응할까를 논의하는 자리였다.

분노한 밥 와인스타인을 비롯한 여러 이사회 구성원들은 회사가 그의 행동을 조사하는 동안 와인스타인이 회사를 떠나 정신건강 치료를 더 받아야 한다고 주장했다. 그러나 와인스타인이 다시 반격했고, 덕분에 그가 〈타임스〉 측에 제출한 성명서는 본질보다는 보여주기 식이었던 것으로 보였다. 그는 이사회가 "충동적인 판단"을 내리고 있다고 했다. 머독 가문과의 인맥을 이용해 〈월스트리트 저널〉에 매로브에 대한 부정적 기사를 싣는 것으로 보복하겠다고 했다. 자신을 "감옥에 집어넣을" 수사에는 응하지 않겠다고 했다. 쫓겨나기 전에 회사를 팔아버리겠다고 했다. "강압에 의해 죄인으로 몰리지 않을 겁니다." 그가 이사회에 한 말이다.

그러나 오랜 세월 눈을 가린 채 타협하며 지내온 밥 와인스타인은 마침내 형의 모습, 그리고 이 기사가 형에게 어떤 의미인지 똑똑히 볼 수 있었다. "형은 이제 끝났어." 그의 말이었다.

이후 며칠 사이에 책임자 중 대부분이 공식 입장을 내놓지 않고 사임하게 되었다. 그러나 비밀리에 치러진 이 미팅에서 그들의 시각을 알 수 있다. 한때 와인스타인 형제의 회계사였던 리처드 쾨닉스버그(Richard Koenigsberg)는 이사회가 "이 행동을 인정하지도 않지만, 하비 와인스타인이 20년 전 저지른 일에 책임을 질 수도 없는 가느다란 선"에서 줄타기를 하고 있다고 했다. 제작 및 배급사인 테크니컬러의 팀 사노프(Tim Sarnoff)는 와인스타인을 회사에서 끊어내는 것이 불가능할 것이기에 이사회가 "하비를 보호해야" 한다고 여겼다. 투자자 폴 튜더 존스(Paul Tudor Jones)는 "잊힐 것"이라 말하며 순전한 낙관주의자의 면모를 보였다.

늦은 시각 이루어진 이 회의에서조차 그들은 문제의 시초인 여성의 복지보다 회사의 복지를 더 걱정한 듯했다. 이사회가 법적 책임이라는 협소한 문제에 치중했기에 문제는 더 커졌고 마침내 그들이 보호하고자 했던 회사를 무너뜨렸다.

와인스타인은 이사회 회의에서 이미 리사 블룸의 도움을 받아 재기한다는 서사를 내세우고 있었다. 블룸과 함께해서 40개, 50개, 60개 여성단체의 지지를 얻으리라는 것이다.

"하나의 운동이 일어날 겁니다." 와인스타인의 단언이었다.

그날 저녁 9시 7분, 블룸은 〈타임스〉에 보낸 성명서의 회유적인 어조는 간데없는 도전적인 이메일을 이사회에 보냈다.

오늘은 최악의 하루였습니다.

오늘은 〈타임스〉가 대부분 거짓이며 명예훼손인 기사를 내고, 수십 건의 혐의에 대해 응답할 시간을 단 이틀밖에 주지 않았으며, 여러 주장을 무효화시킬 수 있는 증인과 문서에 관한 정보를 포함시키기를 거부함으로써 언론 윤리를 크게 훼손한 날입니다.

내일은 이 기사의 오류를 지적하는 더 많은, 또 다른 보도들이 쏟아질 것이고 그 속에는 피해를 입었다고 주장하는 사건 뒤 하비와 무척 친근한 포즈를 취하고 있는 고발자들의 사진도 있을 겁니다.

더 많은 보도가 쏟아지리라는 블룸의 말은 맞았다. 그녀가 상상한 방식대로가 아니었을 뿐이다.

다음 날인 10월 6일 금요일, 와인스타인에 대해 이야기하려 조디와 메건에게 연락을 취한 여성들이 너무 많아서, 코벳이 다른 동료들을 불러 모아 이 여성들에게 다시 전화를 걸어야 했다. 심리학 교수 토미 앤 로버츠(Tomi-Ann Roberts)는 스무 살이던 1984년 와인스타인이 영화 오디션을 보라고 설득하더니 미팅에 불러냈다고 했다. 그녀가 도착하자 와인스타인은 벌거벗은 채 욕조 안에 들어가 앉더니 배역을 얻으려면 옷을 벗어보라고 했다고 했다. 62세 호프 엑시너 다모레(Hope Exiner d'Amore)는 와인스타인이 1970년대에 버팔로의 한 호텔 방에서 그녀를 강간했다고 했다. 배우 신시아 버(Cynthia Burr)는 같은 시기 와인스타인의 강압으로 오럴 섹스를 했다고 했다.

캐서린 켄들은 1993년 와인스타인이 자신에게 대본을 주고 시사회에 초대하더니 자기 집으로 불러 옷을 벗고 거실에서 자신은 쫓아다

넜다고 했다. 또 다른 옛 배우 던 더닝(Dawn Dunning)은 2003년 와인스타인이 자신의 멘토를 자청하고 호텔 방에서 미팅을 잡더니 곧 촬영할 세 건의 영화 계약서를 펼쳐놓고 자신 그리고 그 자리에 있던 어시스턴트와 셋이서 섹스를 하면 배역을 주겠다고 했다고 했다. 앞서 발언을 거부했던 프랑스 배우 쥐디트 고드레슈 역시 와인스타인이 오스카 캠페인에 대해 의논하자는 핑계로 칸의 한 호텔 방으로 자신을 불러내서는 몸으로 짓누르고 스웨터를 벗겼다고 털어놓았다.

조디와 메건은 여태까지는 생각하게 될 거라 생각지 못했던 질문에 맞닥뜨렸다. 얼마나 많은 와인스타인 희생자들의 이야기를 실제 기사에 담을 수 있을까?

〈타임스〉 기사가 발행되고 나서 로넌 패로 역시 와인스타인의 범죄를 상세히 담은 강력한 기사를 마무리하고 있었다. TV 저널리스트인 로런 시반(Lauren Sivan)은 와인스타인이 식당 복도에서 자신을 가로막더니 성기를 노출하고 자위행위를 한 뒤 식물 화분에 대고 사정했다는 이야기를 〈허핑턴포스트〉의 야샤르 알리(Yashar Ali)에게 전하기도 했다.

앤젤리나 졸리의 대변인들을 통해 조디와 졸리가 대화를 나눌 약속이 잡혔다. 로재나 아켓도 공식 인터뷰를 하기로 했다. 팰트로 역시도 다음 번 〈타임스〉 기사에 참여해 와인스타인의 캐스팅 카우치 성추행에 대해서, 그리고 "미팅", 업무상 논의, 어시스턴트, 가해의 수단으로 삼은, 스타덤에 올려주겠다는 약속으로 이루어진 그 패턴에 대해 이야기하기로 했다.

"여성을 이런 식으로 취급하는 건 여기서 끝나야 해요." 조디가 한 동료와 함께 막 쓰기 시작한 기사에 인용한 팰트로의 말이다.

〈굿모닝 아메리카〉에 출연해 불편한 발언을 한 블룸은 곤혹을 치렀는데, 이후 메건이 후속 기사를 통해 블룸이 와인스타인컴퍼니 이사회를 상대로 와인스타인을 고발한 여성들이 그와 함께 찍은 사진을 언론에 내보내겠다고 약속했다고 밝힌 이후 이 출연분은 더 큰 곤혹을 안겼다. 그즈음 블룸은 래니 데이비스와 마찬가지로 이미 와인스타인 팀에서 사임한 뒤였다. 이제 메건은 와인스타인컴퍼니가 와인스타인의 혐의들에 대해 언제부터 얼마나 알고 있었는지를 더 자세히 파헤치고자 기세를 몰아가고 있었다.

점점 거세지는 반응을 몰랐던 건 단 한 사람, 애슐리 저드뿐이었다. 저드는 기사가 발행되기 직전 그레이트 스모키 산악 국립공원으로 홀로 캠핑을 떠났다. 그곳에선 휴대폰 신호가 거의 잡히지 않았고, 트위터를 확인하지 않겠다고 이미 선언한 데다가, 들어오는 문의들은 대리인들이 대신 처리하도록 한 뒤였다. 하루에 한 번, 미약하게나마 휴대폰 신호가 잡힐 때면 저드는 조디에게 나무가 우거진 평온한 숲 속 풍경 사진을 보내주었다. 층층나무와 목련 속에서 하이킹을 즐기는 그녀는 와인스타인에 대한 자신의 진술이 어떤 반응을 불러일으켰는지, 다른 여성들에게도 의미가 있었는지를 어렴풋이만 짐작하고 있을 뿐이었다.

8장

내게 일어난 일만으로는 충분하지 않나요?

와인스타인 기사가 비밀을 녹이는 용해제라도 된 것처럼 전 세계 여성들이 비슷한 경험에 대해 입을 열기 시작했다. 하비 와인스타인이라는 이름은 이제 수십 년간 그 누구도 손쓰지 않고 있었던 위법행위를 해결해야 한다는 논쟁이자, 덜 심각한 잘못이 훨씬 더 심각한 잘못으로 이어질 수 있다는 예시이기도 했다. 성폭력과 학대에 대해 입을 여는 것이 수치스럽거나 신의를 저버리는 일이 아니라 존경받을 만한 행동이라는 것도. 와인스타인의 사례는 이런 종류의 행위가 고용인들에게 커다란 위험이 될 수 있다는 경고를 담은 이야기이기도 했다. 무엇보다도 와인스타인 기사로 인해 와인스타인과 비슷한 행위는 명백히 잘못된 것이고 용인해서는 안 된다는 일치된 의견이 생겨나기도 했다.

2017년 10월부터 이 기사가 남긴 여파는 조디와 메건의 상상을 훌쩍 뛰어넘었다. 와인스타인을 다룬 첫 기사가 발행된 뒤 몇 주 동안 〈타임스〉를 비롯한 언론사로 어마어마한 정보들이 물밀 듯 쏟아져 들어왔다. 미국뿐 아니라 전 세계 여성들이 여태 무엇을 참아왔는지를 알려주는, 단 한 번도 드러난 적 없었던, 지저분한, 놀라운 기록이었다. 여러 언론사가 탐사 프로젝트를 시작했다.

〈타임스〉 성폭력 조사팀은 분야를 늘려 식당 종업원, 발레 댄서, 가사 노동자와 공장 노동자, 구글 직원, 모델, 교도관을 비롯한 여러 직종 여성들의 이야기를 파헤치기 시작했다. 유명 코미디언 루이스 C. K.(Louis C. K.)에 관한 정보를 알게 된 조디는 두 동료와 함께 그의 잘못된 행실에 대한 다섯 여성의 주장을 기사에 실었고, 그렇게 개봉 직전이던 영화 배급이 취소되었을 뿐 아니라 그의 뒷배가 되어주던 방송사와도 결별했고, 에이전시, 매니저, 홍보 담당자도 잃었다. 그 모든 과정은 압축적이면서도 빠른 속도로 일어났다. 처음 정보를 알게 된 순간부터 그의 몰락에 이르기까지 채 한 달도 걸리지 않았던 것이다.

그해 가을, 다양한 분야에 종사하는 여성들이 소셜미디어에 #MeToo 해시태그와 함께 자신의 이야기를 게시하면서 새로운 연대로, 자유 의지로 앞으로 나섰고, 이때는 와인스타인 조사를 위해 필요했던 수개월에 걸친 신뢰 쌓기나 설득은 필요하지 않았다. 퇴근한 뒤 자기 소셜미디어 계정에 올라온 여성들의 선언을 읽어가던 어느 늦은 밤 메건은 아는 여성이 올린 글을 보고 눈물을 흘리기도 했다.

이 변화의 핵심은 과거의 일에 대해 책임을 지우기 시작했다는 것이다. 자신의 이야기가 행동으로 이어질 수 있다는 자신감을 얻은 여성들 중 더 많은 수가 입을 열기 시작했다. 이야기들의 규모, 그리고 이에 담긴 고통이 이 문제가 얼마나 큰지, 그리고 이 문제가 삶을 얼마나 망가뜨리고 일터의 진보를 방해하는지를 보여주었다. 기업체를 비롯한 여러 기관에서 조사에 착수했으며 대표를 해고하기도 했다. 진실을 말하면 행동으로 이어진다는 약속이 있었기에 더 많은 여성들이 입을 열었다.

오랫동안 묻혀 있었던 혐의들이 드러나며 주법원들에서 소요가 일었다. 스톡홀름의 거리를 시위자들이 가득 메웠다. 영국 국방부장관이 사임했다. TV 진행자 찰리 로즈(Charlie Rose), 맷 로어(Matt Lauer), 그리고 인기 셰프인 마리오 바탈리(Mario Batali)에 이르기까지, 불변할 것만 같았던 권력을 지닌 남성들이 순식간에 실직자가 되었다. 직장 상사의 성적 접근, 직장 내 성추행과 학대를 은폐하는 기업 내의 중재 정책에서부터 심지어 학교 복도에서 브래지어 끈을 튕긴다거나 여성이 남성 주인공을 정복함으로써 이용당하는 영화 장면을 보며 웃음을 터뜨리는 것처럼 사소한 행동에 이르기까지, 기존에는 감내했던 행위들이 전부 잘못되었다는 공통 감각이 점점 강해졌다. 순식간에 수많은 것들이 질문의 대상이 되었다. 과거의 행동에 대한 심판, 그리고 사회적 기준이 급변하고 있다는 감각은 당파 간의 분열과 끊이지 않는 갈등의 시대인 지금에도 진보가 여전히 가능하다는 것을 알리는 징조처럼 보였다.

첫 몇 달 동안, 와인스타인 기사 이후 잇따라 이루어진 심판은 대개 당파 정치를 초월했다. 공화당 지지자들이 몰락했으며 민주당 지지자들도 마찬가지였다. 이런 혐의는 보편적인 것이었으므로 수많은 이들이 자기 검열을 마주했다. 이는 마치 당파에 따라 의견이 갈리면서 진정한 도덕적 책임을 묻기보다는 성전(聖戰) 비슷한 것으로 귀결되었던, 클래런스 토머스, 빌 클린턴, 도널드 트럼프에 대한 혐의를 둘러싸고 이루어진 공공의 대화들을 지배했던 암울한 기존의 공식으로부터의 신선한 단절로 느껴졌다.

그러나 이런 대화가 이어지면서 트럼프 대통령의 여성에 대한 태도가 예기치 못한 방식으로 또다시 논의의 대상이 되기도 했다. 메건은 〈타임스〉 독자들로부터 트럼프가 2016년 제기되었던 성적 위법행위에 대한 대가를 치를 것인지, 새로운 혐의를 주장하는 또 다른 여성들도 있는지 하는 질문을 받았다. 당시의 사건에는 증거가 거의 없었다. 그러나 메건은 조용히 독자적인 취재를 해나가고 있었다. 취재의 일환으로 메건은 스토미 대니얼스(Stormy Daniels)라는 여성을 만나러 로스앤젤레스에서 열린 포르노 업계 시상식 공연에 참석하기도 했다. 메건은 트럼프가 대선 레이스 기간 동안 자신과의 행위에 대해 공공연하게 주장하지 못하도록 대니얼스에게 지급한 비밀 합의금에 대한 정보를 짜 맞추려 노력하는 여러 기자들 중 하나였다. 모호한 법률 문서들이 대중의 대화 중심에 놓였다는 사실이 놀라웠다. 트럼프의 경우, 이 합의는 대선 캠페인에 대한 금융법을 위반하는 범죄행위가 될 수 있었다. 성추행 합의 시 기밀 유지 조항을 금지하는 법안을 여러 주가 준비하고 있었고, 그중에는 캘리포니아 주도 있었다.

트럼프의 이야기와 와인스타인의 이야기가 만나는 지점은 또 있었다. 두 남성 모두 자신에게 해가 되는 여성들의 이야기를 은폐하기 위해 〈내셔널 인콰이어러〉 모회사인 아메리칸 미디어 주식회사를 이용했음이 확실시되고 있었다. 2016년 누군가가 트럼프를 상대로 또 하나의 혐의를 제기했을 때 아메리칸 미디어 주식회사는 이를 돈으로 매수해 묻어버렸다. 비슷한 시기, 이 회사 임원 중 한 사람이 어느 기자에게 와인스타인을 고발한 여성의 뒷조사를 지시하기도 했다.

너무 많은 사실들이 급작스레 수면 위로 드러나고 있었고, 너무 많은 사람들이 질문하기 시작했다. 과거에 실제로 일어난 일은 무엇인가? 어떤 일들이 은폐되었나? 이는 누구의 책임인가?

와인스타인의 혐의를 담은 첫 기사가 발행된 지 7개월 뒤, 조디와 메건은 맨해튼의 법정에 앉았다. 두 기자는 그날 오전 몇 블록 떨어진 경찰서에서 경찰 조서를 쓰고, 지문을 찍고, 여러 장의 머그 샷을 찍은 와인스타인을 기다리는 중이었다.

와인스타인은 이미 직업과 명성을 잃은 뒤였다. 그러나 그날은 그가 드디어 궁극적인 대가를 마주하게 될 첫날이었다. 와인스타인 재판은 그날 있을 일상적인 재판들 뒤의 순서로 예정되어 있었다. 법원 앞에 카메라를 든 기자들이 길게 늘어서 있었는데, 그 모습은 이상하게도 와인스타인이 오랜 세월 걸었던 레드카펫을 연상시키는 데가 있었다.

겸손한 자세로 법정으로 들어오는 와인스타인의 뒤로 잠깐 유치장의 철창이 비쳤다. 그는 커다란 덩치를 전부 감당하기 위한 세 개의 수갑으로 양손을 등 뒤로 결박당해 꼼짝할 수 없는 상태였으며, 그를 끌고 들어오는 두 명의 수사관 중 한 사람은 여성이었다. 판사가 개정을 알리자 여성 검사가 낭랑한 목소리로 와인스타인의 혐의를 읊었다. "존경하는 재판장님, 피고인은 두 건의 별개의 강압에 의한 폭행으로 인한, 두 건의 B급 강력범죄 혐의로 이 자리에 출석했습니다." 긴장으로 팽팽하던 몇 분간, 와인스타인이 한 여성을 강간했으며 또 다른 한 여성에게 오럴 섹스를 강요하는 성범죄를 저질렀다는 혐의가 나열되었다. 보석금을 내기 전 그는 여권, 즉 자유를 반납해야 했다.

재판 결과를 예측할 방법은 전무했다. 와인스타인의 성추행 혐의들은 형사 처벌이 불가능했다. 여러 여성들이 그에게 민사소송을 걸었으나, 소송이 어떻게 해소될지는 확실치 않았다. 그에게 제기된 가장 중대한 범죄 혐의 중 일부는 그날의 재판에서 다루지 않았고 영영 법정으로 갈 수 없을 터였는데, 이미 뉴욕의 공소시효를 넘긴 혐의들이었기 때문이었다. 지금까지 그에게 혐의를 제기한 피해자들은 직접 맞설 생각으로, 또는 유죄 판결이 이루어지지 않을 것이라는 비관적인 전망으로 당국과 협조하지 않기를 택했다. 그날 재판의 대상이 된 혐의를 제기한 두 여성은 메건과 조디의 취재원이 아니었다. 이들은 기사가 나온 뒤에 그들을 찾은 수십 명의 여성들 중 일부였고, 둘 중 한 여성의 이름은 아직 대중에 공개되지도 않은 상태였다. (이후 법원에서는 두 여성 중 하나가 제기한 혐의를 기각한 뒤, 세 번째 피해자와 관련된 혐의를 추가했다.) 성범죄는 유죄 판결이 어려운 것으로 악명 높았고 와인스타인의 변호인은 무죄 판결을 받아내겠다고 장담했다.

그러나 와인스타인에 대한 혐의가 처음 제기되기 시작한 지 50년 가까이 지난 지금, 마침내 와인스타인이 처음으로 법정에 섰다. "그가 타인들에게 겪게 만든 일을 이제 자신도 겪고 있는 것이죠." 1970년대에 그가 자신에게 오럴 섹스를 강요했다고 고발한 신시아 버가 〈타임스〉에 한 말이다. "수치심, 무가치함, 두려움, 약함, 고독감, 상실감, 고통과 부끄러움 말이에요. 이건 시작에 불과합니다."

법정을 나서기 직전, 와인스타인은 소재 파악을 위해 큼직한 전자발찌를 지급받았다. 그는 이 불가피한 결정에 맞서 항의하다가 결국 포기했다. 그에게 무슨 선택지가 있겠는가? 법정을 나서는 와인스타인은 아직도 무슨 일이 일어났는지 완전히 이해하지 못한 듯 멍한 얼굴이었다.

봄이 지나고 여름이 왔을 무렵 조디와 메건은 새로운 질문에 집중하게 되었다. 실제로 얼마만큼이 변화했는지, 그 변화가 지나치게 큰지, 아니면 아직도 불충분한지 하는 질문이었다.

섹스와 권력에 관한 낡은 법칙 중 일부가 사라졌다고는 해도, 그 자리에 새로운 법칙이 등장할지, 또는 등장해야 할지는 명확하지 않았다. 어떤 행동들을 면밀히 살펴야 하고, 무엇을 믿을지 어떻게 알아야 할지, 책임은 어떤 모습을 띠어야 할지에 대한 합의는 거의 이루어지지 않았으며, 논의는 원한과 뒤엉킨 채 지속되었다. 수년 전 타라나 버크가 시작한 #MeToo 운동은 성폭력 피해자들에 대한 공감과 치유를 고취하기 위한 것이었지만, 지금 이 해시태그는 언어폭력에서 불편한 데이트에 이르기기까지, 어디까지가 직장 내 위반행위 또는 법적 위법행위인지 확실치 않은 광범위한 고발에 잡다하게 사용되고 있는 실정이었다. 그해 초 온라인 매거진 베이브닷컴(babe.com)은 코미디언 아지즈 안사리(Aziz Ansari)가 사적인 연애 관계에서 저지른 잘못을 고발하는 기사를 냈다. 그러나 안사리의 행동이 그저 극성맞고 눈치 없는 것이었는지 그보다 더 심각한 것인지는 판단하기 어려웠다.

한 익명의 고발자가 이야기한 단 한 가지 사건에만 집중한 이 기사는 또 다른 딜레마를 보여주었다. 심도 깊은 취재와 공식적인 근거에 바탕을 두고 폭로 기사를 쓰는 언론사도 많지만, 대부분은 단 한 명의 취재원이나 익명의 고발자에 의존해 훨씬 낮은 기준으로 기사를 내보낸다는 것이었다. 기사가 발행된 뒤 부가적인 혐의나 잘못에 대한 더 많은 증거가 쏟아져 나오는 경우도 있었다. 그러나 많은 기사가 빈약하며 편파적으로 보였고, 따라서 이런 혐의를 받은 이들은 공정성의 여부를 묻게 된다. 근거도, 고발당한 쪽의 응답도 없이 소셜미디어에서 가해자를 지목하는 경우도 마찬가지였다.

"여성을 믿어라(Believe Women)"는 오늘날의 캐치프레이즈가 되었다. 조디와 메건은 이 명령 이면에 담긴 정신에 공감했다. 그들 역시 기자로서 여성들의 이야기를 지면으로 옮기는 작업을 해왔기 때문이다. 그러나 기자의 책무는 정보를 검토하고, 입증하고, 확인하고, 질문을 더지는 것이다. (예전에 메건과 함께 일했던 편집자의 책상에는 이런 문구가 적혀 있었다. "당신의 어머니가 사랑한다고 말한대도 사실 확인을 빠뜨려서는 안 된다.") 와인스타인 기사가 영향력이 있었던 것은 어느 정도는 2018년에는 희귀하고도 귀중한 어떤 것, 즉 사실에 대한 폭넓은 의견 일치라는 가치를 달성했기 때문이었다.

책임을 지라고 주장하기는 쉬웠으나, 책임을 지우기가 무척 어려운 경우들도 있었다. 취임 이전 일어난 여러 가지 사건으로 지난 1월 사임한 미네소타 주 상원의원 앨 프랭큰(Al Franken) 사건을 놓고 민주당은 둘로 분열되었다. 이때 그에게 제기된 혐의 중에는 상대가 원치 않았던 키스도 있었으나, 나머지는 코미디 작가로 활동하던 이력에서 나온 장난스러운 제스처였다. 행동을 취하지 않았던 와인스타인컴퍼니의 사례에서 얻은 교훈을 단단히 새긴 여러 회사가 불관용 정책을 자랑하기 시작했다. 그러나 무엇에 대한 불관용이란 말일까? 원치 않았는데 등에 손을 올리는 행위? 연말 파티에서 술에 취해 슬쩍 흘린 한마디? 남성들이 피해자가 되고 있다고 불만을 표시하는 평론가들이 점점 늘어났다.

당시 와인스타인의 변호사이던 벤저민 브래프먼(Benjamin Brafman) 마저도 그 비판을 써먹었다. 와인스타인이 법정에 선 뒤 한 달이 지난 6월, 브래프먼은 한 라디오 인터뷰에 출연해 점점 고조되어 가는 비통함의 감정을 분명히 표출했다. 그는 와인스타인에게 제기된 혐의들이 #MeToo 운동이 마녀사냥으로 변해가고 있는 것과 마찬가지인 도덕적 공황이라고 주장했다. 여성들이 과장된 주장을 하고 있기에, 이런 주장들이 "도가 지나친 것으로 밝혀지고" 있으며 "일부 신뢰성을" 잃었기에 극단으로 치달아 이제는 직장에서 "매력적인 동료에게 멋진 옷을 입었다고" 말하는 것조차 겁을 내야 할 지경이라는 것이다. 브래프먼은 의심의 씨앗을 뿌리기 위해 와인스타인에 대한 고발 전반이 갖는 힘에 대해 말하는 대신 억지스러운 #MeToo 고발들만 골라 이용하는 듯했다.

반발이 점점 거세지자 변화가 아직 충분하려면 멀었다고 주장하는 이들도 생겨났다. 사회적 태도가 달라지고 있고 매일같이 극적인 고발이 헤드라인을 장식하지만 근본적인 것들은 그대로나 다름없다는 것이었다. 성추행을 규제하는 법규들은 시대에 맞지 않고 고르게 집행되지도 않았으며, 몇몇 주에서 약간의 수정을 가한 것 외에는 당분간 바뀔 것 같지 않았다. 아직도 비밀 합의가 이루어져—몇몇 변호사들의 말로는 합의금의 액수가 사실상 그 어느 때보다 높다고 했다—포식자들을 감춰주고 있었다. 때로는 사건을 다루는 데 있어 인종과 계층이 크나큰 영향을 끼치기도 했다.

조디는 저임금 근로자들을 취재했는데, 이들의 경험은 구조적인 변화가 거의 일어나지 않았음을 시사했다. 월마트에서 지하철공사에 이르기까지, 조디가 접촉한 고용주 대부분은 오랫동안 변함없이 이어져 온 기존 정책에 별 문제가 없다고 답했다. 조디와 이야기를 나눈 근로자 다수는 고무되어 분노를 느끼고 있었다. 배우들이 입을 여는 모습을 보면서, 멀게만 느껴졌던 유명인들의 경험이 자신들과 이어져 있다는 느낌을 받았다고 했다. 하지만 자신들의 문제를 해결할 방안이 있는지는 잘 모르겠다고 했다.

미주리 주 캔사스시티의 맥도널드 근로자인 25세 킴 로슨(Kim Lawson)은 조디에게 두 번에 걸친 성추행 피해 경험을 털어놓았다. 첫 번째는 어린 딸과 함께 살던 낡은 원룸형 아파트에서 겪은 일이었다. 집 주인이 꾸준히 작업을 걸어오다가 거절당할 때마다 월세를 올리는 일이 총 네 번 있었고, 결국 월세는 그녀가 더 이상 감당할 수 없는 액수가 되고 말았다. 살 곳이 없었던 로슨은 울며 겨자 먹기로 어린 딸 페이스를 네 시간 거리가 떨어진 어머니 집으로 보낼 수밖에 없었다.

로슨은 간신히 맥도널드에 일자리를 얻어 홈리스 신세를 피했다. 그러나 일을 시작한 지 얼마 지나지 않아 그녀는 지난 번과 유사한 포식적 대우를 마주했다고 했다. 한 동료가 그녀가 몸을 돌릴 때마다 몸을 그녀에게 바짝 붙어 서는 바람에 계속 몸이 스쳤다. 그 동료에게 한마디해달라고 교대 근무조 책임자들에게 부탁했는데도 달라지는 것은 없었다. 오래지 않아 책임자 중 한 사람도 "넌 초콜릿 드롭(흑인 여성에 대한 인종주의적/성차별적 호칭—옮긴이 주)이야"라든지 "남자친구와 헤어지도록 해" 같은 말로 그녀에게 추근거리기 시작했다. 집 주인으로부터 괴롭힘을 당하던 당시 그녀는 자신에게 어떤 선택지가 있는지, 누구에게 의지할 수 있는지 몰랐고, 조디에게 이 이야기를 해줄 때는 직장에서 일어난 일을 어떻게 해결해야 할지 몰랐다. 로슨은 맥도널드에 성희롱 예방 교육이 없다고 알고 있었다. (실제로 맥도널드에는 성희롱 예방 교육이 존재했지만, 나중에 맥도널드 간부들은 이 교육을 받는 직원들은 일부에 불과하다는 사실을 인정했다.) 그녀는 맥도널드 본사에 알리려면 어떻게 해야 하는지 몰랐고, 만약에 그렇게 하면 보복을 당할지도 모른다는 생각에 두려웠다.

"어디에 전화를 걸어야 하는지 전혀 몰라요." 로슨이 조디에게 한 말이다. "이 이야기를 들어줄 수 있는 누군가가 있는 건지도 모르겠고요."

조디와 메건은 다양한 배경을 가진 수많은 여성들로부터 이런 질문들을 계속 듣고 있었다──누구에게 연락해야 하지요? 어떤 절차를 따라야 합니까? 기자들의 휴대폰 번호와 이메일 주소가 여성들 사이에 전해지면서, 매일같이 누군가가 추행, 폭력, 말 못할 고통의 경험을 알려왔다. 여성들은 불편한 전화들을 걸어와 두 기자에게 자신들이 겪는 일도 조사해달라고 애원했다. 이런 일들이 기사로 쓰인다면 정의가 실현되리라 확신하면서 말이다.

그러나 와인스타인, 그리고 그 밖의 다른 포식자들에게 피해를 입었다는 여성들은 기사에 담기에는 너무 많았다. 〈타임스〉에는 이미 학대에 대한 기사가 너무 많다고, 모든 일을 기사로 쓸 수는 없다고, 국내에서 가장 힘이 센 언론사조차도 그 심판의 무게를 전부 감당할 수는 없다고 설명하느라 곤혹을 치렀다. 시스템이 무너졌을 때 기자들이 개입한 것은 맞지만, 그것이 영구적인 해결책은 아니었다.

어떻게 보면, #MeToo가 아직 갈 길이 멀다고 느끼는 사람들이 하는 말과, 이미 너무 멀리 갔다고 느끼는 사람들이 하는 말 중에는 같은 이야기도 있었다. 절차 또는 명확한 규칙이 부재한다는 점이었다. 기업이나 학교가 문제 행위를 조사하고 처벌하는 것은 둘째치고, 성추행이나 성폭력의 정확한 의미에 대한 대중들의 의견 일치조차 이루어지지 않은 탓이었다. 기업 이사회에서부터 술집에 모인 친구들까지, 모두가 각자의 가이드라인을 세우느라 여념이 없었는데, 이는 매력적인 대화 소재였으나 총체적 혼돈이기도 했다. 국가 차원에서 실효성 있는 새로운 기준에 어떻게 동의할지, 또는 아직 해결되지 않은 어마어마한 고발들을 어떻게 해소할지도 확실히 알 수 없었다.

그 대신, 양쪽 모두에게 부당하다는 감정만 누적되고 있었다.

8월 초의 어느 토요일 오후, 조디는 급한 문자 메시지 한 통을 받았다. 성추행, 고용 문제, 내부고발 전문 변호사인 데브라 카츠(Debra Katz)가 지금 당장 대화를 나누고 싶다고 했다. 안 돼요, 한 시간 뒤는 늦어요.

조디는 카츠와 기자 대 취재원으로 관계를 맺고 법적 분석에 자문을 구하거나 그녀의 말을 기사에 인용했으며, 지금은 그녀의 의뢰인이 된 어윈 라이터가 처한 상황에 대해서도 이야기를 나누었었다. 그런데 조디의 전화를 받은 카츠는 아주 복잡한 문제를 마주한 듯한 말투였다. 나중에 기삿감이 될 가능성이 있는 자신의 새로운 의뢰인 이야기를 하고 싶다고 했다. 그러나 지금 하는 이야기는 전부 기사화될 수 없는 비공식 대화라고 그녀가 말했다.

불과 며칠 전, 카츠는 트럼프 정부의 대법관 후보로 지명된 판사 브렛 캐버노(Brett Kavanaugh)로부터 성폭행을 당했다는 여성을 대변하게 되었다. 캐버노와 의뢰인은 고등학생 시절 메릴랜드 교외 지역에 살았다. 카츠의 의뢰인이 한 말에 따르면, 파티를 하던 중 술에 취한 캐버노는 한 친구의 도움으로 문을 잠근 다음 그녀를 침대에 꼼짝 못 하게 짓누른 채 몸을 비벼댔고, 그녀가 비명을 지르려 하자 입을 막았다. 의뢰인은 간신히 도망쳤으나 그 사건 이후로 쭉 극심한 고통과 불안을 느꼈다고 했다.

의뢰인의 주장을 입증할 근거는 많지 않다고 카츠는 말했다. 이 여성은 당시 그 사건을 누구에게도 말하지 않았다. 최근 몇 년 사이에야 남편과 몇몇 친구에게 그 문제를 이야기했고, 아직 그 이야기를 한 사람들이 누구누구인지도 파악이 끝나지 않은 상태였다. 그녀는 심리치료사에게도 그 이야기를 했다. 자세한 사항 중 몇 가지는 기억에서 흐려졌다. 그녀는 정확한 시점을 비롯해 몇 가지를 기억하지 못하고 있었다. 카츠의 주선으로 했던 거짓말 탐지기 테스트를 이미 통과한 그녀는 자신의 이야기를 더 많은 이들에게 알릴 마음의 준비를 하고 있는 듯했다.

조디가 데브라 카츠로부터 이렇게 걱정스러운 목소리를 들은 건 처음이었다. 카츠는 의뢰인이 거짓을 날조할 이유가 없는, 신중하고 정확한 성격의 과학 연구자라고 했다. 그러나 공적인 삶을 살며 얻게 되는 갑옷은 하나도 갖추지 못한 사람이라고 카츠는 말을 이었다. 자신의 이야기를 알리려는 열의로 가득한 의뢰인은 이를 통해 자신과 가족, 그리고 자신의 삶이 얼마나 갈가리 찢길 수 있는지 모르는 듯했다. 그녀는 카츠를 찾기 전 한 상원의원에게 자신의 이야기를 담은 편지를 보냈다고 했다. 카츠는 그 문서가 쉽사리 유출될 것이라 생각했다. 실제 편지가 유출되는 경우엔 국민의 여론이 어떨지 확신하기 어렵다고 했다.

카츠가 조디에게 전화를 건 이유는 두 가지였다. 하나는 캐버노가 여성을 대하는 태도에 잘못된 패턴이 있는지 〈타임스〉에게 파보라고 귀띔하기 위해서였다.

또, 카츠는 그 이야기가 어디론가 새어 나가기 전 의뢰인이 먼저 조디와 메건이 있는 〈타임스〉에 자신의 이야기를 해보는 것은 어떨지 가능성을 물어왔다. 의뢰인은 이미 〈워싱턴포스트〉에 제보했고 기자와도 이야기를 나누었지만 〈워싱턴포스트〉에서 취재를 진행할지는 알 수 없는 상황이었다.

조디는 가장 먼저 의뢰인을 직접 만나 기사화하지 않는 것을 전제로 이야기를 들어야겠다고 했다. 카츠는 그 말에 동의하는 한편으로 조디에게 경고했다. 이 여성의 신원을 알아내려들지 말고, 그리고 그녀의 집을 찾아가지도 말라는 경고였다. 의뢰인은 겁에 질려 있는 상태이기에 기습 전술을 쓰면 역효과가 날 거라고 했다.

조디는 통화가 끝나자마자 코벳과 메건에게 문자를 보냈다. "최대한 빨리 전해야 할 이야기가 있어요. 캐버노, 폭행."

이름을 밝히지 않고 처음 언급되었던 그 순간부터 카츠가 묘사한 시나리오는 #MeToo 담론의 가장 까다로우면서도 풀기 어려운 과제를 이끌어냈다. 바로 과거에 있었던 고통스러운 사건을 어떻게 해결해야 하는가에 관한 딜레마였다. 고발자가 피해를 주장하고, 고발당한 자가 응답하는 공정한 과정을 제시해야 한다는 시험대였다. 책임을 놓고 벌어지는 논쟁이다. 만약 그 여성의 주장이 사실인 경우, 앞으로는 공직에 오르기 전 고등학생 때 저지른 일도 평가받아야 하는가?

그 어떤 소설가가 #MeToo를 둘러싼 강렬한 감정들의 소용돌이를 포착해낸 시나리오를 쓴다 한들 이 주장만큼이나 논란에 휘말릴 만한 이야기를 쓰지는 못했을 것이다. 의뢰인의 주장을 뒷받침할 근거가 폭행이 일어났다고 주장한 시점 당시부터 없었기에, 사실관계 자체가 논쟁에 부쳐질 가능성이 높았다. 의뢰인이 사건을 공론화한다면 그 행위를 범죄가 될 수 있는 중대한 폭력으로 보는 사람도 있겠으나 그저 술에 취한 탓에 저지른 거친 장난으로 치부할 사람도 있을 것이다. 사건 당시의 캐버노는 사적인 파티에 참석한 고등학생 신분이었으니, 그 사건은 와인스타인 조사의 핵심인 직장 내 성추행과도 사뭇 달랐다. 또, 의뢰인이 묘사한 행동은 국내에서 영향력이 가장 클 뿐 아니라 나아가 여성과 어린 소녀들의 삶에 이르기까지 광범위한 영향력을 가진 결정을 내리는 자리에 거론되고 있는 후보자와 관련된 것이었다.

공론화가 이루어진다면 1991년 클래런스 토머스 공청회에서 애니타 힐이 증언했을 때의 경험이 되풀이될 것이다. 그것도 트럼프 정부에서, 대법관이 은퇴한 시점에, 민주당이 오바마 대통령의 최종 선택을 거부했던 공화당을 향해 분노해 있을 때, 그리고 트럼프가 선출되기 한참 전부터 완전히 정치적인 선택이 되어버린 대법관 임명 절차 속에서 말이다. 대법관이 된 캐버노가 분열될 대로 분열된 미국에서도 가장 큰 불화를 초래하는 가장 중요한 이슈인 임신중단에 대한 판결을 내리게 될 수도 있었다. 중간선거 기간이 다가오고 있었기에, 그 여성이 나서면서 일으킬 정치적 파장은 극심할 것이다.

코벳은 조용히 이 정보를 〈타임스〉 몇몇 편집자에게 전했다. 기자들이 이미 캐버노의 여성 관계를 알아보는 중이었지만, 코벳은 소수의 기자로 이루어진 집단에 더 면밀히 알아보고 이런 고발이 언제든 수면 위로 드러날 가능성에 대비하라고 일렀다.

그녀의 이름은 크리스틴 블레이지 포드(Christine Blasey Ford)였다. 2018년 여름 초입, 그녀는 저명한 과학 연구자이자 독립적 사고의 소유자, 그리고 두 아들을 가진 어머니였으며, 아직 #MeToo 관련 뉴스나 논쟁에는 귀를 바짝 기울이고 있지 않았다. 그녀는 앞으로 두 달 뒤면 자신의 삶이 거센 논란에 사로잡히리라 예상하고 있었는데, 동료 연구자들과 함께 쓴 케타민 약물의 항우울 효과에 대한 논문이 발표될 예정이어서였다.

포드의 삶에서 워싱턴 D.C.는 그녀가 떠나온 장소라는 의미를 지녔다. 그녀는 캐버노처럼 교외에 살며 사립학교에 다니는 특권계층으로서 성장했다. 그러나 20대에 그 세계를 떠나 캘리포니아 주로 향한 뒤 그녀는 과학에 흠뻑 빠져들었다. 51세가 된 그녀는 심리학 교수였으며 팰로앨토와 스탠퍼드 교수들로 이루어진 컨소시엄에서 생물 통계 분석가를 맡고 있었다. 트위터라는 세계는 아예 몰랐다. 버니 샌더스를 비롯해 가끔 기회가 생길 때마다 선거자금을 기부하는 느슨한 민주당 지지자였으나, 핀볼처럼 정신없는 국내 정치의 역동에는 큰 관심이 없었다. 동료들과 마찬가지로 그녀는 웬만한 사람들은 거의 이해할 수 없는 고차원적인 과학의 언어로 논문을 썼다. 포드의 이름은 트라우마, 우울증, 회복탄력성 연구에서 등장했으나, 성폭행 사건에 대한 기억이 그녀 삶의 중심을 차지한 적은 단 한 번도 없었다.

2012년, 조지 W. 부시가 캐버노의 결혼식에 참석했다는 소식을 인터넷으로 우연히 접하기 전까지 그녀는 캐버노의 근황에 대해 잘 모르고 있었다. 법관으로서 캐버노가 얼마나 높은 자리까지 올라갔는지 알게 된 것은 그때였다. 고등학생 시절 알던 이들이 고위층이 되는 일은 그녀로서는 드물지 않은 일이었다. "그때 전 이렇게 생각했어요. '그가 대법관으로 지명될 수도 있을까?'" 훗날 이어진 여러 번의 인터뷰에서 그녀가 한 말이다.

같은 해, 포드와 남편은 소통 문제를 해소하기 위해 부부 상담을 받기 시작했다. 두 사람이 해소하고자 한 문제 중 하나는 수년 전 팰로앨토의 집을 리모델링한 뒤로 줄곧 이어져온 갈등이었다. 포드는 집 안에 갇힌 기분이 든다며 현관문을 하나 더 만들자고 우겼고 남편은 그런 그녀를 답답해 했다. 심리치료사가 설득한 덕에 포드는 고등학생 시절 방 안에 갇혀 다른 남학생이 지켜보는 가운데 한 남학생으로부터 신체적 속박을 당한 채 추행당한 기억을 남편에게 처음으로 털어놓았다. 탈출구가 여러 개 필요한 것은 그 때문이었다.

"그녀는 강간을 당하기 전 결국은 탈출할 수 있었으나, 통제를 빼앗기고 신체적으로 지배되는 기분을 느끼던 그 경험이 무척 큰 트라우마를 유발했다고 말했습니다." 남편인 러셀 포드(Russell Ford)가 훗날 선서 진술서에 쓴 말이다. "그때 크리스틴은 폭행한 남자의 이름이 브렛 캐버노이며, 그는 고향 출신으로 지금은 변호사로 성공해 워싱턴 D.C.에서는 널리 알려진 사람이라고 했습니다."

포드는 상담을 통해 자신이 그 사건의 후유증에 시달려왔고, 제약된 공간에서는 심한 불안감을 느끼며, 갈등이 생기면 탈출하고 싶은 충동을 느낀다는 사실을 더욱 자각하게 되었다. 그 뒤로 몇 년간, 그녀는 외상후스트레스장애 전문가를 포함한 다른 치료사들에게, 또 몇몇 친구들에게 자신의 이야기를 했다.

2016년 봄, 포드는 친구인 키스 쾨글러(Keith Koegler)와 함께 아들들의 운동 경기를 관람하다가 갑작스레 친구를 향해 분노를 표출했다. 스탠퍼드 대학교 캠퍼스 내에서 의식이 없는 상태의 여성을 성폭행한 스탠퍼드 학생인 브록 터너(Brock Turner)에게 징역 6개월과 보호관찰 3개월을 선고한 지 얼마 안 된 시점이었다. 평론가들은 이 사태를 솜방망이 처벌이라 보았다. 포드는 자신 역시 10대 시절 성폭행을 당했으며 가해자는 현재 연방 판사라는 사실을 쾨글러에게 털어놓았다. "아이들이 뛰어다니고 있기도 했던 데다가, 그녀의 얼굴에서 더 이야기하고 싶은 기색도 없었기에 저도 더 묻진 않았습니다." 인터뷰에서 쾨글러는 이렇게 말했다. "맥락을 몰랐고, 그 사람이 누구인지도 몰랐습니다."

그해 가을, 포드는 트럼프의 저속한 발언이 담긴 〈액세스 할리우드〉 테이프에 경악했으나, 대통령 후보였던 그의 혐의를 주장한 여성들의 기사를 다 찾아 읽어보지는 않았다. 몇 달 뒤, 그녀는 새너제이에서 열린 여성행진에 참여했다. 행진에 나선 다른 여성들은 성폭력에 반대하는 의미로 분홍색 모자를 썼다. 그러나 그녀가 그해 더 마음을 쏟았던 것은 연방정부의 과학 연구 지원금 감액에 항의하는 다른 행진이었다. 그녀는 친구들과 함께 두뇌의 회색 물질을 뜻하는 회색 뜨개 모자를 쓰고 행진에 나섰다. 와인스타인 기사가 나왔을 때는 소셜미디어에 "#metoo"라고 남기는 것에 그쳤다.

그러나 2018년 6월, 트럼프가 지명한 대법관 최종 후보 명단에서 캐버노의 이름을 본 그녀는 친구 쾨글러에게 뒤숭숭한 마음을 담아 이메일을 보냈다.

가장 유력한 대법관 후보가 고등학생 때 날 성폭행한 자식이야.
나랑 동갑이니까 그가 대법원에 있는 꼴을 평생 보게 생겼네 :(

쾨글러는 이렇게 답장했다.

그 사람 이야길 들은 건 기억나는데, 이름은 기억이 안 나네.
찾아볼 테니까 이름을 좀 알려줄래?

"브렛 캐버노." 포드의 답장이었다.

독립기념일이 다가오자 포드는 공황을 느끼기 시작했다. 리얼리티 쇼를 연상시키는 후보자 검증 과정 중이던 트럼프 대통령은 다음 주 월요일인 7월 9일에 대법관 후보를 지명하겠다고 했다.

포드는 캐버노가 종신직인 대법관에 임명될 것이라면 자신이 알고 있는 중요한 사실을 알려야 한다는 생각이 들었다. 하지만 그녀는 자기 사생활을 지키고 싶었고, 고향에서 탄생한 영웅의 입후보를 방해해 동부에 남은 가족에게 수치심을 남기고 싶지도 않았다. 포드의 아버지와 캐버노의 아버지가 아직도 작은 회원제 골프 클럽에 함께 속한 사이라는 것만으로도 곤란한 상황이었다. 그녀는 캐버노에게 공공연하게 수치심을 안기고 싶지 않았다. 그저 고등학생 때 일어난 사건에 대한 자신의 진술을 전하고 싶었으며, 그 일을 캐버노가 후보로 지명되기 "전에" 하고 싶었다. 좀 더 일찍 개입했더라면, 후보자 지명 절차 관련인들이 이 정보를 숙고한 뒤 이런 혐의가 없는 후보를 내놓았을지도 모른다. 하지만 이 정보를 은밀하게 전할 만한 사람, 이 정보를 효과적으로 다룰 수 있는 믿음직한 사람이 누가 있을까?

포드는 자신의 관점에 한계가 있다는 생각이 들었다. 즉, 자신이 기억하는 캐버노의 행동이 단독 사건인지 아니면 반복적인 가해 패턴의 일부인지 그녀는 알 수 없었다. "그 일은 일시적인 것이었을까, 아니면 그가 가진 성격 특성의 일부였을까?" 그녀는 스스로에게 물었다.

대법관 임명에 영향을 끼쳐야 할지, 그런 영향을 끼칠 수 있을지,

포드가 고민한 것은 뜻밖의 장소에서였다. 진지한 태도로 서핑을 즐겼던 포드는 파도타기라는 공통의 관심사로 모이는 웹사이트에서 남편을 만났다. 남편과 두 번째 데이트를 한 곳은 샌 마티오 해안의 바다 위였다. 한 번은 커다란 백상아리 한 마리가 그녀 바로 옆에서 불쑥 솟아 나왔다. 엄청난 전율감이 일어 그녀는 그 뒤로 이틀이나 잠을 설쳤다. 그녀는 강의를 할 때도 종종 서핑을 비유로 들었고, 여름마다 팰로앨토 자택에서 남쪽으로 약 한 시간 거리에 있는 산타크루즈의 드넓은 해안과 자유분방한 분위기를 갈망했다.

그때 그녀는 친구들과 함께 모래사장 위에 모여 앉아 태평양 전경을 바라보고, 한참이나 수영을 하고, 아이들이 캘리포니아 주립공원 주니어 인명 구조요원 프로그램 훈련을 받는 모습을 지켜보면서, 그녀가 대법관 임명 절차에 조용히 개입하려면 어떤 일을 할 수 있을지를 가늠해보았다. 포드는 변호사에게 연락하지 않았다. 어쩌면 캐버노에게 직접 연락해야 할 것 같다는 생각이 들었다. 자신이 나서면 캐버노의 가족이 수모를 당할지도 몰라서였다. 아니면 폭행이 일어나는 동안 같은 방에 있었던 또 다른 남학생인 마크 저지(Mark Judge)에게 연락해야 하나 싶기도 했다.

"정신이 하나도 없었어요." 그 당시를 떠올리며 그녀가 말했다. "어떻게 해야 하지?"

그녀는 남편과 이 일을 놓고 면밀히 이야기를 나누지 않았다. 남편은 매일같이 팰로앨토에서 통근을 했다. 의료 장비를 만드는 기술자인 러셀 포드는 아내와 마찬가지로 과학적 정신의 소유자였고, 아내와 마찬가지 방식으로 시야가 한정적이었다. 그 역시도 타고난 낙천주의자였던 것이다. 몇십 년 전에 일어난 일을 조용히 알리고 나면 자신의 가족이 얼마나 엄청난 일을 겪게 될지 당시에는 남편 역시 이해하지 못했다고 그녀가 말했다.

7월 6일 금요일, 그녀는 리오 델 마 해변에서 걸어 나와 주차해두었던 차에 오른 뒤, 캘리포니아 주 민주당 하원의원 애나 에슈(Anna Eshoo)의 사무실로 전화를 걸었다. 젊은 여성이 전화를 받자 그녀는 불쑥 하려던 말을 던졌다.

"대법관 최종후보 중 한 사람이 고등학교 시절 저를 성폭행했습니다. 의원실의 누군가와 이야기하고 싶어요. 급한 일이에요. 트럼프가 곧 선택을 내릴 테니까요."

그녀는 곧 다시 전화를 주겠다는 답을 받았다.

포드는 또다시 아이폰을 집어들었다. 에슈의 사무실에서 어떤 답이 올지 모르니, 다른 길도 찾을 생각이었다. 그녀는 〈워싱턴포스트〉 익명 제보란을 클릭해 글을 쓰기 시작했다.

오전 10:26

대법관으로 지명될지도 모르는 사람이 1980년대 중반에 친구의 도움을 받아 저를 성폭행했습니다. 이에 대해 이야기한 심리치료 기록도 있습니다. 입을 다물어서는 안 된다는 생각이 들지만, D.C.와 캘리포니아의 가족들에게 큰 스트레스를 안길 생각은 없습니다.

한 시간 뒤, 그녀는 다시 익명 제보란을 찾아 조금 더 구체적으로 적었다.

브렛 캐버노와 마크 저지, 그리고 PJ라는 이름의 구경꾼이었습니다.

"저는 곧바로 전화가 올 거라고 생각했어요." 훗날 포드가 말했다. 그러나 〈워싱턴포스트〉 역시 즉각 답하지 않았다.

사흘 뒤인 7월 9일, 트럼프 대통령이 대법관 후보를 지명했다. 출중한 판사이자 건전한 인재이며, 자신의 딸이 속한 농구 팀 코치이기도 한 브렛 캐버노였다.

그녀는 친구들에게 슬픈 표정의 이모지를 보내고 이렇게 덧붙였다.

으윽

두 배로 으윽.

포드는 판타지 리그(실제 존재하는 선수들로 가상의 팀을 꾸린 뒤 승패를 겨루는 게임—옮긴이 주)에서 겨루고 심지어 하계 훈련 기간 동안 스탠퍼드의 선수에게 자기 집에서 숙박을 제공하기도 했을 만큼 열렬한 미식축구 팬이었기에, 이 일을 쿼터백에 비유해서 설명했다. 포드는 하원의원과 〈워싱턴포스트〉에게 공을 패스하려 했다. 그러나 그들은 공을 떨어뜨렸다. 그렇게 경기는 끝나버렸다.

다음 날인 7월 10일 아침, 포드는 다시 〈워싱턴포스트〉 익명 제보란을 찾아 언론사 입장에선 협박이나 마찬가지인 말을 남겼다. 상원의원이나 〈뉴욕타임스〉를 찾아가겠다는 말이었다. 정오가 되기 전, 〈워싱턴포스트〉기자 에마 브라운(Emma Brown)이 그녀에게 전화를 걸어 사건에 대해 물었다.

같은 날 오후, 전화기가 또 한 번 울렸다. 에슈의 지역 수석 보좌관으로부터 온 전화였다. 전날 이 보좌관은 전화를 걸어서 그녀에게 "선발된 그 사람입니까?" 하고 물어왔다. 이번에는 7월 18일 수요일에 에슈의 사무실로 찾아오라고 했다.

약속한 날까지는 일주일이나 남아 있었다. 그날을 기다리는 동안 포드는 여성과 어린 소녀들을 지원한 캐버노의 공적을 강조하며 그를 추켜세우는 기사를 읽었다. 〈워싱턴포스트〉는 캐버노가 여성 청소년 농구 팀 코치로서 뛰어난 역량을 발휘하고 있다는 한 학부모의 열렬한 기고문을 실었다. 고등학생 시절의 옛 친구가 고향 사람들이 또 한 명의 대법관을 배출했다는 사실에 자랑스러워 한다고 전해주기도 했다. (닐 고서치Neil Gorsuch 역시 캐버노와 마찬가지로 조지타운 사립학교 출신이었다.) "내 편이 머릿수로는 밀리겠구나" 하고 그때 포드는 생각했다고 한다.

그녀는 캐버노가 임명된다는 사실은 견딜 수 있었다. "저는 결과에 대해서는 의식적으로 생각을 완전히 접었어요." 그러나 자신의 기억을 그 누구에게도 털어놓지 않은 채 대법관이 된 캐버노의 모습을 볼 생각을 하니 견딜 수 없었다. "괴로운 건 무언가를 말하지 않는다는 사실이었어요." 그녀가 말했다.

그래서 증거를 수집하는 여정에 나서기로 한 그녀는 실리콘밸리의 심리치료사를 찾아간 뒤, 〈워싱턴포스트〉기자에게 언급했던, 성폭행 경험을 털어놓았던 심리치료 기록지 사본을 요청했다.

그 시기에 아든들에게는 첩수하의 사실을 이야기해주었다. "대통령이 중요한 직위에 세우려는 사람이 있는데, 그 사람이 내가 너희들 만할 때 나한테 나쁜 짓을 했단다. 그 사실을 그에게 알릴 방법을 찾는 중이야. 아마 유용한 정보가 될 테니까."

"좋아요." 그 사건이 있었던 시절의 포드와 같은 나이였던 큰아들의 대답이었다.

7월 18일, 포드는 에슈 하원의원실의 지역구 수석보좌관 캐런 채프먼(Karen Chapman)을 만났다. 포드는 기억을 속속들이 끄집어냈고, 심지어는 그 사건이 일어난 교외의 집 지도까지 그려냈다. 채프먼은 포드가 하는 말을 엄청나게 많이 기록했고 지지의 뜻을 보여주었으나, 에슈가 그 자리에 동석하지 않았기에 포드가 이틀 뒤 의원실을 다시 한 번 찾아가서 했던 이야기를 되풀이해야 했다.

에슈는 다시 연락하겠다면서 엄격한 지시를 내렸다. 이 사실을 철저히 기밀로 유지하라는 지시였다. 포드가 이 이야기를 했던 상대는 극소수로, 남편 외에는 〈워싱턴포스트〉 기자 에마 브라운, 키스 쾨글러를 비롯한 다른 친구 몇 명과 업무상의 멘토 두 명이 전부였다. "아무에게도 말씀하시면 안 됩니다." 에슈의 말이었다. "이 이야기가 밖으로 샌다면 선생님 쪽에서 나간 겁니다." 에슈는 말은 아주 쉽게 퍼진다고, 이로인해 포드 그리고 그녀의 선택이 영향 받을 수 있다고 했다.

아직까지 일이 어떻게 진행될지 전혀 감을 잡지 못한 상태이던 포드는 이 만남으로 진전이 생겼다고 여겼다. 권위를 지닌 사람에게 메시지를 전달했으니까. "저는 에슈 하원의원실을 믿습니다." 멘토 중 한 사람에게 포드가 이메일로 전한 말이다. "또 공익을 목표로 한다는 점에서는 같은 뜻을 품고 있고요." 포드는 에슈의 조언대로 〈워싱턴포스트〉 기자의 문자 메시지에 답하지 않았다.

그러나 그 시기에 포드는 모르는 사람들로부터 온 압박이 담긴 메시지에 시달렸다. 포드에게 이야기를 들은 친구 중 누군가가 다른 사람에게 이야기를 전하고, 그 사람이 또 다른 사람에게 전하는 식으로 포드의 이야기는 팰로앨토의 페미니스트 사이에 알려지게 되었다. 유명 학자들도 포함된 이 페미니스트 여성들은 브록 터너 사건을 통해, 여성행진을 통해 결집한 이들이었고, 지난 몇 달간 이어진 #MeToo 활동으로 인해 그들의 신념은 한층 굳건해졌다. 그즈음 지역 활동가들—그중 한 명을 빼면 포드가 아는 사람은 아무도 없었다—이 그녀에게 앞으로 나서라고 종용했다. "역사적으로 중요한 순간이라고" 한 친구는 그런 문자 메시지를 보내오기도 했다.

이런 식의 접근을 포드는 대부분 무시했다. 캐버노 일이 없었더라면 애초 대법관 임명 절차에 관심을 기울일 일도 없었을 거라고 그녀가 말했다. 자신의 행동이 #MeToo 운동에 영향을 끼치게 될 것인지, 또 어떤 식으로 끼치게 될지에 대해서는 생각지 않았다고 했다.

그러나 포드가 받은 메시지들은 앞으로 닥칠 일들의 조짐에 불과했다. 이 상황이 앞으로 타인들의 강렬하고 거센 감정을 불러오리라는, 그녀가 자신의 이야기에 대한 통제를 잃으리라는, 다양한 의제로 무장한 타인들이 그녀가 바라는 바와 무관하게 움직이리라는 조짐이었다. 이 메시지들을 무시함으로써 그녀는 중요한 단서를 놓쳐버렸다.

7월 마지막 주, 포드는 다시 워싱턴 지역으로 돌아가는 수밖에 없었다. 할머니가 뇌졸중을 일으켜 돌아가시기 직전이었다. 비행기 타는 일을 싫어했던 포드였지만, 두 아들을 데리고 델라웨어의 레호보스 비치에 있는 여름 별장으로 가서 뜨겁고 습한 날씨 속 부모님과 열흘을 함께 보내야 했다.

부모님은 그녀의 비밀을 몰랐고—전혀, 아무것도 몰랐다고 그녀는 말했다—특히 할머니의 병간호를 하는 지금 같은 시점에 괴로움을 안기고 싶지 않았다. 에슈 의원실에서 연락이 오면 사생활 보호를 위해 포치에 나가서 전화를 받았다. 보좌관은 포드더러 대법관 후보자 청문회를 열 상원 사법위원회 앞으로 캐버노와 있었던 일에 대해 소상히 써 보내라고 했다. 포드가 작성한 글은 직설적이었다. 이미 그 이야기를 여러 번 되풀이해 익숙해졌기 때문이다. 그러나 그녀는 이 편지를 누구에게 보내는가를 놓고 고심했다. 보좌관은 편지를 상원위원회의 민주당 최고의원 다이앤 파인스타인(Dianne Feinstein), 그리고 공화당 위원장 찰스 그래슬리(Charles Grassley) 앞으로 보내라고 했다. 포드는 그 경우 자신의 이름과 사건 내용이 공개될 가능성이 높아질 것을 걱정했다. 그렇기에 그녀는 편지 수신인을 파인스타인으로만 지정했으며, 에슈 의원실에서 알려준 대로라면 파인스타인에게는 대의원으로서 기밀을 유지할 의무가 있으리라 여겼다.

2018년 7월 30일
기밀
다이앤 파인스타인 상원의원 앞

파인스타인 상원의원님,

저는 현 대법관 후보의 자질 평가와 관련한 정보를 알리고자 합니다.

대의원으로서 추후 논의가 있지 않는 한 이 정보를 기밀로 유지해주시리라 믿습니다.

브렛 캐버노는 1980년대 초반 고등학생 시절에 저를 육체적, 성적으로 폭행했습니다. 그는 이 행위를 저지를 때 친한 친구 마크 G. 저지의 도움을 받았습니다. 둘 다 저와 같은 지역 사립학교에 다니는 저보다 1~2살 연상의 남학생이었습니다. 폭행이 일어난 것은 메릴랜드 지역 교외의 어느 주택에서 열린, 저와 다른 네 사람이 참석한 모임에서였습니다. 거실에 있던 제가 짧은 계단을 올라 위층 화장실로 가려는데 캐버노가 제 몸을 밀쳐 억지로 침실에 밀어 넣었습니다. 두 사람은 문을 잠근 뒤 음악을 크게 틀어 제가 소리를 질러 도움을 요청하지 못하게 사전에 차단했습니다. 캐버노는 저지와 함께 웃으면서 제 몸을 자기 몸으로 짓눌렀고, 저지가 중간중간 그 위로 뛰어오르기도 했습니다. 만취 상태였던 캐버노가 제 옷을 벗기려 할 때 두 사람 모두 웃었습니다. 캐버노의 손에 입이 틀어 막힌 저는 그가 실수로 저를 죽일지도 모른다는 생각에 겁에 질렸습니다. 방 저쪽에서 만취 상태의 저지가 캐버노를 향해 "저질러버려"에서부터 "그만둬"까지 의미가 엇갈리는 말들을 내뱉었습니다. 그러다 어느 순간 저지 역시 침대에 뛰어들자 제 몸에 상당한 무게가 실렸습니다. 두 사람이 옆으로 쓰러지더니 서로 드잡이하며 싸워대기 시작했습니다. 몇 번이나 빠져나가려 시도하던 저는 이 기회를 틈타 몸을 일으킨 뒤 복도에 있는 화장실로 달려갔습니다. 안으로 들어가 문을 잠갔습니다. 두 사람이 계단을 내려가며 울리는 발소리, 집 안에 있던 다른 누군가가 그들에게 말 거는 소리가 들렸습니다. 저는 화장실을 나온 뒤 집 밖으로 달려 나와 그대로 귀가했습니다.

그 사건 뒤로 저는 캐버노를 만난 적이 없습니다. 포토맥 빌리지의 세이프웨이에서 마크 저지를 한 번 마주친 적은 있었는데, 당시 그는 저를 보자 극도로 불편해 하는 것 같았습니다.

이 사건과 관련해 저는 의학적 치료를 받았습니다. 지난 7월 6일, 저는 지역구 하원의원에게 이 정보를 공유하는 절차를 묻고자 이 사실을 알렸습니다. 성폭행과 그 후유증에 관해 이야기하는 것은 괴롭지만, 그럼에도 입을 다물고 있기에는 한 시민으로서 죄책감과 의무감을 느낍니다.

이 문제를 논의하시고자 한다면 더 말씀드릴 의향이 있습니다. 저는 8월 7일까지는 휴가차 동부 연안 지역에 머무르다가 8월 10일 이후 다시 캘리포니아 주로 돌아갈 예정입니다.

기밀 유지를 당부드리며,

크리스틴 블레이지
캘리포니아 주 팰로앨토.

"알았습니다!" 보좌관이 보내온 답장이었다. "오늘 파인스타인 의원에게 인편으로 전달하겠습니다."

잠시 후 보좌관이 포드에게 전화를 걸어서, 워싱턴에 주재 중인 에슈의 또 다른 사무직원이 편지 출력본을 파인스타인 상원의원실로 가져가는 여정을 샅샅이 알려주었다. "지금 전달하고 있습니다." 보좌관의

해설은 마치 핵무기 보안을 논하는 것 같은 투였다.

그다음엔 파인스타인 상원의원과 포드가 직접 통화를 했다. 85세의 파인스타인은 가는귀가 먹은 모양이었다. 그녀가 고함을 지르듯 사건의 자세한 내용을 묻자 포드 역시 자신의 말을 그녀가 이해할 수 있도록 되받아 고함을 질러 답했다. 파인스타인은 이 편지를 기밀로 유지할 것이며, 곧 다시 연락하겠다고 약속했다.

전화를 끊은 뒤 포드는 이 편지가 국회의사당에 미칠 파급력을 캘리포니아 주의 해변에서는 미처 생각지 못했던 방식으로 그려보기 시작했다. 포드의 친구들은 몇 주 전부터 그녀의 이야기를 보호하고 통제할 수 있도록 변호사를 선임하라고 충고했지만 그녀는 거절했다. 포드 부부는 은퇴 후에도 서핑을 즐길 수 있도록 하와이의 콘도를 계약하기 위해 돈을 모으고 있었기에 그 자금을 축내고 싶지 않았다고 그녀는 말했다. 그러나 이제야 그녀는 변호사가 반드시 필요하다는 사실을 깨달았다.

포드가 처음 연락을 취한 워싱턴의 법률사무소들은 이 사건에 손을 대고 싶어 하지 않았지만, 대법원 재판을 여러 번 맡은 경력을 가진 로런스 로빈스(Lawrence Robbins)라는 또 다른 변호사는 그녀의 말을 유심히 들었다. "그녀는 기억 속 간극을 축소하려들지 않았습니다." 로빈스가 말했다. "기억하고 있는 사실에 대해서는 극히 명확하게 설명했습니다. 여러 증거를 제시하기도 했는데, 반박의 여지가 없는 증거들은 아닐지 몰라도, 제가 이 주장을 진지하게 받아들일 만하다는 생각이 들 정도로는 탄탄한 증거였습니다. 저는 그녀가 믿을 만하다는, 변호인을 얻어야 마땅하다는 인상을 받았습니다." 그런에도 로빈스는 공개적으로 포드를 대변할 수 없었다. 법률사무소가 대법관의 반대편을 든다는 인상을 주면 이후 상고심에서 불이익을 얻을지도 모른다는 파트너 변호사들의 만류 때문이었다. 그렇기에 물밑에서 도움을 주는 수밖에 없었다.

포드의 할머니가 돌아가신 직후이자 그녀가 워싱턴을 떠나기로 예정한 날짜 직전, 그녀는 새로운 두 변호사를 직접 만났다. 파인스타인 의원실에서 포드에게 파트너 변호사로 활동하는 데브라 카츠와 리사 뱅크스(Lisa Banks)를 소개하며 두 변호사가 이런 종류의 혐의를 전문으로 한다는 설명을 해주었던 것이다. 포드는 두 변호사의 웹사이트를 살펴보다가 이들이 내부고발 사건을 맡은 전적이 있음을 알게 되었다. 그러나 무엇보다 도움이 되는 건 그들을 바로 만나볼 수 있다는 사실이었다. 그렇게 그녀는 볼티모어 공항 근처 한 호텔에서 짧은 미팅을 잡을 수 있었다고 했다.

카츠와 뱅크스는 미팅 제안에 즉시 응하긴 했지만, 미팅에서 어떤 이야기가 오갈지 알 수 없었다. 이틀 전 파인스타인 의원실에서 연락이 와서, 만약 누군가가 아주 오래전 성폭행 사건이 있었다고 주장한다면, 이를 확증하기 위해 무엇을 할 수 있겠느냐는 포괄적인 질문을 하더니, 포드의 이름을 밝히지 않은 채 그녀가 한 주장의 전반적 개요를 알려주었다. 포드의 입장에서도 그 두 변호사가 자신의 이야기와 배경에 대해 묻는 세세하고 사적인 질문들을 어떻게 받아들여야 할지 알 수 없었다.

포드는 자신이 만난 두 변호사가 성차별 사건에 있어서 국내 최고의 명성을 지녔다는 사실을 모르고 있었다. 많은 이들에게 데비라는 이름으로 불리는 데브라 카츠는 포드와는 기질이 정반대인, 리더십이 충만한 활동가였고 정치 및 페미니즘 투쟁에 깊이 발을 담그고 있는 사람이었다. 카츠는 시민권을 중시하며 사고했으며, 법은 진보의 수단이라 보았다. 대법원으로 간 최초의 성희롱 사건이었던 지점장이 은행 창구 직원에게 반복적으로 폭행을 가했으며 이에 응하지 않을 시 해고하겠다고 협박했다는 메리터 저축은행 대 빈슨 사건에서, 카츠는 최고의 반론을 펼치는 전략을 짜던 법률 팀의 주니어 변호사로서 활약하며 경력을 시작했다. 1986년 법원은 9대 0으로 빈슨의 손을 들어주며 성희롱이 차별의 한 형태라는 선례를 만들었다.

이로부터 30년이 지난 지금도 카츠는 강경한 좌파였으나, 그녀의 옷장은 부당 행위를 당한 근로자의 편에 서서 협상을 벌일 때 입는 핀 스트라이프 정장으로 가득했다. 카츠의 파트너 변호사이자, 업무 관계를 떠나 절친한 친구이기도 한 리사 뱅크스는 좀 더 성정이 침착하고, 상대편을 압도할 때 유용한 무표정한 시선, 그리고 어린 시절, 일곱 살 나이에 너는 여자니까 보스턴 레드삭스 팀에 입단할 수 없다는 말에 꿈이 깨어진 순간부터 쭉 이어져온 불굴의 인내심을 가진 사람이었다.

듀퐁 서클이 내려다보이는 그들의 사무실은 세련된 가구와 식물 화분, 그리고 카츠의 아들 친구가 그린, 로즈 맥고언이 하비 와인스타인의 잘린 목을 들고 있는 그림으로 장식되어 있었다. 볼티모어에서 포드를 만난 시점은 두 변호사가 와인스타인 이후 열린 드문 기회의 창과 같았던 시기를 최대한 활용하느라 이미 몇 달이나 열띤 노력을 기울여온 뒤였다. 두 사람이 변호사 일을 처음 시작했던 시절부터 지금까지, 성희롱과 성 학대 문제는 진전 없이 비슷한 사건들이 자꾸만 등장하는 것처럼 느껴졌다. 그들은 여성 개인이 승소해서 보상을 받게 하도록 이끄는 일이 많았다. 때로, 특히 비밀 합의가 이루어진 경우 보상의 액수가 무척 크기도 했는데, 그들은 이런 합의금을 불완전하지만 필요한 도구로 보았다.

그러나 훗날 두 변호사들의 말에 따르면, 와인스타인 사건 덕분에 그들의 업무는 한층 힘을 얻었는데, 의뢰인들이 제기한 고발이 갑자기 훨씬 더 심각하게 받아들여지게 된 덕분이었다. 와인스타인 기사가 나간 뒤로 열 달 동안, 카츠는 국회의사당 소속 직원들의 변호를 맡았고, 이들의 성추행 고발로 인해 하원의원 한 명과 한 고위급 의회 직원이 사임하게 되었다. 카츠와 뱅크스가 워싱턴 지역의 한 유명 셰프와 관련해 소송을 제기한 뒤에는 동업자들이 등지는 바람에 그 셰프의 왕국은 결국 무너지고 말았다. 두 변호사는 하원의원이며 주의원들을 만나 성추행 피해자를 보호할 수 있는 새로운 법안을 강경하게 요구하기도 했다. 여름 내내 그들은 왕성한 활동을 펼쳤지만, 그럼에도 걱정스러웠다. 그 순간이 너무나 소중했다. 너무 늦게야 찾아온 변화였다. 역풍이 몰려오기 전 최대한 빠른 시일 내에 최대 큰 진보를 일으켜야 했다.

포드와 몇 시간 이야기를 나눈 끝에 변호사들은 어질어질한 머리로 회의실을 나왔다. 처음에는 서로를 향해 오, 맙소사, 오, 맙소사, 하고 중얼거리는 게 할 수 있는 말의 전부였다. 오랫동안 셀 수 없이 많은 증인들을 검증한 두 변호사의 눈에 포드는 무척이나 신빙성 있는 증인으로 보였다고 했다. 또, 포드가 시민의 의무라고 표현한 감정에 감명을 받기도 했다. 그러나 포드는 만만찮은 지성으로 무장한 한편 순진하기 그지없어 보였는데, 그 점이 그녀를 심각한 문제에 밀어 넣을 게 분명했다. 포드는 자신의 주장이 어떤 파장을 불러올지 모르는 것 같았으나, 그 불가피한 결과 때문에 두 변호사가 이 사건에 이끌린 것이기도 했다. 그들은 포드와는 달리, 파인스타인에게 보낸 편지가 격론을 불러 일으킬 수 있음을 즉각 파악했다. 편지가 유출된다면 포드에겐 보호가 필요해질 것이다. 편지가 유출되지 않는 경우, 포드에겐 이 문제를 계속 끌고 나갈지, 그렇다면 어떤 방식으로 밀고 나갈지에 대한 자문이 필요했다. 변호사들은 포드를 변호하고 싶었고, 또 이를 무료변론으로 진행하고 싶었다.

앞으로 닥칠 일들에 대비하기 위해 두 변호사는 포드가 몇 가지 실제적인 과제에 착수하도록 했다. 곧 포드는 전 FBI 요원의 감독하에 거짓말탐지기 테스트를 받고 통과했다. 또, 수치를 무릅쓰고 고등학교 때와 대학교 졸업 직후 사귀었던 옛 남자친구 두 명에게 전화를 걸었다. 아니, 다시 합치자고 연락한 게 아니야. 물어볼 게 있는데, 우리가 사귈 때 혹시 내가 폭행을 당했다는 이야기를 한 적이 있어? 둘 다 기억나지 않는다고 했다. 포드가 오랫동안 누구에게도 그 사건에 관해 이야기한 적이 없다는 사실이 점점 분명해졌다.

두 변호사는 포드를 비방하는 데 쓰일 만한 정보가 있는지를 찾기 위해 공공 기록들을 샅샅이 뒤져 그녀의 인생사를 살펴보았다. 카츠는 파인스타인 하원의원 보좌관에게 연락해 자신들은 이 고발을 믿을 만하다고 여긴다고, 캐버노가 저질렀을 가능성이 있는 다른 폭행의 증거가 있는지 찾아보라고 제안했다.

카츠가 조디에게 처음 연락한 것이 그즈음이었다. 8월 11일 토요일, 카츠는 조디에게 그 정보를 〈타임스〉에 전하라고 했다. 〈타임스〉의 대법관 유력 후보 검증을 오랫동안 감독해왔던 코벳은 이제 캐버노를 상대로 같은 일을 하고 있었다. 코벳은 점점 더 늘어나는 기자단에게 캐버노의 여성에 대한 태도 중 문제가 될 만한 것들이 있는지 알아보라고 지시했고, 며칠에 한 번씩 조디와 상의하며 카츠의 의뢰인으로부터 더 알아낸 것이 있는지를 확인했다.

그러나 포드는 조디와의 대화를 거부했고, 〈워싱턴포스트〉의 전화를 받지도 않았다. 그녀는 또 다른 선택지에 집중하고 있었는데, 선택을 내려야 할 때가 차츰 다가오고 있었던 것이다.

캐버노 청문회는 9월 4일에 시작할 예정이었다. 그 전에 벌어질 수 있는 상황으로는 세 가지가 있었다. 파인스타인에게 쓴 편지가 유출될 수 있었다. 포드가 입을 다문 채, 캐버노가 검증을 수월히 통과하는 모습을 지켜볼 수 있었다. 또는 그녀가 이 사건을 공론화하기로 결정할 수도 있었는데, 그렇다면 청문회 흐름은 바뀔 터였다. 두렵지만 포드가 진심으로 하고 싶은 일은 그것이었다.

카츠와 뱅크스는 포드의 마음을 이해했다. 포드에게는 자신의 이야기를 할 권리가 있고, 그녀에겐 밝힐 이야기가 있다고 그들은 믿었다. 고등학생 나이 여성은 물론 그 어떤 나이의 여성에게라도, 그들에게 저질러진 폭력은 큰일이었다. 당사자가 아무리 오래 입을 다물고 있었더라도, 또는 완벽한 증거가 없더라도 말이다. 여기서 생겨나는 두 가지 질문은, 포드가 개인으로서 어떤 대가를 치르게 될 것인가, 그리고 그녀가 공론화에 나설 시 대법관 임명에, 성과 권력을 둘러싼 거센 논의에 어떤 파급력을 끼칠 것인가였다.

포드가 하고자 하는 이야기가 중요하다는 점을 또 다른 변호사들이 뒷받침해주었다. 포드는 카츠와 뱅크스에게 변호를 의뢰한 것 외에도 로빈스를 계속 자문인으로 두었으며, 그가 소개한 배리 코번(Barry Coburn)이라는 완강한 형사변호사의 자문 역시 받았다. 코번은 고등학생이 저지른 성적인 장난과 포드가 설명한 "모호하게 시도된 강간"은 확연히 구분된다고 했다. "그 일은 성희롱이 아닙니다." 훗날 코번은 자신이 포드에게 했던 말을 이렇게 회상했다. "선을 넘은 것도 아닙니다. 감수성이 부족했던 것도 아닙니다. 그 일은 중범죄였습니다." 그럼에도 로빈스와 코번은 이 사안에 사건 그 자체보다 더 큰 의미가 있음을 이해했기에 주도적 역할은 카츠와 뱅크스에게 넘겨주었다.

점점 늘어나는 법률 자문단에 카츠의 요청으로 또 한 사람이 합류했다. 30년간 민주당 사법 쟁의에서 활약한 신중하고 빈틈없는 베테랑이며, 빌 클린턴 대선 캠페인 보좌관으로 시작해 클린턴 행정부에서 일했던 리키 시드먼(Ricki Seidman)이었다. 카츠는 시드먼과 초면이었음에도, 그녀에겐 자신들에겐 없는 대법관 임명 절차에 대한 심도 깊은 지식과 경험이 있음을 알고 있었다. 시드먼은 로버트 보크(Robert Bork, 1987년 민주당원들에게 밀려 인준 실패)에서 소니아 소토마요르(Sonia Sotomayor, 2009년 민주당원들에 의해 인준 성공)에 이르기까지 대법관 인준을 둘러싼 싸움에 참여했다. 그녀는 포드의 사건에 대응하는 역사 속 유일한 사건에서 직접적 역할을 담당하기도 했다. 바로 애니타 힐의 클래런스 토머스에 대한 증언이었다. 1991년, 상원 노동 인적자원 위원회 최고수사관으로서 토머스의 대법관 지명을 지켜보던 시드먼은 토머스로부터 추행을 당했다는 한 교수의 제보 전화를 받았다. 상원 위원회에서 처음으로 애니타 힐과 대화한 사람이 시드먼이었고, 그 문제를 위원회와 더 상의

하라고 권한 것도 그녀였다.

훗날 시드먼의 전력을 알게 된 공화당 측은 그녀가 정치적 의제를 염두에 두고 캐버노를 끌어내리기 위해 포드를 무기로 이용했다고 비방했다. 그러나 사실 그해 8월, 시드먼은 포드가 입을 다무는 게 낫다고 본능적으로 생각했었다.

단순한 계산에서 나온 생각이었다. 공화당이 상원을 꽉 잡고 있는 이상, 포드가 입을 연다 해도 캐버노는 인준될 가능성이 컸다. 시드먼의 첫 반응은 포드가 앞으로 나서기에는 장벽이 너무 높다는 것이었는데, 결과가 바뀌지 않을 것이라고 생각해서였다.

애니타 힐의 증언이 있고부터 수십 년 동안, 시드먼은 그녀에게 앞으로 나서라고 했던 자신의 조언을 돌이켜보았다. 성추행에 대한 의식을 고취시켰다는 면에서 힐은 성공했다. 그러나 시드먼은 사회의 진보를 일으키는 대가로 힐이라는 개인이 너무 큰 짐을 져야 했다는 생각이 들었다. 공화당이 포드를 무너뜨리려 공격해댈 게 분명했고, 과거가 되풀이될 걸 생각하니 두려움이 일었다.

포드의 자문단은 캐버노의 피해자가 더 있을 것이고, 포드의 사건이 유례없는 것이 아닐 것이라 추측했다. 다른 피해자들을 찾으면 해결될 일이었다. '다른 여성이 두 명만 더 있다면 안심될 것 같아' 하고 카츠는 생각했다. '단 한 명 더 있다면, 위태롭지.' 그러나 다른 피해자는 단 한 명도 없었다.

카츠와 뱅크스는 중립을 지키려 애쓰며 포드의 각 선택이 미칠 결과를 그려보았으나, 그 결정을 감당하는 것은 오롯이 포드의 몫이 되리란 것을 알고 있었다.

그러나 두 변호사가 걱정하는 것이 오로지 의뢰인인 포드 개인의 안녕만은 아니었다. 그때 카츠는 포드의 이야기를 전 국민이 무시하게 되면 #MeToo 운동 자체에 해가 될 것을 걱정하고 있었다. 평론가들은 #MeToo 운동이 이제는 오래전에 일어났으며 입증할 수 없는, 직장 내 성추행이나 강간처럼 명백한 가해가 아닌 위반 행위까지도 불러내는 식으로 너무 멀리 갔다고 하게 될 터였다. 남성들 중 자신 역시 난데없이 가해자로 지목될까 두려운 마음에 본능적으로 캐버노 편을 드는 이들도 있을 것이다. 변화의 바퀴가 굴러가는 속도가 느려지거나 변호사들이 극히 두려워하는 대로, 거꾸로 돌아갈지도 몰랐다.

대중들은 논의는 여전히 격렬했다. 그해 여름에는 일주일 사이에도 수많은 남성들이 고발당하고, 정직을 당하고, 해고당했다. 연방 위기 관리국 인사부장, UC 버클리 교수, 골드만삭스 영업사원, 뉴욕시티발레단의 무용수 두 명이었다. 8월 로넌 패로가 CBS 회장 레스 문베스(Les Moonves)의 첫 번째 성추행 혐의를 〈뉴요커〉에 실었다―그러나 문베스는 이사진의 원조에 힘입어 결연히 자리를 지켰다. 〈타임스〉 기사 이후 처음으로 루이스 C. K가 코미디 클럽에 모습을 드러내자 관객들은 환호를, 대중은 야유를 보냈다. 폭스 뉴스에서 축출당한 뒤에도 역사책을 계속 집필하던 빌 오라일리 역시 최신작을 막 출간하려는 시점이었다. 그의 전작은 충성을 잃지 않은 팬들 덕택에 50만 부 가까이 팔렸다.

8월 10일, 팰로앨토로 돌아온 포드는 학생들의 학위논문 평가를 마무리하면서 결정을 저울질하고 있었다. 그녀는 자신의 운명을 쥐고 있는 워싱턴의 자문단에 대해 아는 바가 거의 없었다. 그녀가 어떤 결정을 내리건 지지한다고 했지만, 그들의 망설임은 멀리 있는 그녀에게도 느껴졌다. '그들은 날 앞으로 밀어 보내려는 걸까? 아니면 나를 멈추려 하는 걸까?' 어느 쪽인지는 알 수 없었다.

포드에겐 개인적인 걱정도 있었다. 대중의 눈앞에서 캐버노를 가해자로 지목하고 나면 다른 사람들이 자신을 손가락질할까 봐 겁이 났다. 그녀는 고등학생 시절에 술을 많이 마셨고, 대학 생활 초기에는 파티에 흠뻑 빠져 성적이 곤두박질쳤다. 오래지 않아 안정을 찾고 다시 학업에 매진했지만 말이다. 2014년에는 모교인 고등학교를 방문해 연설을 했는데, 자기 자신을 삶을 다시금 궤도로 돌려놓은 예시로 들었다. 대학 시절 통계학에는 젬병이던 그녀가 이제 교수가 되어 통계를 가르치고 있다는 이야기였다. 그럼에도 평론가들이 젊은 시절 단점이나 실수에만 치중할까 두려웠다고 그녀가 말했다.

그러나 포드는 만약 공격을 받는 일이 실제로 일어난다면 그 공격을 버텨낼 수 있다고도 믿었다. 2015년, 그녀는 암 진단을 받았고 치료로 인한 합병증을 겪었다. 자신이 죽을 수도 있다는 생각을 처음으로 하게 된 것이 그때였고, 그 뒤로 더 강해졌다고 느꼈다. 참을성도 크게 늘었다. 떠들썩한 뉴스 보도가 한 번 지나가고 나면 전부 끝날 거라 여겼던 남편은 앞으로 나서라고, 이겨내라고 그녀를 지지해주었다.

8월 24일, 카츠가 포드에게 진척 상황을 전해주었다. 아직까지 캐버노의 다른 성추행 혐의가 드러난 바 없다는 소식이었다. 포드가 앞으로 나선다면 외로운 고발자가 될 터였다. 파인스타인 상원의원이 공화당 의원을 포함한 위원회 전체와 편지를 공유하지 않기를 원한다면 이

제 그 말을 해야 한다고 했다. 포드의 결정을 수월하게 하기 위해 그들은 내부적으로 최종 시한을 정했다. 캐버노의 청문회가 열리기 7일 전인 8월 29일까지는 연락을 달라고 했다.

8월 26일, 포드는 아직도 결정을 내리지 못한 채 꼼짝 못하는 상태였다. 이틀이 지나고도 진전이 없자, 카츠와 뱅크스가 자신들이 세 통의 각각 다른 편지의 초안을 쓰고 수정하겠다고 했다. 대법관 후보에 대해 이런 종류의 이야기를 보고하는 일에는 정해진 절차가 없었고, 변호사들은 여러 갈래의 길이 어떤 모습인지 포드에게 보여주고자 했다. 이 세 통의 편지는 각각 그녀의 미래를 조금씩 다르게 변주한 것이었는데, 이는 어쩌면 대법원의 또 다른 구성, 나아가 미국 역사의 또 다른 버전이 될 수도 있었다.

그래슬리 상원의원과 파인스타인 상원의원 앞으로 썼던 편지의 첫 번째 버전에서 변호사들은 포드의 이름을 밝혔고, 후보자의 성폭행 혐의를 고발하기 위한 비공개 만남을 원한다고 썼다. 두 번째 버전에서는 같은 요청을 하면서도 포드를 보호하기 위해 제인 도 박사라는 명칭을 썼다. 세 번째 버전은 파인스타인 상원의원만을 수신인으로 했고, 포드의 이름을 밝히면서도 이 사안을 더 이상 끌고 가지 않겠다는 의사를 담고 있었다. "그녀는 사법위원회에 출석할 시 치르게 될 개인적, 직업적 대가가 지나치게 크다고 결론 지었습니다." 편지의 내용이었다. 다음 날 자정까지 포드가 이 중 한 통의 편지를 선택하기로 했다.

첫 번째 편지는 모두에게 너무 위험하게 느껴졌다. 포드의 이름은 곧바로 백악관에 알려질 터였다. 포드는 기밀 유지 조건을 협상할 여지가 있는 두 번째 편지로 마음이 기울 듯했다. 세 여성이 함께 편지의 표현을 고치고, 또 바꾸었지만, 그 누구도 완전히 만족하지는 못했다.

편지를 전달하는 모습을 그려보면 볼수록, 논의는 앞으로 어떤 일이 일어날까 하는 질문으로 바뀌어갔다. 변호사들과 시드먼은 신원을 밝히지 않은 채 혐의를 제기하는 것은 불가능할 거라고 했다. 애니타 힐처럼 대중의 공격을 받게 될 거라고, 이를 달리는 기차 앞에 뛰어드는 일에 몇 번이고 비교했다.

자체적 마감 시한이 가까워오자, 시드먼이 캘리포니아 주를 찾아 포드와의 첫 만남을 가졌다. 그때 시드먼은 포드가 애니타 힐의 전철을 밟게 될 거라며 거듭 경고했다. 포드는 캐버노와의 사건을 입에 올릴 때마다 여전히 고통스러워했다. 그녀는 공인의 생활에 관해서는 아는 바가 없고, 철저한 검증을 거쳐 본 적도 없으며, 뉴스 보도의 흐름에도 어두웠다. 시드먼은 여전히 포드가 앞으로 나선다고 해도 캐버노는 인준될 것이며 이 시도로 인해 얻는 것이라고는 엉망이 되어버린 그녀의 삶이 전부일 거라고 믿었다.

샌프란시스코 국제공항 인근에서 시드먼과 커피를 마시면서 포드는 감당할 수 없는 스트레스를 느꼈다. 맞은편에 앉은 이와 아는 사이도 아니었다. "자리를 떠나고 싶은 생각뿐이었어요." 당시에 그런 기분을 느꼈다고 그녀가 말했다.

결정을 내리기로 한 8월 29일, 포드는 몇 시간이나 대학원생들의 논문 지도를 위한 학술 미팅에 참여했다. 그날이 저물 무렵까지도 여전히 결정을 내릴 수가 없었다.

"수정본을 만들었고 공황 증상이 좀 있어요." 그날 저녁 포드가 카츠에게 보낸 문자 메시지다. "곧 수정본을 보낼 테니, 진행할지 말지 내일 오전에 결정해요. 유출 가능성과 〈워싱턴포스트〉 때문에 불안하네요."

"수정본을 보냈습니다. 아직 파란 불이 안 보이네요." 한 시간 뒤에는 이런 문자 메시지를 보냈다.

다음 날 아침에도 파란 불은 보이지 않았다. 이제 포드도 법률 팀이 했던 이야기가 서서히 믿기기 시작했다. 익명의 편지는 괜한 일이었고, 자신의 이름이 유출될 것이며, 모 아니면 도라는 양자택일의 상황에 처한 것이다. 카츠와 뱅크스 역시도 갈팡질팡하고 있었다. 의뢰인이 올바른 일을 하고 있다고 믿으면서도 대중 중 같은 생각인 이들이 얼마나 될까 생각했고, 활활 타버리는 것과 침묵하는 것 중 차악이 무엇일지 갈등했다.

그날은 8월 30일 목요일이었다. 다음 날부터 노동절 연휴였다. 돌아오는 화요일 아침 캐버노 청문회가 시작될 예정이었다. 카츠가 워싱턴에서 포드에게 전화를 걸어왔다.

"인생을 판가름하는 결정입니다. 선생님 자신만 내릴 수 있는 결정이고요." 그녀가 말했다.

그날 오후까지도 포드에게는 생각할 시간, 산책할 시간, 그리고 친구와 마지막으로 한 번 더 상의할 시간이 좀 더 필요했다.

결국 포드는 셋 중 어떤 것도 선택하지 않았다. 전부 다 썩 내키지 않았다고 그녀가 말했다. 사실상 선택하지 않는다는 것이 그녀가 내린 선택인 셈이었다.

카츠는 파인스타인 상원의원실에 연락해 포드가 이 혐의에 대해 더 이상의 조치를 취하지 않기로 했음을 알렸다. 8월 31일, 파인스타인에게서 이메일 답장이 왔다.

"상원의원실에서는 별도의 연락이 없는 한 기밀 유지 요청을 존중하고 더 이상의 조치를 취하지 않을 것임을 알려드립니다. 이 사건이 선생님 인생에 미친 깊은 충격을 이해하고 유감을 전합니다."

카츠는 이 이메일을 포드에게 전달했다. "마치 '안녕히 가세요, 행운을 빕니다'라는 말 같다고 생각했어요." 포드가 말했다.

그날 밤, 팰로앨토에 있는 자택에서, 포드는 두 아들 중 하나를 남편 곁에서 자라고 보낸 다음 아들의 이케아 침대를 피난처 삼아 누웠다. 서핑을 떠올렸다. 그녀는 사나운 파도 속으로 노 저어 들어가 험한 물결을 탈 준비를 미쳤었다. 해변에 닿을 때까지 꼿꼿이 서 있을 수도 있었다. 아니면 파도에 내동댕이쳐질지도 몰랐다. 어떻게 될지는 몰라도, 힘겹게 자세를 취했으니 시도할 기회를 얻어 마땅했다. 자문단은 어째서 다른 피해자들이 없다는 사실을 그렇게 걱정했을까? 나에게 일어난 일만으로는 충분하지 않았나?

아들의 침대에 혼자 웅크리고 누운 채 그녀는 흐느껴 울었다.

9장

청문회에서 증언할 수 있습니까?

닷새 뒤인 9월 4일 화요일, 지난 2년간 가끔 만났던 팰로앨토의 한 외상후스트레스장애 전문가의 진료실에 앉은 크리스틴 블레이지 포드는 캐버노 임명 과정에 더 이상 개입하지 않기로 했다는 이야기를 털어놓고 조언을 구했다.

저 멀리 워싱턴 D.C.에서 그날 시작된 캐버노 인준 청문회는 이미 절정에 달해 있었다. 민주당 상원의원들은 캐버노의 과거에 대한 문서에 대한 접근을 거부당했음을 근거로 들며 인준 절차를 중단시키려다가 실패했다. 상원 홀에 줄지어 선 시위자들 중에는 디스토피아를 배경으로 한 마거릿 애트우드(Margaret Atwood)의 페미니즘 소설『시녀 이야기』에서 따온 복장인 붉은 원피스에 하얀 보닛을 쓴 사람들도 있었고, 이들은 증언을 중단시키려 하다가 ("더 많은 여성들이 불법 임신중단의 희생자가 될 것이다!") 수십 명의 국회 경찰에게 연행되었다. 트럼프의 선택 앞에서 하나가 된 공화당원들은 민주당원들을 무질서한 군중이라고 질타하며 맹렬히 맞섰다.

포드는 캐버노에 대한 고발을 밀어붙이지 못했다는 사실이 괴로우면서도 이 모든 일을 머릿속에서 저 멀리 치워버리고 싶었다. 그해 여름의 고통스러운 기억을 다시 떠올리는 것만으로도 정서적으로 고역이었고 이제는 다시 원래의 궤도로 돌아가고 싶었다고 그녀가 말했다. 아들들은 개학을 해 학교로 돌아갔다. 그녀는 강의 첫날을 준비하는 중이었다.

심리치료사는 그녀의 말에 귀를 기울이면서도, 지금 당장은 자신이 무슨 도움을 줄 수 있을지 잘 모르겠다는 태도를 보였다. 치료 방법의 일환으로써 그는 환자들이 외상후스트레스장애를 유발한 원인에 대해 더 이상 이야기하지 않기를 권했다. 포드의 말을 듣고 그는 생각에 잠겼다. "아직 이 일을 치워버릴 준비가 안 되셨군요." 그가 그렇게 말했던 것을 그녀는 기억했다. 심리치료사는 캐버노 이야기가 포드 안에서 완전히 끝난 것이 아니라고 생각했던 것이다.

일주일 뒤인 9월 10일 월요일, 포드는 박사과정 수업인 '통계학 입문' 첫 강의를 하러 갔다. 매년 하던 것과 똑같이, 통계라는 부담스러운 과목을 잘 해낼 수 있을 거라고 학생들에게 용기를 불어넣는 말로 수업을 시작했다. 세 시간 뒤, 강의실을 나가려는데 누군가가 질문을 던지는 바람에 그녀는 멈춰섰다. 대학원생이 아니었다. 〈버즈피드〉 기자였다. 포드가 떠나달라고 하자 기자는 자신이 그 편지에 대해 알고 있다고 했다.

이전에는 비밀이었던 포드의 이야기를 가지고 외부인들이 격렬한 밀고 당기기를 시작했다. 여성 유명인사들이며 #MeToo 활동가들 사이에도 그 이야기가 알려졌으며, 기자들이 포드의 동료들에게 접촉하거나 그녀의 집을 찾아왔다.

분노한 데브라 카츠는 포드의 신원을 드러내려 한 장본인으로 의심되는 팰로앨토 지역의 한 유명 페미니스트와 직접 맞서기도 했다. 카츠는 그녀와 격앙된 전화통화를 나누며 이건 정말 부도덕한 처사라고, 자신의 의뢰인은 앞으로 나서지 않으려 한다고 했다. 그 전 주에는 에슈의 보좌관이 연락해와 포드가 자신들에게 더 원하는 바가 있는지, 상원 사법위원회의 다른 의원에게 연결해줄지를 물었다. 그러나 결국 포드는 마음이 바뀌지 않았다는 말을 되풀이했다. 기자들이 찾아와 문을 두드려도 대화를 거부했다.

그럼에도 9월 12일 수요일에 기사가 하나 나왔다. 온라인 출판물인 〈인터셉트〉에서 상원 사법위원회 소속 민주당 의원들이 파인스타인이 받은 캐버노에 대한 편지를 입수하려 한다는 기사였다. 그 기사에 따르면 편지에 담긴 것은 "캐버노가 고등학생 시절 한 여성과 있었던 사건"이며 편지를 쓴 사람은 스탠퍼드 대학교 소속이라고 했다. "이 비밀스러운 편지가 그 자체로 생명력을 얻기 시작하고 있다"는 것이 기사의 표현이었다.

그 기사 덕분에 파인스타인은 마치 대법관 후보자에 대한 필수 정보를 숨기고 있는 사람처럼 보이게 되었다. 다음 날, 파인스타인은 보도자료를 통해 자신이 검토를 위해 그 편지를 수사당국에 넘겼다고 발표했다. 그녀는 그 편지를 FBI에 넘겼고, FBI 측에서는 캐버노의 정보 파일을 위해 백악관에 전달했으며, 그 때문에 여전히 실체가 모호한 혐의를 캐버노가 공식적으로 부인하는 상황이 되었다. 일주일 넘게 포드는 다시금 침묵으로 돌아가려고 마음을 정리하고 있었다. 그런데 이제는 당장 며칠, 아니면 몇 시간 안에 신원을 노출당할 위기에 처했다.

그즈음 포드는 자신의 이야기에 대한 통제권을 다시 가져오기로 결심하고 있었다. 만약 누군가가 대중에게 자신의 신원을 폭로한다면 그건 자신이어야 한다고 마음먹었다. 수요일, 그녀는 팰로앨토에서 30마일 떨어진 하프문베이의 리츠칼튼 레스토랑을 찾아 몇 주 전 익명 제보를 했던 〈워싱턴포스트〉 기자 에마 브라운을 만났다. 포드는 브라운과 몇 번의 전화통화와 문자 메시지로 계속 연락을 주고받으며 캐버노와 고등학생 시절 있었던 일이며 의회에 알리려 했던 애초 계획을 조금씩 알려주었다. 브라운은 포드를 지나치게 밀어붙이지 않는 선에서 그 이야기에 유심히 귀를 기울였다. 브라운이 보여주는 존중이 포드에게는 위안이 되었다.

인터뷰는 포드가 상상한 것보다 훨씬 더 길고 고단했다. 수요일 저녁에 시작한 이 인터뷰는 다음 날 아침에 다시 이어졌고, 이후로 며칠간 전화로 계속되었다. 신문에 시각 자료, 심지어 자신의 신체를 노골적으로 나타낸 그림이 실린다는 생각에 포드는 질색했다. 브라운은 캐버노가 포드에게 성기를 삽입한 적 있는지, 그가 그녀를 강간했는지 물었다. 아니에요, 하고 포드는 설명했다. 그녀는 그 사건에 대해 이야기했던 심리치료 기록 발췌본을 제공해야 했다. 브라운은 포드의 남편과도 이야기를 나누게 해달라고 부탁했고, 그는 2012년부터 아내가 자신을 폭행한 사람의 이름을 캐버노라고 밝혔다고 확인해주었다.

그러나 팰로앨토로 돌아오는 길, 포드는 자신이 하는 수 없이 인터뷰를 하게 된 것에 마음이 놓일 지경이었다. 드디어 연옥에서 빠져나올 수 있을 것 같았다. 카츠를 비롯한 조언자들은 그녀의 주장을 올바로 알리기 위해 기사화하기로 한 것은 맞는 선택이라고 했다. 남편은 지난여름부터 쭉 그녀와 뜻을 함께했다. 대중 앞에 빨리 나설수록 그들의 삶이 평소로 돌아가는 시점도 빨라질 것이다. 그녀는 그래도 내내 조금의 프라이버시는 지킬 수 있을 거라고 스스로에게 계속 되뇌었는데 그것은 소망이기도 했다. 포드는 결혼 후에도 자신이 작성한 과학 논문의 저자명을 일관적으로 유지하려는 직업상의 이유로 결혼 전 이름을 계속 썼다. 〈워싱턴포스트〉 기사가 발행되기 전에 그녀는 남편의 성인 포드가 더 흔한 성이고, 그렇기에 인터넷을 통해 찾기 더 어려울 것이라며 남편의 성을 쓰는 것이 어떨지 의논하기도 했다. "제 상상으로는 구글에 포드를 검색하는 것과 블레이지를 검색하는 것은 완전히 다른 일 같았거든요" 하고 그녀가 말했다. 그러나 결국 그녀는 크리스틴 블레이지 포드라는 이름을 쓰기로 마음을 정했다. 또 인터넷에 올라와 있는 자신의 사진도 최대한 지웠다. 하지만 아직까지 링크드인 프로필을 내리지는 못했는데, 프로필에는 선글라스를 쓴 그녀의 얼굴 사진이 올라와 있었다. 포드는 아들을 친구들 집에 보내고 그날 밤 머무를 호텔을 예약한 뒤 뉴스 보도가 빠르고 차분하게 지나가기를 빌었다.

9월 16일 일요일, 〈워싱턴포스트〉가 기사를 발행하자마자 전화와 문자 메시지로 포드의 휴대폰이 끊임없이 울리기 시작했다. 링크드인 페이지에는 친구 신청이 수천 건 들어왔다, 팰로앨토 대학교 이메일로 응원과 칭찬의 메시지가 너무 많이 들어오는 바람에 계정이 정지되고 말았다.

온 세상 사람들이 〈워싱턴포스트〉 기사 한 단락 한 단락에 몰두하고 있었다.

> 지난 초여름, 크리스틴 블레이지 포드는 한 민주당 상원의원에게 대법관 지명인 브렛 M. 캐버노가 지금으로부터 30년 이상 지난 메릴랜드 교외의 고등학교에 다니던 시절 자신을 성폭행했다는 내용의 기밀 편지를 보냈다. 지난 수요일부터 그녀는 자신의 이야기가 자신의 이름도, 자신의 동의도 없는 왜곡된 버전으로 대중에게 알려져서 캐버노에게 전면 부인을 이끌어내고, 불과 며칠 전만 해도 확실시되었

던 그의 임명이 논란에 휘말리는 모습을 지켜보았다.

이제 포드는 만약 자신의 이야기가 알려져야만 한다면 그 이야기를 하는 사람은 다른 누구도 아닌 자신이어야 한다고 마음먹었다.

다시 브루클린, 조디와 메건은 〈워싱턴포스트〉 기사를 읽고 이 기사가 불러일으킬 폭발적인 반응을 예견했다.

이 기사에 실린 증거에 기반을 두고 포드에게도 캐버노에게도 각자의 말을 믿는 아군들이 모여들 것이다. 카츠가 이미 언급했던 대로, 포드의 이야기에는 빈틈이 많았고 그 틈은 아주 넓었다. 고발자의 기억에는 군데군데 구멍이 있고, 사건 당시부터 남은 증거는 아무것도 없었다. 지난주 금요일 백악관 발표를 통해 캐버노는 단호하게 혐의를 부인했다. "저는 전면적으로 명백하게 이 혐의를 부인합니다. 저는 고등학교 시절에도, 그 밖의 어떤 때에도 그런 행동을 한 적 없습니다."

그러나 포드는 자신의 기억 속 빈틈을 곧바로 인정했고, 어떤 이들에게 이는 신뢰성 있는 피해자의 특징으로 보였다. 포드는 구체적인 세부 사항을 설명했다. 록 음악이 큰 볼륨으로 울려 퍼지고 있던 것, 두 남학생 모두 '광적으로' 웃고 있었던 것. "캐버노는 그녀를 침대에 등을 대고 누운 자세로 내리누른 채 옷 위로 그녀의 몸을 더듬었고, 자신의 몸을 그녀의 몸에 대고 힘주어 마찰하면서, 그녀가 입고 있던 원피스 수영복과 그 위에 걸친 옷을 벗겨내려고 서투르게 시도했다." 에마 브라운이 쓴 글이다. "그녀가 비명을 지르려 하자 그가 손으로 입을 막았다고 그녀는 말했다." 〈워싱턴포스트〉 기사가 나오자 포드의 변호사들이 예상한 것보다 포드를 지지하는 반응이 훨씬 많았고, 이는 #MeToo가 가진 힘을 보여주는 것이기도 했다. 이미 성폭력 피해자를 지지하려 연결되고 결집되어 있던 온 세상 사람들이 하나가 되어 포드의 뜻을 지지했다.

순식간에 포드는 학대당한 여성들의 상징이자 정의를 향한 큰 희망의 표상이 되었다. 하지만 동시에 반발의 초점이 될 것 같기도 했다. 트럼프가 2년 전 전화로 자신에게 고함을 질렀던 것을 기억하고 있고, 이런 종류의 혐의에 그가 맹렬하게 맞서왔음을 아는 메건은 포드 역시도 트럼프의 표적이 되는 것은 아닐까 생각했다. 밥 우드워드(Bob Woodward)가 쓴 책 『공포』에는 여성에게 문제가 되는 행동을 했다고 털어놓는 친구에게 트럼프가 이렇게 말했다는 이야기가 나온다. "부인하고, 부인하고, 또 부인한 다음 그 여성들을 밀어내야 해. 그 무엇이라도, 그 어떤 과실이라도 고백하는 순간 죽는 거야."

트럼프가 포드를 공격하는 데 그치지 않을 수도 있었다. 그가 #MeToo 운동 전체를 겨냥할 가능성도 있었다. 여성들이 시작한 심판은 아직도 여러 성적 위법행위 혐의를 마주하고 있는 트럼프에게는 이미 위험 요소였다. 그런데 이제 #MeToo가 자신이 임명한 대법관 후보마저도 위협하는 것이다. 고작 두 달 전, 한 정치 집회에서 트럼프 대통령은 #MeToo라는 표현을 조롱하면서 오하이오주립대학교 레슬링 보조 코치로 일하던 시절 성폭력 고발을 묵살했다는 혐의를 받은 한 국회의원을 옹호했다. "전 '그들을' 전혀 믿지 않습니다. 저는 '그를' 믿습니다." 트럼프의 말이었다.

법 전문가들의 의견은 분분했다. 오래전부터 메건의 취재원으로 활약해온 검사와 피고 측 변호사들은 남학생 두 명이 음악을 크게 틀어둔 채로 방에서 나가지 못하게 했고, 비명을 지르려 하자 손으로 입을 막았다는 포드의 주장이 사실이라면 캐버노가 저지른 것은 중범죄에 해당한다고 했다. 형사사법제도에서 단 하나 중요한 것은 피해자의 믿을 만한 증언이다. 목격자, DNA 등의 증거가 반드시 있어야 기소가 가능한 것은 아니었다.

그러나 공소시효의 존재 이유를 강조하는 이들도 있었다. "나는 캐버노가 대법관으로 임명되는 데 반대하며, 상원의원들이 그의 사법 기록에 의거해 반대표를 던져야 한다고 생각하지만, 그가 십대 시절 저지른 행동이 오늘날 그의 '성품'을 보여준다는 것은 불편하게 느낀다." 민주당 정부에 두 번 참여했던 조지타운대학교 법학교수 로사 브룩스(Rosa Brooks)가 트위터에 남긴 글이다. 브룩스는 "35년이 지난 지금은 전면적이거나 공정한 수사를 하는 것이 불가능에 가깝다"고 지적했다.

그날 오후, 조디는 한층 더 불안해진 카츠와 대화를 나누었다. "의뢰인이 걱정됩니다. 백악관에서 그녀를 완파시킬 거예요." 그녀는 민주당도 믿지 않았다. 중간선거가 두 달 남은 시점이었기에 민주당이 포드를 도구로 이용할지도 모른다고 두려워했다.

전화를 끊기 전 카츠는 덧붙일 말이 하나 더 있었다. 이건 절대 기사화하면 안 됩니다, 하고 그녀가 말했다.

"제 의뢰인은 증언할 수 없습니다." 그녀가 말했다.

증언은 불가능하다는 것이었다. 포드는 〈워싱턴포스트〉 기사를 위해 전력을 기울였으며 이 기사가 발행되고 나면 더 이상 해야 할 일은 별로 없을 거라고 생각했었다. 그녀는 카메라도, 비행기도 무서워했고, 워싱턴으로 돌아갈 생각도 없었다. 상원 사법위원회 구성원이 캘리포니아 주에서 심문을 한다면 이에 응할 생각이 있었으나, 생방송에 출연해서 의원들의 질문 공세를 받아야 한다고? 의뢰인이 받아들일 리가 없다고 카츠는 말했다.

그러나 다음 날인 9월 17일 월요일 오전, 카츠는 아침 뉴스 프로그램에 출연해 자신의 의뢰인은 상원에서 증언을 할 준비를 마쳤다고 밝혔다.

CNN 뉴스 진행자가 직접적인 질문을 던지자 카츠는 "답은 긍정입니다" 하고 답했던 것이다.

그 답은 카츠의 인생에서 저지른 가장 큰 허세였다. 전날과 상황은 전혀 달라지지 않았다. 포드는 자신의 변호사가 TV에 출연해 이렇게 단언했다는 사실조차 모르고 있었다.

"증언을 할 수 있다고 말할 수밖에 없었어요." 훗날 카츠의 해명이었다.

몇 주 전만 해도 카츠, 뱅크스, 그리고 시드먼은 포드에게 대중에게 노출되면 위험하다고 주의를 주었다. 그런데 지금 그들은 생방송으로 진행되는 공개청문회에서 증언하는 것이 포드에게 최선이라고 생각하고 있었고, 수많은 국민이 그녀를 직접 보고, 직접 이야기를 듣고 나면 그녀의 말을 믿게 되리라고 확신하고 있었다. 공개되지 않은 장소에서 증언한다면 포드의 말을 왜곡하거나 숨기거나 무시할 여지만 준다는 것이었다.

그들은 그 시점에서 가장 중요한 건 포드에게 여러 선택지를 남겨 두는 것이라고 생각했다. "애매하게 굴었다면 약해 보였을 겁니다." 카츠가 말했다. 공화당 측에서는 포드가 직접 나와 논리 정연한 주장을 할 정도로 만만찮은 상대인 건 아니라고 떠들어댈 터였다. "그렇게 되면 다 끝인 겁니다." 그렇기에 법률 팀은 적극적으로 뛰어들어서 증언의 형식과 시기를 협상하되, 최대한 청문회 일자를 미루어 의뢰인에게 생각을 가다듬을 시간을 벌어주기로 했다. (어쩌면 그 사이 다른 혐의가 수면에 드러날 수도 있다고 그들은 생각했다.) 추후 포드가 청문회 참석을 원치 않더라도, 처음부터 모든 선택지를 없애버리는 것보다 이후에 뜻을 바꾸는 게 나았다.

"저희를 믿고 선택지를 열어놓으셔야 합니다." 법률 팀이 포드에게 한 말이다. "밀어붙이는 거예요."

포드는 알았다고, 그러나 자신은 청문회에 참석하지 않을 것이라고 말했다. 자문인들은 또 다른 동력이 되어 포드가 따라올 수 있도록 앞서 길을 열어두고 있었다.

사법위원회 의장 척 그래슬리(Chuck Grassley)가 공화당 상원의원 권한으로 캐버노 청문회의 절차에 있어 전권을 가졌다. 버락 오바마 전 대통령이 재임 마지막 해 대법관 공석을 채우지 못하도록 저지하는 등 호전적인 전술로 알려진 공화당 상원 원내대표 미치 매코널(Mitch McConnell)이 그의 지원군이었다.

그럼에도 그래슬리와 트럼프는 이미 포드를 존중하며 대하겠노라 약속하고 있었는데, 이는 아마 지난 1년 사이에 얼마나 많은 변화가 일어났는가의 조짐이었을 것이다. 지난여름 상원 사법위원회 청문회에서 그래슬리를 비롯한 사법위원회 소속 의원들은 사법부 내에서 제기된 성추행 혐의들을 혹독하게 비판했다. 공화당 측에서는 포드를 존중하고자 하는 것 같았다. 또, 클래런스 토머스 청문회의 경우와 마찬가지로, 청문회 당일 전원 남성인 사법위원회 내 공화당 의원들 앞에 선 연약한 여성의 모습이 자신들에게 불리할 수 있다는 사실 역시 염두에 두고 있는 듯했다. 트럼프 보좌관들이 공격 모드에 들어가는 것이 정치적 실책이 될 것임을 강조하고 있다는 이야기도 전해졌다. "그녀를 모욕해서는 안 됩니다." 그 주 월요일 오전 백악관 진입로에서 치러진 인터뷰에서 백악관 선임고문 켈리앤 콘웨이(Kellyanne Conway)가 기자들에게 한 말이다. "그녀를 무시해서도 안 됩니다." 중간선거가 다가오고 있었고 이미 여성 유권자들의 표심을 잃고 있었던 공화당 측에서는 포드에게 최대의 예우를 기울였다. 이런 상황에서는 포드 측 역시 승산이 있다는 판단이 들었다.

포드 팀의 계획은 시드먼이 배후에서 협의 조건을 논의하고 카츠와 뱅크스가 그래슬리 보좌관들과 직접 협상에 나서는 것이었다.

그러나 그날 오전 인터뷰 당시 카츠에게는 의뢰인이 청문회 참석을 망설이고 있다는 사실 외에도 시청자들은 알 수 없는 또 다른 비밀이 있었다. 인터뷰가 끝난 뒤 카츠는 차를 타고 병원을 찾아 환자복으로 갈아입고 휴대폰은 아내에게 맡긴 뒤 마취에 들어갔다. 다른 날도 아닌 하필 그날, 유방 수술이 예정되어 있었던 것이다.

수년 전 카츠는 유방암을 이겨내고 완치되었다. 그러나 다른 환자들의 경우와 마찬가지로 그녀 역시 이식물을 교체하는 수술이 필요했다. 수술 일정은 몇 주 전에 미리 잡혀 있었던 것이고, 보험사는 수술일 변경을 불허했다.

카츠는 이미 포드에게 자신의 수술은 아무런 문제가 되지 않으리라 확언해둔 상태였다. 조디와 메건은 와인스타인 기사가 발행된 직후로라 매든이 유방 수술을 받았던 것을 떠올렸다. 그러나 해야 할 일이 많은 상황에서 카츠가 이시이 없는 상태가 된다는 것은 감안하면 그때

보다 이번이 한층 더 불안한 상황이었다. 청문회에 관한 카츠의 입장은 마취에서 갓 풀린 멍한 상태로도 그래슬리와 협상을 벌일 만큼이나 확고했던 것일까?

한편 시드먼은 출타 중이었다. 어머니가 지난주 타계했기에 가족의 일을 정리하러 애틀랜타 주에 가 있었다.

코네티컷 애비뉴의 법률사무소에서 상황을 감시하고 있던 리사 뱅크스는 갈수록 불안해졌다. 그래슬리 의원실에서는 이미 카츠 그리고 의뢰인과의 논의 일정을 잡자는 메시지를 보내오고 있었고, 보좌관은 카츠로부터 응답이 없는 이유를 궁금해했다.

"어쩌다가 제 눈이 닿지 않는 곳으로 그녀를 보내버린 건지." 뱅크스가 카츠의 아내에게 보낸 농담 섞인 문자 메시지였다. "상황이 엉망진창이에요. 나라의 미래를 혼자 헤치고 나가게 됐네요. 술을 퍼마셔도 이상하지 않은 상황이네요. 그녀에게 다 잘 되고 있다고 전하고 이 메시지는 지워주세요." 그녀는 마티니 이모지로 메시지를 마무리지었다.

그날 하루 #MeToo 활동가들의 결집이 이어졌으나 그들은 포드가 증언을 할 생각이 없다는 것도, 언론 담당자는 수술대 위에 누워 있다는 것도 까맣게 모르는 채였다.

다음 날인 화요일 아침, 카츠는 메릴랜드 외진 곳에 있는 가족 농장에서 잠에서 깼다. 수술 흉터는 봉합했고, 부기가 빠지지 않았고, 최소 며칠은 출근하지 말라는 것이 의사의 지시였다. 그럼에도 그녀는 머릿속이 흐려질세라 약을 먹지 않기로 마음먹고는 침대에서 몸을 일으켜 앉아 노트북 컴퓨터로 그래슬리 의원실에서 온 이메일을 검토한 뒤 협상을 시작했다.

포드 팀은 첫 단계로 공명정대한 사법기관의 힘으로 30년간 일어난 사건의 진상을 밝히기 위해 이미 FBI에 포드가 제기한 혐의에 대한 수사를 요청해둔 뒤였다. 그러나 FBI는 캐버노의 신원조사는 이미 종결된 것으로 보고 있다며 개입을 거부했다. 상원 사법위원회 소속 공화당 의원들은 위원회가 자체적으로 수사할 권한과 기술을 보유하고 있다고 주장했다.

포드 팀은 사법위원회에서 요청한 포드와의 면담은 거부하고 있었다. 이제 중요한 것은 청문회 조건 협상이었는데, 사실상 즉흥적으로 원칙들을 만들어가는 것이나 다름없었다. 그날 아침 애니타 힐은 〈타임스〉 오피니언 란을 통해 바로 이와 같은 가능성에 대해 공개적으로 우려를 표시했다. 27년 전 애니타 힐이 증언하는 과정에서 사법위원회는 "고용주들이 이후 수십 년간 직장 내 성추행 해결에 실패하도록 용인하는 방식으로 행동했다"는 것이다. 당시 구성원들 일부가 여전히 남아 있는 오늘날의 사법위원회에 아직까지도 후보지명인에 대해 성추행이나 성폭력 의혹이 제기되었을 때 따를 수 있는 적절한 프로토콜이 없다는 것은, 그들이 "클래런스 토머스 사례에서 얻은 교훈이 거의 없고, 최근의 #MeToo 운동에서 얻은 교훈은 그보다도 더 적다"는 점을 시사한다고 했다. 때, 형식, 참여자를 비롯해 청문회의 모든 요소가 협상의 대상이었다.

이어진 며칠 동안, 양측은 신중하게 선택한 어휘들로 이루어진 이메일과 짤막한 전화통화를 주고받았다. 카츠와 뱅크스는 포드의 말에 따르면 폭행 당시 같은 방에 있었던 캐버노의 옛 친구 마크 저지를 소환하기를 종용했다. 파인스타인에게 보낸 편지에 포드는 사건 이후 동네 식료품점에서 저지와 우연히 마주쳤을 때 그가 그 사건으로 인해 자책감을 느끼는 것처럼 눈에 띄게 불편해하는 것 같았다고 썼다. 알코올중독에서 회복한 경험을 가진 저지는 조지타운 사립학교 시절을 다룬 회고록을 두 권 썼는데, 책 속에는 술을 마시다 필름이 끊기는 일이 일상이던 극단적인 파티 문화가 담겨 있었다. 그중 하나인 『중독: 어느 X세대 알코올중독자 이야기』에는 캐버노를 가리키는 듯한 바트 오캐버노라는 인물이 등장하는데, 그는 어느 날 밤 "누군가의 차에 토했고", "파티가 끝나고 귀가하던 중에 곯아떨어졌다". 포드 팀은 저지를 통해 최소한 캐버노가 폭음을 일삼았다는 사실을 입증할 수는 있으리라 생각했다.

저지에게 증언을 요구하지 않는다면 위원회가 무슨 수로 진실을 알아낼 수 있겠는가? 카츠와 뱅크스가 물었다. 그래슬리 측은 증인의 소환 요구는 증언 조건으로 받아들일 수 없다며 반려했다. 그 대신 그래슬리 측 보좌관들은 저지로부터 자신이 고등학생 시절 캐버노의 친구였음은 인정하지만 그런 파티는 기억에 없으며 캐버노가 포드가 묘사한 행동을 하는 것도 본 적이 없다는 내용의 서면 진술서를 받았다. 또, 포드가 그 파티에 함께 있었던 것으로 기억하는 캐버노의 또 다른 친구 P. J. 스미스(P. J. Smyth)에게서도 비슷한 서면 진술서를 받았다. 그런 모임은 기억나지 않고, 자신은 캐버노가 "청렴결백한" 사람이라 알고 있으며, 그가 여성에게 그 어떤 부적절한 행동을 하는 모습도 본 적 없다는 내용이었다.

공화당 측은 이 상황을 "그녀를 믿는가, 그를 믿는가"로 축소함으로써 다른 증인들의 존재 가능성을 없애고 있었다.

포드 팀은 공문을 주고받을 때 분노 표출을 자제하고자 했다. 상원 같은 기관을 대하는 모습은 전 세계가 지켜보기 때문이었다. 포드는 변호사들에게 위원회를 상대할 때는 가능한 한 예의 바른 태도를 취해달라고 부탁했다. 이 문제에 나서는 것은 당파성을 드러내는 행동이 아니며, 만약 캐버노가 민주당 출신 지명인이었다 하더라도 자신은 마찬가지로 목소리를 냈을 것이라고 주장했다. 많은 이들이 자신을 다른 관점으로 보고 있었다는 점을 의식하고 한 말인지는 분명히 알 수 없었다. 카츠가 공화당이 선택한 대법관 후보의 실각을 위해 상원 사법위원회 소속 민주당원들로부터 소개받은 민주당 지지자 변호사들, 그리고 민주당 전략가 시드먼과 협력하고 있다는 관점 말이다. 사법위원회 측에서 협상을 주도한 공화당 보좌진 마이크 데이비스(Mike Davis)는 포드 팀이 정치적 목적으로 포드를 이용하고 있었으며, 캐버노 임명을 무산시키려는 조직적 전략의 일부로써 협상을 오래 끄는 것이라고 여겼다는 사실을 훗날 밝히기도 했다.

다시 팰로앨토, 호텔에 틀어박힌 포드는 당시 협상에 대한 보고를 받기는 했지만 모든 정보를 파악하지는 못했다고 했다. 그녀는 〈워싱턴 포스트〉 기사에 쏟아진 많은 반응들을 보고 용기를 얻었다. 일부 동료는 곧장 나서서 그녀의 인격을 옹호했으며, 고등학교 동창들은 그녀의 주장이 "당시 우리가 듣고 겪었던 이야기들과 무척이나 부합한다"는 성명을 내기도 했다. "언론, 그리고 인생의 여러 시기에 만났던 친구들, 스탠퍼드와 팰로앨토의 교수들까지 선뜻 저를 도우려 하는 게 믿기지가 않아요." 기사가 발행된 당일 포드가 카츠에게 보낸 문자 메시지다.

그러나 그 주 목요일까지도 그녀는 워싱턴을 향할 마음이 없었다. 카츠의 부드러운 채근에도 그녀의 마음은 바뀌지 않았다.

포드: 지금은 압박감이 너무 심해요.

카츠도 차분하게 기다리고 싶었지만 상원 사법위원회를 영영 기다리게 할 수는 없었다.

카츠: 진심인데, 압박감을 주려는 게 아니에요. 그저 시간이 무한정 있는 게 아니라는 뜻이에요. 곧 그래슬리와 파인스타인에게 이메일을 보내야 합니다.

포드: 저는 거기 못 가요 :(D.C.에는요.

카츠: 괜찮습니다. 그쪽에서 공정한 규칙을 제시하지 않으면 언제든 발을 뺄 수 있어요. 그게 합당한 다음 행보죠.

그러나 협상을 이어가기 위해서는 의뢰인의 허락이 필요했다.

카츠: 정리하자면, 우리 쪽에서 곧 보내야 하는 이메일을 보내도 좋다, 그러나 그쪽에서 공정한 조건에 협의하고 선생님 안전을 보장하지 않으면 더는 진행할 수 없다는 걸 확실히 해달라는 말씀이시죠?

포드: 제가 D.C.에 간다고 보장할 수는 없다는 뜻이에요 :(최종 버전을 보여주시겠어요?

포드: 너무 무서워요. 숨도 못 쉬겠어요.

포드는 아직 사태를 정확히 파악하지 못하고 있었다. (이건 포드에게서 반복되는 패턴이었다. 그녀는 파인스타인에게 편지를 쓸 때 유출될 가능성이 있다는 사실을 완전히 이해하지는 못했다. 〈워싱턴포스트〉와 인터뷰를 할 때도 일주일 안에 뉴스 보도가 잠잠해질 거라고 생각했다.) 몇 주 전 이 일을 시작할 때는 사소하고 비밀스러운 개입을 할 생각이었지만 매 단계마다 사태는 더 커지고 어려워졌다. 지금은 자신의, 어쩌면 이 나라의 운명을 바꿀 선택의 기로에 서 있으면서 이를 회피하고 싶어 했다. 카츠, 뱅크스와 시드먼은 자신들에게 맡기라는 말과 함께 포드를 조금씩 나아가게 했다. 의뢰인이 원하는 바를 거스르고 싶지는 않았으나 그녀를 이끌어나갈 마음으로 고삐를 쥐고 있었던 것이다.

목요일이던 그날 밤, 포드는 샌프란시스코의 한 조용한 거리에 있는 어둑어둑한 프렌치 레스토랑에 도착했다. 자문을 해오던 워싱턴의 변호사들 중 하나인 코번이 마침내 그녀를 직접 만나러 왔던 것이다. 코번과 마주 앉자마자 포드는 쓰고 있던 야구 모자를 가리켰다. "위장용이에요." 그러면서 그녀는 억지 미소를 지었다.

긴 시간 저녁식사를 나누며 그녀는 자신이 워싱턴에 가기를 두려워하는 이유를 분명히 밝혔다. 그녀의 가족은 24시간 사설 경비업체를 고용해야 했다. 고향으로 돌아가면 안전할지 알 수 없었다. 여태까지 겪은 혼란과 위험만으로도 충분했다.

　그녀가 식탁에 놓여 있던 휴대폰의 재생 버튼을 눌렀다. "사기꾼 같은 년!"이라는 욕설이 흘러나왔다. 코번은 당연히 위협을 느낄 만한 메시지라며, FBI의 도움을 요청하라고 권했다. "3개월 남았어." 또 다른 목소리가 말했다. 다른 메시지들도 비슷한 말들을 반복했는데, 전부 동일한 음성 변조 장치를 사용한 듯했기에 그녀는 이 메시지가 조직적인 협박이라고 생각했다. "내 브렛을 건드리지 마." "내 트럼프를 건드리지 마."

　다음 날인 9월 21일 금요일, 카츠는 병원에 들러 실밥을 제거했다. 대기실에서 기다리는 동안 잠시 TV를 보았다. 공화당 측의 인내심이 동나고 있었다.

　CNN이 카츠가 그래슬리 측에 보낸 기밀 요구사항들을 보도하고 있었고, 공화당 보좌진이 유출한 것으로 보였다. 트럼프는 이제 포드의 주장에 대한 의혹을 직설적으로 표출하며 트위터에 "포드 박사에게 가해진 폭행이 그녀의 말만큼 심각한 것이었다면 그녀 또는 사랑하는 가족들이 즉시 지역 경찰서에 신고하지 않았을 리가 없다"라는 글을 남겼다. 매코널은 복음주의 활동가 모임에 참석해 상원이 "헤치고 나아가" 캐버노를 인준할 것이라고 장담했다.

　그날 저녁, 사법위원회의 공화당 보좌진은 다음 주 월요일인 9월 24일 위원회 전원이 캐버노의 인준 투표를 실시할 것이라고 발표했다. 그것으로 끝이었다. 포드가 청문회에 출석하고자 한다면 즉각, 금요일인 그날 밤 10시 전에 의사를 밝혀야 했다. 저녁 뉴스 진행자들은 마치 모든 일이 이미 다 마무리되기라도 한 것처럼 보도했다. "강압적으로 끌려가기 직전이었지요." 카츠의 말이다.

카츠와 뱅크스는 사무실에서 커피를 연신 들이키며 그래슬리 측에 보낼 공개서한을 작성했다. 흥분한 어조로 살해협박을 받고 있는 취약한 여성을 위협한다고 비판하는 내용이었다.

"청문회의 날짜와 조건에 있어 공격적이며 부자연스러운 방식으로 마감 시한을 강요함으로써 포드 박사가 극도의 부당한 불안감과 스트레스를 느끼게 했습니다." 그들의 표현이었다. "위원회에 협조하고자 긴 시간 최선을 다해온 성폭력 생존자를 이토록 무신경하게 다루다니 부적절하기 그지없는 일입니다."

"밤 10시라는 마감 시한은 독단적입니다. 이는 오로지 포드 박사를 괴롭혀 그녀와 그녀의 가족의 인생을 바꿀 신중한 결정을 내리지 못하게 할 뿐입니다." 그들은 이어 이렇게 썼다. "우리가 요구하는 바는 고작 포드 박사가 결정을 내릴 수 있도록 하루의 시간을 더 달라는 것뿐입니다." 응답이 오자 그들은 곧바로 언론에 알렸고 이것이 바로 TV에 보도되었다.

두 시간 뒤 그리슬리가 트위터에 양해의 말을 올렸는데, 마치 캐버노에게 보내는 문자 메시지를 그대로 올린 것 같은 묘한 형식이었다.

캐버노 판사 저는 포드 박사가 지난주의 성명을 상원에서 증언할지 결정하도록 하루의 연장기한을 주었습니다. 그녀가 결정해야 우리가 진행할 수 있습니다. 저는 그녀의 말을 듣고자 합니다. 이해해주시길 바랍니다. 저는 우유부단하게 접근하는 편이 아닙니다.

로드맵도 없고 정부 부처를 공화당이 장악하고 있는 상황에서 카츠, 뱅크스 그리고 시드먼은 심지어 청문회 참석에 동의하지도 않은 포드를 주어진 기간 내에 증언할 수 있도록 만들었다. 훗날 온 세상이 포드의 증언이 가진 힘을 이야기하겠지만, 아마 그들은 다른 여성들이 보이지 않는 곳에서 담당했던 역할을 모를 것이다.

하지만 이제 중요한 것은 포드를 워싱턴으로 보내는 것이었다.

토요일, 포드가 공개청문회에 참석해 증언하겠다고 최종적으로 확언하지 않을 것임이 확실해졌다. 그녀가 애매한 태도로 일관하는 이상 할 수 있는 일이 없었다. 그렇기에 포드의 자문인들은 모두 힘을 합쳐 그녀가 아기의 걸음마만큼이나 조금씩 앞으로 나갈 수 있도록 구슬리기 시작했다.

포드를 지지하던 어느 첨단기술기업 임원이 그녀가 워싱턴으로 갈 수 있도록 전용기를 내주었다. 포드는 비행 편에 대해 언급하면 자신은 더 초조해질 뿐이라고 자문인들에게 경고했다. 그럼에도 카츠는 그녀에게 현실을 일깨워주고자 문자 메시지로 전용기 사진을 전송했다.

다음으로 자문인들은 포드에게 만약 청문회에서 증언을 하게 된다면 누구를 데려갈 것인지 생각해보라고 했다. 전용기에는 포드의 친구들까지도 함께 탈 수 있었다. 남편은 팰로앨토에 남아 아이들을 돌보기로 했다. 둘 다 필요 이상으로 아이들의 삶을 방해하지 않기로 마음먹었던 것이다. 포드는 친구들 중 가장 안정적인 성향을 가진 이들이 누구일지 생각해보았다. 포드의 친구 중에는 세쌍둥이 그리고 2년 터울이 채 안 되는 막내딸을 키우는 엄마가 있었는데, 그녀는 샌타크루즈 해변에서의 대화를 시작으로 그해 여름 내내 포드가 모든 걸 터놓고 이야기했던 상대였다. 그 친구라면 안정감을 잃지 않게 해줄 수 있을 것 같았다. 절친한 친구이자, 수년 전 포드가 유명한 판사로부터 폭행을 당했다는 이야기를 한 적 있다는 선서 진술서를 써서 상원 사법위원회에 제출해주었던 키스 쾨글러 역시 마찬가지였다. 스탠퍼드 의대 교수인 다른 친구 두 명도 함께 있으면 도움이 될 것 같았다.

카츠, 뱅크스를 비롯한 자문인들은 이렇게 가설을 세워 이야기해보는 방식으로 포드가 워싱턴을 향하도록 설득했다. 일요일, 포드 측과 그래슬리 측은 마침내 합의에 도달했다. 청문회가 다음 주 목요일인 9월 27일로 정해졌다.

그러나 일요일이던 9월 23일, 캐버노 논쟁의 역학관계가 완전히 바뀌어버렸다. 포드의 팀이 몇 주나 기다렸던 캐버노의 또 다른 혐의가 두 건이나 거의 동시에 수면 위로 떠올랐던 것이다. 순식간에 캐버노는 반복적인 범죄를 저지른 더 부정적인 인물로 묘사되기 시작했다.

〈뉴요커〉는 예일대학교 재학 시절 동기였던 캐버노가 어느 파티에서 만취한 채 자신에게 신체를 노출했다는 데버라 라미레즈(Deborah Ramirez)의 주장을 실었다. 그녀는 자신이 술에 취해 "머릿속이 뿌옇고 혀가 꼬인 채로 바닥에 누워" 있었을 때 캐버노가 자신의 얼굴에 성기를 들이댔으며, 자신이 그를 밀어낼 때 그 성기에 손을 댔다고 말했다. "브렛은 웃고 있었습니다." 기사에 인용된 라미레즈의 말이었다. "아직도 그의 얼굴, 그리고 바지를 추어올릴 때처럼 허리를 앞으로 내밀고 있던 모습이 눈앞에 생생해요."

엇비슷한 시점, 트럼프의 합의를 받아들였던 포르노 배우 스토미 대니얼스 사건에서 그의 변호를 맡았던 캘리포니아 주에서 활동하는 원고 측 변호사인 마이클 애버나티(Michael Avenatti)가 트위터에 글을 남겼다. 자신의 새로운 의뢰인이 캐버노를 향해 제기한, 앞서보다 더 악의적으로 보이는 혐의였다.

우리는 1980년대 초반 워싱턴 D.C. 지역에서 열렸던 여러 하우스 파티에서 "일련의" 남성들이 술이나 마약에 취한 여성들을 표적 삼아 윤간하는 행위에 브렛 캐버노, 마크 저지 등이 가담했다는 중대한 증거를 알고 있다.

애버나티는 의뢰인의 이름을 밝히지는 않았지만 캐버노를 향한 여러 유도 질문들을 트위터에 남겼다. "하우스 파티에서 한 명 또는 여러 명의 여성을 섹스 또는 강간의 표적으로 삼은 적이 있습니까?" 그는 증언할 준비를 마친 여러 증인이 있다고 주장했다.

이런 혐의들의 전개를 살펴보며 카츠, 뱅크스 그리고 시드먼은 캐버노가 신체를 노출했다는 라미레즈의 주장이 사실이라고 믿었고, 이 주장이 포드의 신뢰성을 드높일 수 있으리라고 생각했다. 그러나 애버나티가 하고 있는 일은 그저 촌극에 불과하며 악영향을 입을 수도 있다고 여겼다.

  같은 날인 일요일 오전, 볼티모어의 자택에서 일하고 있던 리베카 코벳은 〈뉴요커〉 기사가 곧 나올 것임을 이미 알고 있었다. 경쟁 언론사 기자들은 한 사건을 동시에 취재하거나 취재원이 겹치는 경우 경쟁사의 기사를 사전에 아는 경우가 종종 있다. 코벳은 〈뉴요커〉가 완전한 기사를 써냈으리라 생각하고 기자들에게 〈뉴요커〉 조사 결과를 요약해 기사 초안을 쓰도록 지시했다. 이렇게 쓰는 후속 기사를 언론계에서는 "팔로우" 기사라고 부른다.

  그러나 코벳, 바케이와 퍼디가 그날 저녁 〈뉴요커〉 기사를 읽은 뒤, 코벳은 기자들에게 기사 작성을 멈추라고 했다. 〈타임스〉가 입수하지 못했던 결정적인 자료인 라미레즈와의 인터뷰가 〈뉴요커〉에 실렸던 것이다. 라미레즈 기사의 어떤 측면은 포드의 주장과 유사했다. 〈뉴요커〉 기사에는 목격자가 등장하지 않았다. (이름을 밝히지 않은 한 동창생이 그 사건 이야기를 들은 적 있으나 직접 보지는 못했다고 했다.) 라미레즈가 문제의 파티에 있었던 것으로 기억하는 이들은 그 사건이 일어났다는 사실을 부인하거나 파티 자체가 기억나지 않는다고 했다.

  그러나 라미레즈의 이야기에는 또 다른 주목할 점들이 있었다. 기사에서는 라미레즈가 입을 열길 망설였다고 했는데, 그 이유는 술을 마셨기 때문에 생긴 기억의 빈틈 때문이기도 했고, 또 그녀가 기억을 되짚어 확신을 가지고 캐버노가 한 일을 묘사하기까지는 엿새가 걸렸다고 했다. (이 기사를 공동으로 작성한 로넌 패로는 많은 피해자들이 기억의 빈틈으로 곤란을 겪으며, 엿새라는 시간이 걸렸다는 사실은 라미레즈의 신중함을 보여주었다고 훗날 밝혔다.) 라미레즈가 캐버노가 지명되기 전 그를 가해자로 지목했던 것이라면, 당시 〈뉴요커〉는 다른 피해자를 찾아내지 못했다. 어쩌면 라미레즈의 주장을 뒷받침할 비공식 취재원들이 있었는지 몰라도 기사에는 등장하지 않았다.

언론계에서는 중요 기사에 있어 경쟁사들이 서로의 취재에 부응하는 것이 관행이다. 만약 〈워싱턴포스트〉가 트럼프와 러시아 간의 거래에 대한 특종을 낸다면 〈타임스〉 역시도 같은 내용에 대한 취재를 시도하고, 그 역도 가능하며, 이로써 〈타임스〉 독자들에게 정보를 주는 동시에 〈워싱턴포스트〉 기사를 추가적으로 확인해준다. 과학자들이 피어리뷰를 수행하는 것과 마찬가지다. 별개의, 심지어 라이벌 관계에 있는 연구팀이 같은 실험을 수행했을 때 같은 결과가 도출된다면 연구 결과는 한층 신뢰성을 얻는다. 와인스타인 사건에서는 〈타임스〉와 〈뉴요커〉 보도 내용이 완전히는 아니더라도 대부분 일치했으며 이는 취재 내용이 탄탄하다는 것을 보여줬다.

새로운 시나리오의 등장이었다. 〈타임스〉 기자들도 최근 라미레즈의 옛 동창생이나 기숙사 학생들을 인터뷰했지만, 이 사건을 직접 목격한 사람은 없었다. 게다가 〈타임스〉는 취재 과정에서 라미레즈가 한 예일대학교 동창생에게 자신에게 신체를 노출한 사람이 캐버노라고 확신할 수 없다고 말했다는 사실을 알게 되었다. 〈타임스〉 편집자들은 그날 밤 파티에서 있었던 사건에 근거해 결론을 끌어내지 않기로 했다—이 혐의는 〈타임스〉의 독자적인 취재가 없이 별개의 팔로우 기사로 내보낼 수 있을 만큼 근거가 탄탄하지 못했다.

애버나티의 트위터 글들은 새로운, 그리고 훨씬 심각한 우려를 불러왔다. 그는 고발자가 누구인지조차 밝히지 않고 캐버노의 윤간 혐의를 암시했다. 애버나티에게는 자신만의 목적이 있는 듯했다. 스토미 대니얼스를 변호하던 시절 그는 기자들에게 정보를 제공하며 대권에 대한 야망을 쌓아갔다. 수개월이 지나 대니얼스 사건의 영향력이 소진된 뒤 그 건방진 변호사는 코벳에게 〈타임스〉를 비롯한 언론사에 정보를 나누어줄 생각도 있기는 하지만 그보다는 TV 출연을 최우선 전략으로 두고 있다고 설명했었다. "그쪽과 잠은 잘 수 있지만 결혼까지는 안 하겠다는 겁니다." 그의 말이었다.

일요일이던 그날, 코벳은 〈타임스〉 기자들에게 새로운 혐의를 계속 찾아보라고 지시했다. 그러나 그날 저녁 발행된 곧 있을 포드 청문회를 다룬 정치면 기사는 14번째 단락에서 라미레즈가 제기한 혐의를 언급했을 뿐이며, 〈타임스〉의 다른 취재 결과도 언급했다. 애버나티와 이름 없는 그의 의뢰인에 대한 언급은 하지 않았다.

월요일 아침, 공화당 측은 새로운 혐의들의 약점을 이용해 한층 더 맹렬하게 캐버노를 옹호했다. 또 다른 혐의들이 나오면 포드의 주장에 힘이 실릴 것이라는 포드 측 법률 팀의 추측이 틀린 듯했다. 오히려 새로운 혐의들은 논점을 분산시켰다. 켈리언 콘웨이는 일주일 전 포드에겐 자신의 이야기를 들려줄 자격이 있다고 주장했었다. 그런데 그는 그날 CBS 〈디스 모닝〉에 출연해서 캐버노에게 제기된 혐의들이 "좌파의 거대한 음모처럼 느껴지기 시작"했으며 캐버노가 여러 성추행과 성폭력 피해자들의 "억눌린 요구"의 희생양이라고 암시했다.

매코널은 상원의원석에서 캐버노에 대한 "수치스러운 흠집 내기 작전"에 참여한 민주당을 비난했다. 이에 힘을 얻은 캐버노는 자신이 이 자리에서 버틸 것이라는 서한을 발표했다.

상원 사법위원회 소속 공화당 보좌진인 마이크 데이비스는 훗날 애버나티의 등장은 특히나 의미심장했다고 밝혔다. "애버나티가 갑자기 이 사안에 끼어들더니 다른 고발자들의 신뢰성을 깎아내려 모든 걸 서커스로 바꿔버리고 말았습니다." 데이비스의 말이다.

9월 26일 수요일, 청문회 전날 아침이 밝았을 때 포드는 워터게이트 호텔에 비밀리에 몸을 숨기고 있었다. 역사와 전통 때문이 아니라 워싱턴 시내에서 떨어져 있다는 위치적 장점 때문에 선택한 호텔이었다.

포드는 대여한 전용기를 타고 전날 워싱턴에 도착했고, 긴장 완화를 위해 처방받은 아티반도 챙겨왔다. 전용기에서 내리자마자 눈앞에 나타난 것은 다른 누구도 아닌 콘웨이였는데 다른 비행기를 타려고 기다리고 있었던 듯했다. 포드는 야구 모자를 깊이 눌러쓰고 있었으며, 캘리포니아 주에서부터 함께 와준 친구들이 바짝 다가가 그녀를 가려주었는데, 콘웨이는 그녀를 알아보지 못한 것 같았다. 놀라운 일은 아니었다. 포드는 뉴스의 핵심에 있었으나 대중들은 그녀의 목소리가 어떤지, 얼굴은 어떻게 생겼는지 몰랐다. 공개된 사진이라고는 수십 년 전에 찍은 선글라스를 낀 사진 한 장뿐이었기 때문이다. 워터게이트 호텔에 머무르는 동안 포드는 철저한 경호를 받았다. 그녀가 호텔 방 문을 열 때마다 옆방에서 대기 중이던 보안요원이 동시에 문을 열 정도였다. 다음 날 아침까지 전국에 그녀의 행방을 아는 사람들은 거의 없을 터였다.

친구들이 워싱턴 기념탑을 보러 외출한 사이 포드는 호텔 내부에 마련된 회의실로 갔다. 법률사무소와 이 비밀스런 준비실을 바삐 오가며 지내던 카츠와 뱅크스가 그곳에 있었다. 또, 물밑에서 계속해서 포드에게 자문을 해주던 래리 로빈스, 그리고 로빈스의 옛 동료로 지난주 금요일에 법률 팀에 합류해 사법위원회와의 마지막 협상단계를 도운 마이클 브롬위치(Michael Bromwich)도 있었다. 시드먼은 복도 건너편 다른 방에서 일하고 있었다.

좁고 간소한 회의실은 와이파이 연결이 자주 끊겼지만 회의 테이블 자리마다 워터게이트 호텔 로고가 새겨진 노트패드와 펜과 물병이 마련되어 있었다. 카츠는 같은 사무소의 한 주니어 변호사, 그리고 브롬위치와 함께 포드가 지금까지 그들과 〈워싱턴포스트〉에 이야기한 세부사항에 기대어 모두진술을 작성했고, 포드가 불편해하는 성적으로 노골적인 표현은 뺐다. 포드는 초안을 읽고 나서 거의 다시 쓰다시피 고쳐 썼다. "거의 모든 문장에 줄을 그어 지워버렸어요." 그녀가 말했다. 내용상 오류가 있다기보다는 자기 자신의 이야기처럼 보이지 않아서였다. "그건 제 언어가 아니었어요. 순서도 맞지 않았고요. 저는 진술서를 직접 써야만 했어요." 포드는 그 자리에 있는 변호사들을 무시하고 과학 논문을 쓸 때처럼 글을 쓰고 또 고치기를 반복했다.

브롬위치와 로빈스는 한 시간에 걸쳐 포드에게 청문회 예상 질문들과 더불어 증언을 할 때 일반적으로 해야 하는 일들을 알려주었다. 그곳에 가는 것은 진실을 말하기 위해서입니다. 결과는 걱정하지 마세요, 하고 그들은 설명했다. 상원의원들이 모호한 표현을 사용한다면 그 의미를 추측하지 마세요. 그들이 세 부분으로 구성된 질문을 한다면 질문을 하나씩 잘라서 던져달라고 요청하세요. 브룸위치는 자신이 청문회 동안 포드의 옆자리에 앉을 것이라고 했다. 상원의원들이 말을 멈추면 그들을 바라보고 심호흡을 하되 그들이 했던 말로 골머리를 앓지는 말라고 했다.

로빈스와 브룸위치 둘 다 의회 증언에 있어 전문가였기에, 증언을 성공적으로 마치기 위해 중요한 것은 사전 연습, 예상 질문, 정돈된 답변이라는 것을 알고 있었다. 무미건조한 행정적 절차일 뿐인 경우에도 의회에서 증언을 하게 된 이들은 누구나 예행연습을 거쳤다. 변호사들은 이런 기술들을 포드에게 속성으로 알려주어야 했다. 일부 기업 임원들은 청문회를 위해 몇 주, 심지어 몇 달간 연습하는 일도 있었는데, 포드 팀에게 주어진 시간은 하루뿐이었다.

포드는 메모를 했지만 변호사들이 너 나 할 것 없이 말을 하고 있어서 집중하기 힘들었다. 답변을 연습하라는 요청에 그녀는 거부했다. "굉장히 고집스러웠어요." 로빈스가 말했다.

포드가 워싱턴에서 흔치 않게 이루어질 민감한 증언을 하기까지 24시간도 채 남지 않은 시점이었다. 전부 남성으로 이루어져 있는 공화당 측 의원들은 그 사실이 자아낼 부정적인 인상을 피할 수 있도록 숙련된 검사인 레이철 미첼에게 질의를 맡기기로 했다. 상원의원뿐 아니라 모든 사람이 포드의 증언 속에서 약점, 불일치, 당황하는 기색을 찾으려 귀를 기울일 것이다.

포드는 동요하지 않았다. 그녀에게 예행 연습이란 이미 답을 알고 있는 시험을 준비하는 것과 같았다. 그녀는 자신이 무엇을 알고 무엇을 모르는지 확실히 알고 있었다. 연습한다고 달라질 건 없었다.

그녀가 걱정하는 것은 단 한 가지였다. "카메라 앞에서 증언할 수 있을지 잘 모르겠어요." 그녀는 법률 팀을 향해 며칠 전부터 던졌던 질문을 또다시 반복했다. 왜 비공개 청문회는 안 되는가 하는 질문이었다.

이번에는 시드먼이 나섰다. 그녀는 포드와 단둘이 대화하면서 카츠와 뱅크스가 며칠 전부터 했던 말을 다시 한 번 반복했다. 포드의 이야기가 정확하고 진실되게 전해졌다고 확신하기 위해서는 TV로 보도되는 청문회를 택할 수밖에 없다는 이야기였다. 캐버노 역시 같은 선택을 할 것이라고 말이다. "알았습니다." 포드가 대답했다.

그제야 시드먼은 포드가 증언을 해내리라 확신할 수 있었다. 그러나 카츠와 뱅크스는 여전히 확신이 없었다.

그날 오후, 조디는 기차에 올라 워싱턴을 향했다. 카츠와 뱅크스의 법률사무소 주소를 찾아본 뒤, 사무소에서 가까운 커피숍을 하나 찾아 그곳에서 몇 시간 죽치고 앉아 기다리기로 했다. 카츠는 조디에게 찾아 오라고 한 적이 없었다. 조디는 뱅크스와는 만난 적이 없었고, 아직까지 포드와도 한마디도 나눠본 적이 없었다. 이 시점에서 조디와 메건은 물밑에서 일어나고 있는 일들에 대해서는 불완전한 정보만 알고 있을 뿐이었다. 조디가 기차표를 마련했다고 전했을 때, 카츠는 워싱턴에 와서 무엇을 보게 될지는 장담할 수 없다고 했었다. 그러나 두 기자는 앞으로 일어날 일이 어떤 의미를 갖게 될지 알려면 둘 중 한 명은 워싱턴에 가서 최대한 가까이서 청문회를 방청할 필요가 있다는 데 생각을 같이했다.

그날 저녁, 여전히 커피숍에서 기다리고 있던 조디 앞에 카츠와 뱅크스가 나타나더니 그녀를 사무소로 데려가 막바지 준비단계를 보여주었다. 변호사들 모두 혼신의 힘을 다하던 중이었다. 지휘 본부로 탈바꿈한 사무실 안은 포드의 이야기에 따라붙었던 상이한 반응들을 연상시키는 물건들로 가득했다. 변호사들에게 위협이 가해졌기에 보안요원들이 출입문을 지키고 서 있었다. 그러나 응원의 흔적들 역시 사방에 자리 잡고 있었다. 카츠의 책상 위에는 낯선 이들이 포드에게 보낸 꽃 장식들이 어지럽게 널려 있었다. 파일 캐비닛 위에는 그날 도착한 쿠키들이 무더기로 쌓여 있었다.

사무실에는 포드를 돕고자 자원했던, 대부분 여성 변호사와 전략가로 구성된 소규모 팀이 남아 있었다. 열정적이고 낙관적이며 도전적인 분위기의 팀이었다.

엘리베이터를 향하던 길에 카츠는 책상 위에 놓여 있던 〈타임스〉를 한 부 집더니 헤드라인을 의기양양하게 가리켰다. "한때 아버지 상의 본보기이던 빌 코즈비가 이제 수감자가 되었다." 전날 빌 코즈비는 징역 3년에서 10년을 구형받았고, 이는 수많은 사람들이 영영 실현되지 않으리라 생각한 정의구현의 순간이었다. 논객들은 이번 일이 #MeToo 시대 최초의 주요 판결이라 평했다. 카츠는 역사가 우리 편이라는 기분이 들었다.

그러나 같은 시간 트럼프는 TV에 출연해 캐버노에게 제기된 혐의는 뉴욕에서 메건이 조사하고 있는 다른 사건 전개와 마찬가지로 민주당의 거대한 "사기극" 중 하나라며 맹렬한 비난을 퍼붓고 있었다. 트럼프는 캐버노 사건을 자신의 결백함을 주장하고 스스로를 피해자로 위치 짓는 데 이용하고 있었다. "저는 오랫동안 유명인으로 살아왔지만, 거짓 혐의, 완전히 거짓인 혐의를 뒤집어쓴 경우가 많았습니다." 트럼프는 이렇게 말했다. "그렇기에 전 집에 앉아 TV를 보며 '아, 캐버노가 이러쿵저러쿵했나 보군' 하는 사람들과는 이런 사건을 다르게 바라봅니다. 저에게도 자주 있었던 일이니까요."

트럼프는 메건과 바바로가 작성했던 그의 여성 문제를 다룬 기사를 또 한 번 겨냥해 '거짓 보도', '가짜 뉴스'라는 표현으로 비판했다. 또, "나에 대한 이야기를 꾸며내는 대가로 돈을 받은 네 명 또는 다섯 명의 여성" 이야기도 했다. 트럼프의 주장을 뒷받침할 근거는 없었다. 그러나 리사 블룸이 트럼프를 고소하고자 한 여성들을 위해 유명 민주당원들로부터 기부금을 조성하려 시도했음이 기사화되었고, 이 논란이 왜곡과 과장을 거치자 트럼프의 주장의 정당성에 힘을 실어주는 꼴이 되었다.

그날 밤 10시, 포드는 숙면을 취할 수 있길 바라며 잠자리에 들었다. 그러나 두 시간 후 잠에서 깼다. 샤워를 한 다음 동이 틀 때까지 텔레비전을 보았다. "어서 증언을 하고 모든 걸 끝내길 기다리며 준비를 마쳤죠." 그녀가 훗날 한 말이다.

그날 아침은 청문회 준비로 정신없이 흘러갔다. 스타일리스트가 찾아와 머리 손질을 해주었고, 거울을 보니 머리카락 끝을 둥글게 만 모습이 꼭 다른 사람 같다는 생각이 들었다. 자문인들은 캘리포니아 주의 학자인 포드에게는 의회 청문회에 출석할 때 입을 만한 의상을 없을 거라고 예상했고, 그 예상은 맞아떨어졌다. 그래서 자문인은 전날 다양한 스타일의 정장 열한 벌을 주문해 포드의 방으로 배달시켰다. 포드가 보기에는 전부 칙칙하고 값비싼 그야말로 동해안 사람들이나 입을 법한 정장들이었다. 그녀가 고른 것은 열한 벌 중 유일하게 검은 색이 아니어서 강의를 할 때도 입을 수 있을 것 같은 감청색 정장이었다. 재단사가 정장을 그녀의 몸에 맞추어 수선해주었다.

전용기에 함께 타고 왔던 스탠퍼드의 동료 교수 한 명, 그리고 마침 워싱턴에 체류 중이던 또 다른 동료 교수 한 명이 호텔 방으로 찾아와 아침식사를 함께했다. 각자가 쓰고 있는 과학 논문 이야기를 나누며 식사를 하다 보니 서서히 청문회에서 보여줄 전문가 모드에 시동이 걸리는 것 같았다.

쉐보레 서버번 SUV 한 대가 포드를 기다리고 있었다. 그녀는 카츠, 뱅크스, 브롬위치, 로빈스, 그리고 보안요원 두 명과 함께 차량에 올라 국회의사당으로 향했다. 지하주차장에 도착한 뒤에는 안내를 받은 대로 지하 복도를 가로질러 계단을 오른 뒤 사무실 문이 즐비하게 늘어선 널찍한 복도를 향했다. 사람들이 포드를 보려고 복도를 내다보고 있었다. 곧 포드와 법률 팀은 배정받은 대기실로 들어갔다. 대기실은 청문회 장소에서 조금 떨어진 사무실처럼 생긴 방이었는데, 휴식시간에 이곳으로 와서 휴식을 취하고 다시 모일 수 있다고 했다. 포드는 아직까지도 바인더에 넣어온 모두증언을 수정하면서 단어 선택 하나하나를 따져보는 중이었다. "비명을 질렀다(screamed)"를 지우고 "외쳤다(yelled)"로 고치기도 했다.

그래슬리가 대기실을 찾아오자 포드는 미소를 지으면서 사교적인 태도로 그와 인사를 나누었다. 그녀는 여전히 청문회의 전 과정에서 최대한 상냥한 태도를 보이겠다고 마음먹은 상태였다.

자문인들은 포드의 불안감을 최대한 줄일 수 있도록 사법위원회를 설득해 청문회가 열릴 장소를 상대적으로 작은 공간으로 정했다. 자문인 중 누구도 포드에게 이 청문회가 어느 선까지 중계될지 터놓고 이야기해주지 않았다. 이 또한 고등학생 시절 일어난 한 사건에 관한 분쟁이 얼마나 거대하고 중대한 사태가 되어버렸는가를 얼버무리려는 노력 중 하나였다. 카츠와 뱅크스는 포드가 사태를 인지하고 나면 공포에 질려 얼어붙을지도 모른다고 걱정했던 것이다.

청문회가 시작되자, 포드는 자신이 어떤 인상을 줄지 그리 크게 의식하지 않은 채로 성명문을 읽기 시작했다. 성명문에 쓰인 이야기는 그녀가 여름 내내 여러 번 되풀이한 내용이었다. 그녀는 밤을 꼬박 샌 뒤였다. 그녀가 마이크에 대고 처음 한 말은 카페인이 필요하다는 말이었다. 상원의원석이 올려다 보이는 청문회 장소는 익숙지 않은 공간이었다. 압도당하는 느낌이 들 만큼 강한 조명 때문에 꼭 수술실에 있는 기분이었다.

감정이 북받쳐 오르는 바람에 목소리가 갈라졌지만 포드는 무너지지 않았다. 그토록 신중을 기해 골랐던 단어와 이미지는 특히나 더 생생했다. 그녀는 옷 안에 입고 있던 원피스 수영복을 벗기려던 캐버노의 손길, 그리고 자신이 욕실에 숨어 있을 때 아래층으로 내려가던 남학생들의 "핀볼이 튀는 것처럼 벽에 부딪쳐 울리던" 목소리에 대해 이야기했다.

"저는 온 세상 사람들 앞에서 이런 트라우마를 내보여야 했고, 저를 한 번도 만난 적 없으며 저와 이야기를 나눠본 적도 없는 이들이 TV에서, 트위터에서, 다른 소셜미디어에서 제 삶을 조각조각 분해하는 모습을 보게 되었습니다." 그녀가 말했다. "저는 독립적인 개인일 뿐 그 누가 조종하는 장기 말이 아닙니다. 저는 상원의 결정 과정에서 진지하게 고려할 수 있도록, 캐버노 씨의 행동이 제 삶을 망가뜨렸다는 것을 사실대로 알려 도움이 되고자 입을 열었습니다."

과학 컨퍼런스에 참여한 경험 덕에 질의응답에 익숙했던 포드는 그 자리에서도 그 경험에 의지해 명확하고 정확한 답변을 하고자 노력했다. 공화당이 질의를 위임한 검사 레이철 미첼과의 설전에서도 흔들리지 않았다. 상원의원석과는 달리 검사석은 바닥 층에 위치했기에 포드는 자신들이 인간 대 인간으로서 소통하는 듯한 기분이 들었다고 했다. 검사의 첫 번째 질의에는 존중이 담겨 있다는 느낌이 들었다.

그러나 청문회가 진행될수록 포드는 불안해졌다. 미첼이 하는 질의의 초점이 바뀌고 있었던 것이다. 워싱턴까지의 이동수단은 무엇이었는가? 거짓말탐지기 검사를 받았을 때의 상황은 어떠했는가? 포드에게는 전부 옆길로 새는 것처럼 느껴지는 혼란스러운 질문이었다. 마지막 휴식시간에는 지쳐서 청문회장으로 다시 돌아가고 싶지 않을 정도였다.

미첼은 질문을 전부 마치자 포드에게 다가왔다.

"당신이 안전하기를 기도하겠습니다." 검사의 말이었다. 그 말을 듣자마자 포드는 겁에 질려버렸다. 자신이 두려워해야 할 어떤 일이 일어나리라는 것을 알고 있다는 의미였을까?

대기실로 돌아가자 자문인들이 웃는 얼굴로 포드를 반겼다. 포드는 자신의 발언에 대한 피드백들조차도 학자의 관점으로 받아들였다. "과학 강연을 할 때는 아는 바를 그대로 말하거든요. 그렇기에 청중으로부터 '정말 잘했어요!'라는 말을 듣지는 않죠." 그녀의 설명이었다. 하지만 주장을 전달한다는 점에 있어서는 스스로도 잘 해냈다는 생각이 들었다. 즐겨 쓰는 스포츠 비유를 사용하자면, '필드 위에 모두 내려놓고 왔다'는 기분이었다. 대법관 인준에 반대를 던질 가능성이 있는 것으로 보이던 애리조나 주 공화당 상원의원 제프 플레이크(Jeff Flake)가 들러서 인사를 건넸을 때는 따뜻하게 마주 인사했다. 그녀는 아직 자신의 목소리가 전국에 얼마나 큰 힘과 울림을 가져왔는지 자각하지 못하고 있었다.

포드의 순서가 거의 끝날 때쯤에야 빌린 출입증을 써서 사람이 잔뜩 들어찬 청문회실에 들어갈 수 있었던 조디는 처음으로 직접 만난 포드의 첫인상에 몰입했다. 포드는 커다란 나무 탁자 앞, 카츠와 브롬위치 사이에 상원의원석을 마주보고 앉아 있었다. 조디는 그녀의 뒤통수만 보이는 자리에 앉아 있었기에, 무엇보다도 강렬하게 다가온 것은 그녀의 목소리였다. 예상치 못하게 소녀 같으면서도 권위가 느껴지는 목소리였는데, 그렇게 들리는 이유 중 하나는 그 목소리에 담긴 명확함 때문이었을 것이다. 포드는 증언하는 내내 모든 질문에 정확한 답변을 하는 데 전념하는 듯 보였다. 와인스타인 사건에서 피해자의 목소리가 기자들을 통해 전해졌던 것과는 달리 이번에는 온 세상이 그 여성을 두 눈으로 보면서 걸러지지 않은 그 여성의 이야기를 들었다.

많은 시청자들이 포드가 설득력 있는 증인이기에 캐버노 임명은 사실상 끝난 일이라 생각했다. C-SPAN에서는 성폭력 생존자들과 전화 연결을 하기도 했다. "오랜 세월 떠올리지 않던 기억이 되살아나서 너무나 마음이 아팠어요." 한 76세 여성의 말이었다. 트럼프는 포드가 "무척 설득력 있는", 그리고 "몹시 믿을 만한 증인"으로 보였다고 말했다. 〈타

임스)의 편집자와 기자들은 필요한 경우 캐버노 사임을 보도할 만반의
태세를 갖추고 있었다.

　수많은 다른 시청자들처럼, 조디와 메건 역시 캐버노가 청문회에
서 어떤 발언을 할지 확신하지 못하고 있었다. 그는 자신의 탁월함을 내
세우며 여태까지 뛰어난 연방 판사로서 존경받아왔음을 상기시키려 할
까? 어쩌면 그런 사건은 전혀 기억에 없지만, 성인이 된 이후의 행동으
로 판단받아야 하는 것이라고 말할 수도 있었다. 다른 인물들 역시 젊은
시절 저지른 잘못들을 이런 식으로 돌파했었다. 2000년 대선 레이스 당
시 조지 W. 부시는 지난날 폭음을 일삼았던 사실이 문제시되자 이를
"젊고 무책임하던 시절, 저는 젊고 무책임했습니다"라는 말로 물리쳤다.
부시의 이 말은 과거의 논란과 가장 효과적으로 결별을 선언한 대사 중
하나로, 파티를 좋아하던 과거의 그를 자조적이고 안타깝게 보이게 만
들었다. 그 누구도 젊은 날 저지른 최악의 행동으로 평가받고 싶지 않다
는 것을 상기시켰으니까.
　그러나 캐버노가 그런 전술을 쓸 의도가 없다는 사실이 곧 분명해
졌다. 그는 반들거리는 나무 탁자 앞에 앉자마자 다시금 강한 모습을 되
찾았고, 선서 후에 포드의 혐의를 강력하게 전면 부인했다. "저는 포드
박사가 제기한 혐의를 전면적으로 명백하게 부인합니다. 저는 포드 박
사와 그 어떤 종류의 성적, 물리적 접촉을 한 사실이 없습니다. 포드 박
사가 주장하는 그 모임에 참석한 적도 없습니다. 저는 포드 박사도, 그
누구도 성폭행한 사실이 없습니다."

조디가 앉은 자리에서는 캐버노의 얼굴 역시 보이지 않았다. 보이는 것이라고는 떡 벌어진 어깨와 그 위에 자리한 회색빛 도는 갈색 머리카락이 전부였다. 그러나 그의 목소리, 그리고 그 목소리가 허공에 대고 모두진술을 토해내기라도 하는 것처럼 분노로 가득 차 있었다는 사실만은 귀로 확인할 수 있었다. 캐버노의 태도는 포드와는 정반대였다. 포드의 말은 신중하고, 침착하고, 정중하며, 정치적으로 들리지 않았으며, 자신이 하는 말을 입증하려는 시도인 듯 증언 속에 과학적 용어를 간간이 섞었다. 반면 캐버노의 말은 크고, 통렬하며, 대놓고 당파성을 드러내고 있었다. "지난 2주간 있었던 시도는 모두 계산되고 조직된 정치적 공격이었으며, 이는 명백하게 트럼프 대통령과 2016년 대선을 향한 억눌린 분노로 추동된 것입니다." 캐버노의 말이었다.

그는 청취자들에게 자신의 입장을 이해해달라는 듯, 점점 과장되어 통제를 벗어나버린 고발들에 좌초되고 만 평생 동안의 노고를 수분에 걸쳐 설명했다. 지난주 드디어 애버나티의 의뢰인인 줄리 스웨트닉 (Julie Swetnick)이 등장했다. 위원회에 제출한 선서진술서에서, 그다음에는 TV 인터뷰에서 스웨트닉은 모순적인 주장을 펼쳤기에 많은 이들이 그녀를 신뢰할 수 없는 증인으로 보고 있었다.

"스웨트닉의 주장은 말도 안 되는 헛소리입니다. 촌극에 불과합니다." 그가 말했다.

포드의 주장에 대해서는 이렇게 말했다. "저는 혐의가 제기된 바로 다음 날 청문회가 열리기를 바랐습니다. 그러나 이런 헛소리가 퍼져나가는 동안 열흘이라는 시간이 흘러갔습니다." 그러면서 그는 그동안 돌기 시작한 더욱 막연한 소문들을 언급했다. "제가 로드아일랜드의 ㅂ ㅌ

에 있었다거나, 그러다가 또 콜로라도 주에 있었다더군요. 온 사방에서 저를 목격했다고들 합니다. 이런 소식들은 신문과 케이블 방송국 뉴스를 통해 숨 가쁜 속도로 퍼져나갔습니다."

"악의적이고 거짓된 '추가' 혐의들 때문에 제 가족과 저의 이름이 완전히, 돌이킬 수 없이 짓밟히고 말았습니다." 그의 말이었다. 그가 사용한 '추가' 혐의라는 표현이 그의 의도를 분명하게 드러내고 있었다.

캐버노는 스스로 남성들이 겪는 고충의 초점이 되어서, 자신은 피해자라는, 딸들이 소속된 농구 팀에서 활동하던 시간에 이르기까지 헌신과 돌봄으로 이루어낸 한평생이 무책임한 주장을 하는 한 여성에 의해 망가져버렸다는 더 큰 주장을 이끌어내려 했던 것이다.

"맥주를 마시는 모든 미국인, 또는 고등학교 시절에 맥주를 마신 적 있던 모든 미국인이 별안간 성폭력 가해자 취급을 받게 된다면, 우리나라는 새로이 추악한 공간이 되고 말 것입니다."

공화당 측은 캐버노에 대한 질의 시간을 그의 메시지를 증폭시키는 시간으로 사용했다. 공화당 측의 공식 대변인으로 여성을 내세우려던 애초의 계획은 간데없이, 혐의에 등장하는 사건의 상세 내용을 묻던 레이철 미첼의 질문 기회를 빼앗았다. 대신 전원 남성으로 이루어진 공화당 의원들이 차례로 나서서 그들의 표현대로라면 한 고결한 남성을 피해자로 만든 행위에 대한 분노를 표출했다.

"상황은 악화일로를 겪고 있습니다." 텍사스 주 상원의원 존 코닌 (John Cornyn)의 발언이었다. "라미레즈 씨가 주장한 혐의는 〈뉴욕타임스〉조차도 보도를 거부했습니다. 또, 스토니 대니얼스의 변호사는 당신에게 극도로 추잡하고 음란한 혐의를 뒤집어씌우려는 말도 안 되는 주장을 들고 나왔고 말입니다. 충분히 분노할 만한 터무니없는 일입니다."

유타 주 상원의원 오린 해치(Orrin Hatch)는 이 사태를 "치욕"이라고 했다. "슬픈 일이지만 이 사건은 미합중국 상원 역사상 가장 수치스러운 장이 되었습니다." 텍사스 주 상원의원 테드 크루즈(Ted Cruz) 역시 거들었다.

증언 도중 캐버노는 희한한 이야기를 하기도 했다. 그는 자신의 학교 연감에 등장해 언론의 관심을 모았던 "악마의 삼각형"을 술자리 게임이라고 이야기했지만, 대부분의 사람들은 그 단어가 고등학생들 사이에서 두 남성과 한 여성 3자 간의 성관계를 알리는 속어로 쓰인다는 사실을 알고 있었다. 캐버노는 포드의 이야기를 "그녀가 그 자리에 있었다고 했던 바로 그 사람들이 반박했으며 그중에는 포드의 오랜 친구도 있다"고 주장했다. 그러나 그 말은 사실이 아니었다. 포드의 기억 속 그 자리에 있었던 문제의 친구인 릴런드 카이저(Leland Keyser)는 변호사를 통해 사법위원회에 발송한 서신에서 자신은 그 모임이 기억나지 않고 캐버노와도 모르는 사이였다고 밝혔으나, 〈워싱턴포스트〉 측에는 포드의 말이 진실이라고 믿는다고 밝혔다. 미네소타 주 민주당 상원의원 에이미 클로버샤(Amy Klobuchar)가 캐버노를 향해 술을 마시고 부분적이든 완전히든 필름이 끊긴 적 있었느냐고 묻자, 그는 클로버샤를 향해 당신의 경우는 어떠냐며 방어적으로 응수했다.

청문회실에 있던 조디는 텔레비전 중계를 통해서는 그만큼 뚜렷이 감지할 수 없었던 어떤 점에 대해 감명을 받았다. 청문회실을 가득 메운 이들 중에는 포드나 캐버노의 지지자뿐 아니라 #MeToo의 선도자와 논객들도 자리하고 있었다. 포드가 증언을 마치는 순간 울려 퍼진 "고맙습니다, 포드 박사님"이라는 외침이 "브렛을 인준하라!"라는 고함 소리와 뒤섞였다. 비행기 좌석에 비해 그리 크지 않은 8열의 방청석에 캐버노 티셔츠를 입은 여성들과 포드를 지지하러 온 여성들이 다닥다닥 붙어 앉아 있었다. #MeToo 운동의 창시자 타라나 버크는 국회의사당 곳곳에서 벌어지는 시위 행사로 갈 수 있도록 운동화를 신고 왔다. 버크와 그리 멀지 않은 자리에 캐버노의 아내 애슐리 캐버노가 공포에 질린 표정을 하고 앉아 있었다. 그 모든 사람들이 공정한 심판이 없는, 급조된 규칙으로 진행되는 이 싸움을 보려고 목제 패널과 황동 인장으로 장식된 공무적 인상을 주는 작은 방 안을 빽빽이 채우고 있었다.

다음 날 아침 조디는 워터게이트 호텔 로비에서 카츠와 만났다. 포드와 법률 팀이 청문회 준비에 열을 올리던 좁다란 회의실에는 가지런히 줄을 맞춰 놓은 형광펜이며 땅콩 맛 엠앤엠즈 초콜릿을 비롯해 준비 과정에서 사용한 물품들의 흔적이 남아 있었다. 곧 포드가 회의실로 들어왔다.

포드는 전날 청문회에서와 완전히 똑같으면서도 너무나도 다른 모습이었다. 그녀의 입에서 처음 나온 말 역시 청문회가 시작할 때 했던 것과 완전히 같은 말이었다. 카페인이 필요하다는 말 말이다. 그녀는 청문회에서와 마찬가지로 사근사근한 태도로 카츠에게 플레이크 상원의원이 인사를 건네러 왔을 때 자신이 정중한 태도를 보였느냐고 물어보았다. ("아주 보기 좋았어요" 하고 카츠가 그녀를 안심시켜주었다.) 하지만 옷차림만큼은 전날 입었던 정장과는 완전히 다른, 청록색 후드 티셔츠에 고무 소재의 파란색 버켄스탁 샌들 차림이었는데, 그 모습은 포드가 공식적인 무대 위에서 보여준 몇 시간만으로는 완전히 파악할 수 없는 정체성과 삶이 있는 사람임을 일깨워주었다. 잠자리에서 흐트러진 머리로 나타난 그녀는 다시금 캘리포니아 사람다워 보였다. 손목에는 "용감한(Courageous)"이라는 문구가 새겨진 가느다란 은팔찌를 끼고 있었다.

전날 국회의사당을 떠난 뒤 포드는 드디어 마음 놓고 무너질 수 있었다. 캐버노의 증언은 보지 않았다. 그날 밤, 친구들과 가족은 워터게이트 호텔의 한 방에 모여 청문회를 끝낸 것을 축하하는 작은 모임을 가졌다. 그 자리에서 팰로앨토에서 함께 온 친구들이 포드의 고등학교 동창들과 만나기도 했다. 동창 중 한 명이 포드에 관해 TV 인터뷰를 하기로 했기에 포드는 고맙다는 말을 전했다. 포드의 부모님도 이 모임에 함께 자리했다. 모두가 술을 마시며 이야기를 나누는 동안 포드는 방 안에 있던 천을 씌운 작은 소파에 누워 눈을 감았다.

포드가 탈 비행기가 출발 시간을 앞두고 있었고, 그녀는 어서 워싱턴에서의 힘든 경험을 뒤로 하고 서해안 지역으로 돌아가고 싶은 마음뿐이었다. 살던 집으로 다시 돌아가도 괜찮을까 하는 이야기를 할 때 그녀는 다시 예전의 삶과 일상으로 돌아가는 문제에 집중하고 있었다. 불가능할 것 같았다. 그녀의 이야기는 국가, 문화, 정치의 지형을 송두리째 뒤바꿀 정도의 파급력을 갖고 있었던 것이다.

몇 시간 뒤, 사법위원회가 소집되어 대법관 인준을 상원 전체투표에 붙일지 결정하는 사이, 카츠와 뱅크스는 자신들의 법률사무소 회의실에서 분 단위로 이어지는 TV 보도를 보고 있었다. 두 변호사가 의뢰인의 증언이 임명 결과에 실제 영향을 끼칠 것인지를 확인하려 기다리는 동안 조디도 그 자리에 함께해 이들을 지켜보고 있었다.

카츠는 테이블 주위를 서성거리며 비행기 안에 있을 포드에게 문자 메시지를 보냈다. 기다림의 시간은 애가 탔고, 변호사들이 바라는 결과—제프 플레이크 상원의원 또는 공화당 의원 중 누군가가 반대표를 던지는—가 실현될 가능성은 낮았다. 그렇기에 아직은 진짜 뉴스가 담기지 않은 헤드라인과 이미지가 TV 화면을 휙휙 스쳐 가는 사이, 조디는 변호사들에게 한층 광범위한 질문을 던졌다. 지난 한 해, 실제로 얼마나 많은 것이 변했으며, 포드의 증언이 남길 의미는 무엇일까?

"캐버노가 인준된다면 상황이 더 나아진 게 맞나 하는 의문을 품게 되겠군요." 두 변호사 중 비관적인 쪽을 맡고 있는 뱅크스의 대답이었다.

그러나 여전히 가능성을 믿는 사람인 카츠는 뱅크스의 답에 동의하지 않았다. 카츠는 포드가 낡은 사회적 규범에 도전했으며, 이 도전이 가능했던 까닭은 #MeToo 운동이 그녀에게 창을 내어주었기 때문이고, 사회적 기준이 이미 변화했기 때문이라고 생각했다. "일 년 전이었더라면 포드에겐 증언할 기회조차 없었을 겁니다." 카츠의 주장이었다.

"많은 것이 '이미' 질적으로 변화했습니다." 그녀가 말을 이었다. "제도는 변하지 '않았습니다'. 상원도 변하지 '않았고요'. 국가 권력은 백악관과 상원에 집중되어 있지요. 그러나 그렇다고 해서 이 운동이 실패한 건 아닙니다." 카츠는 포드의 반대자들이 대놓고 그녀를 거짓말쟁이 취급하는 대신 그녀가 가해자의 신원을 잘못 알았을 것이라는 이상한 가설을 흘렸다고 덧붙였다. 이는 기이한 형태의 진보이기는 하지만, 그래도 여전히 진보라고 그녀가 말했다.

"운동이 실패했다는 뜻은 아닙니다." 뱅크스가 받아쳤다. "이 운동이 품은 힘에도 불구하고, 결과는 똑같아 보인다는 소리죠."

결국 TV에서는 명쾌한 답변이 보도되지 않았다. 플레이크는 국회의사당 엘리베이터 안에서 두 명의 성폭력 생존자와 극적으로 마주했고, 그 뒤 청문회를 중지하고 상원 전체투표에 들어가기 전 포드, 그리고 라미레즈의 주장에 대해 FBI의 수사를 요청하자고 협상했다. 몇 주 전에 카츠와 뱅크스가 시도했다가 좌절된 바로 그 수사였다. 캐버노에 대한 플레이크의 군건한 지지를 얻기 위해서는 뭐든지 할 기세였던 위원회 내 공화당 의원들과 백악관은 이 협상을 받아들였다.

조디는 뉴욕으로 돌아갔고, 이번에는 메건이 워싱턴에서 두 변호사의 옆자리를 지켰다. TV와 온라인의 논객들은 투표 연기와 FBI 수사 착수를 포드의 승리라 일컬었으나, 카츠와 뱅크스는 회의적이었다. "아직은 결과가 어떻게 될지 모르죠." 카츠가 메건에게 한 말이다.

같은 날인 9월 28일 금요일, 몇 시간 뒤 포드는 캘리포니아 주에 도착해 남편과 두 아들과 눈물로 재회했다. 아들들이 기쁨에 날뛰며 그녀를 숨 막힐 만큼 끌어안았다고 한다.

몇 달 만에 처음으로 포드는 평온할 수 있었다. 수많은 카메라를 마주하고 앉아 있던 시간은 곤혹스러웠으며, 레이철 미첼과의 질의 과정에서도 곤란한 순간들이 있었다. 그러나 그 누구도 포드의 가족이나 학자로서의 경력에 흠집을 내려들지 않았다. 이전에도, 지금도, 포드는 캐버노가 대법관으로 인준될 거라고 여겼다. 그녀가 거둔 승리는 존엄성을 잃지 않고 자신의 이야기를 세상에 들려준 것이었다고 그녀는 말했다. 어쩌면 그 덕분에 다음 세대의 피해자들은 한층 더 쉽게 앞으로 나설 수 있을지도 모른다. 대법관 선발 과정 역시 다음 번에는 더 신중해질지도 모른다.

드디어 원래의 삶으로 돌아왔다고 포드는 생각했다. 인터뷰 요청이 쇄도했지만, 법률 팀에 "저는 '그' 사람이고 싶지 않아요. 이젠 다시 강단으로 돌아가고 싶을 뿐입니다"라는 말로 거절했다.

그러나 공화당 측은 캐버노 인준을 성사시키고자 하는 과정에서 포드를 공격했다.

일요일 밤, 레이철 미첼은 공화당 상원의원들에게 포드의 신뢰성을 문제 삼는 다섯 쪽짜리 메모를 발송했다. ("'그는 말했다, 그녀는 말했다' 유의 사건은 입증하기가 극도로 힘듭니다. 그러나 이번 사건의 경우는 통상적인 경우보다도 논거가 약합니다.") 사흘 뒤 미시시피 주 사우스에이븐의 한 선거 유세장을 찾은 트럼프는 포드를 신나게 조롱했다. ("'귀가는 어떻게 하셨습니까?' '모르겠습니다.' '사건이 일어난 장소까지는 어떤 방법으로 가셨습니까?' '모르겠습니다.' '사건이 일어난 장소는 어디입니까?' '모르겠습니다.' '그때가 몇 년 전입니까?' '모르겠습니다. 모르겠습니다. 모르겠습니다.' '어느 동네에서 일어난 일입니까?' '모르겠습니다.' '그 집은 어디에 있습니까?' '모르겠습니다.' '1층이었습니까, 2층이었습니까?' '모르겠습니다.'")

트럼프가 이런 발언을 하고 있는 동안, 상원 사법위원회 소속 공화당 의원들은 1990년대 초반 포드와 사귀었던 한 남성으로부터 받은 선서진술서를 공개했다. 이 선서진술서에 담긴 것은 포드가 심리학 지식을 이용해 룸메이트가 연방 법집행기관의 취업 면접을 위한 거짓말탐지기 검사 대비를 도왔다는, 포드가 거짓말탐지기 검사에 통과했다는 사실에 의혹을 제기하기 위해 설계된 듯 보이는 주장이었다. 포드는 분노했다. 논객들이 자신을 겨냥하게 된 것은 그렇다손 치더라도, 이 주장 때문에 과거 FBI 요원이었던 친구 모니카 매클린(Monica McLean)이 그 누구도 거짓말탐지기 검사 대비를 돕지 않았다고 공식적으로 부인해야 하는 피해를 입었기 때문이다.

전 국민이 포드의 행동에 대한 나름의 의견을 갖고 있는 것 같았다. 트럼프가 포드를 조롱하는 발언을 했던 지역인 미시시피 주 사우스에이븐의 데일스 식당의 한 종업원은 격분했다. "여성이라면 무슨 말이나 할 수 있죠." #MeToo 운동에 대한 그녀의 말이다. "당신도 나만큼이나 잘 알고 있겠지만, 그 사람들은 성공하려고 그런 일을 자초한 거예요. 마음에 안 드는 사람을 망가뜨리려고요." 그녀는 자신의 딸 역시도 강간 피해자라고 했다. "그러니까, 저도 그게 큰일인 건 알아요. 1년이고, 2년이고, 기약 없이 상담을 받아야 하죠. 하지만 외상후스트레스장애라고요? 글쎄요, 전 인정 못하겠네요. 제 딸은 그냥 잘 살고 있거든요. 용서하고, 잊어버려야죠. 평생 그 일에 짓눌려 사는 바보가 어디 있어요."

포드를 영웅으로 여기는 이들도 있었다. 전 세계의 성폭력 피해자들이 그녀의 증언에 진심으로 응답했다. 자신이 겪은 학대, 폭행과 성추행을 털어놓는 지지자들의 편지가 수만 통 쏟아졌다. 엘런 디제너러스(Ellen DeGeneres), 코니 정(Connie Chung) 같은 유명인들은 자신의 경험을 처음으로 대중 앞에 털어놓으며 포드로부터 용기를 얻었다고 언급했다. 기존에 있었던 캐버노 항의 시위대가 온건해 보일 정도의 규모로만 국회의사당을 가득 메웠다. 포드의 증언에서 따온 말들로 그녀의 얼굴을 만든 이미지가 〈타임〉 매거진 표지를 장식했다.

포드는 줄곧 자신의 이야기에 대한 통제권을 되찾고자 하는 마음으로 〈워싱턴포스트〉와 인터뷰를 하고 청문회에서 증언을 했으나, 이제 그녀의 이야기는 소모되고, 보도되고, 전유하고 있었다. 최종적인 결정권을 갖고자 하는 간절한 마음으로 포드는 다시 법률 팀에 연락을 취했다. 지금 할 수 있는, 말할 수 있는 것이 또 있을까요? 법률 팀은 그녀에게 아무 행동도 취하지 않기를 권했다. 설령 그 사건이 영상 증거로 남아 있다 하더라도 그녀의 주장은 묵살당할 수도 있다는 것이 카츠와 뱅크스의 의견이있다. 또, 포드가 모든 생존자의 트라우마를 떠안는 것 역시 안 될 일이었다.

"여성들이 존엄한 대우를 받길 바라는 모든 이름의 희망과 기도, 꿈을 떠안으려 해서는 안 돼요." 카츠는 전화통화로 포드에게 그렇게 말했다고 한다. "그걸 전부 감당할 수는 없어요."

포드는 이대로 물러날 수 없었다. 10월 4일 목요일 밤, 그녀는 카츠와 뱅크스에게 전화를 걸었다. 캐버노 임명을 결정하는 상원의 첫 번째 투표가 이루어지기 바로 전날이었다. 결국 포드의 혐의에 대한 FBI 수사는 극도로 제한적인 선에 그쳤다. 마크 저지, P. J. 스미스, 릴런드 카이저, 그리고 또 다른 한 증인의 변호사와 면담한 끝에 수사는 "증거 없음"으로 종결되었다. 포드와 캐버노에 대한 면담은 이루어지지 않았다. 30년 전 실제 무슨 일이 있었는가 하는 의문은 아직도 해결되지 않았다. (FBI의 수사 결과 라미레즈의 주장에 대한 증거 역시 드러나지 않았다.)

그럼에도 포드는 최종 결정권을 갖고자 했다. 그날 저녁, 포드는 이틀 전부터 준비한 비밀 편지의 작성을 끝마쳤다. 상원의원 제프 플레이크에게 보내는, 친절함을 보여주어서 감사하다는 내용의 편지였다.

그날 밤 늦게 뱅크스가 플레이크의 개인 이메일 주소로 이 편지를 발송했다. 다음 날 오전, 투표 전 이 편지의 출력본이 인편을 통해 플레이크의 집무실로 전달되었다.

10월 5일 금요일 오후, 상원이 인준 절차를 진행했다. 최종 투표는 다음 날로 예정되어 있었다. 그날은 조디와 메건이 와인스타인에 대한 첫 기사를 내보낸 지 정확히 1년 되는 날이자, 그리고 〈액세스 할리우드〉 테이프가 세상에 알려진 지 대략 2년이 되는 날이었다.

기차에 몸을 싣고 워싱턴을 향한 메건은 법률사무소 앞에서 카츠를 만났다. 어깨와 얼굴 사이에 휴대폰을 끼운 자세로 통화 중이던 카츠의 눈에 눈물이 그렁그렁했다. 투표 결과는 예상한 대로였다. 포드는 계획한 것보다 훨씬 많은 일을 해냈다. 그럼에도 캐버노는 대법관이 될 것이다.

"당신 몫은 다 했어요, 굳세게 버티세요." 카츠가 전화에 대고 한 말이다.

다음 날, 카츠, 뱅크스, 그리고 법률사무소의 주니어 변호사 한 명은 캐버노 임명 과정의 최종 투표를 참관하기 위해 수백 명의 시위자들을 지나쳐 상원 건물로 들어갔다. 메건이 그 뒤를 따랐다. 상원 갤러리에 도착한 변호사들은 나무문을 열고 새하얀 대리석 계단을 내려가 푸른 의자에 착석했다. 그들은 마지막 순간까지 포드를 대변하고자 이 자리에 왔다고 했다. 그것이 비록 갤러리에 앉아 있는 것에 불과하더라도 말이다.

변호사들은 공화당 상원의원들이 자리에서 일어나 온 세상의 결백한 남성들이 부당한 혐의에 시달릴 위험에 처해 있다고 이야기하는 것을 엄숙한 표정으로 경청했다. 의원들은 대부분 포드를 직접 공격하지는 않았다. 그들은 그녀를 캐버노 임명을 무산시키려는 자들이 조종하는 장기 말로 취급했던 것이다. 일리노이 주 민주당 상원의원 딕 더빈(Dick Durbin)이 포드를 시민적 의무의 본보기라 호명하고 그녀가 겪은 일에 대해 사과했을 때 카츠는 압도감에 고개를 숙였다.

캐버노 논란에 관해 양측이 가진 우려의 목소리는 차츰 높아져 분노로 바뀐 뒤였다. 국회의사당에서 캐버노 반대 시위자들이 "우리는 크리스틴 블레이지 포드를 믿는다" 그리고 "우리는 모든 생존자를 믿는다"라는 커다란 피켓을 들고 공화당 상원의원들과 직접 대치했으며, 심지어 10대 시절 캐버노의 음주 습관을 뜻하는 맥주 캔을 들고 매코널의 자택을 찾아가 "마셔라, 마셔라, 마셔라", "술 취한 판사를 어떻게 할까?"라는 구호를 외쳤다. 최종 투표가 이루어지는 이때 시위대 중 일부가 갤러리로 진입하기도 했다. 이들은 한 사람씩 자리에서 일어나 항의의 말을 외쳤다. 보안요원에게 끌려 나가는 시위자들의 외침이 홀에 울려 퍼졌다. "저는 생존자를 지지합니다", "대법관 인준 절차는 부패했다", "이 순간이 미국 역사의 오점이다."

건너편에 앉아 있던 백악관 고문 돈 맥간(Don McGahn)은 미소를 띤 채 투표를 지켜보고 있었다. 투표가 종료된 뒤 매코널 상원의원은 기자회견을 열었다. 메건은 그의 얼굴 역시도 기쁨으로 빛나고 있음을 알아차렸다. 이제 과반수가 공화당 인사로 이루어진 대법원이 새로이 탄생했으며, 어쩌면 뜻밖의 정치적인 보너스까지 거머쥔 덕분이었으리라. "임명 절차가 진행되는 과정에서 우리 모두를 공격한 폭도에 다름없는 이들이 우리의 지지층에 불을 지핀" 것이라고 그는 말했다.

캐버노의 대법관 인준이 #MeToo 운동의 운명에 대한 최종 평가인 것은 결코 아니다. 몇 주 전, 조디가 인터뷰한 적 있었던 킴 로슨을 비롯한 맥도널드 직원들은 이 기업의 부실한 성추행 정책에 맞서는 전국 단위의 동맹휴업을 벌였다. 역사가들의 평가에 따르면 이는 미국 최초의 성추행과 관련한 동맹휴업이었다. CBS 회장 레슬리 문베스(Leslie Moonves)가 사임하면서 그는 포춘이 선정한 500대 CEO 중 성추행 심판에 의해 직위를 해제당한 최초의 인물이 되었다. 전날 노벨평화상 위원회는 2018년 노벨평화상은 성폭력 근절 활동가 나디아 무라드(Nadia Murad)와 데니스 무퀘게(Denis Mukwage)에게 돌아간다고 발표했다. 당시 〈타임스〉는 구글의 두 남성 임원과 이들의 은밀한 문제를 다룬 충격적인 기사를 마무리하는 중이었다. 둘 중 한 사람은 안드로이드 스마트폰의 아버지로 불리는 인물로, 그는 오럴 섹스를 강요한 혐의를 부인하고 9천만 달러를 받고 회사를 떠났다.

포드의 주장을 놓고 벌어진 논쟁을 통해 사람들은 비록 사적인 선에서일지라도 자신이 고등학생 시절 저지른 행동들을 재평가하기 시작했다. 공공의 토론이 불만족스러운 불협화음을 빚어내는 가운데 이런 사적인 차원에서 사유를 통한 개인의 변화가 가장 크게 일어났다.

지금까지 일어난 일을 바라보는 포드의 감정은 여전히 요동치고 있었다. 이후 몇 달간 메건과 인터뷰를 진행하면서 그녀는 많은 순간 슬

퍼하거나 혼란스러워했고, 때로는 대담하게 분노를 표출했으며, 거의 대부분 무척 불안해 했다. 그녀가 자신의 이야기를 알린 것은 잘한 일이 었을까? 혼자만 알고 있는 게 나았을까? 어떤 날이면 그녀는 성폭행 문 제에서 앞으로 나서지 않아야 하는 이유를 열심히 이야기했지만, 또 다음 날에는 조금도 후회하지 않는다고 했다. 성폭력 문제 공론화에 대해 포드가 처음부터 느껴왔던 이 양가적인 감정은 아마 아주 오랫동안 지속될 것으로 보였다.

워싱턴에서 캐버노 논쟁이 절정에 달했던 시기, 〈타임스〉는 독자들에게 여성을 상대로 했던 행동 중 후회하는 것이 있는지 설문했다. 응답한 독자는 수백 명에 이르렀고, 그들이 고백한 행동들은 신체를 더듬는 것에서부터 윤간에 이르기까지 다양했다.

"저는 제가 그녀를 성적으로 '정복'해야 한다고 생각했습니다." 1980년 졸업 무도회에서 한 여성의 치마 속에 강제로 손을 집어넣었다는 톰 린치(Tom Lynch)의 말이다.

지금은 82세가 된 테리 위튼(Terry Wheaton)은 1952년 동급생에게 강제로 키스했던 것이 후회된다고 했다.

"미안해, 다이앤." 그가 말했다.

에필로그: 만남

2018년 연말, 우리는 와인스타인 조사에 처음 착수하던 시절 구상했던 아이디어로 돌아갔다. 침묵을 깨뜨려달라고 여성들을 설득하던 그 시절, 만약 우리는 그들 중 일부가 직접 만나 대화를 나누면 도움이 되지 않을까 하고 생각했었다. 당시에는 그 아이디어가 불가능한 것, 취재의 비밀 유지에 해가 될 수 있을 것이라고 여겼다.

그런데 우리는 그때와는 다른 이유로 다시금 그 가능성을 생각하고 있었다. 와인스타인 사건 이후로도 이어지는, 입을 연 여성들에게는 무슨 일이 일어나며, 그렇게 일어난 일을 그들은 어떻게 이해하고 있는가 하는 질문에 답하는 데 도움이 되리라는 생각 때문이었다.

2019년 1월 16일, 우리의 요청으로 취재에 참여했던 여성 열두 명이 이런 질문들에 대답하고자 로스앤젤레스에 모였다.

이 모임을 성사시키기는 쉽지 않았다. 열두 명의 여성이 사는 국가는 세 군데로 다양했고, 일정을 잡고 우리의 의도를 설명하기 위해 수많은 통화와 메시지를 나누어야 했다. 아니에요, 집단 상담 치료는 아닙니다. 저널리즘적 목적으로 합동 인터뷰를 하고자 합니다. 우리는 모두가 모일 만한 호텔 회의실을 알아보았지만, 그 어느 곳도 비밀을 보장하기는 어려울 것 같았다. 그렇기에 모임에 참석하기로 한 귀네스 팰트로가 브렌트우드의 자택을 제공하겠다는 제안을 했고, 취재원으로부터 금전적 가치를 제공받는 일을 피할 수 있도록 식사 비용은 우리 쪽에서 지불하기로 했다. 여행 경비가 부담이 되는 일부 참석자의 항공권과 호텔 숙박은 우리가 제공했다.

취재원 그리고 인터뷰 대상자들과 함께 팰트로의 자택에 도착한 날 오후 6시에는 비가 내렸다. 우리가 탄 차는 눈에 띄지 않는 회색 울타리를 지나 오래전 펠트로를 처음 만났던 햄튼스의 자택과 마찬가지로 보안이 철저한 그녀의 사유지로 들어갔다. 펠트로의 집에 모인 우리는 그날 저녁과 다음 날 모임을 가지게 될 장소인 응접실로 들어가 음료를 받아든 뒤 탁탁 타는 벽난로 앞 널찍한 소파에 자리 잡았다.

응접실 안에 우리의 취재가 띤 역사가 생생하게 살아 숨 쉬고 있었다. 오하이오 주에서 온, 트럼프 타워의 엘리베이터에서 트럼프에게 강제로 키스를 당했다고 메건에게 말했던 레이철 크룩스는 아직까지도 자신의 이야기를 밝힌 여파를 감당하는 중이었다. 중서부 출신의 키가 훤칠한 크룩스를 캘리포니아 주에서 만났다는 사실에 메건은 짜릿했지만, 두 사람이 처음 만난 순간부터 지금까지 일어난 수많은 일들만큼은 아니었을 것이다.

지금은 독일에 살고 있는 애슐리 저드는 비행기에서 내리자마자 이곳으로 곧장 왔기에 트레이닝복 차림이었다. 와인스타인 기사가 발행된 뒤 저드는 영웅이라는 극찬과 함께 상을 받기도 했고, 모교인 하버드대학교 케네디행정대학원의 강사직에 추대받기도 했다. 2019년 가을학기부터 시작할 저드의 강의에는 "리더(Leader)"라는 단순한 제목이 붙었다. 그녀는 와인스타인 스캔들 이후 할리우드에서 시작되어 모든 업계로 범위를 넓힌, 안전하고 공정한 근무환경을 촉진하고자 하는 단체 타임즈업(Time's Up) 이사회에도 들어가게 되었으며, 성희롱, 명예훼손 및 직무상의 기회 손실에 대해 와인스타인을 상대로 직접 소송을 걸기도 했다. 낯선 사람들이 다가와서 고맙다고 말하는 일도 종종 있었고, 그녀가 비행기에서 내렸을 때 사람들이 줄을 서서 기다리고 있기도 했다.

조디는 저드가 로라 매든과 악수하는 모습을 보고 싶었다. 와인스타인의 어시스턴트로 수십 년 전 더블린에서 그에게 성추행을 당했다고 주장했던 매든이 웨일스에서부터 여기까지 와주었다. 저드와 매든은 와인스타인 사건에서 그 누구보다도 먼저 기사화에 동의해주었다. 2017년 10월 그토록 굳건한 용기를 보여주었던 매든이었음에도, 부드러운 갈색 머리를 귀 뒤로 넘기면서 낯선 사람들에게 자기 이야기를 하는 게 아직도 익숙지 않다고 말하는 그녀의 상냥한 말씨는 여전했다.

매든은 미라맥스 시절 함께 일한 동료이자 지금은 활동가로 변신한 젤다 퍼킨스와 함께 비행기를 타고 왔다. 와인스타인 기사가 나오고 몇 주 뒤, 퍼킨스는 크게 심호흡을 한 뒤 처음으로 기밀 유지 합의에 대한 침묵을 깬 여성들 중 한 사람이 되었고, 그녀가 보호하고자 했던 동료 로웨나 추의 특수한 경험이나 신원에 관한 정보를 제외한 모든 사실을 언론에 공개했다. 와인스타인에게 법적으로 보복을 당할 가능성을 감수했으나, 그는 그녀에게 보복하지 않았다. 퍼킨스는 기밀 유지 서약이라는 이름으로 벌어지는, 성적 학대를 비롯한 여러 가해 행위를 돈으로써 입막음하는 행위를 언론, 그리고 영국 의회에 고발하며 질문을 던졌다. 수년 전 와인스타인에게 맞섰고, 오늘날에는 일반적으로 통용되는 법적 관행에 도전한 타고난 논객이던 퍼킨스는 회의적인 분위기를 풍기며 방 안을 둘러보고 있었다.

팰트로의 집으로 들어오며 퍼킨스는 생경하다는 느낌에 사로잡혔다. 두 사람이 만났던 것은 〈셰익스피어 인 러브〉를 비롯한 영화 촬영 당시가 마지막이었는데, 그 시절 둘은 와인스타인의 행동에 대해 한 번도 서로 이야기를 나누어본 적이 없었던 것이다. 〈셰익스피어 인 러브〉로

펠트로가 아카데미 여우주연상을 수상한 것은 퍼킨스가 앞으로 20년간 자신의 이야기를 지워버릴 합의서에 서명하고 몇 달 뒤에 있었던 일이 었다. 이 두 명의 금발 여성이 지금은 러그 위에 나란히 자리 잡고 앉아 대화를 나누고 있었다. 토크쇼 촬영을 갓 마치고 돌아와 아직도 드레스를 입고 메이크업을 한 상태였던 펠트로는 느긋한 태도로 편안히 앉아서 우리가 모임을 주도할 수 있도록 해주었다.

약 1년 전 조디가 처음 인터뷰했던 캔사스시티의 맥도널드 직원 킴 로슨도 이 자리에 있었다. 조디와 인터뷰를 한 뒤 로슨은 패스트푸드계의 거인이자 미국에서 두 번째로 큰 기업인 맥도널드에 직장 내 성추행 문제 해결을 종용하는 시위에 앞장섰다. 시위의 주최자인 앨린 우멜(Allynn Umel)도 자리를 함께했지만, 로슨에게는 손 잡아 줄 사람이 필요한 것 같지는 않았다. 그녀는 쾌활했고, 방 한편의 그녀가 있는 자리에서 웃음소리가 들려오던 것을 보면, 다른 이들과도 쉽게 어울리는 성격인 것 같았다.

크리스틴 블레이지 포드는 증언을 할 수 있도록 용기를 북돋아 주었던 데브라 카츠, 리사 뱅크스와 함께 소파에 앉아 있었다. 포드에게는 오랜만의 외출이었다. 캐버노 청문회가 끝나고 3개월이 지났는데도 포드는 여전히 숨어 있었다. 그녀는 이 방에 있는 다른 여성들과는 입장이 많이 달랐다. 아직까지 살해 협박을 받고 있었다. 사랑해 마지않던 강단으로 돌아가는 건 고사하고, 낯선 이들이 다가올까 두려워 장을 보러 나가지도 못하는 상태였다. 그럼에도 그녀는 로스앤젤레스에 온 것은 위험을 무릅쓰고 바깥으로 나서겠다는 새로운 마음가짐 덕분이라고 메건에게 말했다.

앞서 실명을 기재했던 이 참가자들 외에, 이 자리에는 로웨나 추도 참석했는데, 다른 이들과는 조금 떨어진 곳에 혼자 있었지만 이는 중요한 의미를 띠는 일이었다. 와인스타인 기사가 보도된 뒤, 추는 변호사를 통해 조디와 남몰래 연락을 나누었다. 추의 신원은 공식적으로 밝혀지지 않았고, 그녀는 침묵을 깨지 않았으며, 앞으로도 입을 열 수 있을지 확신하지 못했다. 그럼에도 우리가 추를 초대한 것은, 그녀의 침묵에도 불구하고 내린 결정이라기보다는, 오히려 그 침묵 때문이었다. 세상에는 끔찍한 이야기를 혼자만 간직하는 여성들이 너무 많았다. 어쩌면 이 자리에서 추가 그 결심이 어떤 결과를 낳았는지 이야기해줄지도 몰랐다. 그러나 추는 변호사인 낸시 에리카 스미스(Nancy Erika Smith)를 대동했고 자신의 생각이 바뀌지 않는 한 오늘의 모임 자리에 있는 이들이 자신의 이름을 발설하지 않는다는 조건을 이 모임에 참석하기 전 내걸었다.

추가 쭉 숨어 있었기에, 우리는 그녀가 수줍음이 많거나 상처를 입은 사람처럼 보일지도 모른다고 상상했었다. 그러나 그녀는 따뜻하고 자신만만한 사람이었고, 어깨에는 인상적인 카메라를 하나 걸고 있었다. 부모님이 홍콩에서 영국으로 이주한 뒤에 태어난 그녀는 영국식 억양을 썼다. 오래전 영화 업계를 떠난 뒤 법학 학위를 받고 경영 컨설턴트가 되어 미국으로 이주했으며, 지금은 네 아이의 어머니이자 세계은행의 연구원으로 살고 있었다. 우연히도 추가 사는 곳은 포드의 집에서 아주 가까웠다. 추와 그녀가 집 앞 진입로에서 있었던 어색한 만남 때문에 화가 나 있지 않다는 사실에 조디는 안심했다. 두 사람은 당시의 혼란스러운 상황을 이해해주었던 것이다. 추와 퍼키스는 아주 오랜만에 다시 연락이 닿았고, 사건 이후 오랜 시간이 지난 지금 서로가 서로에게 어떤 의미가 되었는지를 알아가고 있었다. 그럼에도 추는 이 모임에서 자신이 입을 열지 않을 수도 있다고 우리에게 미리 양해를 구했다. 지금 이 순간까지도 다른 이들에게 자신의 경험을 소리 높여 말한 경험이 없어서였다.

모임에 참석한 여성들은 친근하면서도 머뭇거리는 태도로 서로 어울리기 시작했다. 거의 모두가 서로를 처음 만나는 사이였던 데다가, 그들을 하나로 묶어주는 공통분모 역시 이례적인 것이었기 때문이다. 여성들은 모두 성추행이나 성폭행에 관한 자신의 이야기를 세상에 밝히겠나는 결정 앞에서 오랫동안 고민했고, 조디나 메건이 전화통화로 그들을 설득하고 용기를 불어넣어준 경우가 많았다. 우리는 그들에게 모임에 오기 전 이 모임의 핵심 질문 하나에 대한 대답을 준비해오길 부탁했다. 믿음의 도약 이후, 그 너머에서 무엇을 보게 되었나 하는 질문이었다.

우리는 그날 저녁부터 다음 날까지 이어질 인터뷰가 가능한 한 평등하게 이루어지기를 바랐다. 이 여성들이 하는 말은 전부 같은 무게의 중요성을 가졌다. 그럼에도 참석자들 사이에는 무시할 수 없는 간극이 존재했다. 맥도널드에서 일하는 로슨은 지금 시급 10달러를 받고 있다. 6개월 전에는 집이 없는 신세였다. 우리는 그 사실을 다른 참석자들에게 알리지 않았지만, 펠트로 자택의 이모저모는—죽 늘어선 단층 건물들 속, 마음을 어루만져주는 듯한 회색과 흰색으로 꾸며진 방 안에 부드러운 스로우에서부터 금박 입힌 찻잔까지 작은 사치품들이 여기저기 흩어져 있으며, 이 방들 너머에는 고급스러운 부엌이 자리하고 있는—여성들 사이의 차이를 선명하게 상기시켰다.

우리는 각자가 우리의 취재를 위해 어떤 역할을 해주었는지 짧게 소개를 한 다음 꼬치요리와 샐러드, 밥 등의 일본 요리가 차려진 긴 테이블에 자리를 잡고 앉았다. 여성들은 순서대로 목소리를 내겠다고 마음먹은 계기를 이야기했고, 그러면서 우리가 쓴 기사 속 각자의 이야기를 다시 한 번 반복했으며, 그렇게 대화는 차츰 활기를 띠기 시작했다. 펠트로 차례가 되자 그녀는 잔을 들고 처음으로 와인스타인에 대한 침묵을 깨뜨린 애슐리 저드를 위해 건배했다.

"애슐리, 정말 당신이 한 일은—맨 처음 위험에 뛰어드는 일은 너무, 너무, 어려운 일이에요." 그러면서 펠트로는 와인스타인을 다룬 첫 기사에서 자신이 도달하지 못한 지점까지 나아갔던 저드에게 고마움을 표했다. "당신이 길을 열어준 덕분에 우리 모두 당신을 따라갈 수 있었어요."

"전 항상 당신을 걱정하고 있었어요." 저드가 대답했다. 오래전 90년대에 펠트로가 와인스타인으로부터 안전했는가를 걱정했다는 뜻이었다.

대화가 이어지면서 한 가지 공통된 경험이 수면 위로 떠오르기 시작했다. 크룩스는 아직도 자기 가족 중 일부는 자신이 아닌 트럼프를 지지한다고 했다. 퍼킨스는 자신이 비밀 유지 서약에 맞서 싸우며 대중으로부터는 관심을 얻었으나 아직도 친지들 중에는 그녀의 노력을 결코 인정하지 않는 이들이 있다고 했다.

매든은 자기 이야기를 마친 뒤 포드를 바라보며, 자신이 와인스타인에 대해 목소리를 낼 수 있었던 건 어느 정도는 자신의 경험이 더 큰 가해 패턴의 일부임을 확신한 덕분이었다는 말을 덧붙였다.

　　"당신 혼자 나섰다는 점이 정말 대단해요." 매든이 말했다.

　　"그래요, 전 다른 피해자가 있는지 아닌지 몰랐거든요." 포드가 대답했다.

　　사람들의 기대감이 극에 달했다. 이곳에 모인 사람들은 청문회 증언을 통해 익히 알려진 포드의 얼굴과 목소리 외에는 그녀에 대해 모르고 있었다. 포드는 지난여름 샌타크루즈 해변에서 했던 깊은 고민을 시작으로 여태껏 무대 뒤에서 일어났던 일들을 이야기하기 시작했다. 처음에는 캐버노가 임명되기 전 먼저 그에게 전화를 걸어서 재고해보라고 할까 했다는 사실도.

　　"저는 '그냥 그에게 전화를 걸어서, 저기, 서로의 가족이 힘든 일을 겪게 하지 말자, 고 말하는 게 어떨까?' 하고 생각했던 거예요."

　　추의 차례가 되자, 조디는 혹시 이야기하고 싶지 않다면 넘어가도 된다고 했다.

　　"아뇨, 저도 이야기할게요." 그녀가 말했다. 짧은 대답이었지만, 추에게는 엄청난 의미를 지닌 대답이었다. "이곳에 모인 사람들 중 아직 자기 이야기를 공론화하지 않은 사람은 저뿐이고, 그래서 저는 이 이야기를 하는 게 조금 어색해요." 추가 말했다. 남편을 제외하면 가족들조차도 아직 아무것도 모른다고 했다.

　　"이런 경험을 공론화하는 아시아 여성의 목소리는 거의 없다는 느낌이 듭니다." 그녀가 말을 이었다. "아시아 여성들에게는 이런 일이 일어나지 않아서가 아닙니다. 하지만 분명 미국 내에는 아시아인들이 소란을 일으키지 않는 모범적인 소수인종이라는 인식이 자리하고 있어요. 아시아인들은 소란을 떨지 않고, 목소리를 내지 않고, 조용히 열심히 일하고 어떤 파장도 일으키지 않는 사람들이라고요."

추는 이 사실을 비롯한 다른 여러 이유들 때문에 자신 역시 입을 열어야 할지 깊이 고민해보는 중이라고 했다. "앞으로 나서서, 친구들에게 충격을 주고 제 인생을 송두리째 뒤바꿀 게 분명한 이야기를 한다고 생각하면 정말 겁이 나요." 그녀가 말했다. "오늘밤 이 자리에서 여러분 한 분 한 분의 이야기를, 특히 어떻게 입을 열었고, 어떻게 그런 결정을 했는지에 대해 듣는 게 정말 큰 도움이 돼요."

그 말과 함께 이 모임의 의미는 한층 더 긴박한 것, 굳건한 것이 되었다. 우리에게 이 모임은 독자들과 나누게 될 인터뷰를 위한 자리였지만, 그녀에게는 인생 최대의 결정에 도움을 받을 수 있는 자리였다.

추는 어깨에 멘 카메라를 가리키면서 혹시 오늘과 내일 모임을 사진으로 남겨도 괜찮을지 물었다. 그녀는 가장 완벽한 역할을 찾아낸 것이다. 렌즈 뒤에 숨어서, 원한다면 여전히 모습을 드러내지 않은 채로 다른 이들을 관찰하는 역할이었다.

다음 날 아침, 모두가 다시 응접실로 모여 소파며 의자를 차지한 채 느슨한 원으로 모여 앉았다. 한가운데에 있는 회색과 흰색이 어우러진 커다란 오토만 위에 커피 잔, 그리고 마이크가 담긴 화분이 놓여 있었다. 이 모임은 애초 인터뷰를 위한 자리였기에, 우리는 그들의 말을 녹음하고 있었다. 앞으로 몇 시간 동안의 계획은 단순했다. 우리는 여성들에게 각자가 앞으로 나선 뒤 어떤 일이 일어났는지를 차례로 이야기해달라고 부탁했고, 그 이야기들에서 대화가 자연스럽게 이어지기를 바랐다. 바깥에 아직 비가 내리고 있었기에 우리가 은신처에 모여 있는 것 같은 느낌이 사뭇 더해졌다.

로라 매든은 입을 열 때면 여전히 긴장했다. 매든은 자신을 내세우지 않는 사람이었고, 큰 용기를 내었음에도 비교적 덜 알려졌으며, 여전히 스완지에 있는 집에서 평범한 주부로 지내고 있었다. 그럼에도 그녀는 와인스타인 기사가 나온 이후 자신의 머릿속에서 어떤 일이 일어났는지 경쾌한 억양으로 말해주었다. 성인이 된 이후 자신의 역사를 새로 썼다는 이야기였다.

"지난해 저는 다른 사람들의 이야기를 듣고, 또 사건을 다룬 다큐멘터리도 한 편 봤는데, 그 이야기에 런던 지사 직원들이 등장하더군요. 그런데 그 시절 제가 얼마나 어렸는지를 두 눈으로 보고 있자니…" 스크린에 객관적으로 묘사된 자신의 경험을 보았을 때의 기분을 설명하던 그녀가 말끝을 흐렸다. "저는 그 경험을 새로운 틀에서 볼 수 있었고, 사실 제가 잘못한 게 아니라는 걸 알았어요. 잘못한 건 제가 아니라 그였어요." 그녀가 말했다.

그 누구도 이제 마흔 여덟이 된 매든에게 미라맥스에서의 사건 때문에 불편한 마음으로 보낸 세월을 되돌려줄 수 없었고, 그녀에게 새로운 경력이나 경제적 성공을 가져다줄 수도 없었다. 그럼에도 "이 일을 '그의' 잘못으로 볼 수 있게 되었다는 사실만으로도 저는 자존감을 어느 정도 되찾았어요"라고 그녀가 말했다.

벽난로의 온기가 닿는 러그 위에 가부좌를 틀고 앉아 있던 팰트로는 자신의 역사와 경력을 이해하는 방식이 변했음을 아주 다른 방식으로 이야기했다. 와인스타인 기사가 터진 뒤, 그녀는 그가 취약한 여성들을 조종하는 데 자신을—그녀의 이름, 그녀의 오스카 트로피, 그녀의 성공을—이용했다는 사실을 알게 되었다. 2017년 가을부터 시작된 다른 여성들과의 전화통화 덕분에, 팰트로는 와인스타인이 성추행이나 성폭행을 할 때 매번 그녀 그리고 상승 중이던 그녀의 경력을 입에 올리며 팰트로 역시 그에게 굴복했다는 거짓 암시를 주었다는 사실을 알았다. "그는 제 경력을 읊으며 '그녀가 가진 걸 너도 갖고 싶지 않아?'라고 했다고 합니다."

팰트로에게 자신의 이야기를 털어놓은 이들 중 몇몇은 공론화에 나섰다. 공론화하지 못한 이들은 자신들이 와인스타인에게 성적으로 굴복하고 말았기에 영영 입을 열 수 없으리라 생각했다고 했다. 와인스타인은 팰트로를 이런 식으로 언급했다는 사실 자체를 부인했지만, 그가 팰트로가 입을 열까 봐 그토록 걱정했던 이유가 바로 이 때문인 듯했다. 다른 여성들이 팰트로의 이야기를 알게 되면, 그가 짠 계략이 전부 무너지고 말 테니까.

"제가 지금껏 가장 힘들었던 건, 제가 강간의 도구로 사용되었다는 기분이 들어서였어요." 팰트로는 이렇게 이야기하며 눈물을 흘렸다. "그렇지 않다는 걸 알면서도, 저 역시 어느 정도 잘못이 있다는 기분이 들었어요." 그녀가 말을 잇는 동안 이 호사스러운 집 안이 문득 다르게 보이기 시작했다. 와인스타인은 그 누구나 부러워할 만한 팰트로의 삶을 빼앗아 다른 여성들을 이용하는 도구로 썼다.

맥도널드 근로자들의 시위를 조직했던 우멜이 이 유명 배우에게 티슈를 상자 째 건넸다.

각자가 차례로 자기 이야기를 하는 동안, 나머지는 간간이 휴대폰을 확인하는 것 외에는 끼어들지 않고 경청했다. 여기 모인 한 사람 한 사람이 낯선 세계가 보낸 전령이나 다름없었다. 정치적 경합지인 중서부에서, 연예계에서, 대법관 인준 청문회가 이루어지는 국회의사당의 아수라장 속에서 보내온 전령들이었다. 이런 차이는 여기 모인 여성들을 분열시키기보다는 다시금 호기심을 일으키고 서로를 하나로 만들어주었다.

머리를 단정하게 땋은 26세의 패스트푸드점 근로자 킴 로슨은 젤다 퍼킨스의 집과는 4천 마일도 더 떨어진 곳에 살았다. 퍼킨스는 로슨보다 20살이 더 많았고, 딱딱 떨어지는 영국식 억양을 썼으며, 데이비드 보위의 이름을 자수로 수놓은 스웨터를 입고 있었다. 그럼에도 두 사람은 모두 각자의 운동에 뛰어들었고, 그렇기에 차례로 이야기하는 둘의 목소리는 나란한 울림을 자아냈다.

퍼킨스는 영국 의회에서 기밀 유지 서약에 대해 증언하던 때 어떤 기분이었는지 이야기해주었다. "가장 특별했던 건, 웨스터민스터 궁으로 들어가는 순간 이 모든 게 다 제 것이라는 생각이 들었다는 거예요. 웨스터민스터 궁도 제 것, 정치인들도 제 편이라는 생각이 들었죠."

로슨은 차별에 맞서 노동자 권리를 옹호하는 정부기관인 평등 고용 추진 위원회에 맥도날드를 고발했던 경험을 이야기했다. "살면서 제가 그만큼 강하다는 기분이 든 건 처음이었어요." 그녀가 말했다. 이 방에 모인 여성 중 노동쟁의에 참여한 경험이 있는 사람이 거의 없었기에 로슨은 9월 파업이 어떤 풍경이었는지 설명해주었다. 큰 소리로 반복하는 구호와 연대의 함성, 새로운 이들과의 만남, 에너지와 동지애의 감각, 그리고 남성 지지자들은 일부러 여성의 뒤를 따라 함께 행진하던 풍경이었다. 로슨은 연설을 했고, 인터뷰를 했고, 유모차에 태운 딸과 함께 행진을 끝까지 마쳤다. "모두가 함께였어요." 그녀가 말했다. "마치, 지금까지 한 번도 내 말에 귀를 기울이지 않았다면 오늘이라도 내 말을 들어달라 요구하는 기분이었죠."

여성들의 이야기에는 일종의 시적 반전이 담겨 있었다. 성추행을 겪었으나, 이에 맞서 싸우는 과정에서 새로이 권위와 존중을 얻었던 것이다. 로슨은 어린 나이였음에도 이 노동쟁의에 참여한 전국의 맥도널드 여성 노동자들에게는 단체 문자 메시지를 통해 조언하는 일종의 팀 코치 노릇을 하게 되었다. 고객들이 그녀를 보는 눈 역시 달라졌다. "TV에 출연해 성추행 문제를 이야기했던 그분 아니세요?" 이런 질문을 받기도 했다.

"입을 연 다음부터, 저는 제가 24살부터 되어가고자 했던 그 모습이 될 수 있었어요." 퍼킨스는 미라맥스를 그만두었던 나이를 언급하며 이렇게 말했다.

그러나 퍼킨스의 이야기도, 로슨의 이야기도, 완전한 승리로 마무리되지는 않았다. 비밀 유지 합의에 대한 영국의 법조항은 변하지 않았으며, 앞으로 변할 가능성이 있을지 알 수 없었다. 맥도널드는 성추행 관련 정책을 강화했고, 점주 대상의 새로운 트레이닝을 도입하고, 신고

핫라인을 설치했으며, 근로자들에게 신고 방법을 알려주는 포스터를 만들 계획도 세웠다. 그러나 로슨이 근무하는 지점에서 이런 변화가 실현되었는지 아직은 확인할 수 없었으며, 전국의 수천 군데 맥도널드 지점들이 얼마나 달라질지도 아직은 분명히 알 수 없었다.

"어서 이 모든 게 끝이 나서 다시 내 말과 양들에게 돌아가고 싶다는, 또 다시는 기자와 인터뷰하거나 TV에 출연하는 것 같은 일들을 되풀이할 일이 없었으면 좋겠다는 마음이 커요." 퍼킨스의 말이었다.

여성들 중 일부는 그 말에 고개를 주억거렸다. 이들 모두가 커다란 변화에 한몫했으나, 아직까지 변화는 불완전했다. 이 변화를 위한 노력에 그들은 각자 또 얼마나 더 많은 힘을 싣고 싶었던 것일까?

긴 다리를 접고 앉아 있던 레이철 크룩은 2016년 트럼프에 관한 이야기를 알린 이후 스멀스멀 파고드는 불안감과 자의식으로 괴로웠다고 털어놓았다. 이곳에 모인 이들 중 보수적인 시골 지역에 사는 사람은 크룩이 유일했다. 그녀의 표현에 따르자면 "#himtoo 공동체에 가까운" 곳이었다.

트럼프과 관련한 내용으로 TV에 몇 번 출연하고 기자회견까지 가진 뒤 그녀는 뜻밖의 제안을 받았다. 지역 민주당 의원들로부터 지역 의원으로 출마하라는 권유를 받았던 것이다. 크룩은 그 발상이 끔찍하다고 생각했다. 이미 논객들은 그녀가 정치적 목적으로 트럼프 이야기를 하는 거라고 비난하고 있었다. "제가 정치적 의도로 이런 일을 했다는 모든 이들의 생각을 확인시켜주는 일이었죠." 그녀가 설명했다.

그러나 크룩은 교육과 보건 문제에는 관심이 있었다. 트럼프 대통령은 "공화당의 거수기 노릇"을 하고 있었고, 이때 정치인이라는 새로운 지위를 긍정적으로 활용할 수도 있겠다는 생각이 들었다. "옳은 일인지 아닌지는 모르겠지만, 이제 저의 발언권이 커졌으니 기금 마련의 가능성도 더 커졌겠죠." 그녀가 말했다. 그렇게 자신은 정치에 입문해 선거 유세를 이끌고 연설하는 법을 배워나갔다고 그녀가 말했다. 미국 역사상 그 어느 때보다도 많은 여성들이 정치적 권력을 잡고자 출마했던 물결 속에 크룩스 역시 합류했던 것이다.

낙선이 결정된 날 밤 그녀는 울지도, 자기 연민을 느끼지도 않았다. 오하이오 주 전역에서 민주당 출마자들이 대거 낙선했기 때문이다. 그런데 몇 달이 지난 뒤에 그녀는 자신을 오로지 트럼프와 관련된 인물로만 바라보는 타인들의 시선이 선거 출마를 통해 고착화되었다는 사실에 괴로워하고 있었다. TV에 출연하면 화면 아래쪽에 단지 "트럼프 고발자"라는 이름이 붙을 때가 있었고, 그녀의 어머니는 이 표현을 질색했다. 최근에는 한 남자 친구가 "그게 네 정체성이 되어버렸잖아"라고 하기도 했다.

"문이 열리고 새로운 길에 제 앞에 나타났지만, 한편으로는 이 끔찍한 정체성 안에 저를 가둬버렸죠." 그녀가 말했다.

이 자리에 함께한 여성들은 말없이 크룩스가 느꼈을 딜레마를 생각했다. 공론화에 앞에서 가장 뼈저리게 느끼는 '영원히 딱지'가 붙어 다닐지도 모른다는 두려움의 산증인이 바로 크룩스였으니까. 포드가 특히 그 이야기에 귀를 기울였다. 지금 그녀가 느끼는 두려움은 동네 가게를 찾기도 힘들다는 것에 이르기까지 크룩스가 2년 전에 겪었다고 묘사한 것과 꼭 닮아 있었기 때문이다. 붉은 안경을 머리 위로 올려 쓴 채 소파에 앉아 있던 그녀는 마치 자신이 앞으로 가게 될 길의 지도를 크룩스가 가지고 있기라도 한 듯 질문을 쏟아내기 시작했다.

"평소처럼 차를 타고 식당에 가도 사람들이 쳐다보면서 진짜 당신이 맞는지 수군거리지 않게 될 때까지 얼마나 걸렸는지가 궁금했어요." 포드의 질문이었다. 최근 그녀는 자신을 사칭하며 "내가 했던 이야기를 다 철회한다"고 말하는 가짜 소셜미디어 계정 등으로 온라인상에서도 괴로움을 겪고 있었다.

"저는 '그건 사실이 아니야!' 하고 생각하지만, 이런 일들에 개입할 만큼 용감하지가 못해요. 게다가 그런 사람들은 너무 많고… 그래서… 소셜미디어 같은 것들을… 어떻게 해야 할지 잘 모르겠어요."

"전 때로 달지 않을 댓글을 써보기도 해요." 크룩스의 대답이었다. "카타르시스가 느껴지거든요."

부정적인 반응만 있었던 것은 아니라고 포드는 인정했다. 그녀는 상을 받았고, 여러 행사에 초청받았으며, 책과 영화를 계약하자는 제안을 받았다. 우편물이 쌓여갔고, 그 속에는 자신의 개인적인 성폭력 피해 경험을 담은 것들도 있었다─"팰로앨토로 17만 5천 통의 편지가 왔어요." 카츠가 거들었다. 실물 편지만 센 숫자였다. 이메일로 온 편지는 더 많았다. 이 편지들을 비롯한 여러 경로로 쏟아지는 긍정적인 반응들 역시 격렬했다.

몇 시간 동안 그저 고개를 끄덕이며 정중하게 후속 질문을 던졌던 다른 여성들 역시 이야기를 시작했다. 팰트로는 미식축구를 비유로 들었다. "그들이 태클을 건다는 건 당신이 공을 가지고 있다는 뜻이에요."

그러면서 이 비유는 컨트리 가수 팀 맥그로(Tim McGraw)에게 들은 것이라고 덧붙였다.

"알코올중독자가 술을 단 하루 참는 것부터 시작하듯, 저 역시 댓글란을 단 하루 보지 않는 것부터 시작해요." 저드의 말이었다. "그런 글에 저 자신을 노출시킨다는 건 자해나 마찬가지니까요."

"그러면 인터넷을 거의 사용하지 않으시나요?" 포드가 믿기지 않는다는 듯 물었다.

"저 자신에 대한 기사를 전혀 보지 않은 지가 거의 20년은 되었을 거예요." 저드가 말했다. 그녀는 소셜미디어에 사진이나 링크를 공유하는 것 외에 자신에 대한 기사나 반응은 전혀 읽지 않는 편이었다. 첫 와인스타인 기사가 나온 시점에 숲속으로 몸을 감춰버렸던 것도 어느 정도는 그래서였으리라.

저드는 다른 이들을 마주보는 분홍색 천을 씌운 의자에 자리를 잡고 몸을 웅크리고 있었다. 그녀는 종일 이 자리에 앉아 다른 이들의 말을 경청했고 상대적으로 적게 말했다. 이곳에 모인 이들 중에서 저드만큼은 그리 변한 게 없었다. 그녀는 오래전부터 활동가가 되고자 했고, 와인스타인에 대해 입을 연 순간 세상도 그녀의 천성을 인정했던 것이다.

"전 제가 어떤 일에 저 자신을 바칠지 확신하고 싶었어요." 그녀가 말했다. "저에게 그 일은 성평등이었고요."

이야기를 주고받는 내내 추는 거의 입을 열지 않고 가만히 들으며 때때로 다른 이들을 향해 셔터를 눌렀다. 오래전 그녀에게 일어난 일에 대해 입을 연다는 중요한 결정을 재촉하는 이는 아무도 없었다.

그러나 모임이 마무리될 무렵 포드의 말수가 늘어나자 추는 그녀의 한마디 한마디에 집중하는 것 같았다. 추의 마음속에서 포드는 자신이 앞으로 겪게 될 일을 보여주는 대리인이 되었다. 두 사람이 같은 동네에 살고 있다는 사실 역시 포드와 자신의 연관성을 한층 강조하는 듯했다. 자신의 이야기를 숨기고 있던 추 역시도 포드를 위해 친구들이며 동네 사람들이 촛불집회를 열거나 음식을 가져다주는 모습을 지켜보았던 것이다.

지난 몇 달간 추는 포드를 에워싼 논란과 비판이 포드가 아닌 자신에게 일어나는 모습을 상상했었다. 와인스타인 사건은 이미 잠잠해진 뒤였고 논란 역시 상대적으로 덜했으니 딱 맞아 떨어지는 비유는 아니었겠으나, 추에게는 현실이나 마찬가지였다. "모든 게 무너질 거라고 상상했어요." 추가 입을 열었다. "집 앞에 방송사 차량들이 기다리고 있을 거라고, 제 아이들이 등교하는 길에도 기자들이 따라붙을 거라고요."

그런 정신적 대비가 예기치 못한 효과를 가져다주었다. 가까운 곳에서 포드를 지켜보고, 이제 눈앞에서 그녀를 만나기까지 하니 입을 열고자 하는 마음이 더 커졌던 것이다. 추는 이 자리의 다른 여성들에게, 점점 당신들과 함께하고 싶은 생각이 든다고, 자신의 이야기에 자신의 이름을 붙이고픈 생각이 든다고 털어놓았다. "이렇게 많은 여러분과 한 공간에 있다는 사실로부터 동기부여를 받지 않았다고는 말할 수 없네요."

"아마 저라는 사람은 완전히 달라질 것 같아요." 추는 이렇게 덧붙였다. 긴 시간 동안 대화를 나눈 뒤에 밝혀진, 그들을 가장 강하게 이어주는 사실 하나가 바로 그것이었다. 자신의 이야기를 세상에 드러낸 이들은 다들 이 경험으로 인해 다른 사람이 되었으며, 자신의 내밀한 이야기가 타인에게 미친 엄청난 영향력에 놀랐다는 것이다.

　방 안에 있던 여성들 모두가 추를 열렬히 응원했다. "앞으로 나서는 것 자체가 커다란 한 걸음이고, 성장의 한 걸음이에요." 로슨이 말했다. "그 이야기를 하는 데 얼마나 오랜 세월이 걸렸건 상관없어요."

　"우리가 당신을 지지할 거예요." 팰트로가 말했다.

　이때 포드가 끼어들어 주의할 점을 이야기했다. "저도 한마디 해도 될까요? 제가 당신 같은 상황이었을 때, 수많은 사람들이 제게 이런 말을 했어요. '꼭 해야 해. 후회하지 않을 거야'—지금과 비슷한 말들이었어요." 그러나 당시 그녀는 그런 조언, 특히나 일이 잘 풀릴 수도 있다는 낙관적인 예상은 받아들이기 힘들었다. "저는 이런 조언들을 무시했었죠. 저한테는 너무 부담스럽게 느껴지는 일들이었거든요."

　포드의 공론화가 어떤 결과를 낳을지 그 누구도 예측할 수 없었다. 예상은 헛된 일이었다. 어떤 이야기가 대중에게 처음 알려지게 되는 그 순간부터 어떤 일이 일어날지, 누가 그 이야기를 읽을지, 사람들이 어떻게 반응하고, 의견을 덧붙이고, 반박할지 그 누구도 알 수 없다. 이 이야기가 인정받고 영향력을 가진다는 보장도 없다. 우리가 속해 있는 언론의 세계에서 이야기, 즉 기사는 목적이고, 결과이자, 최종 생산물이다. 그러나 세상 전체를 바라본다면 새로운 정보를 담은 기사는 그저 시작에 불과하다. 대화의 시작, 행동의 시작, 그리고 변화의 시작이다.

　"우린 아직 여기 있잖아요." 모여 있던 여성들의 이야기가 끝나갈 즈음에 퍼킨스가 웃으며 말했다. 추에게 직접 던지는 말은 아니었지만, 그 말에 담긴 메시지는 분명했다. "우린 아직 웃고 있어요. 앞으로 나서

일 때문에 죽은 사람은 아무도 없고요. 우린 불 속을 걸었지만 그래도 불을 뚫고 반대편으로 나왔어요.”

“다들 자신이 얻은 흉터를 자랑스러워하고 있을 거라고 생각해요.” 그녀가 말했다.

대화를 마무리하며, 시간이 지났을 때 이 심판이 어떻게 기억될까를 나누던 시간에 로라 매든은 한층 더 장기적인 전망을 내놓았다. “우린 처음으로 입을 연 사람들이 아닌걸요. 우리가 처음으로 입을 연 ‘여성’인 건 아니에요.”

“우리가 마지막이 되지도 않을 거고요.” 그녀가 말했다. “중요한 건, 사람들이 계속해서 입을 열어야 한다는 것, 그리고 두려워하지 않아야 한다는 것이겠죠.”

몇 주 뒤, 추에게서 전화가 걸려왔다. 자신의 이야기를 알릴 준비가 되었으며, 우리를 통해 그녀의 이름을 세상에 알릴 준비가 되었다고 했다.

이미 와인스타인에 관한 공론화에 참여한 여성이 80명이 넘는다는 사실을 그녀도 알고 있었다. 아직까지 대중이 자신의 주장에 관심을 가질지는 확신할 수 없었다. 그럼에도 추는 목소리를 내기로 했다. 와인스타인 조사가 시작되던 단계에서는 마음의 준비가 부족했으나, 로스앤젤레스뿐 아니라 전 세계의 다른 여성들이 먼저 입을 열어준 덕에 그녀 역시도 용기를 낼 수 있었다. 추는 와인스타인에게 제기된 소송들이 승리로 끝나지 못할까 봐 걱정했다. 그렇기에 자신 역시 역사를 쓰고 변화를 이끌어내는 움직임에 함께하기로 했다.

“이대로 흘러가버리게 둘 수는 없어요.” 그녀가 말했다.

감사의 말

여러분이 이 페이지를 읽고 있다면, 우리가 감사할 이들이 얼마나 많을지 이미 짐작할 것이다. 그들은 시작에 불과하다.

우리의 모든 취재원들에게: 우리의 취재에 참여해주어서 감사드린다. 우리와 이야기를 나눈 이들 중에는 개인적으로 큰 위험을 무릅쓰고 이야기를 해준 이들, 낯선 사람에게 이 이야기를 하리라고 단 한 번도 생각지 않았던 이들도 있다—그럼에도 이 책을 위해 더 많은 이야기를 나누어주었다. 그들 중 대부분은 길고 반복되는 질문들, 불편한 질의들을 받아주었다. 또, 이 책 안에 수록되어 이해를 돕는 이메일, 문자 메시지를 비롯한 다른 문서들을 제공해준 이들에게 특별한 감사를 드린다. 전문가에서부터 우리가 이름을 밝힐 수 없는 조용한 정보 제공자들까지 우리에게 꼭 필요한 도움을 주었고 아직까지 우리의 머릿속을 울리는 이야기와 아이디어를 나누어주었다.

이 책 속에 언급한 동료들 외에도, 와인스타인 기사를 위한 우리의 노력에 함께해 준 〈타임스〉의 기자들, 레이철 에이브럼스, 엘렌 개블러, 수전 도미너스, 스티브 에더, 짐 루텐버그, 윌리엄 래시바움, 배리 마이어, 알 베이커, 짐 맥킨리, 그리고 〈더 데일리〉 오디오 팀에 감사드린다.

언제나 우리에게 결정적 지원을 아끼지 않았던 〈타임스〉 경영진인 아서 설츠버거 주니어, A. G. 설츠버거, 샘 돌닉, 그리고 이 취재를 가능케 해 준 〈타임스〉 구독자들에게 감사드린다. 딘 바케이, 맷 퍼디, 데이비드 맥 크로, 셰릴 스톨버그, 에밀리 스틴, 캐롤린 라이언, 그리고 마이클 바바 로는 이 책 원고에 대해 관대하게도 피드백을 주었다.

이 책에는 등장하지 않지만 모든 페이지 속에 존재하는 편집자는 우리에게 활기를 불어넣어주는 동력인 앤 고도프다. 앤은 이 프로젝트 에 자신의 시각과 명확성, 결단력을 더해주었고, 우리가 사무실 벽에 붙 여둘 정도로 용기를 주는 메모를 전해주었다. 그 모든 일에 대해 깊은 감사를 전한다. 윌리엄 헤이워드와 캐이시 드니스, 새라 헛슨과 게일 브 루셀, 캐롤린 폴리와 줄리언 바바로는 긴 시간, 오랜 경험을 쏟아 우리 가 이 이야기를 말하고 나눌 수 있도록 도와주었다. 그 특별한 헌신에 감사드린다.

〈타임스〉 편집자 리베카 코벳은 우리의 북극성이다. 그녀는 와인 스타인을 조사하는 내내 우리가 가야 할 길을 이끌어주었을 뿐 아니라, 우리가 목격한 것을 포착하고 설명할 수 있도록 이 책이 완성되기 전 여러 단계에서 원고를 읽고 의견을 주었다.

런던의 우리 편집자이자 협력자인 알렉시스 커시바움은 꼭 필요한 통찰과 피드백, 그리고 우정을 주었다. 블룸스버리 출판사의 엠마 밸과 재스민 호지에게도 함께 감사를 전한다.

우리의 에이전트이자 중매인, 그리고 가이드가 되어준 엘리스 체니의 끈기와 판단력과 분발에 감사한다. 또 그녀의 동료인 클레어 길스파이, 앨리스 위트웸, 알렉스 제이컵스, 앨리슨 데버루에게도 깊이 감사한다. 그레이터 탤런트 네트워크의 샬럿 퍼먼과 크리스틴 세나는 우리의 연설을 선뜻 도맡아 준비해주었고, 특히 대학 캠퍼스를 방문해 이 책에서 하고자 했던 말에 도움을 주었던 학생들의 질문들에 답변할 때 큰 도움이 되었다.

켈시 쿠닥은 수백 페이지에 달하는 복잡한 조사 기록을 읽고, 두 명의 다른 저자로부터 주어지는 지시를 침착하게 감내하며 감수성과 헌신으로 이 원고에 대한 사실 확인을 해주었다. 애스터 라즈반쉬는 큰 주제에서 작은 주제에 이르기까지 연구에 도움을 주었다.

그 밖의 꼭 필요한 도움들을 주었던 조지프 아부드, 켄드라 바코프,

캐시 에바셰브스키, 나타샤 페어웨더, 조너선 퍼먼스키, 몰리 레빈슨, 엘리너 리오나드, 프리야 파커, 멀리사 슈와르츠, 펠리시아 스튜어트, 낸시 에리카 스미스, 조시 윌킨슨에게 감사한다. 저자 사진에 있어서는, 『그녀가 말했다』 가족들의 인물사진에 일가견을 가진 사진작가가 있어 다행이었다. 사진을 찍어준 마틴 쉘러와 그의 팀에게 감사한다.

육아 경험이 있는 이들 모두가 우리가 취재하는 사이사이(때로는 취재하는 동안에) 기저귀 갈기, 분유 먹이기, 수면 교육의 빈자리를 즉시 채워주었다. 베이비시터, 아이들의 선생님, 그리고 무엇보다도 우리 가족들이 우리를 몇 번이나 구해주었다.

조디로부터: 삶에서 모든 것이 예상한 순서대로 일어나는 건 아니다. 이 책에 등장하는 기간 동안 나에게는 내 부모님 웬디 캔터와 해리 캔터가 어린 시절 이후 그 어느 때보다 필요했는데, 두 분은 변치 않는 사랑을 내게 주셨고, 내 아이들을 돌보고, 아이들과 놀아주고, 또 이끌어주려 찾아오는 날들도 잦았기 때문이다. 엄마, 아빠. 그리고 내 두 번째 어머니 샬린 리버, 차분하고 용감한 프레드 리버, 그리고 두 사람이 이룬 가족 모두에게, 정신없이 흘러갔던 그 몇 해 내내 우리를 지켜봐주어

서 감사드린다. 우리 딸들의 삶에 침착함과 선함을 불어넣어주는 동력
이 되어주었고, 중요한 순간부터 사소한 순간에 이르기까지 우리와 나
누어준 다나 미쳌에게 감사한다.

론에게: 금융 비리를 파헤치고 대학 학자금에 대한 취재를 당신 책
에 담는 동안에도 당신은 나를 응원하고, 먹이고, 지탱해주며 있는 힘껏
이 작업을 지지했지. 당신이 내게 준 최고의 선물 중 하나는 첫 와인스
타인 기사를 발행하기 며칠 전 당신이 내 책상에 놓고 간, "당신은 할 수
있어"라고 적힌 포스트잇이었어. 맞아, 하지만 당신의 사랑, 도움과 헌
신이 있었기에 할 수 있었어.

탈리아, 너는 빛이고 보물 상자이며 점점 더 만만찮은 토론 상대가
되어가고 있지. 10대 초반 아이가 들어서는 안 될 것들을 엿들으면서도
의리 있게 비밀을 지켜주었고 어린 동생을 도와주었고 엄마가 더 큰 드
라마에 몰입해 있을 때조차 흔들리지 않았어. 자신이 어떤 사람인지 분
명히 말하고, 삶을 만들어가기 시작하는 네 모습을 지켜보는 게 내게는
짜릿한 기쁨이야.

바이올렛, 우리의 취재가 시작되었을 때 너는 고작 한 살 반이었고,

그 순수함 덕분에 너는 내 피난처가 되어주었단다. 보통은 부모가 아이를 위로해주어야 할 텐데, 나는 네 곱슬머리와 노래와 네가 만들어낸 말들과 새로운 발견, 그리고 무엇보다도 나를 힘주어 끌어안는 네 포옹에서 위안을 얻는 날이 많았어.

메건으로부터: 수십 년간 내 도덕적 나침반이 되어주고 내 가치를 북돋워주었던, 내가 진실을 쫓도록 밀어주고 내가 비틀거릴 때마다 일으켜 세워주었던 내 부모님 존 투히와 메리 제인 투히에게 깊이 감사드린다. 벤 러트먼과 마야 러트먼, 헬렌 러트먼쉘러와 필릭스 러트먼쉘러, 그리고 마틴 쉘러에게, 여러분의 끝없는 다정함과 기쁜 웃음소리에 감사한다. 제니 래탠존, 당신은 우리의 바위, 우리의 선생이고 우리 가족이 아끼는 일원이다.

짐에게: 와인스타인 조사가 시작될 때 우리는 1년도 되지 않은 신혼부부이자 갓 부모가 된 상태였지. 이 프로젝트, 그리고 이 책을 쓰기까지 당신은 줄곧 흔들림 없는 지지를 보내주었어. 휴가를 취소하고, 오랫동안 혼자 육아를 책임져야 했는데도 말이야. 당신의 따뜻한 포옹, 내 말을 들어주는 예리한 귀, 그리고 응원의 메시지들이 나를 앞으로 나갈

수 있게 했고, 문학 에이전트로서 가진 전문성과 판단력은 꼭 필요한 순간 나를 이끌어주었지.

　미라에게: 우리가 취재를 하는 동안 너는 걷는 법과 말하는 법을 배웠고, 네가 거침없이 발달의 각 단계를 헤치고 나아가는 모습에서 가장 큰 영감을 얻었어. 너의 투지와 영리함과 열정이 점점 더 감동적이고 또 감사하게 느껴져.

　우리의 딸들, 그리고 당신의 딸들에게: 너희들이 일터를 비롯한 그 어디서도 존중과 존엄을 기억하기를.

주석

이 책은 2016년 봄부터 2019년 봄까지 3년간 이어진, 도널드 J. 트럼프의 여성에 대한 태도, 하비 와인스타인에게 제기된 수십 년간의 성추행과 학대 혐의, 그리고 크리스틴 블레이지가 브렛 캐버노의 성폭행을 공개적으로 고발한 크리스틴 블레이지 포드의 행보에 이르는 우리의 취재를 바탕으로 하고 있다. 다음 주석은 이 책에 실린 정보의 출처를 독자에게 알려주기 위함이다.

우리는 수백 건의 인터뷰를 진행하며 트럼프와 와인스타인을 포함해 이 책에 등장하는 거의 모든 인물과 대화를 나누었으며, 그중에서도 포드는 자신이 겪은 일을 메건에게 수십 시간에 걸쳐 자세히 설명해주었다. 포드의 법무 팀, 밥 와인스타인, 데이비드 보이스, 랜스 매로브, 어윈 라이터, 그리고 책 속에 등장한 피해자 대부분이 여러 번에 걸쳐 인터뷰에 응했다. 이 책에 실린 이야기 중 일부는 조디가 초기에 라이터와 했던 대화나 2017년 10월 4일 와인스타인이 예고 없이 〈타임스〉를 방문했을 때의 이야기처럼 비보도를 전제로 나눈 이야기였으나 당사자를 다시 만나는 등의 추가적인 취재를 통해 이 내용 역시 책에 실을 수 있었다. 지난 2년간 우리는 조사 결과를 놓고 여러 차례에 걸쳐 와인스타인의 의견을 물었고, 그중 가장 최근은 2019년 봄이었다. 켈시 쿠닥은 5개월의 시간을 들여 이 책의 사실 확인을 했고, 그러면서 새로운 정보를 추가해주기도 했다.

우리는 주석에 실린 수천 페이지에 달하는 문서를 검토했고, 그중에는 트럼프에게 제기된 소송, 와인스타인컴퍼니 내부 기록, 포드가 변호사들과 니눈 서신들도 있었다. 문자 메시지, 이메일을 비롯한 주요 기록은 독자들이 직접 살펴볼 수 있도록 이 책에 옮겨 실었다.

또, 우리는 로넌 패로, 에밀리 스틸, 마이클 슈미트를 비롯해 다른 기자들의 취재에서도 도움을 얻었다.

025 "문제는 말이죠, 〈타임스〉에서는···": 로즈 맥고언, 조디 캔터에게 보낸 이메일. 2017년 5월 11일.

025 "할리우드와 언론계에서 이는 공공연한 비밀이었다.": 로즈 맥고언(@rosemcgowan), "because it's been an open secret in Hollywood/ Media & they shamed me while adulating my rapist. #WhyWomenDontReport,"(할리우드와 언론계에서 이는 공공연한 비밀이었다. 그들은 나를 강간한 사람의 비위를 맞추며 내게 수치심을 느끼게 했다) 트위터, 2016년 10월 13일, https://twitter.com/rosemcgowan/status/786723360550035460.

025 "회고록을 쓰고 있다고": 로즈 맥고언, 『브레이브』 (뉴욕; 하퍼콜린스, 2018)

025 "가슴골을 보여주는 탱크톱(푸시업 브라 권장)": 로즈 맥고언 (@rosemcgowan), "casting note that came w/ script I got today. For real. name of male star rhymes with Madam Panhandler hahahaha I die,"(오늘 내가 대본과 함께 받은 캐스팅 공지. 실제 상황. 마담 팬핸들러와 라임이 맞는 이름을 가진 남성 스타. 하하하 죽겠군) 트위터, 2015년 6월 17일, https://twitter.com/rosemcgowan/status/611378426344288256.

026 "분노해도 됩니다": 로즈 맥고언 (@rosemcgowan), "It is okay to be angry. Don't be afraid of it. Lean in. Like a storm cloud it passes, but it must be recognized. #readthis,"(분노해도 됩니다. 화내는 걸 두려워하지 마세요. 몸을 맡기세요. 비구름처럼 지나갈 테지만 그럼에도 알아차려야 합니다) 트위터, 2017년 4월 3일, https://twitter.com/rosemcgowan/status/849083550448193536; "dismantle the system"(시스템을 해체하라) 트위터, 2017년 5월 4일, https://twitter.com/rosemcgowan/status/860322650962264064.

027 "어느 시점에선가": 제니퍼 시니어 (@JenSeniorNY), "At some pt, all the women who've been afraid to speak out abt Harvey Weinstein are gonna have to hold hands and jump,"(어느 시점에선가 하비 와인스타인에 대해 털어놓길 두려워했던 여성들이 다 같이 손을 잡고 뛰쳐나올 것) 트위터, 2015년 3월 30일, https://twitter.com/

jenseniorny/status/582657086737289216.

027 "심지어 그는 선댄스 영화제 기간이던" 조디 캔터 (@Jodikantor), "Harvey Weinstein at the January 2017 Women's March in Park City, Utah," 트위터, 2017년 10월 5일, https://twitter.com/jodikantor/status/916103297097961472.

033 "끔찍한 집단 성폭행" 사브리나 루빈 에덜리(Sabrina Rubin Erdely), "캠퍼스 내 강간", 《롤링스톤》, 2014년 11월 4일. 롤링스톤은 2015년 4월 5일 이 기사를 철회했고 《컬럼비아 저널리즘 리뷰》에 의뢰한 연구 결과를 같은 지면에 게재했다. 쉴라 코로 넬(Sheila Coronel), 스티브 콜(Steve Coll), 데릭 크래비츠(Derek Kravitz), "롤링스톤과 버지니아대학교: 컬럼비아 대학교 언론대학원의 보고서", 《롤링스톤》, 2015년 4월 5일, https://www.rollingstone.com/culture/culture-news/rolling-stone-and-uva-the-columbia-university-graduate-school-of-journalism-report-44930; 라비 소마이야(Ravi Somaiya), "보고서에 의하면 버지니아대학교 강간 사건에 대한 롤링스톤의 기사는 기본 원칙을 어겼다", 〈뉴욕타임스〉, 2015년 4월 5일, https://www.nytimes.com/2015/04/06/business/media/rolling-stone-retracts-article-on-rape-at-university-of-virginia.html.

034 "여러 건의 소송에 걸린": 벤 시사리오(Ben Sisario), 호즈 스펜서(Hawes Spencer), 시드니 엠버(Sydney Ember), "롤링스톤이 강간 기사 명예훼손 소송에서 지다", 〈뉴욕타임스〉, 2016년 11월 4일, https://www.nytimes.com/2016/11/05/business/media/rolling-stone-rape-story-case-guilty.html. 호즈 스펜서, 벤 시사리오, "롤링스톤 명예훼손 소송에서 잡지사와 기자에게 3백만 달러 지급 명령," 〈뉴욕타임스〉, 2016년 11월 7일, https://www.nytimes.com/2016/11/08/business/media/in-rolling-stone-defamation-case-magazine-and-reporter-ordered-to-pay-3-million.html; 매튜 하그(Matthew Haag), "롤링스톤이 잘못된 캠퍼스 내 강간 기사 소송에서 합의", 〈뉴욕타임스〉, 2017년 4월 11일, https://www.nytimes.com/2017/04/11/business/media/rolling-stone-university-virginia-rape-story-settlement.html; 시드니 엠버, "롤링스톤이 신빙성을 잃은 강간 기사로 인해 남학생클럽 측에 1백 65만 달러 지급하기로." 〈뉴욕타임스〉, 2017년 6월 13일, https://www.nytimes.com/2017/06/13/business/media/rape-uva-rolling-stone-frat.html.

034 "경찰이 이 기사를 '완전한 허풍'이라고": 에릭 웸플(Erik Wemple), "샬러츠빌 경찰은 롤링스톤 기사가 완전한 허풍이라고 공언했다", 〈워싱턴포스트〉, 2015년 3월 23일, https://www.washingtonpost.com/blogs/erik-wemple/wp/2015/03/23/charlottesville-police-make-clear-that-rolling-stone-story-is-a-complete-crock; 빌 그루스킨(Bill Grueskin), "언제나 다다익선인 것은 아니다",《컬럼비아 저널리즘 리뷰》, 2015년 4월 5일, https://www.cjr.org/analysis/rolling_stone_journalism.php; 크레이그 실버먼(Claig Silverman), "2014년 한 해의 잘못된 기사와 수정된 기사들," 〈포인터 인스티튜트〉, 2014년 12월 18일, http://www.poynter.org/newsletters/2014/the-year-in-media-errors-and-corrections-2014.

036 "강간 키트를 방치해 피해자들이 정의를 구할 기회를 앗아간다는": 메건 투히, "시카고 교외 경찰서에서 수십 개의 강간 키트가 테스트를 위해 제출되지 않고 있다," 〈시카고 트리뷴〉, 2009년 6월 14일, https://www.chicagotribune.com/news/ct-xpm-2009-06-14-chi-rape-kits-14-jun14-story.html; 메건 투히, "일리노이 주는 모든 강간 키트를 테스트하기로," 〈시카고트리뷴〉, 2009년 7월 6일, https://www.chicagotribune.com/news/ct-met-rape-kit-law-20100706-story.html; 메건 투히, "의사들은 계속해서 검증 없이 수술한다." 〈시카고트리뷴〉, 2010년 8월 23일, https://www.chicagotribune.com/lifestyles/health/chi-doctor-sex-charges-gallery-storygallery.html; 메건 투히, "아동 교환", 〈로이터스〉, 2013년 9월 9일, http://www.reuters.com/investigates/adoption/#article/part1.

037 "바닥에 무릎을 꿇으면 꽤 볼 만한 그림이 나오겠습니다.": 〈셀레브리티 어프렌티스: 올스타즈〉, 시즌 6 1화, 2013년 3월 3일 방영, NBC; 마크 그레이엄(Mark Graham), "도널드 트럼프가 텔레비전 방송 역사상 가장 노골적인 성차별 발언을 한 것이 사실인가?", 〈VH1〉, 2013년 3월 5일, http://www.vh1.com/news/84410/dolald-trump-brande-roderick-on-her-knees.

037 "과거 트럼프의 고용인이었던 이들은 대부분": 연합통신사, "트럼프의 직원들 다수가 법적으로 침묵을 강요받았다", 〈포춘〉, 2016년 6월 21일, http://fortune.com/2016/06/21/donald-trump-nda; 존 도지(John Dawsey), 애슐리 파커(Ashley Parker), "'모두가 사인했다': 트럼프는 정부를 상대로까지 기밀 유지 협의서를 공격적으

로 활용했다", 〈워싱턴포스트〉, 2018년 8월 13일, https://https://www.washingtonpost.com/politics/everyone-signed-one-trump-is-aggressive-in-his-use-of-nondisclosure-agreements-even-in-government/2018/08/13/9d0315ba-9f15-11e8-93e3-24d1703d2a7a_story.html.

037 "여러 건의 성폭력 혐의를 하나로 이어 맞추었다는": 마이클 바바로와 메건 투히, "선을 넘다: 도널드 트럼프가 사석에서 여성에게 한 행동들", 〈뉴욕타임스〉 2016년 5월 14일, https://www.nytimes.com/2016/05/15/us/politics/donald-trump-women.html.

038 "키스하고, 주물럭거렸으며" 자리를 떠나지 못하게 "저지했다": 위 기사.

038 "기사를 발행하기 전 트럼프와 긴 인터뷰를 했고": 도널드 트럼프, 메건 투히와 마이클 바바로와의 인터뷰, 2016년 5월 10일.

039 "방금 〈폭스 앤드 프렌즈〉에 나와서 당신들 기사를 반박": 폭스 앤드 프렌즈, "도널드 트럼프의 전 여자친구가 자신의 말이 〈타임스〉에 잘못 인용되었다고 말한다", 〈폭스 뉴스〉, 2016년 5월 16일, https://video.foxnews.com/v/4895612039001/#sp=show=clips.

039 "정말이지 @nytimes는 부정직하기 짝이 없다.": 도널드 J. 트럼프 (@realdonaldtrump), "The @nytimes is so dishonest. Their hit piece cover story on me yesterday was just blown up by Rowanne Brewer, who said it was a lie!"(정말이지 @nytimes는 부정직하기 짝이 없다. 어제 실린 나에 대한 날조 기사를 로웬 브루어가 거짓말이라며 날려버렸다!) 트위터, 2016년 5월 16일, http://twitter.com/realdonaldtrump/status/732196260636151808; 도널드 J. 트럼프 (@realdonaldtrump), "With the coming forward today of the woman central to the failing @nytimes hit piece on me, we have exposed the article as a fraud!"(오늘 나에 대한 @nytimes의 날조 기사에서 중심이 된 여성이 앞으로 나선 덕분에 그 기사가 거짓임이 밝혀졌다!) 트위터, 2016년 5월 16일, http://twitter.com/realdonaldtrump/status/732230384071680001. (현재 트럼프의 트위터 계정은 영구 정지 상태이다.—편집자 주)

040 "얼토당토않은 소리였으나": 에릭 웸플, "빌 오라일리가 도널드 트럼프를 따라 인종주의자 소굴로 들어간다," 〈워싱턴포스트〉, 2016년 6월 7일, http://www.washingtonpost.com/blogs/erik-wemple/wp/2016/06/07/bill-oreilly-follows-donald-trump-into-racist-hellhole.

041 "2005년 가십 프로그램인 〈액세스 할리우드〉에서": 데이비드 A. 패런솔드(David A. Farenthold), "트럼프가 2005년 여성에 대한 극도로 외설적인 발언을 녹음했다", 〈워싱턴포스트〉(기사 수정), 2015년 10월 8일, https://www.washingtonpost.com/politics/trump-recorded-having-extremely-lewd-conversation-about-women-in-2005/2016/10/07/3b9ce776-8cb4-11e6-bf8a-3d26847eeed4_story.html.

041 "트럼프는 자신이 한 말에 대해 사과했고": 영상, "발언 논란에 대한 트럼프의 2016년 대응", 〈뉴욕타임스〉, 2016년 10월 8일, https://www.nytimes.com/video/us/politics/100000004698416/trump-responds-to-outrage-over-lewd-remarks.html; 매기 하버먼(Maggie Haberman), "그렇지 않다는 도널드 트럼프의 사과", 〈뉴욕타임스〉, 2016년 10월 8일, https://www.nytimes.com/2016/10/08/us/politics/donald-trump-apology.html.

042 "아닙니다, 한 적 없습니다": "대선 2차 토론 녹취록", 〈뉴욕타임스〉, 2016년 10월 10일, https://www.nytimes.com/2016/10/10/us/politics/transcript-second-debate.html.

042 "두 여성의 이야기를 담은": 메건 투히, 마이클 바바로, "두 여성이 도널드 트럼프로부터 부적절한 신체접촉을 당했다고 말하다", 〈뉴욕타임스〉, 2016년 10월 12일, https://www.nytimes.com/2016/10/13/us/politics/donald-trump-women.html.

043 "〈어프렌티스〉가 방영되어": 레이철 크룩스, 메건 투히와의 인터뷰, 2016년 10월부터 2019년 봄까지.

043 "같이 살고 있던 남자친구 말고": 엘리 새슬로우(Eli Saslow), "귀 기울이는 사람이 있습니까?" 〈워싱턴포스트〉, 2018년 2월 19일, http://washingtonpost.com/news/national/wp/2018/02/19/feature/trump-accuser-keeps-telling-her-story-hoping-someone-will-finally-listen.

044 "당신 정말 역겹군!": 도널드 트럼프, 메건 투히와의 인터뷰, 2016년 10월 11일.

044 "잠시 후, 플로리다에서의 선거유세를 위해 무대에 오른": 영상, "플로리다주 파나마시티에서 열린 대선 후보 도널드 트럼프의 선거 유세," C-SPAN, 2016년 10월 11일, https://www.c-span.org/video/?416754-1/donald-trump-campaign-panama-city-florida.

045 "일부 공화당원들은 그가 경선에서 사퇴해야 한다고 주장했다": 제시카 테일러(Jessica Taylor), "'무슨 짓이든 해도 돼요': 2005년 테이프에서 트럼프가 여성들의 몸

을 더듬고 키스한다고 떠벌리다", 내셔널퍼블릭라디오, 2017년 10월 7일, https://www.
npr.org/2016/10/07/497087141/donald-trump-caught-on-tape-making-vulgar-
remarks-about-women; 앨런 래퍼포트(Alan Rappeport), "존 매케인이 녹취록 공개
이후 도널드 트럼프에 대한 지지를 철회하다", 〈뉴욕타임스〉, 2018년 10월 10일, https://
www.nytimes.com/2016/10/08/us/politics/presidential-election.html; 조너선 마틴
(Jonathan Martin), 매기 하버먼, 알렉산더 번즈(Alexander Burns), "도널드 트럼프의 외
설적 녹취록이 다수의 공화당원에게 일촉즉발의 위기를 불러오다", https://www.nytimes.
com/2016/10/09/us/politics/donald-trump-campaign.html.

046 "충격적인 민사소송이 제기되었다": 조시 거스틴(Josh Gerstein), "미성년자 강
간으로 트럼프를 고소한 여성들이 또다시 고소를 취하하다", 〈폴리티코〉, 2016년 11
월 4일, http://www.politico.com/story/2016/11/donald-trump-rape-lawsuit-
dropped-230770; 제인 코스턴(Jane Coaston), 애나 노스(Anna North), "도널드 트럼프
와 빌 클린턴의 친구인 성범죄자 제프리 엡스타인이 해명하다", 〈복스〉, 2019년 2월 22일,
https://www.vox.com/2018/12/3/18116351/jeffrey-epstein-trump-clinton-labor-
secretary-acosta.

046 "어느 여성이 차에 타려고": abc.com 스태프, "한 여성이 트럼프가 1998년 US 오
픈에서 부적절한 성행위를 했다고 고발하다", 〈ABC〉, 2016년 10월 20일, https://abc7.
com/politics/woman-accuses-trump-of-inappropriate-sexual-conduct-at-1998-
us-open/1565005.

046 "거짓 주장이 담긴 보수주의 뉴스 사이트 링크": 케이티 메틀러(Katie Mettler), "그
녀는 트럼프를 성폭행으로 고발했고, 루 돕스는 그녀의 전화번호를 트위터에 올렸다", 〈워
싱턴포스트〉, 2016년 10월 14일, https://www.washingtonpost.com/news/morning-
mix/wp/2016/10/14/she-accused-trump-of-sexual-assault-lou-dobbs-tweeted-
her-phone-number.

048 "이를 실행하지 않을 시, 제 의뢰인에게는": 마크 카소위츠(Mark Kasowitz), "답장: 철
회 요구서", 마크 카소위츠가 데이비드 맥크로에게 보낸 편지, 2016년 10월 12일, https://
assets.donaldjtrump.com/DemandForRetraction.PDF.

048 "그들의 목소리를 침묵시키는 것은": 데이비드 맥크로, "답장: 철회 요구서", 데이비드

맥크로가 마크 카소위츠에게 보낸 편지, 2016년 10월 13일, https://www.nytimes.com/interactive/2016/10/13/us/politics/david-mccraw-trump-letter.html.

050 "여러 건의 성추행 혐의를 은폐했음을": 에밀리 스틸, 마이클 S. 슈미트, "빌 오라일리는 성추행 합의금이 늘어가는 동안에도 폭스 뉴스에서 승승장구했다", 〈뉴욕타임스〉, 2017년 4월 1일, https://www.nytimes.com/2017/04/01/business/media/bill-oreilly-sexual-harassment-fox-news.html.

051 "메르세데스 벤츠와 올스테이트 등의 광고주들이": 칼 러셀(Karl Russel), "빌 오라일리 쇼가 일주일 만에 광고주 절반 이상을 잃다", 〈뉴욕타임스〉, 2017년 4월 11일, https://www.nytimes.com/interactive/2017/04/11/business/oreilly-advertisers.html.

051 "폭스 뉴스에서 일하는 다른 여성들도": 에밀리 스틸, 마이클 S. 슈미트, "빌 오라일리가 폭스 뉴스에서 해고되다", 〈뉴욕타임스〉, 2017년 4월 19일, https://www.nytimes.com/2017/04/19/business/media/bill-oreilly-fox-news-allegations.html.

051 "공화당의 유력인사이자 폭스 뉴스의 설계자 로저 에일스": 존 코블린(John Koblin), 짐 루턴버그(Jim Rutenberg), "성추행으로 기소된 로저 에일스를 폭스에서 내보내기 위해 협상 중이다", 〈뉴욕타임스〉, 2016년 7월 20일, https://www.nytimes.com/2016/07/20/business/media/roger-ailes-fox-news-murdoch.html.

052 "페미니스트 활동가 쇼나 토머스": 쇼나 토머스, 조디 캔터와의 인터뷰, 2017년 4월.

2장

057 "칸 영화제 레드카펫 사진들을": "2017년 칸 영화제 레드카펫 모습", 사진, 〈뉴욕타임스〉, 2017년 5월 20일, https://www.nytimes.com/2017/05/20/fashion/2017-cannes-film-festival-red-carpet-looks.html.

058 "2015년 〈버라이어티〉 인터뷰에서": 라민 세투데(Ramin Setoodeh), "애슐리 저드가 거물 제작자로부터 당한 성추행을 고백했다", 〈버라이어티〉, 2015년 10월 6일, http://variety.com/2015/film/news/ashley-judd-sexual-harassment-studio-mogul-shower-1201610666.

058 "미안합니다, 변호사가 얽히지 말라고 해서요": 쥐디트 고드레슈, 조디 캔터에게 보낸 이메일, 2017년 6월 13일.

059 "와인스타인 피해자가 아니었다": 머리사 토메이, 조디 캔터와의 인터뷰, 2017-18년.

060 "돈을 요구해야 해요": 엘리자베스 루빈(Elizabeth Rubin), "스파이, 어머니, 돌아온 아이: 모두가 클레어 데인스를 주목한다", 〈보그〉, 2013년 7월 14일, https://www.vogue.com/article/all-eyes-on-claire-homeland-claire-danes-and-damian-lewis.

062 "트위터에 이런 소식을": 리사 블룸 (@LisaBloom), "BIG ANNOUNCEMENT: My book SUSPICION NATION is being made into a miniseries, produced by Harvey Weinstein and Jay Z!,"(엄청난 소식: 제 책 『수상한 국가』를 하비 와인스타인과 제이지(Jay Z)가 미니시리즈로 제작하고 있답니다!), 트위터, 2017년 4월 7일, http://twitter.com/lisabloom/status/850402622116855809.

067 "같이 놀 친구가 간절한 나머지": 저드의 성장 과정에 대한 자세한 사항 중 다수는 2015년 출간된 저드와 볼러스(Vollers)가 쓴 자서전 『달콤 쌉싸름한 모든 것All That Is Bitter and Sweet』(뉴욕: 발렌타인, 2015)에 실려 있다.

069 "로스쿨의 다이앤 로젠펠트 교수": 다이앤 로젠펠트, 조디 캔터와의 인터뷰, 2018년 5월 11일.

069 "나는 여성 간 연대의 모형을 제시한다": 애슐리 저드, "젠더 폭력: 법과 사회 정의" (하버드대학교 케네디 행정대학원 석사학위청구논문, 2015), 2010.

071 "남자만큼 역겹지는 않다": "#NastyWoman", 유튜브 영상, 00:06:43, 스테이트 오브 더 워드 라이브, 게시자 니나 머라이어(Nina Mariah), 2016년 12월 11일, https://www.youtube.com/watch?v=dvN0On85sNQ.

071 "저드는 해고당했다": 애슐리 저드, 조디 캔터와의 인터뷰, 2017년; 코퍼핏 임원들, 조디 캔터와의 인터뷰, 2019년.

072 "통화가 끝날 즈음에는 계획이 생겼다": 질 카그먼, 조디 캔터와의 인터뷰, 2017년 6월.

072 "카그먼은 레나 던햄과": 제니 코너, 조디 캔터와의 인터뷰, 2017년; 레나 던햄, 조디 캔터와의 인터뷰, 2017년.

072 "자신 역시 2008년 클린턴 캠페인에 비슷한 경고를 전했다고": 티나 브라운, 조디 캔터와의 인터뷰, 2017년 9월 26일.

074 "알려지지 않았던 측면의 이야기를": 귀네스 팰트로, 조디 캔터와 메건 투히와의 인터뷰, 2017-19년.

077 "와인스타인의 어머니", 애니타 게이츠(Anita Gates), "미라맥스 사의 어머니이자 척추인 미리엄 와인스타인 90세로 타계", 〈뉴욕타임스〉, 2016년 11월 4일, https://www.nytimes.com/2016/11/04/movies/miriam-weinstein-died-miramax.html.

078 "66달러짜리 옥 달걀": 구프, https://shop.goop.com/shop/products/jade-egg?country=USA, 빌 보스톡(Bill Bostock), "귀네스 팰트로의 구프가 근본 없는 질 전용 달걀에 대한 건강을 주장하며 145,000달러짜리 소송에 걸리다", 〈비즈니스 인사이더〉, 2018년 9월 5일, https://www.businessinsider.com/gwyneth-platrows-goop-lawsuit-vaginal-egg-claims-2018-9?utm_source=copy-link&utm_medium=referral&utm_content=topbar.

078 "유기농 공정무역 소변 pH 측정 스틱": 젠 건터, "친애하는 귀네스 팰트로에게, 저는 여성의학과 의사이고 당신의 질 전용 달걀은 터무니없다고 생각합니다", 〈닥터 젠 건터〉, 2017년 1월 17일, https://drjengunter.com/2017/01/17/dear-gwyneth-paltrow-im-a-gyn-and-your-vaginal-jade-eggs-are-a-bad-idea.

081 "서먼에게서는 답을 받지 못했는데": 우마 서먼, 조디 캔터와 나눈 인터뷰 및 이메일, 2017-19년.

082 "DNA 증거를 취재하던 당시": 린다 페어스타인, 2009년 〈시카고트리뷴〉에서 취재하던 당시 메건 투히와의 인터뷰.

086 "미디어의 권력자들과 격의 없이 지냈다고": 라이언 테이트(Ryan Tate), "하비 와인스타인은 뉴욕 언론이 자기 손에 있다고 생각한다." 거커, 2008년 4월 2일, http://gawker.com/5004915/why-harvey-weinstein-thinks-he-owns-new-york-media.

087 "코벳의 몇몇 면모를 본떠 만든 인물": 데이비드 사이먼, 조디 캔터와 나눈 인터뷰와 이메일. 2018-19년.

087 "〈타임스〉의 두 기자가 밝혀냈을 때", 제임스 라이즌(James Risen), 에릭 리크트블라우(Eric Lichtblau), "부시가 국가가 시민들을 불법 감청하도록 허용했다", 〈뉴욕타임스〉, 2005년 12월 16일, https://www.nytimes.com/2005/12/16/politics/bush-lets-us-spy-on-callers-without-courts.html.

093 뉴욕과 로스앤젤레스 내의 주정부 기관: 뉴욕주 인권분과, http://dhr.ny.gov, 캘리포니아주 평등고용 및 주거부서, http://dfeh.ca.gov.

093 보고서를 입수했다: 2017년 캘리포니아주 평등고용 및 주거부서가 작성.

094 7월 14일 오후: 케이티 베너와 조디 캔터의 미팅 기록과 문서.

095 케이티 베너(Katie Benner)가 2주 전: 케이티 베너, "첨단 기술 업계 여성들이 성추행 문화에 대해 솔직하게 입을 열다", 〈뉴욕타임스〉, 2017년 6월 30일, https://www.nytimes.com/2017/06/30/technology/women-entrepreneurs-speak-out-sexual-harassment.html.

095 성추행과 보복 행위를 블로그에 자세히 폭로하자: 수전 파울러, "우버에서 보낸 아주, 아주 이상했던 한 해를 돌아보며", 수전 파울러, 2017년 2월 19일, https://www.susanjfowler.com/blog/2017/2/19/reflecting-on-one-very-strange-year-at-uber.

095 남성 중 한 명, 기업 중 한 곳: 케이티 베너, "실리콘밸리의 성추행에 대한 반발이 일어나다", 〈뉴욕타임스〉, 2017년 7월 3일, https://www.nytimes.com/2017/07/03/technology/silicon-valley-sexual-harassment.html.

096 에밀리 스틸은 미디어 그룹 〈바이스〉 내부에서 일어난: 에밀리 스틸, "〈바이스〉의 최첨단 언론과 구식 성추행 혐의", 〈뉴욕타임스〉, 2017년 12월 23일, http://www.nytimes.com/2017/12/23/business/media/vice-sexual-harassment.html.

096 식당, 소매점, 호텔, 건설현장 노동자들과 대화: 캐트린 아인혼, "식당에서의 성추행과 팁 문화", 〈뉴욕타임스〉, 2018년 3월 18일, http://www.nytimes.com/2018/03/18/business/restaurant-harassment-tipping.html; 캐트린 아인혼, 레이철 에이브럼스(Rachel Abrams), "팁의 방정식", 〈뉴욕타임스〉, 2018년 3월 12일, http://www.nytimes.com/interactive/2018/03/11/business/tipping-sexual-harassment.html.

096 남성 블루칼라 노동자들의 영역이던: 수전 키아라, 캐트린 아인혼, "성추행 문화를 바꾸기는 얼마나 힘들까? 포드에 재직 중인 여성들에게 묻다", 〈뉴욕타임스〉, 2017년 12월 19일, http://www.nytimes.com/interactive/2017/12/19/us/ford-chicago-sexual-harassment.html; 수전 키아라, 캐트린 아인혼, "#MeToo의 순간: 블루칼라 우

먼이 '우리는?'이라고 묻다", 〈뉴욕타임스〉, 2017년 12월 20일, http://www.nytimes.com/2017/12/20/us/the-metoo-moment-blue-collar-women-ask-what-about-us.html; 수전 키아라, "우리는 블루칼라 일터의 여성들에게 성추행에 관해 물었다: 이것이 그들의 이야기다", 〈뉴욕타임스〉, 2017년 12월 29일, http://www.nytimes.com/2017/12/29/us/blue-collar-women-harassment.html; 수전 키아라, "'남자다운' 직업의 문제", 〈뉴욕타임스〉, 2018년 2월 8일, http://www.nytimes.com/2018/02/08/sunday-review/sexual-harassment-masculine-jobs.html.

097 증언을 강제하는 소환장을 받는다면: 에밀리 스틸, "빌 오라일리는 어떻게 고발자들을 침묵시켰나", 〈뉴욕타임스〉, 2018년 4월 4일, http://www.nytimes.com/2018/04/04/business/media/how-bill-oreilly-silenced-his-accusers.html.

099 EEOC조차도: 차이 펠트브룸, 조디 캔터와의 인터뷰, 2017년 5월 11일.

101 그들이 세운 첫 영화사인 미라맥스를 떠났다: 와인스타인 형제는 1993년 미라맥스를 8천만 달러에 디즈니에 매각했고 2005년 디즈니와 결별했다. 로라 M. 홀슨(Laura M. Holson), "미라맥스와 디즈니의 파란만장한 결혼생활은 어떻게 실패로 끝났나", 〈뉴욕타임스〉, 2005년 3월 6일, http://www.nytimes.com/2005/03/06/movies/how-the-tumultuous-marriage-of-miramax-and-disney-failed.html.

107 존 슈미트(John Schmidt)의 집을 찾았다: 존 슈미트, 메건 투히와의 인터뷰, 2017년 9월부터 2019년 봄까지.

108 7월의 어느 금요일 저녁: 에이미 이즈리얼, 조디 캔터와의 인터뷰, 2017-19.

110 3주 뒤인: 젤다 퍼킨스, 조디 캔터와의 인터뷰, 2017-19.

113 그 이후로 상당한 시간이 지난 뒤: 로웨나 추, 조디 캔터와의 인터뷰, 2019년 5월-6월.

115 선배인 도나 지글리오티(Donna Gigliotti)에게: 도나 지글리오티, 조디 캔터와 켈시 쿠닥에게 보낸 이메일, 2017년 11월-2019년 6월

116 그때 지글리오티가 더 많은 일을 해줄 수 있었던 것이 아닌가: 메건 투히, 조디 캔터, 수전 도미너스, 짐 루턴버그, 스티브 에더, "와인스타인의 공모 기계", 〈뉴욕타임스〉, 2017년 12월 5일, http://www.nytimes.com/interactive/2017/12/05/us/harvey-weinstein-complicity.html.

121 추의 집을 찾아갔다: 앤드루 청, 조디 캔터와의 인터뷰, 2017년 7월.

124 에이미 이즈리얼이 만나보라고 한: 로라 매든, 조디 캔터와의 인터뷰, 2017년 7월부터 2019년 1월까지.

132 올레드의 회고록을: 글로리아 올레드, 『맞서 싸워 이겨라Fight Back and Win』(뉴욕: 하퍼콜린스, 2006); 글로리아 올레드, 메건 투히와의 인터뷰, 2016년 10월부터 2019년 봄까지.

133 2011년, 그녀는 파트너 변호사와 함께: 에밀리 스틸, "빌 오라일리는 고발자들을 어떻게 침묵시켰나", 〈뉴욕타임스〉, 2018년 4월 4일, http://www.nytimes.com/2018/04/04/business/media/how-bill-oreilly-silenced-his-accusers.html.

133 입마개를 씌우는 합의를 진행하는: 리베카 데이비스 오브라이언(Rebecca Davis O'Brien), "미국체조협회와 메케일라 머로니는 학대 고소를 취하하는 비밀 합의를 했다." 〈월스트리트저널〉, 2017년 12월 20일, https://www.wsj.com/articles/usa-gymnastics-reached-settlement-over-abuse-claims-with-gold-medalist-mckayla-maroney-1513791179; 윌 홉슨(Will Hobson), "메케일라 머로니가 미국체조협회가 학대에 대해 침묵하도록 돈으로 입막음을 하려 한 미국체조협회를 고소하다." 〈워싱턴포스트〉, 2017년 12월 20일, https://www.washingtonpost.com/sports/mckayla-maroney-sues-usa-gymnastics-saying-it-tried-to-buy-her-silence-on-abuse/2017/12/20/1e54b482-e5c8-11e7-a65d-1ac0fd7f097e_story.html.

133 2004년 와인스타인 합의 협상도: 애슐리 매소, 메건 투히와의 인터뷰, 2017년 10월부터 2019년 봄까지.

135 캘리포니아 주의 한 소비자 변호사 단체가: 캘리포니아 주 소비자 변호사협회, http://www.caoc.org.

136 긴장감으로 팽팽했던 전화통화에서: 통화 참여자 다수, 메건 투히와의 인터뷰, 2018년.

4장

141 허름한 크리올 음식점 뒤: "뉴올리언스에서 식당을 운영하던 바케이 가족의 역사: T-P 아카이브에서", 〈NOLA〉, 2004년 7월 20일 최초 발행, 2014년 5월 15일 재발

행, http://www.nola.com/dining/2014/05/from_the_t-p_archives_a_short.html; 브렛 앤더슨(Brett Anderson), "에디스의 중요성: 최근 사라진 바케이 가족의 위대한 식당을 추억하며", 〈NOLA〉, 2014년 5월 16일, http://www.nola.com/dining/2014/05/the_importance_of_eddies_the_l.html.

142 데이비드 보이스가 바케이에게 연락해왔다: 2017년부터 2019년 봄까지 메건 투히가 보이스를 비롯한 하비 와인스타인 대변인들과 진행한 인터뷰들, 그리고 2015년부터 2017년까지 이메일, 보이스가 남긴 의견을 포함한 각종 기록, 그리고 다음 기사들로부터 수집한 정보; 대니얼 오크렌트(Daniel Okrent), "내게 보이스를 달라!" 〈타임〉, 2000년 12월 25일, http://content.time.com/time/world/article/0,8599,2047286,00.html; 앤드루 라이스(Andrew Rice), "악하고도 선한 변호사: 데이비드 보이스는 하비 와인스타인 곁에서 일한 것뿐일까? 아니면 윤리적인 선을 넘은 걸까?" 〈뉴욕〉 매거진, 2018년 9월 30일, https://nymag.com/intelligencer/2018/09/david-boies-harvey-weinstein-lawyer.html.

142 "저는 하비의 변호사로서 전화를 드린 것이 아닙니다": 딘 바케이, 메건 투히 및 조디 캔터와의 인터뷰, 2018년.

145 8월 3일: 래니 데이비스, 메건 투히 및 조디 캔터와의 인터뷰, 2017년 8월 3일.

155 2002년 〈뉴요커〉 필자: 올레타는 하비 와인스타인의 프로파일 기사를 준비하던 과정에서 합의에 대한 이야기를 들었다. 켄 올레타, "미녀와 야수", 〈뉴요커〉, 2002년 12월 8일, https://www.newyorker.com/magazine/2002/12/16/beauty-and-the-beast-2.

155 올레타, 〈뉴요커〉 편집장 데이비드 렘닉(David Remnik), 그리고 또 다른 편집자: 켄 올레타, 밥 와인스타인, 데이비드 보이스, 메건 투히와의 인터뷰, 2019년.

159 와인스타인은 오래전부터 사립탐정을 고용해: 메건 투히, 조디 캔터, 수전 도미너스, 짐 루텐버그, 스티브 에더, "와인스타인의 공모 기계", 〈뉴욕타임스〉, 2017년 12월 5일, http://www.nytimes.com/interactive/2017/12/05/us/harvey-weinstein-complicity.html.

160 계약 조항에 따르면: 알라나 굿먼, "하비 와인스타인이 전 모사드 요원들과 한 원본 계약서는 일명 '낙하산 작전'이라는 이름으로 여성 배우들, 가까운 친구인 디자이너 케네스 콜(Kenneth Cole) 그리고 amfAR을 감시하며 와인스타인이 '부정적 캠페인'의 희생자임을 증명하도록 지시했다", 〈데일리메일〉, 2017년 11월 8일, https://www.dailymail.co.uk/

news/article-5062195/Harvey-Weinstein-agreed-pay-1-3m-ex-Mossad-agents.
html.

160 영국인 프리랜서 기자 세스 프리드먼: 투히와 캔터가 2016년에서 2017년 사이 세스 프리드먼의 접촉을 받은 맥고언, 켄들을 비롯한 다른 이들과 진행한 인터뷰 및 프리드먼이 발송한 이메일.

160 벤저민 윌리스에게도 접촉했다: 벤저민 윌리스, 메건 투히와의 2018년 인터뷰 및 윌리스와 세스 프리드먼이 2016년 주고받은 이메일.

161 2017년 5월: 로넌 패로, "하비 와인스타인의 스파이 군대", 〈뉴요커〉, 2017년 11월 6일, https://www.newyorker.com/news/news-desk/harvey-weinsteins-army-of-spies.

161 보이스가 수정한 계약서: "읽어보기: 사설경비회사와 하비 와인스타인의 변호사 간의 계약서", 〈뉴요커〉, 2017년 11월 6일, https://www.newyorker.com/sections/news/read-the-contract-between-a-private-security-firm-and-one-of-harvey-weinsteins-lawyers.

162 여러 통의 이메일과 문자 메시지를 받았다: "다이애나 필립", 조디 캔터에게 보낸 이메일, 2017년 8월 8일. 이와 관련된 웹사이트인 〈루벤 캐피털 파트너스〉는 폐쇄되었다; 웹사이트 스크린샷은 기사로 발행되었다. 알라나 굿먼, "단독: 로즈 맥고언을 속인 스파이 가면을 벗다! 추락한 거물 하비 와인스타인을 위해 위장 잠입하고 여성 배우들을 속여 회고록을 얻어낸 금발 이스라엘 군 베테랑의 모습", 〈데일리메일〉, 2017년 11월 8일, https://www.dailymail.co.uk/news/article-5064027/Israeli-military-vet-duped-Rose-McGowan-revealed.html.

165 글로리아 올레드와 리사 블룸의 기사를: 알렉산드라 페크먼(Alexandra Pechman), "글로리아 올레드와 리사 블룸은 2017년 여성의 대변자다", 《W》, 2017년 7월 21일, https://www.wmagazine.com/story/gloria-allred-lisa-bloom-donald-trump-blac-chyna-lawyer.

166 메건은 블룸과 직접 대화해본 적이 없었음에도: 메건 투히, 리사 블룸에게 보낸 이메일, 2016년 11월 1일.

167 자기 회사에서 연 기자회견을: 스티븐 펠러(Stephen Feller), "트럼프 강간 고발자가 살해 협박 이후 기자회견을 취소하다", 합동국제통신사, 2016년 11월 3일, https://

www.upi.com/Top_News/US/2016/11/03/Trump-rape-accuser-cancels-press-conference-after-death-threats/2381478150421.

167 자금을 요청했음을 인정했고: 케네스 P. 보겔(Kenneth P. Vogel), "금전을 휘두르는 당파주의자가 성추행 주장을 이용하려 들다", 〈뉴욕타임스〉, 2017년 12월 31일, http://www.nytimes.com/2017/12/31/us/politics/sexual-harassment-politics-partisanship.html.

168 몇 달간 제인 도의 주장을 검증했으며: 리사 블룸, 캔터 및 투히와의 인터뷰, 2019; 리사 블룸이 메건 투히에게 보낸 이메일, 2019년 6월.

168 인터뷰를 조용히 진행하기 시작했다: 타마라 홀더, 메건 투히와의 인터뷰, 2018년 여름부터 2019년 봄까지; 타마라 홀더와 리사 블룸, 로이드 그로브(Lloyd Grove)가 주고받은 이메일, "'여성을 위한 챔피언' 리사 블룸이 하비 와인스타인 구명을 위한 초토화 작전을 벌인 뒤로 의뢰인들이 반기를 들기 시작하다", 〈데일리비스트〉, 2017년 10월 26일, https://www.thedailybeast.com/lisa-bloom-has-files-on-rose-mcgowans-history-inside-her-scorched-earth-crusade-for-harvey-weinstein; 에밀리 스틸, "폭스가 성폭행 주장을 제기한 전 기고자와 합의했다고 전해진다", 〈뉴욕타임스〉, 2017년 3월 8일, https://www.nytimes.com/2017/03/08/business/fox-news-roger-ailes-sexual-assault-settlement.html.

169 연극이 순조로이 진행되지 않자: amfAR에 대한 투히의 보도에는 amfAR 이사회 회장인 케네스 콜, 하비 와인스타인, 데이비드 보이스, 찰스 프린스 및 amfAR 자선 경매에서 모금된 60만 달러의 기금이 〈네버랜드를 찾아서〉 투자자들에게 흘러갔음을 알고 있는 다른 이사진과의 인터뷰가 포함되었다. 또, 2015년에서 2017년 사이 금전 거래의 윤곽을 드러내는 다른 문서들, amfAR 직원과 이사회 특정 구성원들 사이의 금전 거래에 관한 우려, 그리고 취재 시도에 대한 와인스타인의 반응이 담겼다; 메건 투히, "AIDS를 위한 기금이 하비 와인스타인 작품을 뒷받침하게 된 뒤 일어난 소란", 〈뉴욕타임스〉, 2017년 9월 23일, https://www.nytimes.com/2017/09/23/nyregion/harvey-weinstein-charity.html.

170 톰 아자미를 만나고 있었다: 톰 아자미, 메건 투히와의 인터뷰, 2017년 여름부터 2019년 봄까지.

171 일한 지 6주째였다: 리사 블룸의 법률사무소인 '더 블룸 펌'의 2016년 12월 회계 장부.

177 소셜미디어 활동 및 하비 와인스타인이 했던 말에 기반해: 새라 네스, 2017년 7월 하비 와인스타인에게 제출한 보고서 초안.

5장

186 이메일 대화가 끊기지 않도록: 어윈 라이터가 조디 캔터에게 쓴 이메일, 2017년 9월.

186 9월 18일 월요일 밤: 어윈 라이터, 조디 캔터 및 메건 투히와의 인터뷰, 2017년 봄부터 2019년 5월까지.

190 코즈비의 TV 프로젝트며 투어 일정들은 무산되었다: 프랭크 팰로타(Frank Pallotta), 몰리 실즈(Molly Shiels), "NBC는 빌 코즈비 프로젝트 진행을 멈추겠다고 밝혔다", CNN, 2014년 11월 19일, https://money.cnn.com/2014/11/19/media/cosby-nbc-sitcom/index.html; 제프 에드거스(Goeff Edgers) "빌 코즈비의 '파 프롬 피니시드' 투어는 계속된다: 그러나 이게 그의 마지막일지도?", 〈워싱턴포스트〉, 2015년 3월 24일, https://www.washingtonpost.com/entertainment/bill-cosbys-far-from-finished-tour-pushes-on-will-it-be-his-last/2015/03/24/d665bee4-cf1f-11e4-8a46-b1dc9be5a8ff_story.html; 토드 레오폴드(Todd Leopold), "코즈비의 투어 속속 취소", CNN, 2015년 2월 21일, https://www.cnn.com/2015/02/20/entertainment/feat-cosby-tour-cancellations/index.html.

191 출근한 지 이틀째 되는 날: 2014년에서 2015년 사이 이메일을 비롯한 와인스타인컴퍼니 내부 문건.

192 그가 무척이나 끈질기고 집요했기에: 같은 자료.

193 샤리는 아버지를 계속 설득했다: 샤리 라이터, 조디 캔터와의 인터뷰, 2018년 10월 25일.

193 와인스타인의 개인 어시스턴트인 28세 샌디프 리할: 샌디프 리할, 조디 캔터와의 인터뷰, 2018년 11월.

194 2백 50만 달러: 하비 와인스타인과 와인스타인컴퍼니의 계약서.

194 톰 프린스(Tom Prince)에게 이메일을 보냈다: 톰 프린스와 어윈 라이터 사이에 오고

간 이메일, 2015년 2월.

196 소름 끼칠 만치 비슷한 이야기를: 미셸 프랭클린, 조디 캔터와의 인터뷰, 2017-19.

197 9월 19일 오후: 하비 와인스타인, 제이슨 릴리엔(Jason Lilien), 래니 데이비스, 찰스 프린스, 로버타 캐플런, 캐런 더피, 메건 투히와 리베카 코벳과의 인터뷰, 2017년 9월 19일.

204 그보다 더 나쁜 사람이지요: 하비 와인스타인, 조디 캔터와의 인터뷰, 2017년 9월 19일.

205 성적 학대로 고발당하는 그날을 기다려왔다고도: 메건 투히, 제임스 C. 맥킨리 주니어(James C. McKinley Jr.), 앨 베이커(Al Baker), 윌리엄 K. 래시바움(William K. Rashbaum), "와인스타인은 가벼운 경찰 수사 후 매번 기소를 모면했다", 〈뉴욕타임스〉, 2017년 10월 15일, https://www.nytimes.com/2017/10/15/nyregion/harvey-weinstein-new-york-sex-assault-investigation.html.

206 보이스와 어브래머위츠는: 켄 올레타, 데이비드 보이스, 메건 투히와의 인터뷰, 2019.

206 합의금을 지급했다: 2015년부터 합의에 대해 잘 아는 이들을 상대로 투히가 진행한 인터뷰 및 와인스타인컴퍼니 내부 문건.

206 녹취록의 회수였다: 로넌 패로, "하비 와인스타인의 비밀 합의들", 〈뉴요커〉, 2017년 11월 21일, https://www.newyorker.com/news/news-desk/harvey-weinsteins-secret-settlements.

208 와인스타인에게 책임을 물을 동기를: 2018년과 2019년 메건 투히가 밥 와인스타인과 진행한 인터뷰, 메건 투히와 조디 캔터가 와인스타인의 동료들과 진행한 인터뷰 및 이메일을 비롯한 와인스타인컴퍼니 내부 문건.

209 지급할 합의금이 필요했을 때: 메건 투히가 밥 와인스타인, 로넌 패로와 진행한 인터뷰; 로넌 패로, "하비 와인스타인의 비밀 합의들", 〈뉴요커〉, 2017년 11월 21일, https://www.newyorker.com/news/news-desk/harvey-weinsteins-secret-settlements.

210 2010년 아니면 2011년의 어느 날: 밥 와인스타인, 메건 투히와의 인터뷰, 2018; 어윈 라이터, 조디 캔터와의 인터뷰, 2017-19.

212 데이비드 보이스에게 이메일을 보냈다: 밥 와인스타인, 데이비드 보이스에게 보낸 이메일, 2015년 8월 16일.

217 랜스 매로브는 달랐다: 메건 투히가 진행한 랜스 매로브 인터뷰, 2016년 9월부터 2019년 봄까지; 매로브의 동료들과 진행한 인터뷰 및 이메일을 비롯한 와인스타인컴퍼니

내부 문건.

219 전국적 명성을 가진 기업변호사 로진 코언: H. 로진 코언, 와인스타인컴퍼니 이사회 변호사 필립 리히터(Philip Richter)에게 보낸 이메일, 2015년 9월 4일.

222 뉴욕지방검사실은: 메건 투히, 윌리엄 K. 래시바움, "와인스타인과 AIDS 자선단체 사이의 거래가 수사 중", 〈뉴욕타임스〉, 2017년 11월 2일, https://www.nytimes.com/2017/11/02/nyregion/harvey-weinstein-amfar.html.

224 길고 상세한 글로 작성했고: 2015년에서 2016년까지 와인스타인컴퍼니 내부 문건.

6장

250 언론인으로서 경력을 시작한 초창기에: 딘 바케이, 조디 캔터 및 메건 투히와의 인터뷰, 2018.

255 통화가 시작되었을 때: 하비 와인스타인, 찰스 하더, 리사 블룸, 래니 데이비스, 조디 캔터 및 메건 투히, 리베카 코벳과의 인터뷰, 2017년 10월 3일.

255 명성을 얻은 사람이었다: 에릭 가드너(Eriq Gardener), "에일스미디어 소송대리인 찰스 하더가 멜라니아 트럼프 및 헐크 호건을 의뢰인으로 삼은 경력의 급물살에 대해 입을 열다", 〈할리우드 리포터〉, 2016년 9월 22일, https://www.hollywoodreporter.com/business/business-news/ailes-media-litigator-charles-harder-930963/.

255 거커를 고소해 파산에 이르게 하고: 시드니 엠버, "거커와 헐크 호건이 3천 1백만 달러의 합의에 도달", 〈뉴욕타임스〉, 2016년 11월 2일, https://www.nytimes.com/2016/11/03/business/media/gawker-hulk-hogan-settlement.html.

255 에일스를 대변했다: 브라이언 스텔터(Brian Stelter), "로저 에일스가 헐크 호건 및 멜라니아 트럼프 소송에서 활약한 변호사를 선임하다", CNN 머니, 2016년 9월 5일, https://money.cnn.com/2016/09/05/media/roger-ailes-charles-harder/index.html.

255 2천 9백만 달러의 합의금 협상에 성공: 톰 햄버거(Tom Hamburger), "멜라니아 트럼프가 백만 달러를 얻을 '일생일대의 기회'를 놓쳤다", 〈워싱턴포스트〉, 2017년 2월 7일, https://www.washingtonpost.com/politics/melania-trump-missed-out-on-oncein-a-lifetime-opportunity-to-make-millions-lawsuit-says/2017/02/06/3654f070-ecd0-11e6-9973-c5efb7ccfb0d_story.html; 에밀리 헬(Emily Hell), "상대가 비열하게 나오면 멜라니아 트럼프는 변호사들에게 전화한다", 〈워싱턴포스트〉, 2019년 1월 30일, https://www.washingtonpost.com/lifestyle/style/when-they-go-low-melania-trump-calls-her-lawyers/2019/01/30/d3892a1e-240a-11e9-ad53-824486280311_story.html; 글렌 피시먼(Glen Feishman), "트럼프가 오마로사와의 분쟁을 위해 거커를 무너뜨린 헐크 호건의 변호사 하더를 고용하다", 〈포춘〉, 2018년 8월 14일, http://fortune.com/2018/08/14/trump-charles-harder-gawker-lawyer-hulk-hogan-omarosa.

256 언론의 자유라는 개념에: 제이슨 진절레(Jason Zengerle), "거커를 죽인 찰스 하더는 아직 끝나지 않았다", 〈GQ〉, 2016년 11월 17일, https://www.gq.com/story/charles-harder-gawker-lawyer.

261 "악영향을 미칠 것": 랜스 매로브, 데이비드 보이스, 데이비드 글래서, 메건 투히와의 인터뷰, 2018년에서 2019년까지.

261 가장자리부터 파고 들어가는 전략을: 리사 블룸이 하비 와인스타인, 래니 데이비스, 찰스 하더, 데이비드 보이스에게 보낸 이메일, 2017년 10월 4일.

7장

267 데이비드 글래서에게 전화를 걸었다: 데이비드 글래서, 메건 투히와의 인터뷰, 2017년 10월에서 2019년 봄까지.

269 오후 1시 43분, 와인스타인 팀의 응답은: 찰스 하더, 다이앤 브레이튼(Diane Brayton), 아서 설즈버거, 딘 바케이, 조디 캔터, 메건 투히에게 보낸 이메일, 2017년 10월 4일.

272 오후 3시 33분, 맥크로는 기자들에게: 데이비드 맥크로, 찰스 하더에게 보낸 이메일, 2017년 10월 4일.

278 조디와 메건은 〈버라이어티〉와 〈할리우드 리포터〉에 실린: 브렌드 랭(Brent Lang), 진 매더스(Gene Maddaus), 라민 세투데(Ramin Setoodeh), "하비 와인스타인의 변호

사들이 〈뉴욕타임스〉, 〈뉴요커〉 기사에 폭탄을 던질 기세다", 《버라이어티》, 2017년 10
월 4일, https://variety.com/2017/film/news/harvey-weinstein-sexual-new-york-
times-1202580605; 킴 매스터스(Kim Masters), 크리스 가드너(Chris Gardner), "하
비 와인스타인의 변호사들이 폭발을 불러올 기사를 놓고 〈뉴욕타임스〉, 〈뉴요커〉와 싸
우다", 〈할리우드 리포터〉, 2017년 10월 4일, https://www.hollywoodreporter.com/
movies/movie-news/harvey-weinstein-lawyers-battling-ny-times-new-yorker-
potentially-explosive-stories-1045724/.

281 "엄마는 그냥 엄마예요": 그레이시 앨런(Gracie Allen), 조디 캔터와의 인터뷰, 2018.

283 별안간 와인스타인이 수화기를 넘겨받더니: 와인스타인과 블룸, 조디 캔터 및 메건
투히와의 인터뷰, 2017년 10월 5일.

290 톨런이 발행 버튼을 눌렀다: 조디 캔터 및 메건 투히, "하비 와인스타인이 수십 년간
성폭력 고발자들에게 합의금을 지불했다", 〈뉴욕타임스〉, 2017년 10월 5일, https://www.
nytimes.com/2017/10/05/us/harvey-weinstein-harassment-allegations.html.

292 며칠 사이에 책임자 중 대부분이 공식 입장을 내놓지 않고 사임: 브루스 해링(Bruce
Haring), "다섯 번째 와인스타인컴퍼니 이사가 사임하고, 이사회에는 세 명이 남았다",
〈데드라인〉, 2017년 10월 14일, https://deadline.com/2017/10/fifth-weinstein-
company-board-member-resigns-leaving-three-left-120218863.

293 캐서린 켄들은: 토미앤 로버츠와 캐서린 캔달, 던 더닝, 쥐디트 고드레슈의 이야기는
모두 이후 수 준간 〈뉴욕타임스〉 후속 기사들에 실렸다. 조디 캔터와 레이철 에이브럼스,
"귀네스 팰트로, 앤젤리나 졸리를 비롯한 다수가 와인스타인으로부터의 성추행 경험을 이
야기하다", 〈뉴욕타임스〉, 2017년 10월 10일, https://www.nytimes.com/2017/10/10/
us/gwyneth-paltrow-angelina-jolie-harvey-weinstein.html; 호프 다모레, 신시아 버
의 이야기는 이후의 기사에 실렸다. 엘렌 개블러, 메건 투히, 조디 캔터, "새로운 고발자들
이 하비 와인스타인의 성폭행 주장을 70년대까지로 확장시키다", 〈뉴욕타임스〉, 2017년
10월 30일, https://www.nytimes.com/2017/10/30/us/harvey-weinstein-sexual-
assault-allegations.html.

294 로넌 패로 역시: 로넌 패로, "공격적인 접근에서부터 성폭행까지: 하비 와인스타인 고
발자들이 자신의 이야기를 하다", 〈뉴요커〉, 2017년 10월 10일, https://www.newyorker.

com/news/news-desk/from-aggressive-overtures-to-sexual-assault-harvey-weinsteins-accusers-tell-their-stories.

294 로런 시반(Lauren Sivan)은: 야샤르 알리, "TV 저널리스트가 하비 와인스타인이 자신 앞에서 자위행위를 했다고 말하다", 〈허핑턴포스트〉, 2017년 10월 6일, https://www.huffingtonpost.com/entry/weinstein-sexual-harassment-allegation_us_59d7ea3de4b046f5ad984211.

295 이후 메건이 후속 기사를 통해: 니콜 펠티에르(Nicole Pelletiere), "하비 와인스타인의 자문인 리사 블룸이 입을 열다: '위법행위가 있었습니다", ABC, 2017년 10월 6일, https://abcnews.go.com/Entertainment/harvey-weinsteins-adviser-lisa-bloom-speaks-misconduct/story?id=50321561; 메건 투히, 조해나 바(Johanna Barr), "하비 와인스타인에게 자문한 변호사 리사 블룸이 이사회에 대한 비난 속에서 사임하다", 〈뉴욕타임스〉, 2017년 10월 7일, https://www.nytimes.com/2017/10/07/business/lisa-bloom-weinstein-attorney.html?smid=url-share.

8장

299 루이스 C. K.에 관한 정보를 알게 된 조디는: 멜리나 라이직(Melena Ryzik), 카라 버클리(Cara Buckley), 조디 캔터, "루이스 C. K.가 다섯 명의 여성으로부터 성적 불법행위로 고발당하다", 〈뉴욕타임스〉, 2017년 11월 9일, https://www.nytimes.com/2017/11/09/arts/television/louis-ck-sexual-misconduct.html.

301 스토미 대니얼스라는 여성을 만나러: 마이클 로스펠드(Michael Rothfeld), 조 팔라졸로(Joe Palazzolo), "트럼프의 변호사가 성인영화 배우의 입을 막으려 13만 달러 합의금 협상", 〈월스트리트 저널〉, 2018년 1월 12일, https://www.wsj.com/articles/trump-lawyer-arranged-130-000-payment-for-adult-film-stars-silence-1515787678; 메건 투히, 짐 루턴버그, "포르노 스타가 트럼프에 대해 입을 다무는 대가로 합의금을 받았다고 전해진다", 〈뉴욕타임스〉, 2018년 1월 12일, https://www.nytimes.com/2018/01/12/us/trump-stephanie-clifford-stormy-daniels.html.

302 아메리칸 미디어 주식회사는: 조 팔라졸로, 마이클 로스펠드, 루카스 I. 앨퍼트 (Lukas I. Alpert), 〈내셔널 인콰이어러〉가 플레이보이 모델과의 치정 사건으로부터 트럼프를 비호", 〈월스트리트 저널〉, 2016년 11월 4일, https://www.wsj.com/articles/ national-enquirer-shielded-donald-trump-from-playboy-models-affair- allegation-1478309380; 로넌 패로, "트럼프, 플레이보이 모델, 간통을 숨기는 체계", 〈뉴 요커〉, 2018년 2월 16일, https://www.newyorker.com/news/news-desk/donald- trump-a-playboy-model-and-a-system-for-concealing-infidelity-national- enquirer-karen-mcdougal; 짐 루턴버그, 메건 투히, 리베카 R. 루이스, 마이크 맥킨타 이어(Mike McIntire), 매기 하버먼, "트럼프 해결사의 도구들: 합의금, 협박, 타블로이드", 〈뉴욕타임스〉, 2018년 2월 18일, https://www.nytimes.com/2018/02/18/us/politics/ michael-cohen-trump.html; 로넌 패로, "하비 와인스타인의 스파이 군대", 〈뉴요커〉, 2017년 11월 6일, www.newyorker.com/news/news-desk/harvey-weinsteins- army-of-spies; 마이크 맥킨타이어, 찰리 새비지(Charlie Savage), 짐 루턴버그, "타블로 이드 언론사의 입막음 거래가 트럼프의 위기를 더하다", 〈뉴욕타임스〉, 2018년 12월 12일, https://www.nytimes.com/2018/12/12/nyregion/trump-american-media-michael- cohen.html.

304 "그가 타인들에게 겪게 만든 일을 이제 자신도 겪고 있는 것이죠": 멜리나 라이직, "수 갑을 찬 와인스타인은 그의 고발자들에게 '정의구현의 시작'이다", 〈뉴욕타임스〉, 2018 년 10월 25일, https://www.nytimes.com/2018/05/25/nyregion/metoo-accusers- harvey-weinstein.html.

306 민주당은 둘로 분열되었다: 로라 맥간 (Laura McGann), "앨 프랭큰의 사임을 놓고 벌어지는 여전히 거센 논란에 대한 설명", 〈복스〉, 2018년 5월 21일, https://www.vox. com/2018/5/21/17352230/al-franken-accusations-resignation-democrats-leann- tweeden-kirsten-gillibrand.

306 브래프먼은 한 라디오 인터뷰에 출연해: "'명민한' 하비 와인스타인을 변호하다", BBC, 2018년 6월 15일, https://www.bbc.co.uk/programmes/p06b4pjp.

307 맥도널드 근로자인 25세 킴 로슨: 킴 로슨, 조디 캔터와의 인터뷰, 2018-19년.

310 성추행, 고용 문제, 내부 고발 전문 변호사인 데브라 카츠: 데브라 카츠, 조디 캔터 및

메건 투히와의 인터뷰, 2018-19년.

313 그녀의 이름은 크리스틴 블레이지 포드였다: 크리스틴 블레이지 포드, 2017년 12월부터 2019년 봄까지 진행된 메건 투히와의 인터뷰, 그리고 포드가 친구들, 상원 사법위원회 구성원들, 변호사 중 한 명과 나눈 이메일. 언급하는 논문은 다음 링크에서 확인할 수 있다. https://www.researchgate.net/publication/327287729_Attenuation_of_Antidepressant_Effects_of_Ketamine_by_Opioid_Receptor_Antagonism.

315 그녀는 강간을 당하기 전 결국은 탈출할 수 있었으나: "러셀 포드의 진술서", 상원 인준 과정에서 이루어진 브렛 캐버노 판사의 다수 혐의에 대한 상원 사법위원회의 조사, 2018년 11월 2일, https://www.judiciary.senate.gov/imo/media/doc/2018-11-02%20Kavanaugh%20Report.pdf, 55-56쪽.

315 2016년 봄, 포드는 친구인 키스 쾨글러와 함께: 키스 쾨글러, 메건 투히와의 인터뷰, 2019; 크리스틴 블레이지 포드, 메건 투히와의 인터뷰, 2018-19년.

318 남편과 두 번째 데이트를 한 곳은: 제시카 컨트레러(Jessica Contrera), 이언 섀피라(Ian Shapira), 에마 브라운, 스티브 헨드릭스(Steve Hendrix), "캐버노 고발자 크리스틴 블레이지 포드는 새로운 삶을 위해 3천 마일이 떨어진 곳으로 이사했다, 그럼에도 충분치 않았다", 〈워싱턴포스트〉, 2018년 9월 22일, https://www.washingtonpost.com/local/christine-blasey-ford-wanted-to-flee-the-us-to-avoid-brett-kavanaugh-now-she-may-testify-against-him/2018/09/22/db942340-bdb1-11e8-8792-78719177250f_story.html.

320 다음 날인 7월 10일 아침: 크리스틴 블레이지 포드가 〈워싱턴포스트〉 제보 번호로 보낸 왓츠앱 메시지, 상원 인준 과정에서 이루어진 브렛 캐버노 판사의 다수 혐의에 대한 상원 사법위원회의 조사, 2018년 11월 2일, https://www.judiciary.senate.gov/imo/media/doc/2018-11-02%20Kavanaugh%20Report.pdf, 46쪽.

321 한 학부모의 열렬한 기고문을 실었다: 줄리 오브라이언(Julie O'Brien), "저는 판사 캐버노는 모르지만 카풀을 해주는 아버지로서의 캐버노가 멋진 사람인 건 압니다", 〈워싱턴포스트〉, 2018년 7월 20일, https://www.washingtonpost.com/opinions/i-dont-know-kavanaugh-the-judge-but-kavanaugh-the-carpool-dad-is-one-great-guy/2018/07/10/a1866a2c-8446-11e8-9e80-403a221946a7 story.html

322 7월 18일, 포드는 에슈 하원의원실의 지역구 수석보좌관 캐런 채프먼을: 크리스틴 블레이지 포드, 메건 투히와의 인터뷰, 2018-19년; 매튜 맥머리(Matthew McMurray), 켈시 코닥에게 보낸 이메일, 2019년 6월 17일.

326 "알았습니다!" 보좌관이 보내온 답장이었다: 다이앤 파인스타인 상원의원실에서 크리스틴 블레이지 포드에게 보낸 이메일, 2018년 7월.

327 "그녀는 기억 속 간극을 축소하려 들지 않았습니다.": 로런스 로빈스, 메건 투히와의 인터뷰, 2019년 1월.

329 파트너 변호사이자, 업무 관계를 떠나 절친한 친구이기도 한 리사 뱅크스는: 2017년 8월부터 2019년 봄까지 이어진 인터뷰에서 데브라 카츠가 메건 투히, 조디 캔터에게 했던 설명에 바탕을 둔다; 리사 뱅크스, 메건 투히 및 조디 캔터와의 인터뷰, 2017년 10월부터 2019년 봄까지; 두 변호사와 나눈 서면 연락.

333 배리 코번이라는 완강한 형사 변호사의 자문: 배리 코번, 메건 투히와의 인터뷰, 2019년 2월.

335 8월 로넌 패로가: 로넌 패로, "레스 문베스와 CBS가 성적 위법행위 혐의에 마주하다", 〈뉴요커〉, 2018년 8월 6일, https://www.newyorker.com/magazine/2018/08/06/les-moonves-and-cbs-face-allegations-of-sexual-misconduct.

335 처음으로 루이스 C. K.가: 멜리나 라이직, "루이스 C. J. 가 #MeToo 사건 인정 이후 처음으로 스탠드업 코미디 클럽에 모습을 드러내다", 〈뉴욕타임스〉 2018년 8월 27일, https://www.nytimes.com/2018/08/27/arts/television/louis-ck-performs-comedy.html.

335 빌 오라일리 역시 최신작을 막 출간하려는 시점이었다: 힐렐 이탈리(Hillel Italie), "오라일리의 신작이 9월 출간된다", 연합통신사, 2018년 4월 23일, https://apnews.com/f00002d9107742b991fecb982312243b.

9장

345 닷새 뒤인 9월 4일 화요일: 크리스틴 블레이지 포드, 메건 투히와의 인터뷰, 2018-2019년.

345 마거릿 애트우드의 페미니즘 소설 『시녀 이야기』에서 따온: 셰릴 게이 스톨버그(Sheryl

Gay Stolberg), 애덤 립택(Adam Liptak), 찰리 새비지, "브렛 캐버노 인준 청문회 1일차 주요 뉴스", 〈뉴욕타임스〉, 2018년 9월 4일, https://www.nytimes.com/2018/09/04/us/politics/kavanaugh-confirmation-hearing-updates.html.

345 트럼프의 선택 앞에서 하나가 된 공화당원들은: 위 기사.

347 그럼에도 9월 12일 수요일에 기사가 하나 나왔다: 라이언 그림(Ryan Grim), "다이앤 파인스타인이 사법위원회의 다른 민주당 의원들에게 브렛 캐버노 문서를 알리지 않았다", 〈인터셉트〉, 2018년 9월 12일, http://theintercept.com/2018/09/12/brett-kavanaugh-confirmation-dianne-feinstein.

347 파인스타인은 보도자료를 통해: 다이앤 파인스타인, "캐버노에 대한 파인스타인의 성명", 캘리포니아 주 상원, 다이앤 파인스타인, 2018년 9월 13일, https://www.feinstein.senate.gov/public/index.cfm/press-releases?ID=FB52FCD4-29C8-4856-A679-B5C6CC553DC4.

349 온 세상 사람들이 〈워싱턴포스트〉 기사 한 단락 한 단락에: 엠마 브라운, "브렛 캐버노 기밀 서신을 작성한 캘리포니아주의 한 교수가 성폭행 주장에 대해 입을 열다", 〈워싱턴포스트〉, 2018년 9월 16일, http://www.washingtonpost.com/investigations/california-professor-writer-of-confidential-brett-kavanaugh-letter-speaks-out-about-her-allegation-of-sexual-assault/2018/09/16/46982194-b846-11e8-94eb-3bd52dfe917b_story.html.

350 지난주 금요일 백악관 발표를 통해 캐버노는: 승민 김(Seung Min Kim), "캐버노가 수십 년 전의 성적 위법행위를 부인하다", 〈워싱턴포스트〉, 2018년 9월 14일, http://www.washingtonpost.com/politics/kavanaugh-denies-decades-old-allegation-of-potential-sexual-misconduct/2018/09/14/60ee3ae8-b831-11e8-94eb-3bd52dfe917b_story.html?utm_term=.7d6c36ca93cf.

351 "부인하고, 부인하고, 또 부인한 다음": 밥 우드워드, 『공포: 백악관의 트럼프Fear: Trump in the White House』(뉴욕: 사이먼 앤드 슈스터, 2018). 175쪽.

351 트럼프 대통령은 #MeToo라는 표현을 조롱하면서: 애런 블레이크(Aaron Blake), "저는 그들을 믿지 않습니다': 트럼프가 또다시 성 학대 고발자를 의심하며 협력자를 편들다", 〈워싱턴포스트〉, 2018년 7월 6일, http://www.washingtonpost.com/news/thefix/wp/2018/07/06/i-dont-believe-them-trump-doubts-sexual-abuse-accusers-and-sides-with-an-ally-again.

352 "나는 캐버노가 대법관으로 임명되는 데 반대하며": 로사 브룩스 (@brooks_rosa), "Tweet 1 of a bunch: I oppose Kavanaugh's nomination, think senators should vote no based on his judicial record, but am uncomfortable with asserting that his behavior as a teen tells us anything about his "character" now"(타래 첫 번째: 나는 캐버노의 임명에 반대하며, 상원의원들이 그의 사법 기록에 의거해 반대 표를 던져야 한다고 생각하지만, 그가 십 대 시절 저지른 행동이 오늘날 그의 '성품'을 보여준다는 것은 불편하게 느껴진다) 트위터, 2018년 9월 16일, https://twitter.com/brooks_rosa/status/1041482381625122816.

353 카츠는 아침 뉴스 프로그램에 출연해: "변호사: 캐버노의 고발자는 증언할 의지가 있다", CNN, 2018년 9월 17일, https://www.cnn.com/videos/politics/2018/09/17/kavanaugh-accuser-christine-ford-attorney-debra-katz-newday-sot.cnn.

354 사법위원회 의장 척 그래슬리(Chuck Grassley)가: 투히 그리고 캔터가 진행한 카츠와 뱅크스 인터뷰에 기반한 포드 팀과 미 상원 사법위원회 공화당 측 보좌진 간의 협상 내용; 투히가 진행한 마이크 데이비스 인터뷰; 상원 인준 절차 과정에서 브랫 캐버노 판사에게 제기된 여러 혐의에 대한 상원 사법위원회 수사 자료에 포함된 서면 연락 기록, 2018년 11월 2일, https://www.judiciary.senate.gov/imo/media/doc/2018-11-02%20Kavanaugh%20Report.pdf; 카츠가 제공한 추가적인 이메일.

354 지난여름 상원 사법위원회 청문회에서: 리디아 위버(Lydia Weaver). "상원 사법위원회가 연방 법원 내 성추행 혐의에 대한 응답을 종용하다", 〈더 힐〉, 2018년 6월 13일, https://thehill.com/regulation/392075-senate-judiciary-wants-response-to-sexual-harassment-in-federal-courts.

355 "그녀를 무시해서도 안 됩니다.": "캘리앤 콘웨이가 캐버노 고발자를 '무시해선 안 된다'고 말하다", NBC, 2018년 9월 17일, https://www.nbcnews.com/video/kellyanne-conway-says-kavanaugh-accuser-should-not-be-ignored-1322246211718.

357 애니타 힐은 〈타임스〉 오피니언 란을 통해: 애니타 힐: "캐버노 청문회를 올바르게 진행하려면", 〈뉴욕타임스〉, 2018년 9월 18일, https://www.nytimes.com/2018/09/18/

opinion/anita-hill-brett-kavanaugh-clarence-thomas.html.

358 저지는 조지타운 사립학교 시절을 다룬 회고록을: 드와이트 가너, "서평가가 마크 저지의『중독』에서 21년 만에 찾아낸 사실", 〈뉴욕타임스〉, 2018년 10월 2일, https://www.nytimes.com/2018/10/02/books/wasted-mark-judge-memoir.html.

358 그 대신 그래슬리 측 보좌관들은 저지로부터: 상원 인준 절차 과정에서 브랫 캐버노 판사에게 제기된 여러 혐의에 대한 상원 사법위원회 수사 자료, 2018년 11월 2일, https://www.judiciary.senate.gov/imo/media/doc/2018-11-02%20Kavanaugh%20Report.pdf, 79쪽.

358 비슷한 서면 진술서를 받았다: 상원 인준 절차 과정에서 브랫 캐버노 판사에게 제기된 여러 혐의에 대한 상원 사법위원회 수사 자료, 2018년 11월 2일, https://www.judiciary.senate.gov/imo/media/doc/2018-11-02%20Kavanaugh%20Report.pdf, 90-91쪽.

359 조직적 전략의 일부로서: 마이크 데이비스, 메건 투히와의 인터뷰, 2019년 6월.

362 "사기꾼 같은 년!": 배리 코번과 크리스틴 블레이지 포드, 메건 투히와의 인터뷰, 2019년.

362 CNN이 카츠가 그래슬리 측에 보낸 기밀 요구사항들을 보도하고 있었고: 녹취록, "트럼프의 스타가 심판받는다; 캐버노 고발자가 증언 의사를 밝히다; 콘웨이의 인터뷰 검토", CNN, 2018년 9월 21일, http://edition.cnn.com/TRANSCRIPTS/1809/21/nday.06.html.

362 트럼프는 이제 포드의 주장에 대한 의혹을 직설적으로 표출하며: 도널드 J. 트럼프 (@realdonaldtrump), "I have no doubt that, if the attack on Dr. Ford was as bad as she says, charges would have been immediately filed with local Law Enforcement Authorities by either her or her loving parents. I ask that she bring those filings forward so that we can learn date, time, and place!"(포드 박사에게 가해진 폭행이 그녀의 말만큼 심각한 것이었다면 그녀 또는 사랑하는 가족들이 즉시 지역 경찰서에 신고하지 않았을 리가 없다. 우리가 날짜, 시간, 장소를 알 수 있도록 신고 기록을 제출하기를 그녀에게 요청하는 바이다!) 트위터, 2018년 9월 21일, https://twitter.com/realdonaldtrump/status/1043126336473055235.

362 복음주의 활동가 모임에 참석해: "매코널이 캐버노 임명에 대해 '우리는 헤치고 나아갈 것입니다'라고 말하다", 〈워싱턴포스트〉, 2018년 9월 21일, http://www.washingtonpost.com/video-politics/were-going-to-plow-right-through-it-mcconnell-says-onkavanaugh-nomination/2018/09/21/39beef50-bdac-11e8-8243-f3ae9c99658a-video.html?utm_term=56cd2476da50.

362 위원회 전원이 캐버노의 인준 투표를: "다음 주 포드 박사의 증언을 위한 사법위원회의 계속되는 노력", 상원 사법위원회, 2018년 9월 21일, https://www.judiciary.senate.gov/press/rep/releases/judiciary-committee-continues-effort-to-accommodate-testimony-from-dr-ford-next-week.

363 그리슬리가 트위터에 양해의 말을 올렸는데: 그래슬리의 트위터 시간 기록은 태평양표준시에 맞춰져 있기 때문에 태평양표준시 오후 8시 42분으로 기록되어 있지만, 실제로 그래슬리는 이 트윗을 동부표준시 오후 11시 42분에 올렸다. 척 그래슬리 (@ChuckGrassley), "Judge Kavanaugh I just granted another extension to Dr Ford to decide if she wants to proceed w the statement she made last week to testify to the senate She shld decide so we can move on I want to hear her. I hope u understand. It's not my normal approach to b indecisive"(캐버노 판사 저는 포드 박사가 지난주의 성명을 상원에서 증언할지 결정하도록 하루의 연장기한을 주었습니다. 그녀가 결정해야 우리가 진행할 수 있습니다. 저는 그녀의 말을 듣고자 합니다. 이해해 주시길 바랍니다. 저는 우유부단한 접근을 취하는 편이 아닙니다) 트위터, 2018년 9월 21일, https://twitter.com/ChuckGrassley/status/1043344767684366336.

365 데버라 라미레즈(Deborah Ramirez)의 주장을: 로넌 패로, 제인 메이어, "상원의 민주당 의원들이 브렛 캐버노의 대학 시절 새로운 성추행 혐의 조사 중", 〈뉴요커〉, 2018년 9월 23일, https://www.newyorker.com/news/news-desk/senate-democrats-investigate-a-new-allegation-of-sexual-misconduct-from-the-supreme-court-nominee-brett-kavanaughs-college-years-deborah-ramirez.

366 엇비슷한 시점: 리사 라이언(Lisa Ryan), "마이클 애버나티가 캐버노에 대해 가진 '믿을 만한 정보'란 무엇인가?", 〈더 컷〉, 2018년 9월 24일, https://www.thecut.com/2018/09/michael-avenatti-kavanaugh-judge-client-tweets.html.

369 "그쪽과 잠은 잘 수 있지만": 리베카 코벳, 메건 투히 및 조디 캔터와의 인터뷰, 2018-19년.

369 그날 저녁 발행된 곧 있을 포드 청문회를 다룬 정치면 기사는: 셰릴 게이 스톨버그,

니컬러스 팬도스(Nicholas Fandos), "크리스틴 블레이지 포드의 캐버노 청문회 증언 협상 타결", 〈뉴욕타임스〉, 2018년 9월 23일, https://www.nytimes.com/2018/09/23/us/politics/brett-kavanaugh-christine-blasey-ford-testify.html.

369 그날 CBS 〈디스 모닝〉에 출연해서: 에밀리 틸렛(Emily Tillett), "켈리언 콘웨이가 브렛 캐버노 혐의가 '좌파의 거대한 음모'처럼 느껴진다고 말하다", 2018년 9월 24일, https://www.cbsnews.com/news/kellyanne-conway-says-brett-kavanaugh-accusers-allegations-feel-like-a-vast-left-wing-conspiracy-2018-09-24.

369 "수치스러운 흠집 내기 작전": "매코널이 캐버노를 상대로 한 '수치스러운 흠집 내기 작전'을 맹비난하다", 〈워싱턴포스트〉, 2018년 9월 24일, https://www.washingtonpost.com/video/politics/mcconnell-slams-shameful-smear-campaign-against-kavanaugh/2018/09/24/f739f09a-c02f-11e8-9f4f-a1b7af255aa5_video.html.

370 캐버노는 자신이 이 자리에서 버틸 것이라는 서한을 발표했다: "브렛 캐버노가 상원 사법위원회에 보내는 서한을 통해 자기를 변호하다", CNN, 2018년 9월 24일, https://www.cnn.com/2018/09/24/politics/read-brett-kavanaugh-letter-senate-judiciary-committee/index.html.

370 "애버나티가 갑자기 이 사안에 끼어들더니", 마이크 데이비드, 메건 투히와의 인터뷰, 2019년 6월.

374 "빌 코즈비가 이제 수감자가 되었다": 그레이엄 보울리(Graham Bowley), 조 코스카렐리(Joe Coscarelli), "한때 아버지상의 본보기이던 빌 코즈비가 징역형을 선고받았다", 〈뉴욕타임스〉, 2018년 9월 25일, https://www.nytimes.com/2018/09/25/arts/television/bill-cosby-sentencing.html.

374 트럼프는 TV에 출연해: 트럼프 대통령 기자회견, 백악관, 2018년 9월 27일, https://www.c-span.org/video/?c4760434/christine-blasey-ford-opening-statement.

377 청문회가 시작되자: 크리스틴 블레이지 포드, 모두성명, 캐버노 청문회, 2018년 9월 27일, https://www.c-span.org/video/?c4760434/christine-blasey-ford-opening-statement.

379 C-SPAN에서는 성폭력 생존자들과 전화 연결: "미주리 주에서 온 브렌다가 C-SPAN과 전화 연결을 하다", C-SPAN, 2018년 9월 27일, https://www.c-span.org/

video/?c4751718/brenda-missouri-calls-span.

379 포드가 "무척 설득력 있는": "크리스틴 블레이지 포드에 대한 트럼프의 변화하는 진술", 연합통신, 2018년 10월 3일, https://apnews.com/04e24ef006f4487282e2f9be3faf0a01.

380 2000년 대선 레이스 당시 조지 W. 부시는: 짐 야들리(Jim Yardley), "부시가 약물에 대한 질문을 짜증스럽게 일축하다", 〈뉴욕타임스〉, 1999년 8월 19일, https://www.nytimes.com/1999/08/19/us/bush-irked-at-being-asked-brushes-off-drug-question.html.

381 "지난 2주간 있었던 시도는 모두 계산되고 조직된 정치적 공격이었으며": "캐버노 청문회: 녹취록", 〈워싱턴포스트〉, 2018년 9월 27일, https://www.washingtonpost.com/news/national/wp/2018/09/27/kavanaugh-hearing-transcript.

381 많은 이들이 그녀를 신뢰할 수 없는 증인으로: 데이비드 보더(David Bauder), "NBC가 캐버노 고발자와의 인터뷰 전면조사에 봉착하다", 연합통신, 2018년 10월 2일, https://apnews.com/article/north-america-us-supreme-court-julie-swetnick-sexual-misconduct-kate-snow-42674fffa6dd4c108ccd908bee7c856e.

383 그러나 그 말은 사실이 아니었다: 상원 인준 절차 과정에서 브랫 캐버노 판사에게 제기된 여러 혐의에 대한 상원 사법위원회 수사 자료, 2018년 11월 2일, https://www.judiciary.senate.gov/imo/media/ doc/2018-11-02%20Kavanaugh%20Report.pdf, 93쪽; 승민 김, 션 설리번, 엠마 브라운, "크리스틴 블레이지 포드가 캐버노에 대한 증언을 놓고 상원 내 공화당 의원들과의 협상에 한 발짝 더 다가갔다", 〈워싱턴포스트〉, 2018년 9월 23일, https://www.washingtonpost.com/politics/lawyers-for-christine-blasey-ford-say-she-has-accepted-senate-judiciary-committees-request-to-testify-against-kavanaugh/2018/09/22/e8199c6a-be8f-11e8-8792-78719177250f_story.html.

388 다섯 쪽짜리 메모를 발송했다: 레이철 미첼, "메모, 크리스틴 포드 박사의 혐의 분석," 2018년 9월 30일, https://www.jimhopper.com/pdf/mitchell_memo_highlighted.pdf.

388 사흘 뒤 미시시피주 사우스에이븐의 한 선거유세장을 찾은 트럼프는: 엘리 멀로이(Allie Malloy), 케이트 설리번, 제프 젤래니, "트럼프가 크리스틴 블레이지 포드의 증언을

조롱하며 사람들에게 '당신의 아들을 떠올려 보라'고 말하다", CNN, 2018년 10월 4일, https://www.cnn.com/2018/10/02/politics/trump-mocks-christine-blasey-ford-kavanaugh-supreme-court/index.html.

389 과거 FBI 요원이었던 친구 모니카 매클린이: 그렉 리(Gregg Re), 존 로버츠(John Roberts), "크리스틴 블레이지 포드의 전 남자친구는 그녀가 친구의 거짓말탐지기 준비를 도왔다고 말했다; 그래슬리가 경고 신호를 울리다", 폭스 뉴스, 2018년 10월 2일, https://www.foxnews.com/politics/christine-blasey-ford-ex-boyfriend-says-she-helped-friend-prep-for-potential-polygraph-grassley-sounds-alarm; 피터 베이커(Peter Baker), "크리스틴 블레이지 포드의 신뢰도가 상원 내 공화당 의원들로부터 새로운 공격을 받다", 〈뉴욕타임스〉, 2018년 10월 4일, https://www.nytimes.com/2018/10/03/us/politics/blasey-ford-republicans-kavanaugh.html.

389 사우스에이븐의 데일스 식당의 한 종업원은: 수전 키아라, 엘렌 앤 펜트리스, "미시시피의 한 식당에 두 종류의 미국인이 나란히 공존한다", 〈뉴욕타임스〉, 2018년 10월 8일, https://www.nytimes.com/2018/10/08/us/politics/trump-kavanaugh-mississippi-.html.

389 "평생 그 일에 짓눌려 사는": "누구를 믿고, 누구를 탓하는가?", 〈더 데일리〉, 2016년 10월 10일, https://www.nytimes.com/2018/10/10/podcasts/the-daily/kavanaugh-assault-metoo-women-girls-respond.html.

389 유명인들은 자신의 경험을 처음으로 대중 앞에 털어놓으며: 서배너 거스리(Savannah Guthrie), "엘렌 디제너러스가 성폭력 피해 경험을 털어놓다", 〈투데이 쇼〉, 2018년 10월 4일, https://www.today.com/video/ellen-degeneres-opens-up-about-being-a-victim-of-sexual-abuse-1336566851633; 코니 정, "친애하는 크리스틴 블레이지 포드에게: 저 역시 성폭행을 당한 적 있습니다—그리고 그 사건은 제 기억에서 영영 지워지지 않습니다," 〈워싱턴포스트〉, 2018년 10월 3일, https://www.washingtonpost.com/opinions/dear-christine-blasey-ford-i-too-was-sexually-assaulted--and-its-seared-into-my-memory-forever/2018/10/03/2449ed3c-c68a-11e8-9b1c-a90f1daae309_story.html.

390 "증거 없음": Senate.gov, "FBI 추가 수사 요약", 2018년 10월 5일, https://www.grassley.senate.gov/news/news-releases/supplemental-fbi-investigationexecutive-summary.

392 맥주 캔을 들고 매코널의 자택을 찾아가: 제나 아마툴리, "브렛 캐버노 시위자들이 미치 매코널 자택 앞에서 맥주를 들고 '마셔라'를 연호하다", 〈허핑턴포스트〉, 2018년 10월 5일, https://www.huffpost.com/entry/brett-kavanaugh-protesters-bring-beer-chant-chug-outside-mitch-mcconnells-house_n_5bb75543e4b028e1fe3cdc5a.

393 킴 로슨을 비롯한 맥도널드 직원들은: 레이철 에이브럼스, "미국 전역 맥도널드 직원들이 #MeToo 시위를 벌이다", 〈뉴욕타임스〉, 2018년 9월 18일, https://www.nytimes.com/2018/09/18/business/mcdonalds-strike-metoo-html.

393 CBS 회장 레슬리 문베스가 사임하면서: 에드먼드 리(Edmund Lee), "CBS 회장 레스 문베스가 성추행 고발 이후 사임하다", 〈뉴욕타임스〉, 2018년 9월 9일, https://www.nytimes.com/2018/09/09/business/les-moonves-longtime-cbs-chief-may-be-gone-by-monday.html.

393 구글의 두 남성 임원과 이들의 은밀한 문제를 다룬: 다이스케 와카바야시(Daisuke Wakabayashi), 케이티 베너, "구글은 '안드로이드의 아버지' 앤디 루빈을 어떻게 보호했는가", 〈뉴욕타임스〉, 2018년 10월 25일, https://www.nytimes.com/2018/10/25/technology/google-sexual-harassment-andy-rubin.html.

394 캐버노 논쟁이 절정에 치달았던 시기: 알리시아 P. Q. 위트마이어(Alicia P. Q. Wittmeyer), "남성의 후회에 관한 여덟 가지 이야기", 〈뉴욕타임스〉, 2018년 10월 18일, https://www.nytimes.com/interactive/2018/10/18/opinion/men-metoo-high-school.html.

에필로그

397 우리의 요청으로 취재에 참여했던 여성 열두 명: 이 장은 이틀에 걸쳐 진행된 집단 인터뷰 녹취록을 바탕으로 쓰였다.

399 와인스타인 사건에서 그 누구보다도 먼저 기사화에 동의해주었다: 매튜 개러헌(Matthew Garrahan), "하비 와인스타인: 변호사들은 성추행 혐의를 어떻게 은폐했는가",

〈파이낸셜타임스〉, 2017년 10월 23일, https://www.ft.com/content/1dc8a8ae-b7e0-11e7-8c12-5661783e5589.

399 영국 의회에 고발하며: 홀리 와트(Holly Watt), "하비 와인스타인의 전 직원이 '도덕성이 결여된' 비밀유지거래에 대해 입을 열다", 〈가디언〉, 2018년 3월 28일, https://www.theguardian.com/film/2018/mar/28/harvey-weinstein-assistant-zelda-perkins-i-was-trapped-in-a-vortex-of-fear; 하원 여성평등위원회, "직장 내 성추행, 2017-2019년 보고서", 영국 하원, 2018년 7월 18일, https://publications.parliament.uk/pa/cm201719/cmselect/cmwomeq/725/725.pdf.

411 그렇게 자신은 정치에 입문해: 매튜 하그(Matthew Haag), "트럼프를 성추행으로 고발했던 레이철 크룩스가 1차 입법안을 통과시키다", 〈뉴욕타임스〉, 2018년 5월 9일, https://www.nytimes.com/2018/05/09/us/politics/rachel-crooks-ohio.html.

411 미국 역사상 그 어느 때보다도 많은 여성들이 정치적 권력을 잡고자 출마했던: 캐런 즈랙(Karen Zraick), "신기원의 밤: 중간선거에서 역사를 이루어내는 다양한 출마자들", 〈뉴욕타임스〉, 2017년 11월 11일, https://www.nytimes.com/2018/11/07/us/politics/election-history-firsts-blackburn-pressley.html.

416 공론화에 참여한 여성이 80명이 넘는다는: 새러 M. 모니우슈코(Sara M. Moniuszko), 카라 켈리(Cara Kelley), "하비 와인스타인 스캔들: 87명 고발자들의 전체 명단", 〈USA 투데이〉, 2017년 10월 27일, https://www.usatoday.com/story/life/people/2017/10/27/weinstein-scandal-complete-list-accusers/804663001/.

그녀가 말했다

초판 1쇄 인쇄　　2021년 8월 4일
초판 2쇄 발행　　2022년 12월 10일

지은이　　　　조디 캔터·메건 투히
옮긴이　　　　송섬별
발행인　　　　고석현

발행처　　　　(주)한올엠앤씨
등록　　　　　2011년 5월 14일

주소　　　　　경기도 파주시 심학산로 12, 4층
전화　　　　　031-839-6805(마케팅), 031-839-6814(편집)
팩스　　　　　031-839-6828
이메일　　　　booksonwed@gmail.com

• 책읽는수요일, 라이프맵, 비즈니스맵, 생각연구소, 지식갤러리, 스타일북스는
　㈜한올엠앤씨의 브랜드입니다.